U0604188

王陽明年譜長編

束景南 著

四

上海古籍出版社

劉肇衮書來問學，陽明有答書。

王陽明全集卷五答劉内重：「書來，警發良多，知感知感！腹疾，不欲作答，但内重爲學工夫尚有可商量者，不可以虚來意之辱，輒復書此耳。程子云：『所見所期，不可不遠且大。然而爲之亦須量力有漸，志大心勞，力小任意，恐終敗事。』夫學者既立有必爲聖人之志，只消就自己良知明覺處樸實頭致了去，自然循循日有所至，原無許多門面摺數也。外面是非毁譽，亦好資之以爲警切砥礪之地，却不得以此稍動其心，便將流於心勞日拙而不自知矣。内重强剛篤實，自是任道之器，然於此等處尚須與謙之從容一商量，又當有見也。眼前路徑須放開闊，才好容人來往，若太拘窄，恐自己亦無展足之地矣。聖人之行，初不遠於人情。魯人獵較，孔子亦獵較。鄉人儺，朝服而立於阼階。難言之互鄉，亦與進其童子。在當時固不能無惑之者矣。子見南子，子路且有不悦。夫子到此，如何更與子路説得是非？只好矢之而已。何也？若要説見南子是，得多少氣力來説？且若依着子路認個不是，則子路終身不識聖人之心，此學終將不明矣。此等苦心處，惟顔子便能識得，故曰『於吾言無所不悦』。此正是大頭腦處。區區舉似内重，亦欲内重謙虚其心，宏大其量，去人我之見，絶意必之私，則此大頭腦處，自將卓爾有見，當有『雖欲從之，末由也已』之歎矣！大抵奇特斬絶之行，多後世希高慕大者之所喜，聖賢不以是爲貴也。故索隱行怪，則後世有述焉，依乎中庸，固有遯世不見知者矣。學絶道喪之餘，苟有以講學來者，所謂空谷之足音，得似人者可矣。必如內重所云，則今之可講學者，止可如內重輩二三人而止矣。然如內重者，亦不能時時來講也，則法堂前草深一丈矣。內重有進道之資，而微失之於隘。吾固不敢避飾非自是之嫌，而叨叨至此，內重宜悉此意，弗徒求之言語之間可也。」

按：前考劉肇袞字內重，安福人。陽明此書所云「腹疾」，即其寄伯敬弟手札所云「我自月初到今腹瀉不止，昨晚始得稍息」，故可知此書當作在六月也。

禮部尚書席書再薦陽明入閣。

錢德洪陽明先生年譜：「六月，禮部尚書席書薦。先生服闋，例應起復，御史石金等交章論薦，皆不報。尚書席書爲疏特薦曰：『生在臣前者見一人，曰楊一清；生在臣後者見一人，曰王守仁。且使親領誥卷，趨闕謝恩。』於是楊一清入閣辦事。明年有領卷謝恩之召，尋不果。」

按：陽明祭元山席尚書文云：「某之不肖，屢屢辱公過情之薦。」（王陽明全集卷二十五）是席書嘗多次薦舉陽明。六月以後，席書又嘗薦陽明（見下）。

黃綰、應良北歸南都，途經紹興再來問學。黃宗明亦書來問安，陽明有答書。

王陽明全集卷二十一與黃誠甫書三：「盛价來，領手札，知有貴恙，且喜漸平復矣。賤軀自六月暑病，然兩目蒙蒙，兩耳蓬蓬，幾成廢人，僅存微息。旬日前，元忠、宗賢過此，留數日北去。山廬卧病，期少謝人事，而應接亦多。今復歸卧小閣，省愆自訟而已。聞有鼓枻之興，果爾，良慰渴望。切磋砥礪之益，彼此誠不無也。」

按：陽明此書所云「賤軀自六月暑病」，即其六月十三日寄伯敬弟手札所云「我自月初到今腹瀉不止，昨晚始得稍息」，以黄綰六月十五日已在南京上諫止獻帝入太廟疏考之，可見黄綰約在六月初來紹興見陽明，「留數日北去」，則在六月五日左右，陽明此書則作在六月十日前後，故稱「旬日前」也。蓋黄綰是次或因家事歸黄巖，其約於二三月南歸，至五月下旬北返，六月初經紹興見陽明，隱有問政問學之意，其旋於七月七日上論聖學求良輔疏，蓋非無因矣。

七月七日，黄綰上論聖學求良輔疏，蓋意在隱薦陽明入閣也。

知罪録卷三論聖學求良輔疏：「南京都察院經歷司經歷臣黄綰謹奏爲贊聖學事：臣伏見七月初七日邸報，敕令内閣大臣纂經史有關君德治亂者，進呈便覽。且聖諭拳拳，以『祖宗肇造艱難，子孫當求學圖治』，至哉，皇言無可加矣！又云：『朕嘗觀書，儻或疑似，何以自强？』又知陛下有憤悱求道之心，擇賢匡弼之意。臣愚有以仰窺，不勝踴躍，竊謂有君如此，尚忍負之？不思輔助其德以成至治，此天下萬世罪人，又可立於朝哉？故臣敢以平日所聞爲獻，冀裨萬一。夫帝王之學雖非一言所能盡，其要秖在於立志。其道雖非一日所能成，而志可頃刻以自立。志於堯、舜，則堯、舜矣；志於禹、湯、文、武，則禹、湯、文、武矣。若以智術爲高，功利爲務，非志也，非學也；文辭爲好，聲名爲炫，非志也，非學也；方務於此，又事於彼，非志也，非學也。必求堯、舜、禹、湯、文、武所志者以自志，所學者以自學，專心一意，方可以言志，方可以言學。堯、舜、禹之相授曰：『人心惟危，道心惟微。惟精惟一，允執厥中。』湯、文、武之相傳曰：『檢身若不及。』曰：『望道而未之見。』曰：『敬勝怠者吉，義勝欲者從。』言雖不同，其惟存心求道，則一而已。蓋人之一心，天理瑩然，惻隱、羞惡、辭讓、是非，隨感而見，粹然至善，所謂『良知』，非由外鑠，不以聖人而多，不以衆人而少。衆人志不求道，不知克己以存其心，惟私意是循，此所以爲衆人；聖人志在求道，長存其心，惟天理是由，此所以爲聖人。陛下但試觀之：淵居靜默，此心收斂，不有湛然清明者乎？以之應事，必無差失。及試觀之：繁華雜擾，此心紛動，不有憒然昏塞者乎？以之應事，惡得無謬？即此，則聖愚理欲之判、操舍存亡之端可見矣。故篤志者不以廟朝廣衆而肅，幽獨無人而肆，造次顛沛而忽，安富尊榮而怠。是以堯視黎民時雍，不異於洪水滔天之日；舜居法宮朝萬國，不異於陶漁河濱之時。況今海内猶未至於時雍，朝廷猶未及乎法宮，治亂安危之機，秖在陛下一心毫髮之間，可不畏哉？聖聖心法所傳，可須臾而不力哉？陛下苟能於此翻然從事，毅然己任，若絶江河，沛然誰能御之？但陛下以一人之身，居崇高之地，操賞罰予奪之命，凡所自奉，皆足蠹心而奪志； 凡在左右，皆能竊幸而賈權，撓遏窺伺，無所不至，若非得其人以輔導，則一齊衆楚，孰與陛下而不楚哉？ 然所謂其人者，非徒取其能鋪張文藝、粉飾事功而已，必求道德明備、誠心國家之人，置之密邇，與之朝夕居處，不少疏隔，必使上下之情洞無疑忌，從容講論，無異民間師友，於此以養陛下之真心，定陛下之真志。 以此心而觀經史所載，是非了然，師其是以鑒其非，此志益篤，所謂『精一執中』之道，其不在兹乎？ 又何有於疑似不可自强者乎？ 昔殷高宗恐德弗類，不足正四方，恭默思道，夢帝賚以良弼，以形旁求於天下，得傅説於傅巖，爰立坐相，置諸左右，命之朝夕納誨，啓心沃心，以成殷中興之業。 我朝仁宗常召儒臣，陪宿御寢。 宣宗每令侍游内苑，親自烹飪，與之宴。 英宗嘗召處士吴與弼，於文華殿賜坐，詢其治道。 皆一時之盛也。 猶惜當時諸臣不足以成列祖之志，如與弼者又未得究其用也。 臣願陛下近法祖宗之故事而必修其實，遠師高宗之精意而克慎厥終。 朝廷之大，四海之廣，豈無一人如傅説之儔，足遂陛下之求，以成陛下不世之業者？ 伏惟陛下留神無忽，實宗社生靈無疆之慶。 臣不勝區區忠懇願望之至。」

按：南京都察院志卷三十九黄綰傳謂黄綰「疏論聖學求良輔，致忤時相」。 時相者，費宏之流也。 席書本與費宏有隙，席書薦陽明入閣，先已忤時相費宏。 黄綰與席書桴鼓響應，上此論聖學求良輔疏，雖含蓄不露，但意在薦陽明入閣，自必亦忤時相費宏。黄綰所謂「聖學」，乃指陽明心學；所謂「良輔」，乃指陽明。陽明爲當代「傅説」，疏中不言自明，無怪世宗裝聾作啞，不置一詞。

二十二日，南京工部尚書吴廷舉再薦陽明宜暫掌南京都督府事，不用。

明世宗實録卷五十三：「嘉靖四年七月乙卯，應天巡撫都御史吴廷舉薦新建伯王守仁文武全才，宜暫掌南京都督府事。兵部覆議，以文臣掌府事未便，俟別闕推用之。」

徐學謨世廟識餘録卷一：「都御史吴廷舉嘗薦王守仁有文武全才，宜置暫掌南京都督府事，以其封新建伯也。公、侯、伯謂之勳臣，非武臣也。故文武官有功者，皆得封。若文臣爲都督者，則無之矣。廷舉之疏，似失之輕舉，此兵部之所以覆罷之，有別闕推用之旨。」

按：吴廷舉在六月已陞南京工部尚書，國榷卷五十三：「嘉靖四年六月甲辰，巡撫順天（按：當爲應天。）右副都御史吴廷舉爲南京工部尚書。」陽明祭吴東湖文稱「公於某，其教愛勤惓，不特篇章之稠疊；而過情推引，亦復薦剡之頻煩」（王陽明全集卷二十五）。可見其時兩人多有通信，而吴廷舉疏薦陽明亦非一次。按陽明於正德十二年即命授提督（總督），「提督」即爲武官，可見朝廷一直是將陽明作爲武官使用，而陽明亦是以提督平宸濠之武功「封新建伯、奉天翊衛推誠宣力守正文臣、特進光禄大夫、柱國」，「柱國」即武官。明史卷七十六職官五云：「公、侯、伯三等……武臣曰宣力武臣，文臣曰守正文臣。」而陽明封云「奉天翊衛推誠宣力守正」，顯是就文臣兼武臣而言。故吴廷舉薦陽明爲都督並未錯，徐學謨之説乃非。蓋兵部所以覆罷之，乃在朝廷深忌陽明兵權過重，非是因文臣不得任都督也。

三原張元相來紹興請作墓銘，陽明書卷贈之。

王陽明全集卷八書張思欽卷：「三原張思欽元相將葬其親，卜有日矣，南走數千里而來請銘於予。予之不爲文也久矣，辭之固，而請弗已，則與之坐而問曰：『子之乞銘於我也，將以圖不朽於其親也，則亦寧非孝子之心乎！雖然，子以爲孝子之圖不朽於其親也，盡於是而已乎？將猶有進於是者也？夫圖之於人也，則曷若圖之於子乎？傳之於其人之口也，則曷若傳之於其子之身乎？故子爲賢人也，則其父爲賢人之父矣；子爲聖人也，則其父爲聖人之父矣。其與託之於人之言也，孰愈夫叔梁紇之名，至今爲不朽矣！則亦以仲尼之爲子耶？抑亦以他人爲之銘耶？』思欽蹙然而起，稽顙而後拜曰：『元相非至於夫子之門，則幾失所以圖不朽於其親者矣。』明日，入而問聖人之學，則語以格致之説焉；求格致之要，則語之以良知之説焉。思欽躍然而起，拜而復稽曰：『元相苟非至於夫子之門，則尚未知有其心，又何以圖不朽於其親乎！請歸葬吾親，而來卒業於夫子之門，則庶幾其不朽之圖矣。』」

按：據張元相云「請歸葬吾親，而來卒業於夫子之門」，則張元相後來當又來紹興，卒業於稽山書院或陽明書院，蓋亦一陽明弟子也。

黄省曾書來，告欲刻王信伯遺言，陽明有答書，勸其删去支蔓之説。

王陽明全集卷二十一與黄勉之：「承欲刻王信伯遺言，中間極有獨特之見，非餘儒所及。惜其零落既久，後學莫有傳之者。因勉之寄此，又知程門有此人也，幸甚幸甚！中間如論明道、伊川處，似未免尚有執著，然就其所到，已甚高明特遠，不在游、楊諸公之下矣。中間可省略者，删去之爲佳。凡刻古人文字，要在發明此學，惟簡明切實之爲貴，若支辭蔓説，徒亂人耳目者，不傳可也。高明以爲何如？」

按：黄省曾所言「王信伯遺言」，乃指王蘋語録，陽明從黄省曾處始得知王蘋有此書傳世。董澐題王著作先生語録後云：「余自嘉靖乙酉秋隨侍先師游廣孝寺，舟中聞先師云：『以道自樂，不知而不愠者，其王蘋乎！』」（從吾道人語録後録）董澐侍陽明游廣孝寺在八月，可見黄省曾寄王蘋語録給陽明約在七月中。

八月，薛侃來紹興問學。

董澐從吾道人詩稿卷下乙酉中秋薛中離言旋適余病起詩以留之：「卧病兼旬不出游，采薪剛值桂花秋。細聽玉漏三更夜，静倚天泉一脉樓。月白爐峰瞻華嶽，斗高銀漢接滄洲。正須詣益中離子，未許春風屬去舟。」

按：錢德洪陽明先生年譜云：「闢稽山書院……於是……楊仕鳴、薛宗鎧、黄夢星等來自廣東……」是其時薛宗鎧亦方在稽山書院受教。疑是年薛侃乃偕薛宗鎧、楊仕鳴、黄夢星同來紹興。

監察御史潘仿重修浙江貢院成，來請陽明作記。

王陽明全集卷二十三重修浙江貢院記：「古之選士者，其才德行誼，皆論定於平日，而以時升之。故其時有司之待士，一惟忠信禮義，而無有乎防嫌逆詐之心也；士之應有司，一惟廉耻退讓，而無有乎奔競僥倖之圖也。迨世下衰，科舉之法興而忠信廉耻之風薄。上之人不能無疑於其下，而防範日密；下之人不能無疑於其上，而鄙詐日生。於是乎至有搜檢巡綽之事，而待之不能以禮矣；有糊名易書之制，而信之不能以誠矣。有志之士，未嘗不歎惜於古道，而千數百年卒無以改，殆亦風氣習染之所成，學術教化之所積，勢有不可得而誤焉者也。……若浙之諸君子之重修貢院，斯其有足以起予者矣。浙之貢院舊在城西，嘗以隘遷於藩治之東北，而苟簡尚仍其舊。乃嘉靖乙酉，復當大比，監察御史潘君仿實來監臨，乃與諸司之長佐慎慮其事，而預圖之。慨規制之弗備弗飾，相顧而言曰：『凡政之施，孰有大於舉賢才者，而可忽易之若是！夫興居靡所，而責以殫心厥事，人情有所不能矣。無亦休其啓處，憂其餼養，使人樂事勸忠，以各供其職，庶亦盡心求士之誠乎！慢令弛禁，使陷罔於非僻，而後摧辱之，其爲狎侮士類，亦甚矣！無亦張其紀度，明其視聽，使人不戒而肅，以全其廉恥，庶亦待士以禮之意乎！』於是新選秀堂，而軒於其前，爲三楹；新至公堂，而軒於其前，爲五楹；庖湢器用，無不備具。又拓明遠樓，新爲三楹，而上崇三簷，下疏三道。創石臺於四隅，而各亭其上，以爲眺望之所，其諸防閑之道靡不恪修。夫然後入而觀焉，則森嚴洞達，供事者莫敢有輕忽慢易之心，而就試者自消其回邪非僻之念。蓋不費力而事於旬月之間，不大聲色而政令行肅，觀向一新。若諸君者，誠可謂能求古人之意而默行之者矣，能匡後世之弊而善用之者矣。諸君之盡心，其可見者如此；至其妙運於心術之微，而務竭於得爲之地，不可以盡見者，固將無所不用其極，可知也……工訖，使來請記，辭不克，而遂爲書之。」

按：記所云「復當大比」，乃指鄉試，在八月。可知此記作於八月中。

監察御史潘仿、提學僉事萬潮重修萬松書院成，來請陽明作記。

王陽明全集卷七萬松書院記：「萬松書院在浙省南門外，當湖山之間。弘治初，參政周君近仁因廢寺之址而改爲之，廟貌規制略如學宮，延孔氏之裔以奉祀事。近年以來，有司相繼緝理，地益以勝，然亦止爲遊觀之所，而講誦之道未備也。嘉靖乙酉，侍御潘君景哲奉命來巡，憲度丕肅，文風聿新。既簡鄉闈，收一省之賢而上之南宫矣，又以遺才之不能盡取爲憾，思有以大成之。乃增修書院，益廣樓居齋舍爲三十六楹；具其器用，置贍田若干頃；

揭白鹿之規，掄彦選俊，肄習其間，以倡列郡之士，而以屬之提學僉事萬君汝信。汝信曰：『是固潮之責也。』藩臬諸君咸贊厥成，使知事嚴綱董其役，知府陳力、推官陳篪輩相協經理。閱月踰旬，工訖事舉，乃來請言以記其事。惟我皇明，自國都至於郡邑咸建廟學，群士之秀，專官列職而教育之。其於學校之制，可謂詳且備矣。而名區勝地，往往復有書院之設，何哉？所以匡翼夫學校之不逮也。夫三代之學，皆所以明人倫；今之學宫皆以『明倫』名堂，則其所以立學者，固未嘗非三代意也……古聖賢之學，明倫而已。堯、舜之相授受曰：『人心惟危，道心惟微。惟精惟一，允執厥中。』斯明倫之學矣。道心也者，率性之謂也，人心則僞矣。不雜於人僞，率是道心而發之於用也，以言其情則爲喜怒哀樂；以言其事則爲中節之和，爲三千三百經曲之禮；以言其論則爲父子之親，君臣之義，夫婦之別，長幼之序，朋友之信，而三才之道盡此矣……是固所謂不慮而知，其良知也；不學而能，其良能也。孩提之童，無不知愛其親者也。孔子之聖，則曰所求乎子，以事父未能也。是明倫之學，孩提之童亦無不能；而及其至也，雖聖人有所不能盡也。人倫明於上，小民親於下，家齊國治而天下平矣。是故明倫之外無學矣。外此而學者，謂之異端；非此而論者，謂之邪説；假此而行者，謂之伯術；飾此而言者，謂之文辭；背此而馳者，謂之功利之徒，亂世之政。雖今之舉業，必自此而精之，而謂不愧於敷奏明試；雖今之仕進，必由此而施之，而後無忝於行義達道。斯固國家建學之初意，諸君緝書院以興多士之盛心也，故爲多士誦之。」

按：記所云「既簡鄉闈」，指是年八月鄉試。所云「遺才之不能盡取」，指鄉試落第者，萬松書院即爲此輩落第「遺才」而設，掄彦選俊而肄習其間，以爲郡士之倡。潘景哲即潘仿，萬潮爲陽明門人。

三衢王璣鄉試落第，入萬松書院肄習，渡江來紹興問學。

王畿集卷二十中憲大夫都察院右僉都御史在庵王公墓表：「三衢西安在庵王君，名璣，字在叔……嘉靖乙酉，鄉舉業已中式，限數不及録名。巡按洛陽潘公例行給賞，謀於督學五溪萬公，聚業萬松書院，以考其成。萬爲陽明先師門人，與聞師説，即渡江稟學。先師一見，喜其悃質龐厚，無他腸，外樸内炯，心授記焉。時余始識君，遂定交，相與卒業。丁亥，先師赴兩廣，道衢，君與欒君惠、王君修易、林君文瓊、鄭君禮輩，候於江滸，復求印可。臨别，以詩示之，有云：『仗鉞非吾事，傳經愧爾師。』意蓋有在也。戊子，舉於鄉。北上，途遇廣西陳大綸，言自師軍門來，遂與訃偕。己丑，舉進士。時都下同志大倡良知之學，若中離薛君、南野歐陽君暨同年念庵羅君、松溪程君、雙華柯君及陳君輩，晨夕聚會，究明師旨。」

國朝獻徵録卷五十九都察院右僉都御史王公璣家傳：「十歲就小學，刻志向進。補郡邑弟子員，尋得廩。擇交多善士，聞有道陳白沙之學者，心亟仰之。渡江從學陽明王先生門，先生一見，亟稱篤實，因與心齋王先生處，同爲此學，必欲見諸躬行。」

二十三日，偕董澐、王畿諸門人秋遊，探禹穴，登香爐峰，上天柱峰，過朱華嶺，遊廣孝寺，徜徉於雲門、若耶、鑑湖、剡溪之間，隨地講學，有詩咏懷。

王陽明全集卷七從吾道人記：「與之探禹穴，登鑪峰，陟秦望，尋蘭亭之遺迹，徜徉於雲門、若耶、鑑湖、剡曲。蘿石日有所聞，益充然有得，欣然樂而忘歸也。」

從吾道人語録日省録：「嘉靖乙酉八月二十三日，從先師往天柱峰，轉至朱華麓。麓有深隈，水木縈紆，石徑盤曲。更深邃處，寂無喧囂，人迹罕到。中有一人家，樓閣森聳，花竹清麗，其家曾央儈者出賣於先師，以其地遥，未即成券。是日睹之甚悦，既而幡然省曰：『我愛而彼亦愛之，有貪心而無恕心矣。』於是再四自克，屢起屢滅，行過朱華嶺四五里餘，始得淨盡。歸以語之門人，余時在座，不覺惕然。去欲之難如此，先師且然，况學者乎？」

從吾道人語録後録題王著作先生語録後：「余自嘉靖乙酉秋隨侍先師游廣孝寺，舟中聞先師云：『以道自樂，不知而不愠者，其王蘋乎！』余時懵然失問。及今病中，小兒自外獲其語録歸，得而觀之，足以知先師之歎之者信矣。」

王畿集卷十四報恩卧佛寺德性住持序：「昔嘗從陽明先師遊，登香爐峰，至降仙臺絶頂，發浩歌，聲振林麓。衆方氣喘不能從，請問登山之法。師曰：『登山即是學。人之一身，魂與魄而已。神，魂也；體，魄也。學道之人，能以魂載魄。雖登千仞之山，面前止見一步，不作高山欲速之想，徐步輕舉耳，不聞履革之聲，是謂以魂載魄。不知學之人，欲速躁進，疾趨重跨，履聲鏗然，如石委地，是謂以魄載魂。魂載魄，則神逸而體舒；魄載魂，則體墜而神滯。』予以登山之法登塔，故庶幾似之。」

王陽明全集卷二十登香爐峰次蘿石韵：「曾從爐鼎躡天風，下數天南百二峰。勝事縱爲多病阻，幽懷還與故人同。旌旗影動星辰北，鼓角聲迴滄海東。世故茫茫渾未定，且乘溪月放歸蓬。」　觀從吾登爐峰絶頂戲贈：「道人不奈登山癖，日暮猶思絶棧雲。巖底獨行窩虎穴，峰頭清嘯亂猿群。清溪月出時尋寺，歸棹城隅夜款門。可笑中郎無好興，獨留松院坐黄昏。」

按：董澐哭陽明夫子云：「覽勝心猶在，從游心未央。雲門摩石刻，禹廟訪梅梁。蘿月朱華麓，松泉道士莊。東山同醼集，南鎮幾徜徉。」（從吾道人詩稿卷下）即主要指是次秋游。按香爐峰在會稽山，萬曆紹興府志卷四：「會稽山，在府城東南十二里……東北接觀嶺，上有磐石屹立，曰降仙臺，一曰苗龍升仙臺，臺下有香爐峰。」天柱峰即望秦山，萬歷紹興府志卷四：「望秦山，在府城東南三十二里……一名天柱峰，一名卓筆峰。」廣孝寺在雲門山，萬曆紹興府志卷二十一：「雲門廣孝寺，在雲門山。晉義熙三年建……今去義熙千餘年，猶爲勝剎。」

近齋朱得之自靖江來紹興問學，陽明與門人詳揭致良知心學宗旨。

康熙常州府志卷二十三人物：「朱得之，字本思，靖江人。幼學時，能於傳注外，時出意見。

好說中庸，疑晦庵先生格致之學，而未知所從入。有傳陽明先生傳習録至者，披閱連晝夜，走越贄焉。益究良知之旨。其歸也，陽明書修道説貽之。陽明殁於粤，得之走數千里哭之，盡哀。其孝友天至，群從諸弟多不相能，一一誨化，皆成善士。」

虚生子朱得之述稽山承語：「實夫問：『心即理，心外無理，不能無疑。』師曰：『道無形體，萬象皆其形體；道無顯晦，人所見有顯晦。以形體而言，天地一物也；以顯晦而言，人心其機也。所謂心即理也者，以其充實氤氲而言謂之氣，以其脉絡分明而言謂之理，以其流行賦畀而言謂之命，以其稟受一定而言謂之性，以其物無不由而言謂之道，以其妙用不測而言謂之神，以其凝聚而言謂之精，以其主宰而言謂之心，以其無妄而言謂之誠，以其無所倚著而言謂之中，以其無物可加而言謂之極，以其屈伸消息往來而言謂之易，其實則一而已。今夫茫茫堪輿，蒼然隤然，其氣之最麄者歟！稍精則爲日月、星宿、風雨、山川；又稍精則爲雷電、鬼怪、草木、花卉；又精而爲鳥獸、魚鱉、昆蟲之屬；至精而爲人，至靈至明而爲心。故無萬象，則無天地；無吾心，則無萬象矣。故萬象者，吾心之所爲也；天地者，萬象之所爲也；天地萬象，吾心之糟粕也。要其極致，乃見天地無心，而人爲之心。心失其正，則吾亦萬象而已；心得其正，乃謂之人。此所以爲天地立心，爲生民立命，惟在於吾心。此可見心外無理，心外無物。所謂心者，非今一團血肉之具也，乃指其至靈至明、能作能知者也，此所謂「良知」也。然而無聲無臭，無方無體，此所謂「道心惟微」也。以此驗之，則天地日用，四時鬼神，莫非一體之實理，不待有所彼此比擬者。古人之言合德合明、如天如神、至善至誠者，皆自下學而言，猶有二也；若其本體，惟吾而已，更何處有天地萬象？此大人之學所以與天地萬物一體也。一物有外，便是吾心未盡處，不足謂之學。』此乙酉十月與宗範、正之、惟中聞於侍坐時者，丁亥七月追念而記之，已屬渺茫，不若當時之釋然，不見師友之形骸、堂宇之限隔也。」

按：朱得之稽山承語乃按年編排著録語録。此條語録列在前面，當是朱得之來紹興後不久所記。此條語録之前又著録一條語録云：「董蘿石平生好善惡惡之意甚嚴，自舉以問。師曰：『好字原是好字，惡字即是惡字。』董於言下躍然。」按董澐是年三月來紹興，至九月即歸海鹽（見下），此條語録當記在九月以前，由此可推斷朱得之約在八月來紹興見陽明。

朱得之字本思，號近齋，一號虛生子，靖江人。明儒學案卷二十五明經朱近齋先生得之：「朱得之，號近齋，直隸靖江人。貢爲江西新城丞，邑人稱之。從學於陽明，所著有參玄三語。其學頗近於老氏，蓋學焉而得其性之所近者也。」朱得之至嘉靖六年春方歸靖江（見下），其稽山承語乃記録嘉靖四年秋至嘉靖六年春之陽明語録，尤可見陽明晚年思想之新動態。惜稽山承語所收語録仍不全，按尤時熙尤西川先生擬學小記卷六紀聞中亦著録甚多朱得之所記語録，兹將其所記不見於傳習録及稽山承語之語録著録於下，以備見朱得之來會稽問學與陽明講學之況：

「近齋朱先生說，陽明老師始教人存天理，去人欲，他日謂門人曰：『何謂天理？』門人請問，師曰：『心之良知是也。』他日又曰：『何謂良知？』門人請問，師曰：『是非之心是也。』」

「近齋自言得自親聞老師云：『諸友皆數千里外來此，人當謂有益於朋友，我自覺我取朋友之益爲多。』又云：『我自得朋友聚講，所以此中日覺精明；若一二日無朋友，氣便覺自滿，便覺怠惰之習復生。』」

「近齋說，老師嘗云：『學者須有個嘉善而矜不能的心。』又云：『須是遯世無悶，不見是而無悶。』」

「近齋說，老師逢人便與講學，□人疑之，老師歎曰：『我如今譬如一個食館相似，有客過此，喫與不喫，都讓他一讓，當有喫者。』」

「近齋說，老師尹廬陵時，廬陵舊俗健訟，老師作兩櫃，鎖封之，竅其蓋，合可受投書，題其上，一曰『願聞己過』，一曰『願聞民隱』。夜置衙前，旦則收視。其於己過，有則改之，無則加勉；其於民隱，詳察而慎圖之。數月，廬陵無訟。甘泉先生曰：『陽明子卧治廬陵。』」

「近齋說，老師在南都時，有私怨老師者誣奏師，極其醜詆。老師始見其疏草，頗怒，即自省曰：『此不得放過。』即掩卷自反自抑，俟心平氣和，再展看。又怒，又掩卷自反自抑，直待心平氣和如常時，視彼詆誣真如飄風浮靄，略無芥蒂怨尤。是後雖有大毀謗，大利害，皆不爲動。老師嘗告學者曰：『君子之學，務求在己而已。毁譽榮辱之來，非惟不以動其心，且資以爲切磋砥礪之地，故君子無入而不自得，正以無入而非學也。」

「近齋説，老師每與門人遊山，童冠雲從。遇佳勝處，師盤坐，冠者列坐左右，或鳴琴，或歌詩，或質疑，童子在後，俯伏潛聽，真機活潑，藹然『吾與點也』之意。

「一日，因論『巧言令色鮮矣仁』，近齋曰：昔侍坐先師，一友自言：『近覺自家工夫不濟，無奈人欲間斷天理何！』師曰：『若用汝言，工夫盡好了，如何説不濟？我只怕你是天理間斷人欲耳。』其友茫然自失。

「予昔官國學，一日，同鄉許虢田者，函谷先生冢嗣也，謂我曰：『聞君講陽明學。』予未有對。虢田曰：『陽明與先人在同年中最厚，且同志。後相别數年，及再會，先人舉舊學相證，陽明不言，但微笑，良久曰：「吾輩此時只説自家話罷，還翻那舊本子作甚！」蓋先人之學本六經，陽明則否。』

「近齋説，陽明老師年逾五十未立冢嗣，門人有爲師推算，老師喻之曰：『子繼我形，諸友有得我心者，是真子也。慨自興兵以來，未論陣亡，只經我點名戮過者甚多，倘有一人冤枉，天須絶我後，我是不以子之有無爲意。』」

九月，蘿石董澐歸海鹽，陽明有詩送别，並作從吾道人記贈之。

王陽明全集卷二十書扇贈從吾：「君家只在海西隈，日日寒潮去復迴。莫遣扁舟成久别，爐峰秋月望君來。」

同上，卷七從吾道人記。

東橋顧璘書來質疑陽明致良知心學，陽明有答書詳辨。

傳習録卷中答顧東橋書：「來書云：『真知即所以爲行，不行不足謂之知，此爲學者喫緊立教，俾務躬行則可。若真謂行即是知，恐其專求本心，遂遺物理，必有闇而不達之處。抑豈聖門知行並進之成法哉？』知之真切篤實處，即是行；行之明覺精察處，即是知。知行工夫本不可離，只爲後世學者分作兩截用功，失却知行本體，故有合一並進之説。『真知即所以爲行，不行不足謂之知』，即如來書所云『知食乃食』等説可見，前已略言之矣。此雖喫緊救弊而發，然知行之體本來如是，非以己意抑揚其間，姑爲是説以苟一時之效者也。『專求本心，遂遺物理』，此蓋失其本心者也。夫物理不外於吾心，外吾心而求物理，無物理矣；遺物理而求吾心，吾心又何物邪？心之體，性也；性即理也。故有孝親之心，即有孝之理；無孝親之心，即無孝之理矣。有忠君之心，即有忠之理；無忠君之心，即無忠之理矣。理豈外於吾心邪？晦庵謂：『人之所以爲學者，心與理而已。』心雖主乎一身，而實管乎天下之理；理雖散在萬事，而實不外乎一人之心。是其一分一合之間，而未免已啓學者心、理爲二之弊。此後世所以有專求本心，遂遺物理之患，正由不知心即理耳。夫外心以求物理，是以有闇而不達之處。此告子『義外』之説，孟子所以謂之不知義也。心，一而已。以其全體惻怛而言，謂之仁；以其得宜而言，謂之義；以其條理而言，謂之理。不可外心以求仁，不可外心以求義，獨可外心以求理乎？外心以求理，此知行之所以二也；求理於吾心，此聖門知行合一之教，吾子又何疑乎？

「來書云：『所釋大學古本，謂致其本體之知，此固孟子盡心之旨。朱子亦以虛靈知覺爲此心之量。然盡心由於知性，致知在於格物。』『盡心由於知性，致知在於格物』，此語然矣。然而推本吾子之意，則其所以爲是語者，尚有未明也。朱子以盡心、知性、知天爲物格、知致，以存心、養性、事天爲誠意、正心、修身，以殀壽不貳、修身以俟爲知至仁盡、聖人之事。若鄙人之見，則與朱子正相反矣。夫盡心、知性、知天者，生知安行，聖人之事也；存心、養性、事天者，學知利行，賢人之事也；殀壽不貳、修身以俟者，困知勉行，學者之事也。豈可專以盡心知性爲知，存心養性爲行乎？……夫心之體，性也；性之原，天也。能盡其心，是能盡其性矣。中庸云『惟天下至誠，爲能盡其性』，又云『知天地之化育』，『質諸鬼神而無疑，知天也』，此惟聖人而後能然，故曰『此生知安行，聖人之事也』。存其心者，未能盡其心者也，故須加存之之功；心存之既久，不待於存而自無不存，然後可以進而言盡……事天則如子之事父，臣之事君，猶與天爲二也。天之所以命於我者，心也，性也，吾但存之而不敢失，養之而不敢害，如父母全而生之、子全而歸之者也，故曰『此學知利行，賢人之事也』。至於『殀壽不貳』，則與存其心者又有間矣。存其心者雖未能盡其心，固已一心於爲善，時有不存，則存之而已。今使之殀壽不貳，是猶以殀壽貳其心者也……今且使之不以殀壽貳其爲善之心，若曰死生殀壽皆有定命，吾但一心於爲善，修吾之身，以俟天命而已，是其平日尚未知有天命也。事天雖與天爲二，然已真知天命之所在，但惟恭敬奉承之而已耳。若俟之云者，則尚未能真知天命之所在，猶有所俟者也，故曰所以立命……孔子所謂『不知命，無以爲君子』者也，故曰『此困知勉行，學者之事也』……

「來書云：『聞語學者，乃謂即物窮理之説，亦是玩物喪志；又取其厭繁就約、涵養本原數説，標示學者，指爲「晚年定論」，此亦恐非。』朱子所謂『格物』云者，在即物而窮其理也。即物窮理，是就事事物物上求其所謂定理者也，是以吾心而求理於事事物物之中，析心與理而爲二矣……見孺子之入井，必有惻隱之理，是惻隱之理果在於孺子之身歟？抑在於吾心之良知歟？……以是例之，萬事萬物之理，莫不皆然，是可以知析心與理爲二之非矣。夫析心與理而爲二，此告子『義外』之説，孟子之所深闢也。務外遺内，博而寡要，吾子既已知之矣……若鄙人所謂致知格物者，致吾心之良知於事事物物也。吾心之良知，即所謂天理也。致吾心良知之天理於事事物物，則事事物物皆得其理矣。致吾心之良知者，致知也；事事物物皆得其理者，格物也。是合心與理而爲一者也。合心與理而爲一，則凡區區前之所云，與朱子晚年定論，皆可以不言而喻矣。」……

「來書云：『教人以致知明德，而戒其即物窮理，誠使昏闇之士深居端坐，不聞教告，遂能至於知致而德明乎？縱令静而有覺，稍悟本性，則亦定慧無用之見，果能知古今，達事變，而致用於天下國家之實否乎？其曰「知者意之體，物者意之用，格物如格君心之非」之「格」，語雖超悟獨得，不踵成見，抑恐於道未相脗合。』區區論致知格物，正所以窮理，未嘗戒人窮理，使之深居端坐而一無所事也……心者身之主也，而心之虚靈明覺，即所謂本然之良知也。其虚靈明覺之良知，應感而動者，謂之意。有知而後有意，無知則無意矣。知非意之體乎？意之所用，必有其物，物即事也……凡意之所用，無有無物者，有是意即有是物，無是意即無是物矣。物非意之用乎？『格』字之義，有以『至』字訓者，如『格於文祖』，『有苗來格』，是以『至』訓者也……有苗之頑，實以文德誕敷而後格，則亦兼有『正』字之義在其間，未可專以『至』字盡之也……蓋大學『格物』之説，自與繫辭『窮理』大旨雖同，而微有分辨。窮理者，兼格致誠正而爲功也。故言窮理，則格致誠正之功皆在其中；言格物，則必兼舉致知、誠意、正心，而後其功始備而密。今偏舉格物而遂謂之窮理，此所以專以窮理屬知，而謂格物未常有行，非惟不得格物之旨，並窮理之義而失之矣……

「來書云：『道之大端易於明白，所謂良知良能，愚夫愚婦可與及者。至於節目時變之詳，毫釐千里之謬，必待學而後知。今語孝於温凊定省，孰不知之？至於舜之不告而娶，武之不葬而興師，養志養口，小杖大杖，割股廬墓等事，處常處變，過與不及之間，必須討論是非，以爲制事之本，然後心體無蔽，臨事無失。』『道之大端易於明白』，此語誠然……良知良能，愚夫愚婦與聖人同。但惟聖人能致其良知，而愚夫愚婦不能致，此聖愚之所由分也……夫良知之於節目時變，猶規矩尺度之於方圓長短也……故規矩誠立，則不可欺以方圓，而天下之方圓不可勝用矣；尺度誠陳，則不可欺以長短，而天下之長短不可勝用矣；良知誠致，則不可欺以節目時變，而天下之節目時變不可勝應矣……使舜之心而非誠於爲無後，武之心而非誠於爲救民，則其不告而娶與不葬而興師，乃不孝不忠之大者。而後之人不務致其良知，以精察義理於此心感應酬酢之間，顧欲懸空討論此等變常之事，執之以爲制事之本，以求臨事之無失，其亦遠矣！……

「來書云：『謂大學格物之説專求本心，猶可牽合；至於六經、四書所載多聞多見，前言往行，好古敏求，博學審問，温故知新，博學詳説，好問好察，是皆明白求於事爲之際，資於論説之間者，用功節目固不容紊矣。』格物之義，前已詳悉……夫子嘗曰『蓋有不知而作之者，我無是也』，是猶孟子『是非之心，人皆有之』之義也。此言正所以明德性之良知，非由於聞見耳。若曰『多聞擇其善者而從之，多見而識之』，則是專求諸見聞之末，而已落在第二義矣……夫子謂子貢曰：『賜也，汝以予爲多學而識之者歟？非也，予一以貫之。』使誠在於多學而識，則夫子胡乃謬爲是説以欺子貢者邪？『一以貫之』，非致其良知而何？……舜之『好問好察』，惟以用中而致其精一於道心耳。道心者，良知之謂也。君子之學，何嘗離去事爲而廢論説？但其從事於事爲、論説者，要皆知行合一之功，正所以致其本心之良知，而非若世之徒事口耳談説以爲知者，分知行爲兩事，而果有節目先後之可言也。」

按：陽明此答顧東橋書，爲陽明生平最長之一篇論學書信，亦是陽明全面論述其良知心學思想最長之一篇論文(份量遠遠超過其古本大學傍釋、大學問)，不啻是陽明闡釋其良知心學思想體係具體而微之「哲學大綱」也。此書可視爲陽明良知心學思想成熟之標志，是其自正德十四年以來建構良知心學體係之完成。該書選爲傳習録卷中首篇，有畫龍點睛之妙，答顧東橋書，可謂傳習録之「靈魂」也。

顧璘顧華玉集憑几集卷二跋王陽明與路北村書卷：「陽明嘗與余論學，力主行是知之説，其言具載其傳習録，余以爲偶出奇論耳。今觀與北村書，取子路『何必讀書，然後爲學』之言，乃知其學亦不必專信孔氏也。此其獨往之勇，何必馳險寇虜降王類邪？」

按：顧璘在來書中云「所喻知行並進，不宜分别前後」，所謂「所喻」，由陽明此書中觀之，當是指陽明先嘗寄大學古本傍釋、朱子晚年定論給顧璘，顧璘乃就讀此二書有感，遂作書來質疑其説。按其時顧璘居家上元，湛甘泉任南京國子監祭酒，兩人關係甚密，陽明着意精心結撰此答顧東橋書長文，中多有隱然旁攻湛甘泉之説者，或亦有意寫給湛甘泉看知耶？

九月，歸餘姚省竹山穴湖祖墓，合葬易直翁王袞夫婦於竹山。

錢德洪陽明先生年譜：「九月，歸姚省墓。」

按：錢德洪叙述不明。按陽明是次歸餘姚，主要在省竹山穴湖王氏祖墓。光緒餘姚縣志卷二山川：「伯山，在風山東南，初亦名竹山，後以新建伯祖墓所在，改名。」王氏祖墓（包括岑太夫人墓）在竹山穴湖一帶，此竹山或即陽明是次歸省祖墓後改名伯山。前引陽明寄伯敬弟手札云：「穴湖及竹山諸墳，雨晴後可往一視。竹山攔土，此時必已完，俟楚知縣回日，當去説知。多差夫役拽置河下，俟秋間我自親回安放也。」所謂「穴湖及竹山諸墳」，即指王氏祖墓。所謂「俟秋間我自親回安放」，即指陽明回餘姚合葬易直公王袞夫婦於竹山。此外，陽明親屬亦有葬餘姚他處者，光緒餘姚縣志卷十五冢墓：「參議王綱墓，在禾山。」「參議牧相墓，在余山。」張壹民王性常先生傳：「賊憫其誠孝，容令綴羊革裹尸，負之而出，得歸葬禾山。」萬曆紹興府志卷五山川志：「禾山，在（餘姚）縣西北二十里。宋謝靈運云：『山海經有浮玉山，北望具區。』今餘姚烏道北禾山，與具區相望，即浮玉山。」陽明當一往禾山祭墓。

與餘姚諸生講會於龍泉寺中天閣，定每月以朔、望、初八、廿三爲講會之期，書中天閣壁以勉諸生。

王陽明全集卷八書中天閣勉諸生：「『雖有天下易生之物，一日暴之，十日寒之，未有能生者也。』承諸君之不鄙，每予來歸，咸集於此，以問學爲事，甚盛意也。然不能旬日之留，而旬日之間，又不過三四會。一別之後，輒復離群索居，不相見者動經年歲。然則豈惟十日之寒而已乎？若是而求萌蘖之暢茂條達，不可得矣。故予切望諸君勿以予之去留爲聚散，或五六日、八九日，雖有俗事相妨，亦須破冗一會於此……務在誘掖獎勸，砥礪切磋，使道德仁義之習日親日近，則世利紛華之染亦日遠日疏，所謂『相觀而善，百工居肆以成其事』者也。相會之時，尤須虛心遜志，相親相敬。大抵朋友之交，以相下爲益。或議論未合，要在從容涵育，相感以誠，不得動氣求勝，長傲遂非。務在默而成之，不言而信。其或矜己之長，攻人之短，粗心浮氣，矯以沽名，訐以爲直，挾勝心而行憤嫉，以圮族敗群爲志，則雖日講時習於此，亦無益矣。諸君念之，念之！」

按：文云「每予來歸，咸集於此，以問學爲事」，可見陽明是次歸餘姚，亦於中天閣聚徒講學。萬曆紹興府志卷二十一：「餘姚龍泉寺，在龍泉山，晉咸康二年間……有彌陀閣、千佛閣、蟠龍閣、羅漢院、上方寺、中天院、東禪院、西禪院、鎮國院、唤仙亭、更好亭、龍泉亭，自山麓至絶頂，殿閣儼然，背山面水，爲一邑佳處。寺額三字，作歐陽率更體。」卷九：「中天閣，在龍泉山之半，取方干『中天氣爽星河近』之句。陽明王先生守仁嘗於此聚徒講學。嘉靖乙酉，公書中天閣勉諸生……白石灰壁上，公自書，筆法甚清勁，十年前猶及見之，可謂奇迹。山僧不能護，今已重堊，字無復存矣。」

在餘姚，訪問鄉里故人謝遷、謝丕、馮蘭、倪宗正、嚴時泰、錢蒙、于震、管浦，有詩唱酬。

倪小野先生全集卷七池閣次韻答陽明公：「昨宵池月賓榻虛，高賢在邇歎離居。舉杯已慚孔北海，對弈空憶王南渠。蟻行梨上亦成句，鵝浴波心翻悟書。拙作酬君方走動，嘉音報我復烹魚。」池閣次韻答東溪公：「萬竹青圍金谷虛，小開池閣□仙居。秋來春去不知老，雲影天光漫問渠。花墅閑眈安石弈，草亭嬾著子雲書。歸來正值尊香候，雨細風微欲上魚。」池閣次韻答雪湖公：「池閣嵯峨凌碧虛，月明疑是水仙居。携筐錯認青泥硐，抱硯翻思白石渠。丘壑不忘吾道意，滄浪久絶是天書。野音一曲聊消遣，恐負波心出聽魚。」池閣次韻答汝湖公：「白雲飛去坐來虛，唯有南山伴静居。草際微風摇細浪，竹稍片月墮深渠。蓮花影裏新開像，藜火明中舊校書。自覺衰年存道氣，達人猶及辨熊魚。」池閣次韻答心漁公：「舞絮飛花點綴虛，飄飄身住水雲居。桂坡竹塢翻成壑，野水江潮引入渠。拄笏有時裁秀句，下帷無復理殘書。宫袍尚憶臨流寵，把看金緋舊賜魚。」池閣次韻答木山公：「野光面面送清虛，城裏山林似索居。花竹十年成勝地，雨風一夜是通渠。坐看汗漫逃塵事，夢入滄浪抱素書。江浦雷聲喧未寂，傍人指點化龍魚。」

池閣次韻答秋江公：「滿目蒼雲竹影虛，清陰池閣隱人居。芳洲地接蓬萊木，夏日香生菡萏渠。漢楚未分觀我弈，羲皇以上讀何書？年來嬾踏風塵路，且傍闌干學釣漁。」

按：陽明歸餘姚，鄉里故交如謝遷、馮蘭、倪宗正、邵蕡、錢蒙等人，必當往訪聚會。倪宗正此一組詩，即是次來訪聚會唱酬詩也。以池閣次韻答陽明公言，所謂「拙作酬君方走動」，似指陽明評點其突兀稿成，是次歸餘姚來送呈。其餘唱酬諸人，「東溪公」即于震，姚江逸詩卷九：「于震，震字孔安。正德丁卯鄉舉，知福安縣。倪宗正、楊撫皆執經其門，晚始爲詩。」「雪湖公」即馮蘭。「汝湖公」即謝丕（謝遷子）。「心漁公」即錢蒙。「秋江公」即管浦，姚江逸詩卷十一：「管浦，浦字弘濟。正德丁卯鄉舉，任萊州府判。倪小野詩『秋江八句重當今』，秋江，其別號也。」今倪小野先生全集中有用韻答管秋江，云：「幾年皂帽挹風流，喜托比鄰地轉幽。」可見其與倪小野比鄰而居。「木山公」，疑即嚴時泰，其作有木山集。

往桐湖訪南皋邵蕡，賀其壽誕。胡纘宗亦來見。

胡纘宗鳥鼠山人小集嘉靖集卷六桐湖一曲贈邵方伯文實兼呈王公陽明：「桐湖一曲水連天，十里浮槎圜碧蓮。淡雲疏月臨釣石，飛鳧浴鷺下漁湍。長安回首忽如夢，彭澤歸來真若仙。方伯才高康節壽，王通相訪但談玄。」

按：嘉靖集乃收胡纘宗嘉靖三年至六年在蘇州知府任上所作詩。胡纘宗此詩即其嘉靖四年九月由蘇州赴餘姚祝邵蕡壽所作。桐湖在餘姚（有以爲在桐廬，乃誤），光緒餘姚縣志卷八：「桐下湖，在縣東一十一里。」萬曆紹興府志卷十六：「桐山湖、穴湖，在冶山鄉。」桐湖與穴湖同在冶山鄉，故陽明往穴湖省祖墓，必當往桐湖訪邵蕡。胡纘宗詩云「方伯才高康節壽」，是將邵蕡比爲邵雍，祝其壽誕；「王通相訪但談玄」，是將陽明比爲王通，與邵蕡講論學問。

謝遷歸田稿卷七桐湖逸墅爲邵文實方伯作：「何事薇垣蚤乞身？崎嶇世路覺勞神。野花幽草新門徑，曲水崇山舊主賓。卧看閑雲歸洞口，步隨馴鶴遶湖濱。扁舟許我時來往，林下相望兩逸人。」

倪宗正倪小野先生全集卷五邵南皋桐湖逸墅二首：「一片桐湖水，歸雲迹正深。青山麋鹿伴，白日鳳凰吟。問柳諮詢意，栽花燮理心。勳名霄漢外，萬事總園林。桐湖堪逸老，好似鑑湖春。乾坤留勝地，風雨是平津。浮雲看倚杖，落日坐收綸。分得瑶峰草，青山牧鳳麟。」

同上，卷七三題桐湖逸墅：「中外勤勞四十年，桐湖歸逸即神仙。坐來隨意流觴處，題罷無端漫筆篇。午夢穩時啼鳥避，秋霖過後嬾雲便。賭棋却笑東山墅，一片機心未易損。」

同上，卷四南皋草堂行爲邵方伯題：「姚江江上足容與，草堂突兀江之溆。千丈光輝映斗牛，九重夢寐兆林雨。經淵藝藪白虎通，文第武階黃鵠舉。閥閲門開棠樹陰，珊瑚株長蕙花渚。憶昔先生就傅年，抱書提硯此周旋。題橋磊落風雲筆，宰社公平雨露權。萬言策定先憂日，八卦經探太極前。塵埃欲辨猪龍隊，霄壑俄驚雕鶚天。先生始辭草堂出，草堂從此歸物色。駿步群空渥水涯，鳳毛彩溢丹丘窟。王家寄托舊重煩，宦路馳驅轉超逸。石田圖畫景依稀，越客吟哦意蕭瑟。中外翱翔二十秋，拂衣歸問草堂幽。旋馬廳前書帶秀，浴鵝池面筆花浮。山中宰相蒼虬珮，雪裏神仙白鶴裘。蓬島閬臺尋樂屐，蘭洲芷浦採芳舟。草堂蘭蕊年年發，時弄秋鴻度佳夕。五侯歌舞遺豪華，九老昆朋聚仙客。静養菩提謝藥方，笑吐芙蓉擬詩格。流波淨練長不收，傍人指是玄暉宅。」

按：詩所云「九老昆朋聚仙客」，即指陽明、謝遷、馮蘭、倪宗正、于震諸人。

二十五日，致仕刑部尚書林俊疏薦陽明，不用。

明世宗實録卷五十五：「嘉靖四年九月辛巳，致仕刑部尚書林俊疏言：『……臣又觀去歲以來舊臣謝遷殆盡，朝著爲空。伏乞聖明留念既去者禮致，未去者慰留，與二三大臣時加延接。又有碩德重望如羅欽順、王守仁、吕柟、魯鐸輩，乞列左右，以裨聖德，圖聖治。臣衰病待盡，無復他望，誠念受四朝恩厚，未曾爲報，敢效古人遺表之意，敬布犬馬之心。……』」

國榷卷五十三：「嘉靖四年九月辛巳，致仕太子太保、刑部尚書林俊，乞收用議禮諸臣，並寬廷杖；召用羅欽順、王守仁、吕柟、魯鐸等。章下所司。」

宋冕赴陝西布政使任，書來請草書書法作品，陽明草書三首次張體仁聯句韻寄贈，並贈新刻傳習録等書。

陽明草書次張體仁聯句韻寄答宋孔瞻書一：「次張體仁聯句韻：眼底湖山自一方，晚林雲石坐而涼。閑心最覺身多潔，游興還堪鬢未蒼。樹杪飛泉長滴翠，霜前巖菊尚餘芳。秋江畫舫休輕發，忍負良宵燈燭光？　山寺幽尋亦借忙，長松落落水浪浪。深冬平野風煙淡，斜日滄江鷗鷺翔。海内交游惟酒伴，年來踪迹半僧房。相遇未盡清雲話，無奈官程促去航。　問俗觀山兩劇匆，雨中高興諒誰同？輕雲薄靄千峰曉，老木滄波萬里風。客散野皃從小艇，詩成巖桂發新叢。清詞寄我真消渴，絶勝金莖吸露筒。　答宋孔瞻，九月廿七日：別久，想念殊深。召公之政敷於陝右，其爲鄉邦之光多矣。令郎歸，辱問惠，益深□感怍。承致敬品，卷中中丞之意，不肖何以能當之？所須草字，□□所不□□，亦已久不作此，然勤勤之意不忘，略書近作一二首，見千萬鄙懷，目第一笑，擲之可也。人回，匆匆不盡。欲請千萬心亮，孔瞻宋友人。」　書二：「慰此思守先聖之遺訓，與海内之同志講求切劘之，庶亦少資於後學，不徒生於聖明之朝。然蔽惑既久，人是其非，其能虛心以相聽者鮮矣。若執事之德盛禮恭而與人爲善，此誠僕所欲效其愚者。然又道里隔絶無因，匪握手一致其所傾渴，又如何可言耶？雖然，目擊而道存，僕見執事之書，既已知執事之心，雖在千萬里之外，固當有不言而信者。謹以新刻小書二册，奉以教正，蓋鄙心之所欲效者，亦略具於其中矣。便間幸示一二□□。使還，劇病，筆潦草，千萬亮恕。」（此詩書碑帖石刻真迹由無爲寶晉齋收藏，見何福安寶晉齋碑帖集釋）

按：寶晉齋藏此詩書碑刻真迹，因碑刻前赫然題「蘇臺唐寅」，並有「六如居士」一方大印，歷來以爲是唐寅所作書，乃大誤。前考此次張體仁聯句韵爲陽明所作詩，載於王陽明全集中，則此答宋孔瞻二書亦必爲陽明所作，其草書亦分明是陽明字迹，絶不類唐寅筆法也。今按此次張體仁聯句韵詩刻題下明鈐「易明」一方印，「易明」即陽明，僅此已足證此詩書爲陽明所作矣。不知今人何以將此印誤譯爲「易明」，遂不知所云。茲再就二書考之：按「宋孔瞻」即宋冕，字孔瞻，號滸山，餘姚人，著名「姚江三廉」之一，與陽明同鄉早識。唐胄都察院右副都御史宋公冕墓誌銘：「弘治壬戌，登進士第。乙丑，授刑部河南司主事。」（國朝獻徵録卷六十一）弘治十八年，宋冕任刑部河南司主事，陽明則由刑部雲南司主事轉兵部武選清吏司主事，兩人過從甚密，蓋宋冕亦一刑部「西翰林」人物也。書一所云「召公之政敷於陝右，其爲鄉邦之光多矣」，乃指宋冕任陝西左布政，時在嘉靖四年，宋公冕墓誌銘：「乙酉，陞陝西左轄。以織羢楊太監額外之需索過甚，欲手疏以聞。楊使人陰持公過，以中傷之，竟無所得。鎮守太監晏宏乃私謂之曰：『宋公剛正，吾屬羞見。』楊亦自愧，邀偕往謝過。凡省之應邊糧餉器械，無不周備。總制荆山王公倚以爲重，薦其才行氣量，可大用。」按唐寅於嘉靖二年已卒，僅此可見此書非唐寅作。又所謂「其爲鄉邦之光多矣」，乃稱贊宋冕爲餘姚鄉邦争光，唐寅乃蘇州人，如何能作斯語？此亦足證此書爲陽明作也。書二談與同志講明聖學，也明是陽明口氣，斷非唐寅所能道。所言「謹以新刻小書二册，奉以教正」，即指陽明嘉靖三年新刻之傳習録與古本大學傍釋二書，陽明於同時期所作書札中多有類似之言，如答王亹庵中丞云：「謹以新刻小書二册，奉求教正。」(王陽明全集卷二十一)唐寅爲畫家，何來「新刻小書二册」？今按：前考亹庵王藎在嘉靖三年八月除巡撫陝西都御史，遣使來問，陽明有答書，答王亹庵中丞云：「使來，遠辱問惠，登拜感怍。舍親宋孔瞻亦以書來，備道執事勤勤下問之盛，不肖奚以得此！」原來宋冕乃是陽明親戚，而陽明答宋孔瞻書一中所云「卷中中丞之意，不肖何以能當之」，則必指亹庵王藎中丞也。蓋王藎與宋冕其時均在陝右，同僚共事，對陽明寄來新刻之二書，王藎有所品評褒贊，故陽明書中云「卷中中丞之意，不肖何以能當之」。更奇者，答王亹庵中丞中亦云：「思守先聖之遺訓，與海内之同志者講求切劘之，庶亦少資於後學，不徒生於聖明之朝。然蔽惑既久，人是其非，其能虚心以相聽者鮮矣。若執事之德盛禮恭而與人爲善，此誠僕所願效其愚者。然又邑里隔絶，無因握手一叙，其爲傾渴又如何可言耶？雖然，目擊而道存，僕見執事之書，既已知執事之心，雖在千萬里外，當有不言而信者。謹以新刻小書二册，奉求教正，蓋鄙心之所欲效者，亦略具於其中矣。」與答宋孔瞻書二所述字句幾乎全同，尤可見二書出於一人之手。答宋孔瞻書二所云「僕見執事之書」，「思守先聖之訓」，似指宋冕所訂家訓一書，宋公冕墓誌銘：「嘗訂家訓，分列修身、齊家等條，皆爲格言。」綜上所考，可知先是宋冕在嘉靖四年初别陽明赴陝西布政使任，至八月政成，遣其子携致陽明書歸餘姚，適逢陽明亦來餘姚，乃得見宋冕書而答覆之。

九月下旬，自餘姚歸，收到鄒守益來書與湛甘泉廣德州儒學新建尊經閣記，陽明有答書批評湛甘泉之説。

泉翁大全集卷二十七廣德州儒學新建尊經閣記：「廣德州儒學尊經閣，前大成殿，後范文正祠，左王太史廟，右集賢館，而中居尊，尊經也。東郭子鄒子三十五年篤志聖賢之學，以抗疏出翰林，來判廣德。于時遠近之士執經而考德者咸集焉，鄒子乃搆材鳩工，凡六月而閣成，居六經於其上，而息諸生於其下。凡爲閣三間六楹，而列二翼於前爲燕居，會之以門，爲復初書院。諸生有進曰：『敢問尊經之道何如？』東郭子曰：『吾無言焉。今有辟雍甘泉子者，知聖學也，諸生盍往問焉。』遂俾方、施兩生以來問於甘泉子。甘泉子曰：『夫經也，徑也，所由以入聖人之徑也。或曰：警也，以警覺乎我也。傅説曰：「學于古訓。」夫學，覺也，警覺之謂也。是故六經皆註我心者也，故能覺吾心。易以註吾心之時也，書以註吾心之中也，詩以註吾心之性情也，春秋以註吾心之是非也，禮、樂以註吾心之和序也。』曰：『然則何以尊之？』曰：『其心乎！故學於易而心之時以覺，是能尊易矣；學於書而心之中以覺，是能尊書矣；學於詩而心之性情以覺，是能尊詩矣；學於春秋、禮、樂而心之是非、和序以覺，是能尊春秋、禮、樂矣。覺斯存矣，是故能開聰明，擴良知。非六經能外益之聰明良知也，我自有之，彼但能開之、擴之而已也。如夢者、醉者，呼而覺之，非呼者外與之覺也。知覺，彼固有之也，呼者但能覺之而已也。故曰「六經覺我者也」。今之謂聰明知覺不必外求諸經者，不必呼而能覺之類也；今之忘其本而徒誦六經者，展轉喪志於醉夢者之類也。不呼而覺之類也者，孔子不能也；喪志於醉夢之類也者，孔子不爲也。是故中行者，鮮矣；是故天下能尊經者，鮮矣。』兩生曰：『何居？』曰：『弗或過焉，則或不及焉。過則助，不及則忘；忘則忽，助則侮。侮與忽，可謂之尊經也乎？』曰：『然則如之何？』曰：『觀之於勿忘勿助之間焉，尊之至矣。』兩生遂拜而受之，歸以告東郭子，鑱諸石以詔多士。」

按：尊經閣在六月建成，湛甘泉此記約作在七月中。鄒守益書廣德復初諸友會約云：「士儀及予舊遊施正夫、方德升……」（鄒守益集卷十五）此施正夫、方德升即湛甘泉記中所云「方、施兩生」。

王陽明全集卷六寄鄒謙之書五：「張、陳二生來，適歸餘姚祭掃，遂不及相見，殊負深情也。『隨事體認天理』，即戒慎恐懼功夫，以爲尚隔一塵，爲世之所謂事事物物皆有定理而求之於外者言之耳。若致良知之功明，則此語亦自無害，不然即猶未免於毫釐千里也。來喻以爲恐主於事者，蓋已深燭其弊矣。寄示甘泉尊經閣記，甚善甚善！其間大意亦與區區稽山書院之作相同。稽山之作，向嘗以寄甘泉，自謂於此學頗有分毫發明。今甘泉乃謂『今之謂聰明知覺不必外求諸經者，不必呼而能覺之類』，則似急於立言，而未暇細察鄙人之意矣。後世學術之不明，非爲後人聰明識見之不及古人，大抵多由勝心爲患，不能取善相下。明明其説之已是矣，而又務爲一説以高之，是以其説愈多而惑人愈甚。凡今學術之不明，使後學無所適從，徒以致人之多言者，皆吾黨自相求勝之罪也。今良知之説，已將學問頭腦説得十分下落，只是各去勝心，務在共明此學，隨人分限，以此循循善誘之，自當各有所至。若只要自立門户，外假衛道之名，而内行求勝之實，不顧正學之因此而益荒，人心之因此而愈惑，黨同伐異，覆短爭長，而惟以成其自私自利之謀，仁者之心有所不忍也！甘泉之意，未必由此，因事感觸，輒漫及之。蓋今時講學者，大抵多犯此症，在鄙人亦或有所未免，然不敢不痛自克治也。如何如何！」

按：陽明此書五「『隨事體認天理』，即戒慎恐懼功夫，以爲尚隔一塵」云云，與寄鄒謙之書一所言全同，顯是陽明先作寄鄒謙之書一，鄒守益有答書來堅持原説，陽明再作此寄鄒謙之書五答之。按尊經閣建成在六月，湛甘泉作廣德州儒學新建尊經閣記在七、八月間，鄒守益寄答書並湛甘泉尊經閣記來在九月，陽明作此寄鄒謙之書五則在九、十月間。王陽明全集於此書題下注「丙戌」作，顯誤。

十月十六日，再致書餘姚鄭官賢，商議王氏孫侄婚娶事。

陽明與鄭邦瑞書三：「向曾遣人接二舅母，因病體未平復，遂不敢强。今聞已盡安好，故特差人奉迎，書到，即望將帶孫女來此同住。其王處親事，須到此商議停當，然後可許。一應事務，我自有處，不必勞心也。不一一。陽明書致寶一侄收看，十月十六日。」（中國書法全集第五十二册，手札真迹藏美國普林斯頓大學美術館）

按：此札三所云「孫女」，即札二所云「女孫」。所謂「王處親事，須到此商議停當，然後可許」，即是欲爲王氏孫侄娶鄭氏孫女。此當是陽明在餘姚時已與二舅母及鄭官賢提及，故歸紹興後再致書商議。

致書宗弟王邦相，處置餘姚家事，告祖墓掘毁案告破。

陽明與王邦相書二：「過往士夫及鄉里後生自杭城來，皆能備道東瀛老先生休休樂善好德之誠，侃侃秉正斥讒之議，不勝敬服，不勝心感！後生浮薄狂憹，毁賢妬能者，聞東瀛之風，亦可以媿死矣；而尚略不知所慚沮，亦獨何以哉？家門不幸，區區之罪惡深重，近日祖墓復被掘毁，墓上天生瑞柏亦被斵伐，割心刳骨，痛何可言！近方歸此，修治園邑，論議紛紛，皆以爲孫氏所爲，區區亦未敢便以爲信。孫氏父子素所親厚，三子又嘗從學，此等窮兇極惡之事，我何忍遂以加於孫氏？姑告行府縣緝捕，盜賊之徒七十餘人，蹤迹難掩，不久必能緝獲。幸而與孫氏無干，非惟我家得申不世之冤，而孫氏亦得以洗無實之惡。不然，則誠衣冠道誼之大不幸也！痛心，痛心！東瀛老先生坐是未能致謝，進見時，煩道懇苦。廬次，草草不盡。陽明病夫拜手邦相揮使。」（王世傑、那志良、張萬里編藝苑遺珍法書第二輯第十三册）

按：書云「近方歸此，修治園邑」，即指嘉靖四年九月歸餘姚，省祖墓，遂得知祖墓被掘毁事。「孫氏」，指孫燧家。「三子又嘗從學」，指孫燧三子孫堪、孫墀、孫陞（見前考），皆爲陽明弟子。「東瀛老先生」，即東瀛王啓，時任刑部右侍郎。黄綰集卷二十七刑部右侍郎東瀛王公神道碑銘：「公諱啓，字景昭，初號學古，後更東瀛，姓王氏，黄巖人……所著有正蒙直解、周易傳疏、周禮疏義，及編古文類選、大學稽古衍義……辛巳，陞都察院右副都御史……又著撫滇翊華録、赤城會通記、尊鄉續録、王氏族譜、義蜂記等書。甲申，陞刑部右侍郎，詳慎刑辟。丁亥，以大獄免歸。」按餘姚王氏祖墓掘毁案事牽孫燧家，盜賊七十餘人，可謂地方一不世大案。時陽明方處洶洶毁謗之中，其靠刑部侍郎王啓出面過問，方得申不世之冤。王啓爲成化二十三年進士，王華成化二十三年任會試同考官，於王啓有「座主」之誼，陽明與王啓當早識。

以京師地震上疏薦楊一清，罷去首輔費宏，不報。

陽明京師地震上皇帝疏：「古之大臣不薦，士人皆責之。文侯之擇相，以繫夫人之去留，非他，宰輔小臣百執事可以出入進退其間者，求之古人如稷、契、伊、周，爲天下萬世之第一流，始克當之，今不可得而見矣。就以一代之才供一代之用，亦必掄選難任，求如漢平、勃之重厚，唐房、杜之謀斷，宋韓、范之救時，庶克顛隮，不徒執簿呼名，窠坐資級，備員數而已。然不知今日内閣爲宰相之第一人者，果稷、契、伊、周之佐歟？亦平、勃、房、杜、韓、范之佐歟？臣見其直不如平，厚不如勃，謀斷不如房、杜，而救時又不如韓、范遠甚，徒以奸佞伴食恬寵，上激天變，下鼓民怨，中失物望，臣固以逆知其情非天下之第一流人矣。夫居天下第一等之位，而非天下第一流之人，正古之所謂有聖君無賢佐，時不相值，功不可成，曾貞觀、慶曆之不若，則將焉用彼相矣。臣謹按陛下之師，得易同人之屯，四持太師之權，而勢不能以自克；五隔强臣之拒，而情莫得以下同。又屯飛鼎伏，當經綸之任，無濟難之才，將有折鼎覆餗之凶，不可以不慎也。臣又按陛下之友，得易姤之剥，一陰生於下，而君子之朋將以類去；一陽剥於上，而小人之朋將以類聚。若是者，王順長息，則我之使注、訓、惇、卞，則我之仇尚友之云。臣願陛下謹未然之防，而進將來之陽。若曰：士之處也，求其爲斯世也，而不知范升之詆誚；士之出也，求其順吾之志也，而不必如張楷之責望。人言相奸邪，而已不覺；人言外有變，而内不知，則是重陰抑陽，黨邪陷正，雖有金柅之固，不可止矣，豈不激成大變也哉？今地震京師，且在十月者，兹謂重陰，相臣妨政，天下不寧。仕三邊者，君相不能制夷狄，而夷虜侵中國。積陰爲水，而水不時，則水潦爲敗。夫水没都城，則陰沴陽，小人在相位，兵起之兆。雹毁瓦甓、殺禽獸者，國任小人而弗疑也。雷雹霹靂，大風伐屋折木者，小人在高位，賢人走遁也。人生有兩首四目，兹謂人禍，政出多門，宰相亂位，四夷來侵之象。赤風主爲災，賢奸不分，官人無序，故火失其性。夫災不妄作，變不虚生，人感天應，捷於桴鼓。然則今日之變，謂非相臣之積漸也耶？夫是臣者，歷事先朝，曾無寸補，以奸佞啗取寵榮，既覆前轍之車，莫及噬臍之悔，此陛下之所親見也。今又曲營虚譽，以欺陛下於再誤，若弗早辨，則後車弗戒，禍將焉極！臣以爲此臣不去，則紀綱益頹，而風俗益壞；此臣不去，則國勢益輕，而夷狄益强；此臣不去，則邦本益摇，而人才益凋；此臣不去，則言路益塞，而邪正益淆；此臣不去，則君臣益睽，而災異益臻。臣請陛下亟去之，更求才兼文武，應變幾神，可與共濟時艱，如昔大學士楊一清；惇德夙成，木强重厚，可與共臨患難，如今大學士石珤。若有其人，取置左右；如不兼得，寧虚位以俟，而不求備焉。斯弊政可除，人才可用，必有上帝者默賚良弼，起而協夢卜之求矣。臣遐荒疏逖，糞土之臣，平生未識宰相一面，去京師萬里，豈有深怨積怒於是臣，而固欲攻之以快己私也哉？其所以反復開諭，不避斧鑕之誅者，區區之意以爲宰相論道，親戚化原，苟非其人，必基禍本，明詔所謂『弊政未除，人才未用』，正在於此。故爲國長遠之慮，而不敢自爲身謀，其愚亦可見矣。」（張萱西園聞見録卷二十六，陽明文集失載）

按：陽明上此疏之時間，據該疏云：「更求才兼文武，應變幾神，可與共濟時艱，如昔大學士楊一清；惇德夙成，木强厚重，可與共臨患難，如今大學士石珤。」石珤除大學士入閣在嘉靖三年五月，明史宰輔年表：「嘉靖三年甲申，石珤，五月，吏部尚書兼文淵閣大學士入……六年丁亥八月，致仕。」又楊一清除大學士入閣在正德十年閏四月，至正德十一年八月致仕，明史宰輔年表：「正德十年乙亥，楊一清，閏四月，吏部尚書兼武英殿大學士入……十一年丙子八月，致仕。」楊一清在正德十一年已致仕而去，故陽明疏稱「昔大學士楊一清」。然嘉靖四年十一月楊一清又赴召再度入閣，明史宰輔年表：「嘉靖四年乙酉，一清，十一月召。五年丙戌，一清復吏部尚書、武英殿大學士，加少師，仍兼太子太傅入。」陽明此疏仍稱「昔大學士楊一清」，可見此疏必上在嘉靖四年十月，意在假京師地震上疏舉薦楊一清，攻罷内閣首輔費宏也。按國榷卷五十三：「嘉靖四年十月乙未，上以災異，諭輔臣擬諭修省，費宏等言：『應天以實不以文。』乞暫停仁壽宫。工部尚書趙璜請停玉德殿等，專事仁壽。上從之，並罷役。」陽明當是見世宗以災異諭輔臣擬諭修省而上是疏，蓋與席書、林俊上疏桴鼓相應也。陽明此疏所痛斥之「今日内閣爲宰相之第一人者」，顯指時爲内閣首輔之費宏，蓋陽明與費宏早有宿怨，而陰沮陽明入朝入閣者，首爲費宏。明史王守仁傳云：「諸同事有功者，惟吉安守伍文定至大官，當上賞。其他皆名示遷，而陰絀之，廢斥無存者……將召用，而費宏故銜守仁，復沮之。」弇州山人續稿碑傳卷八十六王守仁傳：「江西輔臣故銜守仁，不能特薦，猶持前論，而其鄉人之忌者，至誣之史，以故推兵部，若三邊，若團營，皆弗果用。」嘉靖四年起楊一清總督三邊軍務，實是費宏一箭雙鵰之計：既沮抑楊一清起用入閣，又沮抑陽明起用入朝。爲打破費宏當軸此一朝廷僵局，嘉靖四年以來，由席書發難，朝中攻詆費宏之聲日起，國榷卷五十三：「嘉靖四年七月庚午，初，檢討席春、劉夔以實録恩進按察副使，上改僉事，春遂憾費宏，言自來實録恩不外任。上特進春修撰，夔編修。已，學士張璁、桂萼求去，語亦侵宏。宏疏辨……八月己丑，四川按察副使余珊上言：『時事漸不克終，紀綱漸頽，言路漸塞，風俗漸壞，國勢漸輕，夷狄漸强，邦本漸摇，人才漸凋，刑法漸淆，君臣漸暌，災異漸臻，俱由首相非人。願亟去之。』報聞。」陽明實是踵席書、余珊、吉棠、林俊之後上此疏，真意亦在假薦楊一清入閣，攻罷費宏也。陽明此疏雖不報，但從十一月遂召楊一清直内閣觀之，可見陽明此疏隱然起作用矣。

十一月，召楊一清直内閣，吏部會推彭澤、陽明、鄧璋提督陝西三邊軍務，禮部尚書席書舉陽明爲三邊提督，世宗均不用。

明世宗實録卷五十七：「嘉靖四年十一月辛巳……初，御史吉棠以内閣大學士費宏與席書有隙，因薦提督三邊楊一清，宜召還内閣，以調護聖躬，消融朋比，詔許之。右給事中章僑上疏曰：『棠輕視三邊，危視朝廷，其言若有爲而發。獨不聞一清先年自三邊而吏部、而内閣乎？即其所爲，幾至狼狽，豈有今日克蓋前愆？況左右前後延頸抵掌，豈無誤一清以誤朝廷者，安在其護聖躬而消朋比也？臣謂今内閣可無一清，而三邊不可無一清。今留之於邊，所以愛朝廷，亦以愛一清也。』給事中鄭一鵬亦言：『一清初在三邊，雖稱其賢；其在吏部、内閣時，通賄賂，壞選法，交結廖鵬、錢寧，不可用也。』章俱下所司。已而兵部郎中楊儀言：『西陲方議調兵征剿西海虜寇，及處置土魯番事未定，一清未可動。且三邊重任，兹會推彭澤、王守仁，皆不足以當上心，則三邊提督莫宜於一清者。兹召用内閣，殆非陛下用一清之意，亦非一清所以自用之意也。』疏入，上以儀妄言輕率，切責而貰之。後御史侯秩亦上疏諫止，且言：『欲廣求將相，必謝遷、彭澤其人乃可。』上曰：『朝廷召用輔臣，自有酌處。侯秩狂妄撓瀆，必有朋使之人。顛倒誣薦，故亂成名。姑降二級，調遠方用。』尋補四川富順縣縣丞。」　卷五十八：「十二月丁酉，起兵部致仕尚書王憲提督陝西三邊軍務。初，楊一清召還，廷臣首推原任兵部尚書彭澤、王守仁可代。上不允，乃更推原任户部尚書鄧璋及憲……吏部尚書廖紀言：『頃者陛下召還楊一清於内閣，提督邊務員缺。臣等兩次會推如尚書等官彭澤、王守仁、鄧璋，皆未足以仰當聖心。臣惟提督之任，更無踰楊一清、彭澤等五人，因俱奏請從科道之言，仍留一清，或從臣等會推簡任一員，實爲邊防得人計耳。而禮部尚書席書謂臣内則柔順於相，臣外則牽制於科道，含糊展轉，曲爲兩情之詞。書爲此言，必有所主。臣思吏部以用人爲職，舉人代任，亦臣職也。竊觀大臣中人不能言者，書能言之；人不能爲者，書能爲之。遠過臣任。矧今屬當考察之期，乞罷臣用，書必能用舍得宜，黜陟精當。』上諭之曰：『卿老成持重，德望素隆，銓衡重地，委任方切。提督已有旨，不必深辨言，即出供職。』不允，辭。」

國榷卷五十三：「十二月丁酉，起王憲兵部尚書，總督陝西三邊軍務。吏部尚書廖紀以推總督不合，乞休。於是科道交論席書搆嫌箝制，上切責之。」

按：是次薦選三邊提督，大致分三派：科道官主張楊一清留爲三邊提督，入閣人員另選；吏部（所謂「廷臣」）會推彭澤、王守仁、鄧璋爲三邊提督人選（後又主張留楊一清）；禮部尚書席書則主楊一清入閣，王守仁任三邊提督。吏部尚書廖紀實爲折衷派。世宗素不喜王守仁，遂獨斷其事，召還楊一清入閣，起王憲爲三邊提督。席書抗辯，反遭切責矣。

十二月十七日，大禮集議成。席書疏救陽明門人陳洸。

國榷卷五十三：「嘉靖四年十二月辛丑，刊大禮集義成……庚戌，刑部尚書葉應驄、錦衣衛千户李經往訊陳洸，罪死，特旨宥之，削籍。應驄、經同御史熊蘭、凃相，參政李鋭，參議汪思，副使胡璉，僉事施儒，知府唐昇等雜治，具得洸事。問知縣宋元翰冤狀，曰：『洸，元翰父所録士也。元翰始至，雅善洸，後驗其譎，疏之。又洸窟盜事泄，議捕。洸言撫，不聽，竟剿之，得洸手札，成隙，令子更訐元翰受盜金，當戍，副使汪鋐廉而釋之。去之日，民爲樹碑。』應驄遂奏洸貪淫無厭，獵人婚姻，牟人田土，有鳥獸行，又擅殺人，汚蔑群官，而横加以罪，陰蓄亡命肆掠，積案至一百七十二宗，除赦前及疑曖者，餘十三宗當論，連係三百餘人，凡二十年間，死徙數十餘人，洸當置重典。洸亡詣闕，誣問官皆議禮黨首。上方持洸獄，而巡按涂相奏適至，尚書趙鑑、右副都御史張潤、給事中解一貫、御史鄭本公等爭執奏，而郎中黄綰當洸死，席書數居間不得，奏救之，末引桂萼，與趙鑑詈於朝。鑑以聞，不問。張璁言：『洸，議禮臣也。嘗劾費宏，而法官朋黨，中於法。』上宥洸死，削籍。大理卿湯沐及鑑等各爭之，不聽。大禮集議成，加恩洸，並宥其家。」

按：當初陽明在書陳世傑卷中以謙恭告誡陳洸，謂「傲，凶德也」，勸其收斂狂簡乖傲之性。而陳洸不聽其勸，四年後不幸爲陽明言中，身敗名裂，雖有席書、黄綰、桂萼、張璁援救，亦無濟於事矣。

十八日，致書宗弟王邦相，處置宗内孫侄婚娶事宜。

陽明與王邦相書三：「南京陳處親事，得在今冬送至杭城，就在邦相家裏住下，擇日取過江來，甚好。若今冬緩不及事，在明春正月半邊到杭，亦可。家下人多不停當，無可使者，須邦相處遣一的確人，到彼説知之。嫁裝之類，皆不必辦，到杭後自有處也。宗處人還，可多多上覆他。陽明字致王邦相揮使宗契。十二月十八日。」（王世傑、那志良、張萬里編藝苑遺珍法書第二輯第十三册）

按：是書仍談孫侄婚娶事，蓋陽明自餘姚歸後，一直忙於處理餘姚諸多家事，詳可見其同時所作與鄭邦瑞書、寄伯敬弟手札等。與鄭邦瑞書三中云「其王處親事，須商議停當，然後可許」，似即指此與王邦相書三中所云親事。

王邦相其人，陽明稱其爲「宗契」。由前與王邦相三書，可知王邦相乃是受命負責處理餘姚王氏一應家事者。按陽明寄伯敬弟手札云：「八弟在家處事，凡百亦可時時規戒。」八弟即王袞幼子王守恭，疑王邦相即八弟王守恭，字邦相。

楊鸞北上赴春官試，途經紹興來問學，旋北赴南京見湛甘泉。

鄒守益集卷二十祭楊士鳴文：「嗟嗟士鳴，卓有遠猷。既受學於大科，復講道於虔州。指江神以自誓，圖力追於前修。協朱鳥而和鳴，羌何恤群羽之啾啾！歲乙酉之嚴寒，探禹穴以東遊。歷桐川而上南雍，曰嚶鳴其可求。發微言以相規兮，指顔子以爲的。恐吾才之不竭兮，將無愧於作聖之則。佩藥石以夕惕兮，遲秋風以翱翔。故夙疾之增劇兮，遽捐館於觀光。」

按：薛侃楊復齋傳謂楊鸞嘉靖四年北上赴春官試，至南京，疾卒於湛甘泉之邸。兹以鄒守益此祭文考之：所謂「探禹穴以東遊」，即指北上來紹興見陽明問學；所謂「歷桐川而上南雍」，即指北上至南京見湛甘泉問學；所謂「遽捐館於觀光」，即指在南京病卒，未能再北上入京赴南宮春試，可見楊鸞當卒在嘉靖五年正月中。

南大吉考滿入覲，陽明作序送之。

王陽明全集卷二十二送南元善入覲序：「渭南南侯之守越也，越之敝數十年矣。巨奸元憝，窟據根盤，良牧相尋，未之能去；政積事隳，俗因隳靡。至是乃斬然剪剔而一新之，兇惡貪殘，禁不得行；而狡僞淫侈、游惰苟安之徒，亦皆拂戾失常，有所不便，相與斐斐緝緝，構讒騰誹，城狐社鼠之奸，又從而黨比翕張之，謗遂大行。士夫之爲元善危者沮之曰：『謗甚矣，盍已諸？』元善如不聞也，而持之彌堅，行之彌決，且曰：『民亦非無是非之心，而蔽昧若是，固學之不講而教之不明也，吾寧無責而獨以咎歸於民？』則日至學宮，進諸生而作之以聖賢之志，啓之以身心之學。士亦蔽於習染，鬨然疑怪以駭，曰：『是迂闊之談，將廢吾事！』則又相與斐斐緝緝，訾毁而詆議之。士夫之爲元善危者沮之曰：『民之謗若火之始災，士又從而膏之，孰能以無熸乎？盍遂已諸？』元善如不聞也，而持之彌堅，行之彌決。則及緝稽山書院，萃其秀穎，而日與之諄諄焉，亹亹焉，越月踰時，誠感而意孚。三學洎各邑之士亦漸以動，日有所覺而月有所悟矣，於是爭相奮曰：『吾乃今知聖賢之必可爲矣！非侯之至，吾其已夫！侯真吾師也。』於是民之謗者亦漸消沮，其始猶曰：『侯之於我，利害半；我之於侯，恩愛半。』至是惠洽澤流而政益便，相與悔曰：『吾始不知侯之愛我也，而反以爲殃我也；吾始不知侯之拯我也，而反以爲勞我也。吾其無人之心乎？侯真吾之嚴父也，慈母也。』於是侯且入覲，百姓惶惶請留，不得，相與謀之多士曰：『吾去慈母，吾將安哺乎？吾去嚴父，吾將安恃乎？』士曰：『吁嗟！維父與母，則生爾身；維侯我師，實生我心。吾寧可以一日而無吾師之臨乎？』則相與假重於陽明子而乞留焉。陽明子曰：『三年之覲，大典也。侯焉可留乎？雖然，此在爾士爾民之心。夫承志而無違，子之善養也；離師友而不背，弟子之善學也。不然，雖居膝下而侍几杖，猶爲不善養而操戈入室者也，奚必以留侯爲哉？』衆皆默然，良久，曰：『公之言是也。』相顧逡巡而退。明日，復師生相率而來請曰：『無以輸吾之情，願以公言致之於侯。庶侯之澍其來旋，而有以速諸生之化，慰吾民之延頸也。』」

按：南大吉赴京入覲之時間，錢德洪陽明先生年譜含混繫於嘉靖五年四月之下，云：「嘉靖五年四月，復南大吉書。大吉入覲，見黜於時。」其説乃誤。陽明此序文題下明注「乙酉」作，乃是。今以王陽明全集卷六中二首答南元善考之，可知南大吉於嘉靖五年三月已罷歸渭南，陽明於五月得南大吉書，並有答書復之（見下考）。以赴京來回路途算，可見南大吉最遲當在嘉靖四年十二月赴京入覲。南大吉被罷之原因，蓋從陽明此送南元善入覲序中可見端倪矣。

閏十二月，推大禮集議書成恩，方獻夫擢詹事府少詹事，疏薦陽明入閣，不報。

國榷卷五十三：「閏十二月戊午，禮部尚書席書進太子太保……甲子，大禮書成，推恩上議諸臣，陞廕有差。」

呂本方公獻夫神道碑：「甲申夏，擢翰林院侍講學士。乙酉冬，大禮書成，擢詹事府少詹事，仍兼經筵日講。」（國朝獻徵録卷十六）

沈德符萬曆野獲編卷十二貴後拜師：「王文成自龍場貶所内擢爲刑部郎，而南海方西樵獻夫爲吏部副郎，遇文成與語，服其學識，立拜之爲師。後以議禮驟貴，薦文成之章不一。及爲禮書，又薦文成入内閣。」

按：國榷、方公獻夫神道碑所云「大禮書」，萬曆野獲編所云「禮書」，均指大禮集議。蓋方獻夫之薦陽明亦非止一次，所謂「薦文成之章不一」，史多不載也。

魏良貴來紹興問學，北上赴京會試，陽明書卷贈别。

王陽明全集卷八書魏師孟卷：「心之良知是謂聖。聖人之學，惟是致此良知而已。自然而致之者，聖人也；勉然而致之者，賢人也；自蔽自昧而不肯致之者，愚不肖者也。愚不肖者，雖其蔽昧之極，良知又未嘗不存也，苟能致之，即與聖人無異矣。此良知所以爲聖愚之同具，而人皆可以爲堯舜者，以此也。是故致良知之外無學矣。自孔孟既没，此學失傳幾千百年。賴天之靈，偶復有見，誠千古之一快，百世以俟聖人而不惑者也。每以啓夫同志，無不躍然以喜者，此亦可以驗夫良知之同然矣。間有聽之而疑者，則是支離之習没溺既久，先横不信之心而然。使能姑置其舊見，而平氣以繹吾説，蓋亦未有不憣然而悔悟者也。南昌魏氏兄弟舊學於予，既皆有得於良知之説矣。其季良貴師孟，因其諸兄而來請。其資禀甚穎，而意向甚篤。然以偕計北上，不得久從於此。吾雖略以言之而未能悉也，故特書之以遺之。」

按：魏良貴早在陽明巡撫江西時即與兄魏良弼、魏良政、魏良器來受學。同治新建縣志卷四十：「魏良貴，字師孟，棨幼子。嘉靖進士，由大理寺正出知寧波府，叩火反風，祈霖雨，立蘇枯槁，有古循良風。備兵太倉，值倭寇猖獗，良貴畫策，搗巢寇遁，安撫流離。叙功，累官副都御史，擢操江，威愛並著，克全令命焉。」按魏良貴至嘉靖十四年方舉進士，其嘉靖以來屢赴南宫試不第。陽明此文所云「偕計北上」，即指魏良貴北上赴京會試（次年會試不第），故可知魏良貴約在冬間來問學，至五年正月北上赴京趕考。

魯江裘衍來紹興問學。

王畿集卷十六魯江草堂别言：「魯江兄自嘉靖丙戌聞學已來，深信良知靈明變化爲千聖傳心正法，時時只從人情事變上理會，三十年來，未嘗轉念，只在一念上照察，煅鍊銷融，以求復此靈明之體……余自丙戌都門與兄相别，始得留都一晤……回思燕山讌笑周旋時，宛如昨夢。是時相與聚處者十餘人，所注念而相信者，惟余與洛村二人。兄每提單刀直入話頭見示，勇擔力荷，現於眉目。余與洛村之言頗直遂斬截，無委曲相，宜乎兄之相信而無逆也。」

按：裘衍在正德十五年即來南昌問學。王畿此文所謂「魯江兄自嘉靖丙戌聞學已來」，乃是指裘衍在嘉靖四年冬來紹興問學，至嘉靖五年（丙戌）正月初與王畿等一起赴京會試；所謂「余自丙戌都門與兄相別」，「都門」指京師，乃謂兩人在京師會試，裘衍下第，與王畿別歸。蓋嘉靖五年之南宮春試，陽明弟子赴考者甚多，如王畿、錢德洪、黄弘綱、張元沖、聞人詮、唐與賢、戚賢、孫應奎等，他們多如魏良貴、裘衍一樣先提前在嘉靖四年冬順道來紹興問學，然後在嘉靖五年正月一起北上入京赴考。

黄州朱守乾請學歸，陽明書「致良知」卷贈别。

王陽明全集卷八書朱守乾卷：「黄州朱生守乾請學而歸，爲書『致良知』三字。夫良知者，即所謂『是非之心，人皆有之』，不待學而有，不待慮而得者也。人孰無是良知乎？獨有不能致之耳。自聖人以至於愚人，自一人之心，以達於四海之遠，自千古之前以至於萬代之後，無有不同。是良知也者，是所謂『天下之大本』也；致是良知而行，則所謂『天下之達道』也。天地以位，萬物以育，將富貴貧賤，患難夷狄，無所入而弗自得也矣。」

是歲，陽明審訂「九聲四氣歌法」，教書院諸生歌詩用。

陽明九聲四氣歌法

九聲半篇

(鼓)(鼓)(鼓)(鼓)(鼓)(金)(金)(金)箇平箇舒◯人折心悠◯有平仲折尼悠，(玉)◯(金)自發將揚◯聞折見悠◯苦平遮折◯迷串。(玉)(金)而串今串◯指平與舒◯真折頭悠◯面歎，(玉)◯(金)只平是舒◯良折知悠◯更振莫折疑悠。(玉)◯(金)只平是舒◯良折知悠◯更振莫折疑悠。(玉)(玉)(玉)。如連歌，止擊玉一聲，歌闋，方擊玉三聲。

四氣半篇

箇春之春，口略開。箇春之夏，口開。人春之秋，聲在喉。心春之冬，聲歸丹田。有仲尼亦分作春夏秋冬，而俱有春聲。自夏之春，口略開。將夏之夏，口開。聞夏之秋，聲在喉。見夏之冬，聲歸丹田。苦遮迷亦分作春夏秋冬，而俱有夏聲。而今指與真頭面首二字稍續前句，末三字平分，無疾遲輕重，但要有蕭條之意。聲在喉，秋也，亦宜春、宜夏、宜冬。只冬之春，聲歸丹田，口略開。是冬之夏，聲歸丹田，口開。良冬之秋，聲在喉。知冬之冬，聲歸丹田，口略開。更莫疑上四字，至冬之冬時，物閉藏剥落殆盡。此三字，一陽初動，剥而既復。

故第五字聲要高，以振起坤中不絕之微陽。六字、七字稍低者，陽氣雖動，而發端於下，則甚微也。要得冬時不失冬聲，聲歸丹田，冬也，亦宜春、宜夏、宜秋。天有四時，而一不用，故冬聲歸於丹田，而口無閉焉。

九聲全篇

(鼓)(鼓)(鼓)(鼓)(鼓)(鼓)(金)(金)(金)何平者舒○堪折名悠席平上折珍悠？(玉)都發緣揚○當折日悠得平師折○真串。(玉)(金)是串知串○佚平我舒○無折如悠○老歎，(玉)○(金)惟平喜舒○放折懷悠○長平似折春悠。(玉)○(金)得平志舒○當折爲悠○天平下折事悠，(玉)○(金)退發居揚○聊折作悠○水平雲折○身串。(玉)(金)胸串中串○一平點舒○分折明悠處歎，(玉)○(金)不平負舒高折天悠○不振負折人悠。(玉)○(金)胸串中串○一平點舒分折明悠處歎，(玉)○(金)不平負舒○高折天悠○不振負折人悠。(玉)(玉)(玉)。

四氣全篇

即前半篇法而疊用之。

九聲：曰(平)，曰(舒)，曰(折)，曰(悠)，曰(發)，曰(揚)，曰(串)，曰(歎)，曰(振)。(平)者，機主於出聲，在舌之上齒之內，非大非小，無起無落，優柔涵蓄，氣不迫促。(舒)者，即聲在舌齒，而洋洋蕩蕩，流動軒豁，氣度廣遠。(折)者，機主於入，而聲延於喉，漸漸吸納，亦非有大小起落，其氣順利活潑。(悠)者，聲由喉以歸於丹田，和柔涓涓，其氣深長，幾至於盡，而復有餘韵反還。發者，聲之豪邁，其氣直遂而磊磊落落。揚者，聲之昌大，其氣敷張而襟懷暢達。串者，上句一字聯下句二字，聲僅成聽，其氣纍纍如貫珠然。歎者，其聲淺短，氣若微妙剥落。振者，聲之平而稍寓精鋭，有消索振起之意。凡聲主於和順，妙在慷慨，發舒得盡，以開釋其鬱結；涵泳得到，以蕩滌其邪穢。如七言四句，其聲用平五出，無所出；用舒三出，而不輕於出；用折七入，無所入；用悠六入，而不輕於入；用發一揚一，漸於粗厲，弘而含也；用串三，而若一，而不至於間絶，微而縝也；用歎一，以斂其氣；用振一，以鼓其機，抑而張也。慎其所出，節流滋原，重其所入，□歸復命，廣大精微，抽添補洩，闔闢宣天地之化機，屈伸昭鬼神之情狀，舒卷盡人事之變態。歌者陶情適性，聞者心曠神怡，一道同風，淪肌浹髓，此調燮之妙用，政教之根本，心學之樞要，而聲歌之極致也。

四氣：曰春，曰夏，曰秋，曰冬。每四句分作春夏秋冬；而春夏秋冬中，又自有春夏秋冬。如第一句春，第二句夏，第三句秋，第四句冬，每句上四字各分作春夏秋冬，第一字春，第二字夏，第三字秋，第四字冬；下三字稍仿上四字，亦分作春夏秋冬。第三句首二字稍續上句，末三字各平分，不甚疾遲輕重，以第三句少變前一句，不疊韵而足聽也。第四句第四字乃冬之冬，用藏已極，然陰不獨勝，陽不終絶，消而必息，虚而必盈，所謂既剥將復，而亥子之間，天地人之至妙至妙者是也。故末三字當有一陽來復之義。第五字聲要高，何也？閉藏已極，不有以振而起之，無以發其坤中不絶之微陽也。故以十月謂之陽月，每句每二字一斷，庶轉氣悠揚，不至急促。第一字口略開，聲要融和；第二字口開，聲要洪大；第三字聲返於喉，秋收也；第四字聲歸丹田，冬藏也。春而融和，夏而洪大者，達其氣而洩之，俾不閼也。秋而收之，冬而藏之，收天下春而藏之肺腑也。其不絶之餘聲，復自丹田而出之，以滌邪穢，以融渣滓，擴而清之也。春之聲稍遲，夏之聲又遲，秋之聲稍疾，冬之聲又疾，變而通之，則四時之氣備矣；闔而闢之，則乾坤之理備矣。幽而鬼神屈伸而執其機，明而日月往來而通其運，大而元會運世而統其全，此豈有所强而然哉？廣大之懷，自得之趣，真有如大塊噫氣，而風生於寥廓；洪鐘逸響，而聲出於自然者。融溢活潑，寫出太和真機；吞吐卷舒，妙成神明不測。故聞之者不覺心怡神醉，恍乎若登堯舜之堂，舞百獸而儀鳳凰矣。（張鼐虞山書院志卷四）

按：虞山書院志卷四會約云：「歌咏以養性情，乃學之要務。夫詩不歌不得其益，子與人歌，而善取瑟而歌，聖人且然，況於學者？今後同志相會，須有歌咏，無論古樂，即陽明九聲四氣歌法，其意亦甚精深。」此所謂「陽明九聲四氣歌法」，即指志中所載歌法，故志於歌法下特注云：「此陽明先生法。」又於鄉約儀中特説明云：「歌詩。歌生二人出班詣案前歌孝順父母、尊敬長上詩二章，會衆俱和歌，鍾鼓之節俱依陽明先生舊法。」此所謂「依陽明先生舊法」，亦即指志中所載歌法。由此可以肯定志所載歌法即陽明所手定歌法。考陽明門人朱得之輯稽山承語載一條語録云：「歌詩之法，直而温，寬而栗，剛而無虐，簡而無傲。歌永言，聲依永而已。其節奏抑揚，自然與四時之敘相合。」此與四時之敘相合之「歌詩之法」，即指陽明之九聲四氣歌法也。故稽山承語接録一條語録云：「丙戌春末，師同諸友登香爐峰，各盡足力所至，惟師與董蘿石、王正之、王惟中數人至頂。時師命諸友歌詩，衆皆喘息不定。蘿石僅歌一句，惟中歌一章，師復自歌，婉如平時。」陽明與衆門人所用歌詩之法，即此九聲四氣歌法也。按王畿集卷七華陽明倫堂會語云：「宋子命諸生歌詩，因請問古人歌詩之意。先生曰：『……禮記所載「如抗如墜，如槁木貫珠」，即古歌法。後世不知所養，故歌法不傳。至陽明先師，始發其秘，以春夏秋冬、生長收藏四義，開發收閉爲按歌之節，傳諸海内，學者始知古人命歌之意。先師嘗云：「學者悟得此意，直歌到堯舜羲皇，只此便是學脉，無待於外求也。」……』又詹景鳳詹氏性理小辨卷四十四歌云：「近日王文成以己意教人歌，如四句詩，首句聲微重，象春；次重，以象夏；次稍輕，以象秋；次又輕，以象冬。第四句歌竟，則餘音聯續不斷，復將第四句賡歌微重，以象春起冬盡。恐古所謂聲歌，意不此也。」可見陽明確嘗定有九聲四氣歌法。又尤時熙尤西川擬學小記卷六紀聞云：「予一日訪何吉陽、王雲野及數友……吉陽因謂雲野云：『雲野歌詩。』雲野遂歌少陵、白沙七言律各一首章，爲陽明先生調，予時忽覺身心洞然……」此所謂「陽明先生調」，亦即指陽明九聲四氣歌法，可見陽明九聲四氣歌法在當時甚流行，王畿謂「傳諸海内」並非虚言。按陽明訓蒙教童生學者尤重歌詩涵咏，其訓蒙大意示教讀劉伯頌等云：「其栽培涵養之方，則宜誘之歌詩以發其志意，導之習禮以肅其威儀……今人往往以歌詩、習禮爲不切時務，此皆末俗庸鄙之見……故凡誘之歌詩者，非但發其志意而已，亦以洩其跳號呼嘯於詠歌，宣其幽抑結滯於音節也。」遂在教約中專設一章論歌詩云：「凡歌詩，須要整容定氣，清朗其聲音，均審其節調，毋躁而急，毋蕩而囂，毋餒而懾。久則精神宣暢，心氣和平矣。每學，量童生多寡，分爲四班，每日輪一班歌詩，其餘皆就席，斂容肅聽。每五日則總四班遞歌於本學。每朔望，集各學會歌於書院。」其説與此歌法同。陽明此訓蒙大意及教約作在正德十五年在江西大興社學時（見前），陽明九聲四氣歌法當於其時已初步形成，並用之於社學，如鄒守益諭俗禮要序云：「予嘗受學於陽明先生，獲見虔州之教，聚童子數百，而習以詩、禮，洋洋乎雅頌威儀之隆也！」（鄒守益集卷二）其最後審訂九聲四氣歌法則在嘉靖中歸越主教陽明書院與稽山書院時。前引稽山承語語録即記在嘉靖四年。按陽明此歌法所引第一首詩：「箇箇人心有仲尼，自將聞見苦遮迷。而今指與真頭面，只是良知更莫疑。」見王陽明全集卷二十，爲詠良知四首示諸生之一，前考陽明此詩乃爲童世堅作（童世堅有和詩），作在嘉靖四年春間。由此可以確知陽明最後審訂九聲四氣歌法在嘉靖四年春夏間。

許璋卒，陽明爲題墓，作文祭之。

光緒上虞縣志校續卷四十金石：「處士許璋墓題字，嘉靖四年。萬曆志：王守仁題……正中題『處士許璋之墓』六字，左『新建伯、南京兵部尚書王守仁題』十三字，右『大明嘉靖四年上虞縣知縣楊紹芳立』十五字。」卷八許璋傳：「年七十餘卒，文成以文哭之，題其墓曰『處士許璋之墓』。邑令楊紹芳爲立石，時嘉靖四年。」

一五二六　嘉靖五年　丙戌　五十五歲

正月，命王畿、錢德洪諸門人赴京會試，覓大舟聚諸同志北行。

徐階龍溪王先生傳：「丙戌，士復當試禮部，文成命公往，不答。文成曰：『吾非欲以一第榮子，顧吾之學，疑信者猶半，而吾及門之士，樸厚者未盡通解，穎慧者未盡敦毅。覲試，仕士咸集，念非子莫能闡明之，故以屬子，非爲一第也。』公曰：『諾。此行僅了試事，縱得與選，當不廷試，而歸卒業焉。』文成曰：『是惟爾意。』乃覓大舟，聚諸同志以行。其在途，自良知外，口無別談；自六經、四書、傳習録外，手無別檢。間有及時藝者，曰：『業已忘之矣。』有及試事者，曰：『業已任之矣。』及抵都，歐陽南野宗伯、魏水洲諫議、王瑶湖憲伯及郡縣入覲諸同志爭迎公，與相辨證。由是公名盛一時。」（王畿集附録）

周汝登聖學宗傳卷十四王畿傳：「丙戌，復當會試，文成命龍溪往，不答。文成曰：『吾非欲以一第榮子。顧吾之學，疑信者猶半，而吾及門之士，樸厚者未盡通解，穎慧者未盡敦毅，能闡明之者，無逾子。今當覲試，仕士咸集，子其往焉。』龍溪曰：『諾。』乃備大舟，聚諸同志以行。其在途，自良知外，口無別談；自六經、四書、傳習録外，手無別檢。間有及時藝者，曰：『業已忘之矣。』抵都門，歐陽南野宗伯、魏水洲諫議、王瑶湖憲伯洎郡縣入覲諸同志爭迎龍溪，與相辨證，大爲推服。」（另見趙錦龍溪王先生墓誌銘）

按：所謂「聚諸同志以行」，即指錢德洪、聞人詮、黃弘綱、張元沖、曾忭、魏良貴、裘衍諸門人。王畿緒山錢君行狀云：「丙戌，予與君同舉南宮，不就廷試而歸。」蓋兩人來回皆同舟而行也。

有書致瑤湖王臣，再懇其爲王艮救荒事妥善料理。

陽明先生文録卷二與王公弼書二：「汝止去後，即不聞消息。邇惟政學日新，爲慰。汝止頗爲救荒一事所累，不能久居於此，不審此時回家如何料理，亦曾來想見了否？倘其事稍就緒，須促之早來爲佳，此間朋友望渠至者，甚切，甚切！兼恐渠亦久累其間，不若且來此一洗滌耳。入覲在何時？相見尚未有定，臨紙怏悒。」

按：所謂「入覲在何時」，乃指王臣考滿入京。王臣嘉靖二年來知泰州，至嘉靖五年任滿，考績入京，後陞刑部員外郎。按前引徐階龍溪王先生傳云：「丙戌（正月）……乃覓大舟，聚諸同志以行……及抵都，歐陽南野宗伯、魏水洲諫議、王瑤湖憲伯及郡縣入覲諸同志争迎公。」可見王臣已在正月入覲至京，陽明此書當作在是年正月初。所謂「汝止去後」，「此時回家」，乃指王艮嘉靖四年十二月歸泰州，董燧王心齋先生年譜：「嘉靖四年乙酉……冬十二月，歸省。」蓋去陽明作此書時不遠，故稱「此時回家」也。

楊鸞卒於南雍湛甘泉之邸，陽明與甘泉均有文祭之。

王陽明全集卷二十五祭楊士鳴文：「嗚呼士鳴！吾見其進也，而遽見其止耶！往年士德之殁，吾已謂天道之無知矣；今而士鳴又相繼以逝，吾安所歸咎乎？嗚呼痛哉！忠信明睿之資，一郡一邑之中不能一二見，而顧萃於一家之兄弟，又皆與聞斯道，以承千載之絶學，此豈出於偶然者？固宜使之得志大行，發聖學之光輝，翼斯文於悠遠。而乃栽培長養，則若彼其艱；而傾覆摧折，又如此其易！其果出於偶然，倏聚倏散，而天亦略無主宰於其間耶？嗚呼痛哉！潮郡在南海之涯，一郡耳。一郡之中，有薛氏之兄弟子姪，既足盛矣；而又有士鳴之昆季；其餘聰明特達毅然任道之器，後先頡頏而起者以數十。其山川靈秀之氣，殆不能若是其淑且厚，則亦宜有盈虛消息於其間矣乎！士鳴兄弟雖皆中道而逝，然今海内善類，孰不知南海之濱有楊士德、楊士鳴者爲成德之士？如祥麟瑞鳳，争一睹之爲快，因而向風興起者比比。則士鳴昆季之生，其潛啓默相以有績於斯道，豈其微哉？彼黄馘槁斃，與草木同腐者，又何可勝數！求如士鳴昆季一日之生以死，又安可得乎？嗚呼！道無生死，無去來，士鳴則既聞道矣，其生也奚以喜？其死亦奚以悲？獨吾黨之失助而未及見斯道之大行也，則吾亦安能以無一慟乎？嗚呼痛哉！」

泉翁大全集卷五十七奠楊仕鳴文：「維嘉靖五年，歲次丙戌，六月壬子朔，越六日丁巳，南京國子監祭酒湛若水以牲醴之奠，告於近故鄉薦士楊仕鳴之靈曰：於乎仕鳴，而至於是邪！孰主張於是邪？今之學者，患無受道之器；有其器矣，患無必爲之志；有其器、有其志矣，所貴遵道而不貳；有器有志而不貳矣，彼任重道遠者，必天假之遐齡而遠乃可致。若夫不遵道而貳，致遠恐泥；不假之遐齡，彼蒼蒼者將何意邪？於乎！昔者子也與仲驥也，承命伯氏，千里而來，同負笈笥。及再見於荷塘之廬，聯舉秋試，慨然聖學之並詣，豈非後生可畏邪？仕德北遊，予居樵之屺，講合一之學於勿忘勿助之際。仕德乃來，予有砭劑。予顧謂子，爾轍勿異。是以有支離之説，易途之誡也。於乎！昔在夫子之門，稱好學者，顔氏之子，終日如愚，獨以默識，故曰：『萬言萬中不如一默。』於乎！爾舊字少默，宜默不默，而乃以鳴易爾字邪？多言傷氣，氣以動志，往往以談以歌，徹夜不寐。不寐固勵志也，不能養其身以有爲，人將指學爲禍生之戒。夫然後知勿忘勿助者，絶無絲毫人力，乃爲學之至也。於乎！海内同志者無幾，得爾兄弟，又五六年相逐而逝，此夫子所以慟『喪子』之慨，豈天果無意於斯文也邪？於乎！子來觀光，死於師友，命也，義也。魂無不之，返爾故里。哀哉，尚饗！」

按：據薛侃楊復齋傳，楊鸞卒於南雍湛甘泉之邸，後於十二月十四日歸葬於海陽雙溪山左（三賢墓誌）。陽明此祭文或與湛甘泉祭文作在同時。

二月，季本遷弋陽令，歸紹興來見陽明。南京工部員外郎黄綰托疾歸養，亦途經紹興來問學，侍陽明遊鑑湖。

季本説理會編卷三：「予嘗載酒從陽明先師遊於鑑湖之濱，時黄石龍亦預焉。因論戒慎不睹、恐懼不聞之義，先師舉手中筯示予曰：『見否？』則對曰：『見。』既而以筯隱之桌下，又問曰：『見否？』則對曰：『不見。』先生微哂。予私問之石龍，石龍曰：『此謂常睹常聞也。初亦不解，後思而得之。蓋不睹中有常睹，故能戒慎不睹；不聞中有常聞，故能恐懼不聞。此天命之於穆不已也。故當應而應，不因聲色而後起念；不當應而不應，雖遇聲色而能忘情。此心體所以爲得正，而不爲聞見所牽也。』石龍名綰，後號久庵。」

按：黄綰病歸黄巖之時間，據其讀鄭少谷詩云：「予被命之日，少谷寄書，拳拳以此爲言，故於白浦之歿即念及予也。豈意亦絶筆於此。予竟遯去，讀之悵然泣下，故書以志之。丙戌二月晦日，石龍山人綰識。」（黄綰集卷二十二）所謂「予竟遯去」，即指黄綰托疾歸隱，可見黄綰乃在二月自南京歸。又據黄綰四月三日在黄巖致楊一清書（黄綰集卷十九寄邃庵先生書），可見黄綰在四月初歸至黄巖，則其途經紹興來見陽明在二三月間。其時季本亦方改授弋陽令，歸家紹興，來見陽明問學。張元忭長沙守季彭山先生本傳：「自侍御史謫揭陽簿，稍遷弋陽令……其令弋陽也，安仁桂公復召入相，道經弋，雅重先生，一見握手求教。時方忌新建功，將奪其爵，先生爲言：『國家於人臣錫典，固不宜過越，然顧其人何如耳。爵上公，加九錫，分茅胙土，誠不可施；於温懿操介，其可靳於周公乎？』桂公爲之憮然。」（國朝獻徵録卷八十九）季本在嘉靖三年二月謫揭陽簿，至嘉靖五年還弋陽令歸紹興，故得與黄綰一起侍陽明遊鑑湖也。

與門人朱得之、楊文澄講論良知心學，首揭「王門四句教」。

朱得之輯稽山承語：「楊文澄問：『意有善惡，誠之將何稽？』師曰：『無善無惡者心也，有善有惡者意也，知善知惡者良知也，爲善去惡者格物也。』曰：『意固有善惡乎？』曰：『意者心之發，本自有善而無惡，惟動於私欲而後有惡也。惟良知自知之，故學問之要曰致良知。』」「或問三教同異。師曰：『道大無外，若曰各道其道，是小其道矣。……其初只是一家，去其藩籬，仍舊是一家。三教之分，亦只似此。』」「丙戌春末，師同諸友登香爐峰，各盡足力所至，惟師與董蘿石、王正之、王惟中數人至頂。時師命諸友歌詩，衆皆喘息不定。蘿石僅歌一句，惟中歌一章，師復自歌，婉如平時。蘿石問故。師曰：『我登山，不論幾許高，只登一步。諸君何如？』惟中曰：『弟子輩足到山麓時，意已在山頂上了。』師曰：『病是如此。』」

按：稽山承語所記語録乃按年編排著録，此「楊文澄問」條語録編在「丙戌春末」條語録之前，可以推斷此條記在嘉靖五年一二月中。陽明於此首次提出「四句教」，意義重大，但尚不圓滿完善，説有矛盾。如一則説心無善無惡，一則又説心爲「至善」，「心之本體原是善的」（陽明先生遺言録下）；一則説意有善有惡，一則又説意「本自有善而無惡」；一則説良知知善知惡，一則又説良知只「自知」，良知「無知」（陽明先生遺言録下）；一則説格物是爲善去惡，一則又説格物是格去其惡，並非格正其善，格物無所謂善惡（按：此四句教中「爲善去惡者格物也」一句，明儒學案卷二十五明經朱近齋先生得之語録作「無善無惡者格物也」，當是後來所改，已是「四無教」中之第四句矣）。正是這些矛盾最終推動陽明由「王門四句教」向「王門八句教」（四有教與四無教）演進矣（見下）。

三月，蘿石董澐來紹興問學，遊香爐峰，多有詩詠唱酬。

王陽明全集卷二十和董蘿石菜花韵：「油菜花開滿地金，鵓鳩聲裏又春深。閭閻正苦饑民色，畎畝長懷老圃心。自有牡丹堪富貴，也從蜂蝶謾追尋。年年開落渾閑事，來賞何人共此襟？」

同上，天泉樓夜坐和蘿石韵：「莫厭西樓坐夜深，幾人今夕此登臨？白頭未是形容老，赤子依然渾沌心。隔水鳴榔閑過棹，映窗殘月見疏林。看君已得忘言意，不是當年只苦吟。」

從吾道人詩稿卷下宿天泉樓：「高閣凝香夜色深，四簷星斗喜登臨。雪垂鬚髮今何幸，春滿乾坤見道心。冉冉光風回病草，瀼瀼灝氣足青林。浴沂明日南山去，擬向爐峰試一吟。」

王陽明全集卷二十示諸生三首之一：「爾身各各自天真，不用求人更問人。但致良知成德業，謾從故紙費精神。乾坤是易原非畫，心性何形得有塵？莫道先生學禪語，此言端的爲君陳。」

從吾道人語録求心録：「敬次先師韵求教：『爲學當從一念真，莫將聞見駭時人。要知静默無爲處，自有圓虚不測神。穀種滋培須有事，鏡光拂拭反生塵。藏而後發無方體，聽取江門碧玉陳。』」

資聖寺僧法聚亦隨董澐贄偈來謁，論道説禪，陽明有詩答之。

補續高僧傳卷二十六玉芝聚公傳：「法聚，字月泉，嘉禾富氏子。始去俗，從師於海鹽資聖寺，矢志參學。初見吉庵、法舟二宿，未甚啓發。聞王陽明倡良知之旨於稽山，同董從吾往謁之，言相契，陽明答以詩，然猶未脱然也。後於夢居禪師一掌下，沿徹源底，即入武康天池山搆精舍，顔曰『玉芝』。」

續燈存稿大鑒下第三十世：「湖州天池月泉玉芝法聚禪師……年十四，從資聖堅法師受業，芟染受具。矢志參學，夙夜匪懈。一日，閲壇經有省，往謁吉庵祚，不契。復見法舟濟，多所啓發。偶會陽明王公於多士中。王拈袖中鎖匙，問：『見麽？』師曰：『見。』王復納入袖中，曰：『見麽？』師曰：『見。』王曰：『未在。』師疑不決。一日，聞僧舉『僧問大顛和尚：「如何是見性？」』不覺釋然一笑，述偈曰：『湖光倚杖三千頃，山色開門五六峰。觸目本來成現事，蒲團今不鍊頑空。』」

蔡汝楠玉芝大師塔銘：「年方髫齓，肄儒業，淹通經籍，因從師於海鹽之資聖寺。後數年，陽明王先生開講於稽山，聞良知之旨，若契機緣，遂以偈爲贄，謁王先生。先生答以詩，今載集中，有答人問良知詩，云『人』即此僧也。……徙居武康天池，構玉芝精舍，禪坐其間，四方遊衲，集者頗衆。浙之東、西著名耆宿，聽所誦説，莫不欣快。主事一庵唐公、郎中龍溪王公，往往訪師山中，證儒釋大同之秘。……余營荆子山，悦其負峰而面原，構廓然堂，師適至，援筆銘曰：『儒曰大公，釋曰無聖。不二不一，水月空鏡。非心物住，物不我競。海印森羅，寂感斯應。妙圓致止，曰惟正定。』余歸自青原，師見訪，扣云：『公至青原，鄒祭酒如何諭個事韵？』青原講語，爲師誦之，師和曰：『曾參作聖功，探頤罔師法。紛紛千古下，與論多執著。昨見碧霞翁（按：即王陽明），披榛闢蕪説。良知衆妙門，洞然啓真訣。指我視聽機，不爲聲色輟。玄珠出罔象，走盤恒自活。静於動弗踰，明與暗相徹。物來斯順應，未應名「未發」。在迷本不虧，悟亦無所得。穢伏江水澄，影現秋空月。溢目煙寒輝，掬手不可掇。萬有鏡中象，歷歷布森列。擬心纔有無，實器成決裂。見忘道自真，智私乃多惑。一念微與危，慎之在甄别。』……余故曰：師於儒釋，非混東方之詞，西方之旨；師非工詩，觸之成聲，拈來是道爾。其於禪也，殆庶幾乎！」（國朝獻徵録卷一百十八）

按：玉芝詩云「昨見碧霞翁，披榛闢蕪説。良知衆妙門，洞然啓真訣」，道出玉芝謁見陽明時兩人説道論禪之真况，陽明後來提出「八句教」（四有教與四無教），蓋淵源於此矣（見下）。

徐渭玉芝大師法聚傳：「從師海鹽之資聖寺。與董從吾翁謁陽明先生於會稽山中，問『獨知』旨，持詩爲贄，先生器之，答以詩……其弟子名祖玉者，與渭爲方外交，結廬於山陰鏡湖之濱。師往來吴越間，數至其地。渭數往候之，或連晝夜不去，並得略觀其平生所著論，多出入聖經，混儒與釋爲一……渭嘗令師代濟法師答白居易問未了佛法書，又令作首楞嚴『昧晦爲空』一章解，合千有餘言……居天池山二十餘年，登坐説法者凡幾，每説衆至若千人。」（國朝獻徵録卷一百十八）

光緒海鹽縣志卷十五人物傳：「法聚，資聖寺僧。嘗結庵澉湖荆山芝産座下，人號玉芝和尚。後移錫武康天池示寂。聚初投偈於王陽明先生，陽明有答人問良知詩，即聚也。詩云：『良知即是獨知時，此知之外更無知。誰人不有良知在，知得良知却是誰？』晚參夢居禪師於金陵，問：『如何不落人圈繢？』居與一掌，聚即大悟。開講天池，應機接物，與王畿、蔡汝南、唐樞、董澐父子共證儒釋大同之旨。」

王陽明全集卷二十答人問良知二首：「良知即是獨知時，此知之外更無知。誰人不有良知在，知得良知却是誰？　知得良知却是誰？自家痛癢自家知。若將痛癢從人問，痛癢何須更問爲？」

按：王陽明全集中此二詩祇云「答人」，有意隱去法聚其人。王畿以爲「答人」是答袁仁，王畿集附録三袁參坡小傳：「參坡袁公名仁，字良貴，浙江嘉善人也……公與關中孫一元、海寧董澐、同邑沈槩、譚稷輩爲詩社。心齋王艮見之蘿石所，與語，奇之曰：『王佐之才也。』引見陽明先師。初聞良知之旨，先師以詩答之曰：『良知只是獨知時，自家痛癢自家知。若將痛癢從人問，痛癢何須更問爲？』

瞿然有省，然終不拜弟子，有謗則告，有過則規，先師以益友待之。嘉靖戊子，聞先師之變，公不遠千里迎喪於途，哭甚哀，與余輩同反會稽……著内經疑義、本草正訛、痘診家傳等書百餘卷……自裒其詩文爲一螺集八十卷，今梓行者僅八卷。讀易，著周易心法；讀詩，著毛詩或問；讀書，著砭蔡編；讀春秋，著鍼胡編；讀禮，著三禮家法。他所著述尚多。」（原載庭幃雜録卷首）疑是年法聚、袁仁與董澐同來紹興謁陽明問學論道，陽明作二詩答之，一贈法聚，一贈袁仁，錢德洪編陽明文集，皆隱去其名。按董澐日省録記云：「余嘗疑於先儒論性，無從質問。一日與男穀論之，遂有率意之對，嘗令繕寫以示月泉法聚，往復數四，意皆相反，並録以呈先師。先師批曰：『二子異同之論，皆是説性，非見性也。見性者，無異同之可言矣。他日聚子不非董子，董子不非聚子，則於見性也，其庶已乎！』噫，知性者鮮矣，不賴先師，則夢中説夢，何時而覺乎！」陽明之作答人問良知詩二首，蓋以此也。

監察御史聶豹巡按應天，渡錢塘江來見，講論旬日。别後聶豹書來論學，陽明有答書詳論。

傳習録卷中答聶文蔚：「春間遠勞迂途枉顧問證，惓惓此情，何可當也！已期二三同志，更處静地，扳留旬日，少效其鄙見，以求切劘之益；而公期俗絆，勢有不能，别去極快快，如有所失。忽承箋惠，反覆千餘言，讀之無甚浣慰。中間推許太過，蓋亦奬掖之盛心，而規礪真切，思欲納之於賢聖之域；又託諸崇一以致其勤勤懇懇之懷，此非深交篤愛，何以及是！

知感知愧，且懼其無以堪之也。雖然，僕亦何敢不自鞭勉，而徒以感愧辭讓爲乎哉？其謂：『思、孟、周、程無意相遭於千載之下，與其盡信於天下，不若真信於一人。道固自在，學亦自在，天下信之不爲多，一人信之不爲少者，斯固君子不見是而無悶之心，豈世之譾譾屑屑者知足以及之乎？』乃僕之情則有大不得已者存乎其間，而非以計人之信與不信也。夫人者，天地之心。天地萬物，本吾一體者也。生民之困苦荼毒，孰非疾痛之切於吾身者乎？不知吾身之疾痛，無是非之心者也。是非之心，不慮而知，不學而能，所謂良知也。良知之在人心，無間於聖愚，天下古今之所同也。世之君子惟務致其良知，則自能公是非，同好惡，視人猶己，視國猶家，而以天地萬物爲一體，求天下無治，不可得矣。古之人所以能見善不啻若己出，見惡不啻若己入，視民之饑溺猶己之饑溺，而一夫不獲，若己推而納諸溝中者，非故爲是而以蘄天下之信己也，務致其良知，求自慊而已矣。堯、舜、三王之聖，言而民莫不信者，致其良知而言之也；行而民莫不説者，致其良知而行之也。是以其民熙熙皞皞，殺之不怨，利之不庸，施及蠻貊，而凡有血氣者莫不尊親，爲其良知之同也。嗚呼！聖人之治天下，何其簡且易哉！後世良知之學不明，天下之人用其私智以相比軋，是以人各有心，而偏瑣僻陋之見，狡僞陰邪之術，至於不可勝説。外假仁義之名，而内以行其自私自利之實，詭辭以阿俗，矯行以干譽，揜人之善而襲以爲己長，訐人之私而竊以爲己直，忿以相勝而猶謂之徇義，險以相傾而猶謂之疾惡，妒賢忌能而猶自以爲公是非，恣情縱欲而猶自以爲同好惡，相陵相賊，自其一家骨肉之親，已不能無爾我勝負之意，彼此藩籬之形，而況於天下之大，民物之衆，又何能一體而視之？則無怪於紛紛籍籍，而禍亂相尋於無窮矣。僕誠賴天之靈，偶有見於良知之學，以爲必由此而後天下可得而治。是以每念斯民之陷溺，則爲之戚然痛心，忘其身之不肖，而思以此救之，亦不自知其量者。天下之人見其若是，遂相與非笑而詆斥之，以爲是病狂喪心之人耳。嗚呼！是奚足恤哉？……天下之人心皆吾之心也，天下之人猶有病狂者矣，吾安得而非病狂者乎？猶有喪心者矣，吾安得而非喪心乎？昔者孔子之在當時，有議其爲諂者，有譏其爲佞者，有毁其未賢，詆其爲不知禮，而侮之以爲『東家丘者』，有嫉而沮之者，有惡而欲殺之者……則當時之不信夫子者，豈特十之二三而已乎？然而夫子汲汲遑遑，若求亡子於道路，而不暇於煖席者，寧以蘄人之知我信我而已哉？蓋其天地萬物一體之仁，疾痛迫切，雖欲已之，而自有所不容已。故其言曰：『吾非斯人之徒與而誰與？』『欲潔其身，而亂大倫。』『果哉，末之難矣！』嗚呼！此非誠以天地萬物爲一體者，孰能以知夫子之心乎？若其遯世無悶，樂天知命者，則固無入而不自得道，並行而不相悖也。僕之不肖，何敢以夫子之道爲己任？顧其心亦已稍知疾痛之在身，是以徬徨四顧，將求其有助於我者，相與講去其病耳。今誠得豪傑同志之士扶持匡翼，共明良知之學於天下，使天下之人皆知自致其良知，以相安相養，去其自私自利之蔽，一洗讒妒勝忿之習，以濟於大同，則僕之狂病固將脱然以愈，而終免於喪心之患矣，豈不快哉！……會稽素號山水之區，深林長谷，信步皆是，寒暑晦明，無時不宜，安居飽食，塵囂無擾，良朋四集，道義日新，優哉游哉，天地之間寧復有樂於是者？孔子云：『不怨天，不尤人，下學而上達。』僕與二三同志，方將請事斯語，奚暇外慕？獨其切膚之痛，乃有未能恝然者，輒復云云爾。咳疾暑毒，書札絶懶。盛使遠來，遲留經月，臨歧執筆，又不覺累紙。蓋於相知之深，雖已縷縷至此，殊覺有所未能盡也。」

宋儀望華陽館文集卷十一明榮禄大夫太子太保兵部尚書贈少保謚貞襄雙江聶公行狀：「己酉，始召入爲福建道監察御史……入臺數月，疏凡三上，皆人所畏忌不敢言，於是直聲振於時。是年，以華亭績，如例贈封其親，夫人宋氏同封孺人。尋差往應天等處稽察馬政。明年春，按應天，乃上疏條陳馬政積弊大要，欲將江南拋荒田畝、逃亡丁口從實稽查，免其俵養，將原額種馬變價入官，候其復業成熟，别議召買……是歲，乃往謁陽明王公於越，相與講良知之學，先生於是鋭然以聖人爲必可至。其後以書問學於王公，公深歎先生任道之勇，乃爲書復之。」

按：陽明此書稱聶豹「春間」枉顧，聶豹啓陽明先生則謂「丙戌之夏，迄今兩易寒暑矣」（聶豹集卷八)。此當是聶豹在春三月底來訪陽明,講論旬日,至夏四月初別去,故云「丙戌之夏」。陽明此書云「咳疾暑毒」,則作在夏五月可知。蓋聶豹一離紹興,即有書致陽明(此書已佚),陽明作此答書必在五月也。錢德洪陽明先生年譜乃謂「八月,答聶豹書。是年夏,豹以御史巡按福建,渡錢塘江來見先生。」其説皆誤。陽明乃五月答聶豹書,而非八月;聶豹乃以御史巡按應天,而非巡按福建;聶豹乃春間來見陽明,而非夏間。

錢德洪陽明先生年譜:「豹初見稱『晚生』,後六年出守蘇州,先生已違世四年矣。見德洪、王畿曰:『吾學誠得諸先生,尚冀再見稱贄,今不及矣。茲以二君爲證,具香案拜見先生。』遂稱門人。」

南大吉罷歸渭南,途中書來,陽明有答書,贊其氣節大義,許爲「關學」中人。

王陽明全集卷六答南元善書一:「别去忽踰三月,居常思念,輒與諸生私相慨歎。計歸程之所及,此時當到家久矣。太夫人康强,貴眷無恙。渭南風景,當與柴桑無異,而元善之識見興趣,則又有出於元亮之上者矣。近得中途寄來書,讀之恍然如接顔色。勤勤懇懇,惟以得聞道爲喜,急問學爲事,恐卒不得爲聖人爲憂,亹亹千數百言,略無一字及於得喪榮辱之間,此非真有朝聞夕死之志者,未易以涉斯境也。浣慰何如!諸生遞觀傳誦,相與歎仰歆服，因而興起者多矣。世之高抗通脱之士，捐富貴，輕利害，棄爵禄，決然長往而不顧者，亦皆有之。彼其或從好於外道詭異之説，投情於詩酒山水技藝之樂，又或奮發於意氣，感激於憤悱，牽溺於嗜好，有待於物以相勝，是以去彼取此而後能。及其所之既倦，意衡心鬱，情隨事移，則憂愁悲苦隨之而作，果能捐富貴，輕利害，棄爵禄，快然終身，無入而不自得已乎？夫惟有道之士，真有以見其良知之昭明靈覺，圓融洞澈，廓然與太虚而同體。太虚之中，何物不有？而無一物能爲太虚之障礙。蓋吾良知之體，本自聰明睿知，本自寬裕温柔，本自發强剛毅，本自齋莊中正、文理密察，本自溥博淵泉而時出之，本無富貴之可慕，本無貧賤之可憂，本無得喪之可欣戚、愛憎之可取舍。蓋吾之耳而非良知，則不能以聽矣，又何有於聰？目而非良知，則不能以視矣，又何有於明？心而非良知，則不能以思與覺矣，又何有於睿知？然則又何有於寬裕温柔乎？又何有於發强剛毅乎？又何有於齋莊中正、文理密察乎？又何有於溥博淵泉而時出之乎？故凡慕富貴，憂貧賤，欣戚得喪，愛憎取舍之類，皆足以蔽吾聰明睿知之體，而窒吾淵泉時出之用。若此者，如明目之中而翳之以塵沙，聰耳之中而塞之以木楔也。其疾痛鬱逆，將必速去之爲快，而何能忍於時刻乎？故凡有道之士，其於慕富貴，憂貧賤，欣戚得喪而取舍愛憎也，若洗目中之塵而拔耳中之楔。其於富貴、貧賤、得喪、愛憎之相，值若飄風浮靄之往來變化於太虚，而太虚之體固常廓然其無礙也。元善今日之所造，其殆庶幾於是矣乎！是豈有待於物以相勝而去彼取此，激昂於一時之意氣者所能强，而聲音笑貌以爲之乎？元善自愛！元善自愛！關中自古多豪傑，其忠信沈毅之質，明達英偉之器，四方之士，吾見亦多矣，未有如關中之盛者也。然自横渠之後，此學不講，或亦與四方無異矣。自此關中之士有所振發興起，進其文藝於道德之歸，變其氣節爲聖賢之學，將必自吾元善昆季始也。今日之歸，謂天爲無意乎？謂天爲無意乎？元貞以病，不及别簡，蓋心同道同而學同，吾所以告之亦不能有他説也。亮之亮之！」

按：陽明此書云「别去忽踰三月……近得中途寄來書」，據其答南元善書二云：「五月初，得蘇州書。後月，適遇王驛丞，草草曾附短啓。」可見陽明此答南元善書一即由王驛丞所遞送之「短啓」，作在六月也。陽明在五月初收到南大吉由蘇州寄來書，由五月上推三月，則南大吉别陽明歸渭南在三月。錢德洪陽明先生年譜謂「四月，復南大吉書。大吉入覲，見黜於時」，乃誤。

大泌山房集卷六十五南郡守家傳：「擢紹興，郡丞靳塘者，歷年多習郡事，傲公以所不知，公佯不省。既三月，一日，召諸吏集庭下，數之曰：『若曹何而謾人乃爾？某事可，若以爲不；某事不，若以爲可。』取故案剖决數十事如流，悉中情理，丞乃大服，吏震讋汗下。已飭條教行邑，曰：『糧莠不除，則嘉禾不生，古未有養奸而可爲治者也。今與諸長吏約，如農夫之去草，芟夷藴崇，無使能殖焉。』石天禄、戴顯八者，劇盜所窟穴，更倚大姓爲庇，有司莫敢問，公立捕論殺之。每臨重囚，朱衣象簡，秉燭焚香，開重門，坐堂上，令衆見之，望者以爲神，然稍傷苛急矣。……乃葺稽山書院，創尊經閣，簡八邑才儁弟子肄業其中，爲新建刻傳習録，風示遠近，四方從新建者麕集，公爲都養焉。又濬郡河，開上竈溪……復謝太傅、王右軍祠，奪所侵祠堧地，皆不便其部中顯者。會大計，遂以考功令中之罷。妻孥尚在郡，買舟東下，挈與俱歸，士民涕泣送者，不絶於道……余聞嘉靖初，當國者忌新建，禁僞學，嗛公行其傳習録，讒口因是得入。」

關學編三瑞泉南先生：「嘉靖癸未如紹興……又同諸同門録王公語爲傳習録，序刻以傳越。丙戌，先生入覲，以考察罷官。先生治郡，以循良重一時，當事者以抑王公故，故斥之……先生既歸，益以道自任，尋温舊學不輟。以書抵其侶馬西玄諸君，闡明致良知之學……故至今稱王公高弟子，必稱『渭南元善』云。所著有紹興志、渭南志、瑞泉集若干卷，行於世。」

按：觀此，南大吉入覲遭罷之真相大白於天下：原來南大吉之所以被罷，非唯因其施政得罪地方豪强巨室及「部中顯者」，而且更因其刊刻傳習録、葺稽山書院簡八邑士子來從陽明學，觸犯禁網。所謂「當國者忌新建，禁僞學，嗛公行其傳習録」，「當事者以抑王公故，故斥之」，即指南大吉從學陽明，推廣風傳王學，觸犯「學禁」，卒被進讒遭罷。所謂「當國者」、「當事者」，非費宏之流莫屬也。

是春大水，南大吉開浚河渠見效，百姓免於水患，陽明作濬河記以頌之，爲南大吉辯謗。

王陽明全集卷二十三濬河記：「越人以舟楫爲輿馬。濱河而廛者，皆巨室也。日規月築，水道淤隘，蓄洩既亡，旱潦頻仍。商旅日爭於途，至有鬥而死者矣。南子乃決沮障，復舊防，去豪商之壅，削勢家之侵。失利之徒，胥怨交謗，從而謡之曰：『南守瞿瞿，實破我廬；瞿瞿南守，使我奔走。』人曰：『吾守其厲民歟！何其謗者之多也？』陽明子曰：『遲之！吾未聞以佚道使民，而或有怨之者也。』既而舟楫通利，行旅歡呼絡繹。是秋大旱，江河龜坼，越之人收獲輸載如常。明年大水，居民免於墊溺。遠近稱忭，又從而歌之曰：『相彼舟人矣，昔揭以曳矣，今歌以楫矣。旱之熇也，微南侯兮，吾其燋矣；霪其彌月矣，微南侯兮，吾其魚鼈矣。我輸我穫矣，我遊我息矣，長渠之活矣，維南侯之流澤矣。』人曰：『信哉！陽明子之言：「未聞以佚道使民，而或有怨之者也。」』紀其事於石，以詔來者。」

按：此記題下原注「乙酉」作，乃誤。此記分明云「明年大水」，則作在嘉靖五年明矣。蓋南大吉嘉靖四年開濬河渠，當年七月大旱，已初見效；至嘉靖五年春大水，又使民免於墊溺（入夏後又大旱），故陽明乃作是記表彰之，亦爲罷歸之南大吉辯誣也。

浙江參政朱鳴陽歸居莆田壺公山下，書來請記，陽明爲作南岡説。

王陽明全集卷二十四南岡說：「浙大參朱君應周居莆之壺公山下。應周之名曰鳴陽，蓋取詩所謂『鳳皇鳴矣，于彼朝陽』之意也。莆人之言曰：『應周則誠吾莆之鳳矣。其居青瑣，進讜言，而天下仰望其風采，則誠若鳳之鳴於朝陽者矣。夫鳳之棲，必有高岡，則壺公者，固其所從而棲鳴也。』於是號壺公曰南岡，蓋亦取詩所謂『鳳皇鳴矣，于彼高岡』之義也。應周聞之，曰：『嘻！因予名而擬之以鳳焉，其名也，人固非鳳也；因壺公而號之以「南岡」焉，其實也，固亦岡也。吾方愧其名之虛，而思以求其號之實也。』因以『南岡』而自號。大夫鄉士爲之詩歌序記以詠歎揄揚其美者，既已連篇累牘，而應周猶若未足，勤勤焉以蘄於予，必欲更爲之一言。是其心殆不以贊譽稱頌之爲喜，而以樂聞規切砥礪之爲益也。吾何以答應周之意乎？姑請就南岡而與之論學。夫天地之道，誠焉而已耳；聖人之學，誠焉而已耳。誠故不息，故久，故徵，故悠遠，故博厚。是故天惟誠也，故常清；地惟誠也，故常寧；日月惟誠也，故常明。今夫南岡，亦拳石之積耳，而其廣大悠久，至與天地而無疆焉，非誠而能若是乎？故觀夫南岡之厓石，則誠厓石爾矣；觀夫南岡之溪谷，則誠溪谷爾矣；觀夫南岡之峰巒巖壑，則誠峰巒巖壑爾矣。是皆實理之誠然，而非有所虛假文飾，以僞爲於其間。是故草木生焉，禽獸居焉，寶藏興焉。四時之推敓，寒暑晦明、煙嵐霜雪之變態，而南岡若無所與焉。鳳皇鳴矣，而南岡不自以爲瑞也；虎豹藏焉，而南岡不自以爲威也；

養生送死者資焉，而南岡不自以爲德；雲霧興焉而見光怪，而南岡不自以爲靈。是何也？誠之無所與也，誠之不容已也，誠之不可掩也。君子之學亦何以異於是？是故以事其親，則誠孝爾矣；以事其兄，則誠弟爾矣；以事其君，則誠忠爾矣；以交其友，則誠信爾矣。是故蘊之爲德行矣，措之爲事業矣，發之爲文章矣。是故言而民莫不信矣，行而民莫不悦矣，動而民莫不化矣。是何也？一誠之所發，而非可以聲音笑貌幸而致之也。故曰：『誠者，天之道也；思誠者，人之道也。』應周之有取於南岡而將以求其實者，殆亦無出於斯道也矣！果若是，則知應周豈非思誠之功歟？夫思誠之功，精矣微矣，應周蓋嘗從事於斯乎？異時來過稽山之麓，尚能爲我一言其詳。」

按：朱鳴陽字應周，號南岡，莆田人。掖垣人鑑卷十二：「朱鳴陽，字應周，號□□，福建莆田縣人。正德六年進士。本年八月，除户科給事中。十年，陞兵科右。十一年，陞吏科左。十二年，陞禮科都，以憂歸。十六年，復除。嘉靖二年，陞浙江右參政，致仕。」掖垣人鑑叙事含混不確，按光緒莆田縣志卷十九人物：「朱鳴陽，字應周，正德辛未進士……世宗即位，大禮議興。鳴陽祖司馬光濮議，與張孚敬不合，交疏攻其短，孚敬銜之，出爲浙江參政。已復據摭他事，降雲南參議。會孚敬罷，復故官，徙廣西。未幾，轉浙江右布政使。左都御史汪鋐，孚敬黨也，以前過勒鳴陽致仕歸。」據此，可知朱鳴陽在嘉靖二年出爲浙江參政，至嘉靖四年被摭他事罷歸莆田，乃有書來請陽明作南岡説。陽明此南岡説約作在嘉靖五年春間，其後朱鳴陽即赴雲南參議任去。按朱鳴陽舉正德六年進士，陽明於是年任會試同考試官，兩人相識即在是年，或朱鳴陽亦爲陽明所録取耶？

四月一日，董澐出示舊作詩卷湖海集，陽明爲作序。

陽明湖海集序：「蘿石董兄自海鹽來越，年已六十有八矣。出其舊日詩卷，屬予爲之叙。予不工詩，安敢序？第蘿石之心有亟亟者。詩自三百篇，均寫忠君愛國、纏綿悱惻之忱，而次及於山川鳥獸，君子所謂多識者。今觀蘿石詩，其於山川景物、草木鳥獸則多矣，言情之什則亦衆矣，當於忠君愛國間求之，則更上層樓矣。爰爲叙之以歸之。時在丙戌孟夏朔日，陽明王守仁序。」（湖海集卷首，陽明文集失載）

錢德洪與王畿並舉南宫，俱不廷試，偕黄弘綱、張元沖同舟歸越，陽明乃命二人分教諸生。

王畿緒山錢君行狀：「丙戌，予與君同舉南宫，不就廷試而歸。夫子迎會，笑曰：『吾設教以待四方英賢，譬之店主開行以集四方之貨。奇貨既歸，百貨將日積，主人可無乏行之歎矣。』自是四方來學者益衆，或默究，或行歌，或群居誦讀，或列坐講解。予二人往來參究，提醒師門宗教歸之自得，翕然有風動之機。」

徐階龍溪王先生傳：「在場屋所爲文，直爲己見，不數數顧程式。賴有識者，此非可以文士伎倆較也，拔諸高等，而同門緒山錢公亦在選，士咸舉手以慶。然枋國大吏多不喜學，公語錢公曰：『此非吾君仕時也，且始進而爽信於師，何以自立？』乃不就廷試而還。其後，文成之門來學者日益衆，文成不能遍指授，則屬公與錢公等高弟子分教之。」

傳習録卷下：「洪與黄正之、張叔謙、汝中丙戌會試歸，爲先生道途中講學，有信有不信。先生曰：『你們拿一個聖人去與人講學，人見聖人來，都怕走了，如何講得行？須做得個愚夫愚婦，方可與人講學。』洪又言：『今日要見人品高下最易。』先生曰：『何以見之？』對曰：『先生譬如泰山在前，有不知仰者，須是無目人。』先生曰：『泰山不如平地大，平地有何可見？』先生一言剪裁，剖破終年爲外好高之病，在座莫不悚懼。」

錢德洪陽明先生年譜：「德洪與王畿並舉南宮，俱不廷對，偕黄弘綱、張元沖同舟歸越。先生喜，凡初及門者，必令引導。俟志定有入，方請見。每臨坐，默對焚香，無語。」

歐陽德書來論學，陽明有答書，稱贊聶豹信良知説之篤。

陽明先生文録卷三與歐陽崇一書一：「正之諸友下第歸，備談在京相與之詳。近雖仕途紛擾中，而功力略無退轉，甚難，甚難！得來書，自咎真切。論學數條，卓有定見，非獨無退轉，且大有所進矣。文蔚所疑，良不爲過。孟子謂『有諸己之謂信』，今吾未能有諸己，是未能自信也，宜乎文蔚之未能信我矣。乃勞崇一逐一爲我解嘲，然又不敢盡謂崇一解嘲之言爲口給，但在區區，則亦未能一一盡如崇一之所解者，爲不能無愧耳，固不敢不勉力也！文蔚天資甚厚，其平日學問功夫，未敢謂其盡是，然却是樸實頭，有志學古者。比之近時徒尚口説，色取行違，而居之不疑者，相去遠矣。前者承渠過訪，惜以公務，不能久留，只就文義間草草一説，鄙心之所願致者，略未能少效，去後殊爲怏怏。良知之説，近世朋友多有相講一二年，尚眩惑未定者，文蔚則開口便能相信，此其資質誠有度越於人；只是見得尚淺，未能洞徹到得如有所立卓爾，是以未免尚爲書見舊聞所障。然其胸中渣累絶少，而又已識此頭腦，加之篤信好學如是，終不慮其不洞徹也。因咳嗽正作，兼以人事紛沓，不暇寫書，故遲孫倉官久候。」

按：王陽明全集卷六有與歐陽崇一，即陽明先生文録中此與歐陽崇一書一，但缺後面大半，隱去陽明對聶豹之評價，或是編者有意删之耶？按其時歐陽德已由赴京入覲回六安，而聶豹别陽明後即往六安見歐陽德，乃有歐陽德「逐一爲我解嘲」之面論。陽明此書寄往六安，蓋亦冀聶豹一見也。其後歐陽德便有書來問良知之學矣。

歐陽德書來問良知之學，陽明有答書詳論。

傳習録卷中答歐陽崇一：「崇一來書云：『師云：「德性之良知，非由於聞見。若曰多聞擇其善者而從之，多見而識之，則是專求之見聞之末，而已落在第二義。」竊意良知雖不由見聞而有，然學者之知未嘗不由見聞而發；滯於見聞固非，而見聞亦良知之用也。今曰落在第二義，恐爲專以見聞爲學者而言。若致其良知而求之見聞，似亦知行合一之功矣。如何？』良知不由見聞而有，而見聞莫非良知之用，故良知不滯於見聞，而亦不離於見聞。孔子云：『吾有知乎哉？無知也。』良知之外，別無知矣。故致良知是學問大頭腦，是聖人教人第一義。今云專求之見聞之末，則是失却頭腦，而已落在第二義矣……大抵學問功夫只要主意頭腦是當，若主意頭腦專以致良知爲事，則凡多聞多見，莫非致良知之功。蓋日用之間，見聞酬酢，雖千頭萬緒，莫非良知之發用流行，除却見聞酬酢，亦無良知可致矣，故只是一事。若曰致其良知而求之見聞，則語意之間未免爲二，此與專求之見聞之末者雖稍不同，其爲未得精一之旨，則一而已……

「來書云：『師云：「繫言何思何慮，是言所思所慮只是天理，更無別思別慮耳，非謂無思無慮也。心之本體即是天理，有何可思慮得？學者用功，雖千思萬慮，只是要復他本體，不是以私意去安排思索出來。若安排思索，便是自私用智矣。學者之敝，大率非沈空守寂，則安排思索。」德辛、壬之歲著前一病，近又著後一病。但思索亦是良知發用，其與私意安排者何所取別？恐認賊作子，惑而不知也。』……思其可少乎？沈空守寂與安思索，正是自私用智，其爲喪失良知，一也。良知是天理之昭明靈覺處，故良知即是天理。思是良知之發用，若是良知發用之思，則所思莫非天理矣。良知發用之思自然明白簡易，良知亦自能知得。若是私意安排之思，自是紛紜勞擾，良知亦自會分別得。蓋思之是非邪正，良知無有不自知者。所以認賊作子，正爲致知之學不明，不知在良知上體認之耳。

「來書又云：『師云：「爲學終身只是一事，不論有事無事，只是這一件。若説寧不了事，不可不加培養，却是分爲兩事也。」竊意覺精力衰弱，不足以終事者，良知也；寧不了事，且加修養，致知也。如何却爲兩事？若事變之來，有事勢不容不了，而精力雖衰，稍鼓舞亦能支持，則持志以帥氣可矣。然言動終無氣力，畢事則困憊已甚，不幾於暴其氣已乎？此其輕重緩急，良知固未嘗不知，然或迫於事勢，安能顧精力？或困於精力，安能顧事勢？如之何則可？』……在孟子言必有事焉，則君子之學終身只是集義一事。義者，宜也。心得其宜之謂義。能致良知，則心得其宜矣，故集義亦只是致良知。君子之酬酢萬變，當行則行，當止則止，當生則生，當死則死，斟酌調停，無非是致其良知，以求自慊而已。故君子素其位而行，思不出其位，凡謀其力之所不及而强其知之所不能者，皆不得謂致良知；而凡勞其筋骨，餓其體膚，空乏其身，行拂亂其所爲，動心忍性以增益其所不能者，皆所以致其良知也……凡學問之功，一則誠，二則僞，凡此皆是致良知之意欠誠一真切之故……

「來書又有云：『人情機詐百出，御之以不疑，往往爲所欺；覺則自入於逆億。夫逆詐即詐也，億不信即非信也，爲人欺又非覺也。不逆不億而常先覺，其惟良知瑩徹乎？然而出入毫忽之間，背覺合詐者多矣。』……不逆不億而爲人所欺者，尚亦不失爲善，但不如能致其良知而自然先覺者之尤爲賢耳。崇一謂其惟良知瑩徹者，蓋已得其旨矣。然亦穎悟所及，恐未實際也。蓋良知之在人心，亘萬古，塞宇宙，而無不同。不慮而知，恒易以知險；不學而能，恒簡以知阻。先天而天不違，天且不違，而況於人乎？況於鬼神乎？……君子學以爲己，未嘗虞人之欺己也，恒不自欺其良知而已；未嘗虞人之不信己也，恒自信其良知而已；未嘗求先覺人之詐與不信也，恒務自覺其良知而已。是故不欺，則良知無所僞而誠，誠則明矣；自信，則良知無所惑而明，明則誠矣。明誠相生，是故良知常覺常照。常覺常照，則如明鏡之懸，而物之來者自不能遁其妍媸矣……」

按：錢德洪陽明先生年譜定陽明是書作在嘉靖五年四月，云：「四月……答歐陽德書……又嘗與書曰……」下面所引，即陽明此書。按前引與歐陽崇一（王陽明全集卷六）作在嘉靖五年四月，陽明此答歐陽崇一即緊接在此與歐陽崇一之後所寄。

季本赴弋陽縣令任，書來問學，請作學記，陽明有答書。

王陽明全集卷六答季明德：「書惠遠及，以咳恙未平，憂念備至，感愧良深。食薑太多，非東南所宜，誠然。此亦不過暫時劫劑耳。近有一友爲易貝母丸服之，頗益有效，乃終不若來諭『用養生之法拔去病根』者，爲得本源之論。然此又不但治病爲然，學問之功亦當如是矣。承示立志益堅，謂：『聖人必可以學而至。兢兢焉，常磨鍊於事爲朋友之間，而厭煩之心比前差少。』喜幸殊極！又謂：『聖人之學，不能無積累之漸。』意亦切實。中間以堯、舜、文王、孔、老諸説，發明『志學』一章之意，足知近來進修不懈。居有司之煩，而能精思力究若此，非朋輩所及。然此在吾明德自以此意奮起其精神，砥切其志意，則可矣；必欲如此節節分疏引證，以爲聖人進道一定之階級，又連掇數聖人紙上之陳迹，而入之以此一款條例之中，如以堯之試鯀爲未能不惑，子夏之『啓予』爲未能耳順之類，則是尚有比擬牽滯之累。以此論聖人之亦必由學而至，則雖有所發明，然其階級懸難，反覺高遠深奥，而未見其爲人皆可學。乃不如末後一節謂：『至其極而矩之不踰，亦不過自此志之不已所積。而「不踰」之上，亦必有學可進，聖人豈絶然與人異哉？』又云：『善者，聖之體也。害此善者，人欲而已。人欲，吾之所本無。去其本無之人欲，則善在我而聖體全。聖無有餘，我無不足，此以知聖人之必可學也。然非有求爲聖人之志，則亦不能以有成。』只如此論，自是親切簡易。以此開喻來學，足以興起之矣……聖賢垂訓，固有書不盡言，言不盡意者。凡看經書，要在致吾之良知，取其有益於學而已。則千經萬典，顛倒縱横，皆爲我之所用。一涉拘執比擬，則反爲所縛。雖或特見妙詣，開發之益一時不無，而意必之見流注潛伏，蓋有反爲良知之障蔽而不自覺者矣。其云『善者聖之體』，意固已好，善即良知，言良知則使人尤爲易曉。故區區近有『心之良知是謂聖』之説。其間又云：『人之爲學，求盡乎天而已。』此明德之意，本欲合天人而爲一，而未免反離而二之也。人者，天地萬物之心也；心者，天地萬物之主也。心即天，言心則天地萬物皆舉之矣，而又親切簡易，故不若言『人之爲學，求盡乎心而已』。知行之答，大段切實明白，詞氣亦平和，有足啓發人者。惟賢一書，識見甚進，間有語疵，則前所謂『意必之見流注潛伏』者之爲病。今既照破，久當自融釋矣……率性而行，則性謂之道；修道而學，則道謂之教。謂修道之爲教，可也；謂修道之爲學，亦可也。自其道之示人無隱者而言，則道謂之教；自其功夫之修習無違者而言，則道謂之學。教也，學也，皆道也，非人之所能爲也。知此，則又何訓釋之有？所須學記，因病未能著筆，俟後便爲之。」

按：陽明答南元善書二云「賤軀入夏咳作」，其咳恙疾作在夏四月。陽明此書云「咳恙未平」，「近有一友爲易貝母丸服之，頗亦有效」，可見是書亦作在夏四月中。

顧應祥量移陝西苑馬寺卿北行，有書來告，並寄慈湖文集，陽明有答書。

王陽明全集卷二十七與顧惟賢書九：「北行不及一面，甚闕久別之懷。承寄慈湖文集，客冗未能遍觀。來喻欲摘其尤粹者再圖翻刻，甚喜。但古人言論，自各有見，語脉牽連，互有發越。今欲就其中以己意删節之，似亦甚有不易。莫若盡存，以俟巨眼者自加分別。所云超捷，良如高見。今亦但當論其言之是與不是，不當逆觀者之致疑，反使吾心昭明洞達之見，有所揜覆而不盡也。尊意以爲何如？」

按：徐中行箬溪顧公應祥行狀云：「乃擢公江西副使，分巡南昌道……然坐是不調者六載。丙戌，始量移陝西苑馬寺卿。」陽明此書所云「北行」，即指顧應祥北赴陝西苑馬寺卿任。按前引陽明答季明德云「惟賢一書，識見甚進」，即指顧應祥其時所寄陽明一書（並慈湖文集），可見陽明此書作在四月。

五月十八日，楊一清復吏部尚書、武英殿大學士，直閣，書來垂詢。陽明有答書，論操權之專與「相權」之用，並觸帝忌相忌。

國榷卷五十二：「嘉靖五年五月庚子，太子太傅、提督陝西、兵部尚書兼左都御史楊一清，復吏部尚書、武英殿大學士，進少師，直閣。已，席書言：『一清既少師，則殿名當遞轉。』指費宏欺斬。上以手定，不之改。」

王陽明全集卷二十一寄楊邃庵閣老書二：「前日嘗奉啓，計已上達。自明公進秉機密，天下士夫忻忻然動顔相慶，皆爲太平可立致矣。門下鄙生獨切生憂，以爲猶甚難也。亨屯傾否，當今之時，舍明公無可以望者，則明公雖欲逃避乎此，將亦有所不能。然而萬斛之舵，操之非一手，則緩急折旋，豈能盡如己意？臨事不得專操舟之權，而僨事乃與同覆舟之罪，此鄙生之所謂難也。夫不專其權而漫同其罪，則莫若預逃其任；然在明公亦既不能逃矣。逃之不能，專又不得，則莫若求避其罪；然在明公亦終不得避矣。天下之事，果遂卒無所爲歟？夫惟身任天下之禍，然後能操天下之權；操天下之權，然後能濟天下之患。當其權之未得也，其致之甚難；而其歸之也，則操之甚易。萬斛之舵，平時從而争操之者，以利存焉。一旦風濤顛沛，變起不測，衆方皇惑震喪，救死不遑，而誰復與争操乎？於是起而專之，衆將恃以無恐，而事因以濟。苟亦從而委靡焉，固淪胥以溺矣。故曰「其歸之也，則操之甚易」者，此也。古之君子，洞物情之向背而握其機，察陰陽之消長以乘其運，是以動必有成而吉無不利，伊、旦之於商、周是矣。其在漢、唐，蓋亦庶幾乎。此者雖其學術有所不逮，然亦足以定國本而安社稷，則亦斷非後世偷生苟免者之所能也。夫權者，天下之大利大害也，小人竊之以成其惡，君子用之以濟其善，固君子之不可一日去，小人之不可一日有者也。欲濟天下之難，而不操之以權，是猶倒持太阿而授人以柄，希不割矣。故君子之致權也有道，本之至誠以立其德；植之善類以多其輔；示之以無不容之量，以安其情；擴之以無所競之心，以平其氣；昭之以不可奪之節，以端其向；神之以不可測之機，以攝其奸；形之以必可賴之智，以收其望。坦然爲之，下以上之；退然爲之，後以先之。是以功蓋天下而莫之嫉，善利萬物而莫與之争。此皆明公之能事，素所蓄而有者，惟在倉卒之際，身任天下之禍，決起而操之耳。夫身任天下之禍，豈君子之得已哉？既當其任，知天下之禍將終不能免也，則身任之而已；身任之而後可以免於天下之禍。小人不知禍之不可以倖免，而百詭以求脱，遂致釀成大禍，而已亦卒不能免。故任禍者，惟忠誠憂國之君子能之，而小人不能也。某受知門下，不能效一得之愚以爲報，獻其芹曝，伏惟鑒其忱悃，而憫其所不逮，幸甚！」

按：陽明此書，實爲陽明論嘉靖朝政之一篇大文，尤有重要意義。然王陽明全集於此書題下注「癸未」作，乃大誤；而錢德洪又有意删去其中論「相權」之一段最重要文字，遂掩蓋陽明作此書論政事之真實背景與真實意圖。按陽明此書云「明公進秉機密」，指楊一清入閣，在嘉靖五年五月，明史宰輔年表：「嘉靖四年乙酉十一月召（一清）。五年丙戌五月，復武英殿大學士，加少師，仍兼太子太傅入。七月，加兼太子太師、謹身殿大學士。」可見陽明此書當作在嘉靖五年五六月間。書中反覆所言「臨事不得專操舟之權」，「不專其權而漫同其罪」，即指其時楊一清雖入閣，但上有費宏任首輔，楊一清不得專操舟之權，將有「同覆舟」之危。故陽明此書所斥「小人」，「近世之選者，惟曰淳厚寬詳，守故習常，是特婦女之狎昵，鄉氓之寡尤」（見下），顯指費宏之流也。最可注意者，張萱西園聞見録卷二十六著録陽明此書，「神之以」後尚有如下一大段劍拔弩張之文字：「造（下闕文）君，臣雖劉基之智，宋濂之博，通俛伏受成。嗣主涖政，咨詢是急。六部分隸，各勝厥掌。故皇祖廢左右相，設六部，成祖建内閣，參機務，豈非相時通變之道乎？永樂初，以翰林史官直閣，後必俟其尊顯而方登簡平章之寄，儼若周宰國卿。是故削相之號，收相之益，任於前用，慎於今養，望於素堅，操於詘表，能於誠顯，拔於萃特，崇於禮流，品非可限，歷考不足稽矣。英皇復辟，親擢三賢薛瑄、岳正、李賢。正德中，逆瑾竊國，囚戍元老，奴僕端揆，猶尊内閣。劉文靖、謝文正之怨，止於褫秩。顧近世之選者，惟曰淳厚寬詳，守故習常，是特婦女之狎昵，鄉氓之寡尤，豈勝大受者哉？是故約己讓善如唐懷慎，是之謂德；忘死殉國如宋君寶，是之謂忠；防細圖大如漢張良，是之謂才。不然，鄙於人主，賤於六曹，隳國綱，靡士風。昔文帝故寵鄧通，必展申屠之直；錢若水感昌言之見薄，即辟位而去。夫有君之篤託，有臣之自重，胡患於不治耶？」是段文字專論相權，斥庸相，最爲世宗所忌，費宏所恨，必是錢德洪對此有所顧忌，將此段文字盡行删去。

有友人書來，質疑知行合一之説與致良知之説，陽明有答書詳辨。

王陽明全集卷六答友人：「往年駕在留都，左右交讒某於武廟。當時禍且不測，僚屬咸危懼，謂群疑若此，宜圖所以自解者。某曰：『君子不求天下之信己也，自信而已。吾方求以自信之不暇，而暇求人之信己乎？』某與執事爲世交，執事之心，某素能信之，而顧以相訊若此，豈亦猶有未能自信也乎？雖然，執事之心，又焉有所不自信者？至於防範之外，意料所不及，若校人之於子産者，亦安能保其必無？則執事之懇懇以詢於僕，固君子之嚴於自治，宜如此也……今執事之見疑於人，其有其無，某皆不得而知。縱或有之，亦何傷於執事之自信乎？不俟逾年，吾見有踵執事之門而悔謝者矣。」

同上，答友人問：「問：『自來先儒皆以學問思辯屬知，而以篤行屬行，分明是兩截事。今先生獨謂知行合一，不能無疑。』曰：此事吾已言之屢屢。凡謂之行者，只是著實去做這件事。若著實做學問思辯的工夫，則學問思辯亦便是行矣。學是學做這件事，問是問做這件事，思辯是思辯做這件事，則行亦便是學問思辯矣。若謂學問思辯之，然後去行，却如何懸空先去學問思辯得？行時又如何去得做學問思辯的事？行之明覺精察處，便是知；知之真切篤實處，便是行。若行而不能精察明覺，便是冥行，便是『學而不思則罔』，所以必須說個知；知而不能真切篤實，便是妄想，便是『思而不學則殆』，所以必須說個行，元來只是一個工夫。凡古人說知行，皆是就一個工夫上補偏救弊說，不似今人截然分作兩件事做。某今說知行合一，雖亦是就今時補偏救弊說，然知行體段亦本來如是……『象山論學與晦庵大有異同。先生嘗稱象山「於學問頭腦處見得直截分明」，今觀象山之論，却有謂學有講明，有踐履，及以致知格物爲講明之事，乃與晦庵之說無異，而與先生知行合一之說，反有不同。何如？』曰：君子之學，豈有心於同異？惟其是而已。吾於象山之學有同者，非是苟同；其異者，自不掩其爲異也。吾於晦庵之論有異者，非是求異；其同者，自不害其爲同也……

「又問：『知行合一之説，是先生論學最要緊處。今既與象山之説異矣，敢問其所以同。』曰：知行原是兩個字説一個工夫，這一個工夫須著此兩個字，方説得完全無弊病。若頭腦處見得分明，見得原是一個頭腦，則雖把知行分作兩個説，畢竟將來做那一個工夫，則始或未便融會，終所謂百慮而一致矣。若頭腦見得不分明，原看做兩個了，則雖把知行合作一個説，亦恐終未有湊泊處，況又分作兩截去做，則是從頭至尾更没討下落處也。

「又問：『致良知之説，真是百世以俟聖人而不惑者。象山已於頭腦上見得分明，如何於此尚有不同？』曰：致知格物，自來儒者皆相沿如此説，故象山亦遂相沿得來，不復致疑耳。然此畢竟亦是象山見得未精一處，不可掩也。又曰：知之真切篤實處，便是行；行之明覺精察處，便是知。若知時，其心不能真切篤實，則其知便不能明覺精察，不是知之時只要明覺精察，更不要真切篤實也；行之時，其心不能明覺精察，則其行便不能真切篤實，不是行之時只要真切篤實，更不要明覺精察也。知天地之化育，心體原是如此；乾知大始，心體亦原是如此。」

按：陽明此二書，論知行合一最爲明晰簡要。惜其隱去真實人名，作答「友人」書，其間當有難言隱情，向莫可考。今據此二書所言，疑此「友人」爲青湖汪應軫。按汪應軫爲山陰人，其祖休齋汪鎡由翰林院庶吉士累陞兵部車駕司郎中；父雲莊汪似穀任户科給事中，與王華同鄉相識，即陽明此書所云「某與執事爲世交」。汪應軫在嘉靖元年以不避同鄉之嫌奏劾程啓充，爲陽明辨誣，招致謗議而不顧，即陽明此書所云「執事之心，某素能信之」。汪應軫後改官南都，與張璁、桂萼論大禮不合，其上抑私親、正大體之奏，又招致疑謗，幾獲不測之禍。自嘉靖四年改任江西按察司僉事至今，又以執法峻嚴，不善逢迎，與巡撫牴牾不合，見疑於人（均見季本汪公墓誌銘、諸大綬汪公應軫墓誌銘）。此即陽明此書所云「今執事之見疑於人……縱或有之，亦何傷於執事之自信乎？不俟逾年，吾見有踵執事之門而悔謝者矣」。然汪應軫在學術上尊信朱子，不喜陸學，於陽明學疑而不信，自來江西任僉事後，確嘗與陽明多有通信往來，論學不合。季本奉政大夫江西按察司提學僉事汪公墓誌銘云：「平生學問，一以朱子爲宗。每讀朱子書，見其析理精詳，考文博洽，則歎以爲非人所及，不敢妄有所訾。人或論學有與朱子不合者，輒忿然作色，如聞毁其父母故。陽明公講道東南，天下皆尊信，公獨以其言戾於朱子，不能相下。然觀其立朝論救之言，夫豈不相知者哉？蓋公質善文，下筆千餘言可立就，不待起稿，頗與陽明公相似。而鄉邦之譽反或過之，謂能自立於世，以成一家，與古人相頡頏，而與陽明公之學信有不及，不欲屈隨耳。余與汝中新授業於陽明公門下，士美則晚而私淑者也，每以陽明公之説啓公，公但以其功業爲高，而不以其學術爲是，其篤於自信，不輕狥人，亦豈人所易能哉？」按汪應軫青湖文集卷七有與季彭山年兄云：「近蒙陽明先生屢賜啓迪，豈不知感？但此心疑猶未釋……僕今已病乞歸，築室南園……」汪應軫以病乞歸在嘉靖五年十一月（見下），此所云「近蒙陽明先生屢賜啓迪」，必即是指陽明此答「友人」二書，蓋汪應軫當年嘗以同鄉人奏劾程啓充，與張璁、桂蕚大禮議不合，又終於陽明學疑而不信，故陽明此二書乃隱其名，以「友人」代之也。以汪應軫十一月病歸算之，可知陽明此二書約作在五月至十月間。

日日與門人諸生講學吟唱，多有咏「良知」詩，直指「心之本體」。

王陽明全集卷二詠良知四首示諸生：「個個人心有仲尼，自將聞見苦遮迷。而今指與真頭面，只是良知更莫疑。　問君何事日憧憧？煩惱場中錯用功。莫道聖門無口訣，良知兩字是參同。　人人自有定盤針，萬化根源總在心。却笑從前顛倒見，枝枝葉葉外頭尋。　無聲無臭獨知時，此是乾坤萬有基。抛却自家無盡藏，沿門持鉢效貧兒。」

按：前考此第一首詩示童世堅。

王陽明全集卷二十示諸生三首：「爾身各各自天真，不用求人更問人。但致良知成德業，謾從故紙費精神。　乾坤是易原非畫，心性何形得有塵？莫道先生學禪語，此言端的爲君陳。　人人有路透長安，坦坦平平一直看。盡道聖賢須有秘，翻嫌易簡却求難。只從孝弟爲堯舜，莫把辭章學柳韓。不信自家原具足，請君隨事反身觀。　長安有路極分明，何事幽人曠不行？遂使蓁茅成間塞，儘教麋鹿自縱横。徒聞絶境勞懸想，指與迷途却浪驚。冒險甘投蛇虺窟，顛崖墮壑竟亡生。」

按：前考此第一首詩示董澐。「先生」者，董澐也。

同上，答人問良知二首：「良知即是獨知時，此知之外更無知。誰人不有良知在，知得良知却是誰？　知得良知却是誰？自家痛癢自家知。若將痛癢從人問，痛癢何須更問爲？」

按：前考此第一首詩示法聚。按王畿集卷十八有此二詩和韵，云：「辛亥秋，予偕周順之、江叔源訪月泉天池山中，出陽明先生手書答良知二偈卷。撫今懷昔，相對黯然。」月泉即法聚，王畿稱此二詩爲「二偈」，寫爲一卷，尤可證陽明此二詩所「答人」爲法聚矣。（按：此二詩亦抄贈袁仁。）

同上，答人問道：「饑來喫飯倦來眠，只此修行玄更玄。説與世人渾不信，却從身外覓神仙。」

瑶湖王臣入覲歸泰州，書來論學，陽明有答書。

王陽明全集卷六與王公弼書一：「來書，比舊所見益進，可喜可喜！中間謂『棄置富貴與輕於方父兄之命，只是一事』。當棄富貴即棄富貴，只是致良知；當從父兄之命即從父兄之命，亦只是致良知。其間權量輕重，稍有私意於良知，便自不安。凡認賊作子者，緣不知在良知上用功，是以有此。若只在良知上體認，所謂『雖不中，不遠矣』。」

按：前考王臣在正月赴京入覲，其歸泰州約在三月，其致書陽明論學約在五六月。董燧王心齋先生年譜：「嘉靖五年丙戌……秋八月，會講安定書院。時王瑶湖臣守泰州，會諸生安定書院，禮先生主教事……冬十月，作明哲保身論……時同志在宦途，或以諫死，或譴逐遠方。先生以爲身且不保，何能爲天地萬物主？因瑶湖北上，作此贈之。」是王臣在八月以前已回泰州，至十月又轉官北上入京。蓋王臣是次考滿進京不順利，乃有「棄置富貴」之歎，王艮爲作明哲保身論，與陽明此書大旨相同。

六月二十二日，南山潘府卒，陽明有詩挽之。

國朝獻徵録卷七十太常寺少卿潘府傳：「乞終養，遂不起。後以薦陞太僕寺少卿，改太常寺少卿，致仕。嘉靖五年六月癸酉，卒。府性至孝，嘗疏請行三年之喪，又上聖學淵源、中興治要諸疏。居家有篤行，好著述，鄉評重之。巡按御史潘倣爲請乞祭葬，禮部復言：『四品文臣，例有祭無葬。』上以府孝行可嘉，特令有司量與營葬。」（實録）

王陽明全集卷二十挽潘南山：「聖學宫墻亦久荒，如公精力可升堂。若爲千古經綸手，只作終年著述忙。末俗澆漓風益下，平生辛苦意難忘。西風一夜山陽笛，吹盡南岡落木霜。」

法聚别歸，入武康天池山，構玉芝庵説法談禪。陽明有詩寄題玉芝庵。

補續高僧傳卷二十六玉芝聚公傳：「即入武康天池山，搆精舍，顔曰『玉芝』。二十餘年説法其中，繇是諸方稱玉芝和尚。唐一庵、王龍溪諸公嘗往來山中，證會儒釋大同之秘。其爲人也，峻結圓轉，舉止瀟然，王公貴人見其人，至不敢屈；庸夫豎子一聞其教，興起自愧，反其所爲；曲儒小士多詆釋，遇師與立談，顧趨而事之，舍所學而從。」

王陽明全集卷二十寄題玉芝庵：「塵途駿馬勞千里，月樹鷦鷯足一枝。身既了時心亦了，不須多羨碧霞池。」

從吾道人詩稿卷下玉芝頌：「荆山居士，傳業於資聖有年矣。茲避喧瀓水，而營龕悟空，後麓爰有玉芝，産於林中，大徑五寸，色若薝蔔，一夕忽失去，從吾道人過而問焉，爲作頌曰：有燁者芝茁祇園，偃若如意色自温，□泉自育偕幽蓀，雲蒸月澤瑤暈繁。居士微笑以□□，□出乞食忍不吞。歸來白石空苔痕，道人□□□師論。誰歟取供兩足尊？寶香聖水玻黎盆。□□菩薩昔歸根，新羅行金致其元。意則善矣何□恩，玄冬獵火與草燔。理實均耳芝何言，有無□相未窮源。煩師已與甘露門，居士合爪是□□，騰騰兀兀忘風藩。」

王畿集卷十八八山居士閉關雲門之麓玉芝上人往扣以偈相酬答時龍溪道人偕浮峰子叔學生訪上人於龍南山居語次出以相示即席口占數語呈八山與玉芝共參之：「魔佛相争不在多，起心作佛即成魔。若於見處能忘見，三界縱横奈爾何？禪家但願空諸有，孔氏單傳只屢空。儒佛同歸較些子，翠屏山色自穹窿。　謾把玄關著意尋，五情苦樂古猶今。百年一日非延促，須信真金不博金。　因成社會結蓮臺，不著虛空不惹埃。水竹巖花都見在，恁渠溪上放舟來。　此非不足彼非多，水即成波佛即魔。却笑山僧亦饒舌，强從丈室問如何。　從來萬法由心造，人若空時法亦空。解取高山作平地，却於何處認穹窿？　自己家珍不用尋，法門非古亦非今。不於了處知分別，管取全收大地金。　杖頭點到降仙臺，臺上風光絶點埃。一自仙翁賦歸去，至今猿鶴笑空來。」

湛甘泉弟子龔生來訪，陽明有書致湛甘泉。

王陽明全集卷六答甘泉：「音問雖疏，道德之聲無日不聞於耳，所以啓瞶消鄙者多矣。向承狂生之諭，初聞極駭，彼雖愚悖之甚，不應遽至於爾。既而細詢其故，良亦有因。近復來此，始得其實。蓋此生素有老佛之溺，爲朋輩所攻激，遂高自矜大，以誇愚泄憤。蓋亦不過怪誕妖妄如近世方士呼雷斬蛟之説之類，而聞者不察，又從而增飾之耳。近已與之痛絶，而此生深自悔責，若無所措其躬。賴其資性頗可，或自此遂能改創，未可知也。學絶道喪之餘，苟以是心至，斯受之矣。忠信明敏之資，絶不可得。如生者，良亦千百中之一二，而又復不免於陷溺若此，可如何哉！可如何哉！龔生來訪，自言素沐教極深，其資性甚純謹，惜無可以進之者。今復遠求陶鑄，自此當見其有成也。」

按：泉翁大全集卷九答歐陽崇一秋官云：「往往見陽明門弟尊佛而卑聖，至謂『孔子爲纏頭佛』，『佛乃是上聖人』。亦嘗痛之，愧不盡心於知己者。今來諭所述陽明云云，則吾不憂矣；而門弟子傳云者何耶？」甘泉此書作於嘉靖六年五月，其所云謂「孔子爲纏頭佛」之陽明弟子，即陽明此書所云「狂生」者。蓋其時甘泉與陽明久無書札通信往來，兩人均側面從弟子處得知對方情況。陽明此書云「音問雖疏，道德之聲無日不聞於耳」，即指陽明從弟子處了解到甘泉情況，如甘泉作廣德州儒學新建尊經閣記、奠楊仕鳴文等。按湛甘泉奠楊仕鳴文作在六月六日，其間自必有一番人事往返奔波，「龔生」或即因此往返奔走於陽明、甘泉之間，可知陽明此書約作於六月間。

表弟聞人誾赴福建蒼峽縣任，陽明作序送之。

王陽明全集卷二十二送聞人邦允序：「聞人言邦允者，陽明子之表弟也。將之官閩之蒼峽而請言，陽明子謂之曰：『重矣，勿以進非科第而自輕；榮矣，勿以官卑而自慢。夫進非科第，則人之待之也易以輕，從而自輕者有矣……高位以行道，而遽以媒利，是盜資也，於吾何有哉？吾所謂重，吾有良貴焉耳，非矜與敖之謂也；吾所謂榮，吾職易舉焉耳，非顯與耀之謂也。夫以良貴爲重，舉職爲榮，則夫人之輕與慢之也，亦於吾何有哉？行矣，吾何言！』」

按：陽明此序作年無考。今按聞人詮（邦正）於嘉靖五年赴南宮春試中進士，明清進士録：「聞人詮，嘉靖五年三甲三十九名進士。浙江餘姚人，字邦正。從學外兄王守仁。知寶應縣。」疑是年聞人誾與聞人詮一起赴南宫春試，聞人詮中舉，聞人誾落第，遂决意出仕，時或在六七月間。因進非科第，陽明乃作此序勸慰之也。

老儒林司訓走千里來會稽問學，陽明書卷贈之，約在其時。

王陽明全集卷八書林司訓卷：「林司訓年七十九矣，走數千里，謁予於越。予憫其既老且貧，愧無以爲濟也。嗟乎！昔王道之大行也，分田制禄，四民皆有定制。壯者修其孝弟忠信；老者衣帛食肉，不負戴於道路；死徒無出鄉，出入相友，疾病相扶持。烏有耄耋之年而猶走衣食於道路者乎？……逮其後世，功利之説日浸以盛，不復知有明德親民之實。士皆巧文博詞以飾詐，相規以僞，相軋以利，外冠裳而内禽獸，而猶或自以爲從事於聖賢之學。如是而欲挽而復之三代，嗚呼其難哉！吾爲此懼，揭知行合一之説，訂致知格物之謬，思有以正人心，息邪説，以求明先聖之學，庶幾君子聞大道之要，小人蒙至治之澤。而曉曉者皆視以爲狂惑喪心，詆笑訾怒。予亦不自知其力之不足，日擠於顛危莫之救，以死而不顧也。不亦悲夫！予過彭澤時，嘗憫林之窮，使邑令延爲社學師。至是又失其業，於歸也，不能有所資給，聊書此以遺之。」

按：所謂「予過彭澤時」，乃指正德十五年九月陽明獻俘發南昌道經彭澤。「司訓」爲縣學教諭，林由社學師升爲縣學教諭，至是又失職老貧。陽明蓋借林司訓老貧失職以發「良知」聖學不行之歎也。

七月，南大吉有書來，告歸途之況，陽明有答書。

王陽明全集卷六答南元善書二：「五月初，得蘇州書。後月，適遇王驛丞去，草草曾附短啓。其時私計行旆，到家必已久矣。是月三日，余門子回復，領手教，始知六月尚留汴城。世途之險澀難料，每每若此也。賤軀入夏咳作，兼以毒暑大旱，舟楫無所往，日與二三子講息池傍小閣中。每及賢昆玉，則喟然興歎而已。郡中今歲之旱，比往年尤甚。河渠曾蒙開浚者，百姓皆資灌溉之利，相與嘖嘖追頌功德，然已控籲無及矣。彼奸妬憸人號稱士類者，乃獨讒疾排構無所不至，曾細民之不若，亦獨何哉？亦獨何哉？色養之暇，塤篪協奏，切磋講習，當日益深造矣。里中英俊相從論學者幾人？學絶道喪且幾百年，居今之時，而苟知趨向於是，正所謂空谷之足音，皆今之豪傑矣。便中示知之。竊嘗喜晦翁涵育薰陶之説，以爲今時朋友相與必有此意，而後彼此交益。近來一二同志與人講學，乃有規礪太刻，遂相憤戾而去者，大抵皆不免於以善服人之病耳。楚國賓又爾憂去，子京諸友亦不能亟相會，一齊衆楚，『道之不明也，我知之矣』，雖然，『風雨如晦，鷄鳴不已』，『至誠而不動者，未之有也』，非賢昆玉，疇足以語於斯乎？其餘世情，真若浮虛之變態，亮非元善之所屑聞者也，遂不一一及。」

鄒守益建復初書院成，寄來諭俗禮要，請爲書院擇師，陽明有答書，詳告祠堂位次祔祭之制。

王陽明全集卷六寄鄒謙之書二：「承示諭俗禮要，大抵一宗文公家禮而簡約之，切近人情，甚善甚善！非吾謙之誠有意於化民成俗，未肯汲汲爲此也。古禮之存於世者，老師宿儒當年不能窮其説，世之人苦其煩且難，遂皆廢置而不行。故今之爲人上而欲導民於禮者，非詳且備之爲難，惟簡切明白而使人易行之爲貴耳。中間如四代位次及祔祭之類，固區區向時欲稍改以從俗者，今皆斟酌爲之，於人情甚協。蓋天下古今之人，其情一而已矣。先王制禮，皆因人情而爲之節文，是以行之萬世而皆準。其或反之吾心而有所未安者，非其傳記之訛闕，則必古今風氣習俗之異宜者矣。此雖先王未之有，亦可以義起，三王之所以不相襲禮也。若徒拘泥於古，不得於心，而冥行焉，是乃非禮之禮，行不著而習不察者矣。後世心學不講，人失其情，難乎與之言禮。然良知之在人心，則萬古如一日。苟順吾心之良知以致之，則所謂不知足而爲屨，我知其不爲蕢矣。非天子不議禮制度，今之爲此，非以議禮爲也，徒以末世廢禮之極，聊爲之兆以興起之。故特爲此簡易之説，欲使之易知易從焉耳。冠、婚、喪、祭之外，附以鄉約，其於民俗亦甚有補。至於射禮，似宜别爲一書以教學者，而非所以求諭於俗。今以附於其間，却恐民間以非所常行，視爲不切，又見其説之難曉，遂並其冠、婚、喪、祭之易曉者而棄之也。文公家禮所以不及於射，或亦此意也歟！幸更裁之。今先公墓表，決不負約，但向在紛冗憂病中，近復咳患盛作，更求假以日月耳。書院新施，濮兩生知解甚利，但已經爐鞴，則煅鍊爲易，自此益淬礪之，吾見其成之速也。書院新成，欲爲諸生擇師，此誠盛德之事。但劉伯光以家事促歸；魏師伊乃兄適有官務，倉卒往視；何廷仁近亦歸；惟黄正之尚留彼。意以登壇説法，非吾謙之身自任之不可。須事定之後，却與二三同志造訪，因而連留旬月，相與砥礪開發，效匡翼之勞，亦所不辭也。祠堂位次祔祭之義，往年曾與徐曰仁備論。曰仁嘗記其略，今使録一通奉覽，以備採擇。

「或問：『文公家禮，高、曾、祖、禰之位皆西上，以次而東。於心竊有未安。』陽明子曰：『古者廟門皆南向，主皆東向。合祭之時，昭之遷主列於北牖，穆之遷主列於南牖，皆統於太祖東向之尊。是故西上，以次而東。今祠堂之制既異於古，而又無太祖東向之統，則西上之説誠有所未安。』曰：『然則今當何如？』曰：『禮以時爲大。若事死如事生，則宜以高祖南向，而曾、祖、禰東西分列，席皆稍降而弗正對，似於人心爲安。曾見浦江鄭氏之祭，四代考妣皆異席。高考妣南向，曾、祖、禰考皆西向，妣皆東向，名依世次，稍退半席。其於男女之列，尊卑之等，兩得其宜。今吾家亦如此行。但恐民間廳事多淺隘，而器物亦有所不備，則不能以通行耳。』又問：『無後者之祔於己之子姪，固可下列矣。若在祖宗之行，宜何如祔？』陽明子曰：『古者大夫三廟，不及其高矣；適士二廟，不及其曾矣。今民間得祀高、曾，蓋亦禮順人情之至，例以古制，則既爲僭，况在其行之無後者乎？古者士大夫無子，則爲之置後，無後者鮮矣。後世人情偷薄，始有棄貧賤而不問者。古所爲無後，皆殤子之類耳。祭法：「王下祭殤五：適子、適孫、適曾孫、適玄孫、適來孫。諸侯下祭三，大夫二，適士及庶人祭子而止。」則無後之祔，皆子孫屬也。今民間既得假四代之祀，以義起之，雖及弟姪可矣。往年湖湘一士人家，有曾伯祖與堂叔祖皆賢而無後者，欲爲立嗣，則族衆不可；欲弗祀，則思其賢，有所不忍也。以問於某，某曰：不祀二三十年矣，而追爲之嗣，勢有所不行矣。若在士大夫家，自可依古族屬之義，於春、秋二社之次，特設一祭：凡族之無後而親者，各以昭穆之次配祔之，於義亦可也。』」

按：錢德洪陽明先生年譜定陽明此書作在三月，云：「三月，與鄒守益書。守益謫判廣德州，築復古書院以集生徒，刻諭俗禮要以風民俗。書至，先生復書贊之。」乃非，謂「復古書院」亦誤。按鄒守益廣德州新修復初書院記云：「嘉靖丙戌秋七月，新作復初書院成……經始於乙酉冬十月，越十月而工成。」（鄒守益集卷六）復初書院七月成，陽明此書當作在七月。

鄒守益集卷二諭俗禮要序：「予嘗受學於陽明先生，獲見虔州之教，聚童子數百而習以詩禮，洋洋乎雅頌威儀之隆也！竊歎人性之善，無不可教，患上之人未有以倡之耳。比官廣德，躬率諸生及童子習禮於學，雖毀齒之童，周旋規矩，雍容可觀，因益以自信。復懼夫不能以家喻也，屬劉友肇袞、王生仰，酌四禮而刻之，名曰諭俗禮要，以頒於士民。刻成，讀而歎曰：是固貌人之形也！畫師之貌人也，耳目鼻口，四肢百體，毛髮爪甲，儼然成人矣，而精神命脉則非畫之所能載者。仁也者，人之精神命脉也。古之君子無終日之間違仁，造次於是，顛沛於是，舉富貴貧賤無所摇奪，故所履中正，而禮行焉；所樂和平，而樂生焉。禮樂之文，非自外至也，由中出者也。猶人之精神命脉，完固而凝定，則粹然見睟面盎背，以施於四體，無弗順正而充盈者矣。故冠笄之禮，所以重男女之始也；婚娶之禮，所以謹夫婦之交也；喪祭之禮，所以愛親敬長也；雜儀，所以正家也；鄉約，所以睦鄉也。皆仁之推也。若徒以崇其儀節，肆其聲容，而無忠信惻怛以主之，是精脉枯竭而支體爪髮徒存，終亦必亡而已。凡我士民，相與反而誠於身，篤其實以充其華，盡其人道以自别於禽獸，匪直爲觀美而已，聖朝禮樂之化，其庶有小補乎！」

王畿集卷十六書東廓達師門手書：「此吾友東廓丈判廣德時所達先師手筆也。丈建復初書院，以貞教事，書中所云：『諸友實用力者，正覺難得。只是未有天下萬世之志，不免爲一身一時利害所摇奪。』此其儆策之言，所當共勉而戒焉者也。」

按：鄒守益在廣德所致陽明書，今均佚。

張璁進兵部右侍郎，上論邊務疏，薦陽明任西北總制之官。

明世宗實録卷六十五：「嘉靖五年七月戊子，以詹事府詹事兼翰林院學士張璁爲兵部右侍郎。時璁請告省墓，月朔已陛辭，上復命鴻臚寺卿魏璋諭留之。已而吏部會推堪任兵部二人以聞，上命别簡，以璁名上，遂用之。」

張璁集卷三論邊務：「臣謂人臣之事君也，惟當取善以輔主，不當因人而廢言。故今之事，若不懲於既往，無以警於將來。漢晁錯曰：『君不擇將，以其國與敵也；將不知兵，以其卒與敵也。』臣愚以西有甘肅，北有宣、大，實皆爲要害之地，宜俱設總制之官，然必謀略出群，如新建伯王守仁乃足以當之也。又必慎擇巡撫之官，責之久任，吏部但得循資加職，不得易地更遷可也。夫總制得人，則足馭巡撫；巡撫得人，則足馭邊將，鼓士氣矣。」

按：論邊務云：「臣待罪本兵」，指其任兵部右侍郎。按張璁七月七日除兵部右侍郎，七月十三日到任，其上論邊務疏約在七月下旬。

八月，鄒守益寄來廣德州新修復初書院記與論語講章，陽明有答書，並遣黄弘綱往助其教。

王陽明全集卷六寄鄒謙之書二：「教札時及，足慰離索。兼示論語講章，明白痛快，足以發朱注之所未及。諸生聽之，當有油然而興者矣。後世人心陷溺，禍亂相尋，皆由此學不明之故。只將此學字頭腦處指掇得透徹，使人洞然知得是自己生身立命之原，不假外求，如木之有根，暢茂條達，自有所不容已，則所謂悦樂不愠者，皆不待言而喻。書院記文，整嚴精確，迥爾不群，皆是直寫胸中實見，一洗近儒影響雕飾之習，不徒作矣。某近來却見得良知兩字日益真切簡易，朝夕與朋輩講習，只是發揮此兩字不出。緣此兩字，人人所自有，故雖至愚下品，一提便省覺；若致其極，雖聖人天地不能無憾，故説此兩字窮劫不能盡。世儒尚有致疑於此，謂未足以盡道者，只是未嘗實見得耳。近有鄉大夫請某講學者，云：『除却良知，還有甚麽説得？』某答云：『除却良知，還有甚麽説得！』不審邇來謙之於此兩字，見得比舊又如何矣？無因一面扣之，以快傾渴。正之去，當能略盡鄙懷，不能一一。後世大患，全是士夫以虛文相誑，略不知有誠心實意。流積成風，雖有忠信之質，亦且迷溺其間，不自知覺。是故以之爲子，則非孝；以之爲臣，則非忠。流毒扇禍，生民之亂，尚未知所抵極。今欲救之，惟有返樸還淳是對症之劑。故吾儕今日用工，務在鞭辟近裏，删削繁文始得。然鞭辟近裏，删削繁文，亦非草率可能，必須講明致良知之學。每以言於同志，不識謙之亦以爲何如也？講學之後，望時及之。」

按：書所云「書院記文」，即指鄒守益廣德州新修復初書院記，作在七月復初書院建成之後。「論語講章」即指鄒守益復初書院講章（「學而時習之」一章），乃復初書院開學時鄒守益所作之開講。由此可知陽明此書當作在八月。前寄鄒謙之書二云「書院新成，欲爲諸生擇師……惟黄正之尚留彼（按：指黄弘綱尚留在紹興）」，至此寄鄒謙之書三則云「正之去，當能略盡鄙懷」，乃是遣黄弘綱往廣德助書院之教也。

鄒守益集卷六廣德州新修復初書院記：「嘉靖丙戌秋七月，新作復初書院成。先是，書院爲老子宫，直大成殿之後，守益請於巡按桂林楊公、督學光山盧公，以東郊淫祀，徙道士居之，而虚其址，屬諸學宫，二公報可。乃相方定位，以宏新規。召諸生而議之，僉曰：『明明六經，維聖之模，反求諸身，覺我迷途，其中爲尊經閣；桓桓希文，參我軍事，先憂後樂，師於百世，其後爲范文正公祠；耿耿原采，重義輕死，樹曰銀杏，忠魂攸止，其東爲懷忠祠；楚楚青衿，居肆成藝，相觀而善，罔有不至，其西爲集英館。而前兩翼爲齋房，名宦，吏之率也，在門之左；鄉賢，士民之望也，在門之右；合而門之，曰復初書院，於義始備。』於是遴能鳩工，市木畚石，財出於贖金，或毁淫祀以佐之。經始於乙酉冬十月，越十月而工成。會步氏有田訟，守益以義諭之，願入田三百餘畝於書院。乃請於巡撫静齋陳公，公欣然允之，而書院之規可以長久矣。守益乃合諸生而申告之曰：若知復初之義乎？天地之中，而民實受之。其絪緼化醇，若父母之於子也。子受父母之遺全而無虧者，聖之所以合德也；失而思復者，賢之所以無忝也。顛覆荒墜，若罔聞知，則爲悖德，爲不才，父母且怒而殛之矣。

二三子其念之乎！今夫人有十金之產，一命之位，一旦而失之，其夙夜營營，恒思所以復也。至於仁義之良心，所以別禽獸而參天地，其富奚止十金，貴奚止一命哉？而往往不思復之，惑亦甚矣！六經之言，聖人醫世之方也。善醫者審聲察色，鍼焫湯丸不同，而所以損有餘補不足，無伐天和，以求復其元氣，則一而已；聖人之言，淺深詳略不同，而所以抑太過引不及，使人易惡歸善，以復其天地之中，則一而已。元氣復而人人充膚革，順四體，以同升於壽，醫之功也；元性復而人人親父子，正君臣，肅長幼，別夫婦，以同升於善，其聖人醫世之大成乎！昔者孔顏之授受，千聖心法之要也，而其言曰『克己復禮爲仁』，其目曰非禮勿視聽言動。己者，習氣之偏也；禮者，天然自有之中也。去其習氣之偏，無或過焉，無或不及焉，以適於中行，而希聖希天之功全矣。故復之繫曰：『顏氏之子，其殆庶幾乎！有不善未嘗不知，知之未嘗復行。』蓋許其庶於中行也。二三子之朝夕於斯也，若止以追時好、覬人爵而已，則吾不敢知；如以易惡至中、復天爵之初，則吾其知免於戾矣。鄉賢、名宦者，鄉國之善士也；范公、王公，天下之善士也。瞻止大成，孔顏巍然，而循於廡下。古之人也，以天下之善士爲未足，而慨然尚友於千古，誦詩讀書，以論其世，期以克肖於天地，無爲千金之產、一命之位所摇奪焉，則復初之義，其庶有以藥世之痼而瘳之乎！後之君子，孰無是志？尚日省而時緝之，以無荒前功，其亦永有賴哉！」

同上，卷十五復初書院講章「學而時習之」一章：「這是論語第一章，聖人論學大綱領處。聖人之時，道學著明，祇説一個『學』字，便知是學以致其道……聖人之學，何學也？朱子所謂『人性皆善，效先覺之爲，以明善而復其初』是已。元亨利貞，天道之常；仁義禮智，人性之綱。凡此厥初，曷嘗有不善哉？衆人蚩蚩，物欲交蔽，自暴自棄，始流於惡矣。先覺者，能明善以復初者也。效先覺之爲，亦以明善而復其初耳。何謂明善以復其初？曰：當其惻隱之發，而不使殘忍蔽之，則明仁之善而復元之初矣；當其羞惡之發，而不使貪冒蔽之，則明義之善而復利之初矣；當其辭讓、是非之發，而不使無耻、昏昧蔽之，則明禮、智之善而復亨、貞之初矣。此所謂『克己復禮』，所謂『明明德』，所謂『致曲』，所謂擴充四端，推而至於堯舜之精一、湯之執中、文之敬止，先聖後聖，其源流一也……聞諸父師曰：人之目無不説色，有不説者，盲病之也；人之耳説聲，有不説者，聾病之也；人之鼻無不説臭，有不説者，塞病之也；人之口無不説味，有不説者，惡寒發熱病之也；人之心無不説理義，有不説者，私欲病之也。故目去其盲，則無不説色矣；耳去其聾，則無不説聲矣；鼻去其塞，則無不説臭矣；口去其惡寒發熱，則無不説味矣；心去其私欲，則無不説理義矣。故曰：『理義之悦我心，猶芻豢之悦我口。』此欲罷不能、樂以忘憂之旨也。孔之希天，顔之希聖，豈更有一途轍乎？……書院告成，以復初爲第一義，故於鼓篋之始，特舉作聖之藴，以爲二三子告。二三子其反諸身而實行之，務以去外誘之私而充其本然之善，勿爲舊習所拘，勿爲浮議所惑，日積月累，會有得力處。庶幾真才輩出，淳風復興，使書院不爲虛語，則吾夙夜之望也。」

九月一日，門人黃驥父黃肅卒。既小祥，陽明書墓以表之，並致書鄒守益，命其爲作墓誌銘。

鄒守益集卷二十二靜庵黃公墓誌銘：「餘姚黃德良，奉其父靜庵大夫以老於家，左右就養，弗能違。比殁，年八十有六矣，其諸弟哀慕若孺子。既小祥，告於几筵，請於陽明王先生，求以爲千百年托者。先生爲大書『皇明湖廣等處按察副使軍功累階二品通奉大夫致仕靜庵黃公之墓』以表之，而以書來命曰：『驥相游甚久，學行兼優，其爲志諸幽堂，以洩其無窮之哀。』守益受命……」

按：墓誌銘稱黃肅（敬夫）「卒以丙戌九月一日，葬以丁亥十二月某日」。陽明致書鄒謙之在小祥以後，則在嘉靖丁亥（六年）九月間。

施儒歸歸安，陸澄服闋將出，均有書來告。陽明有答書。

王陽明全集卷六寄陸原靜：「原靜雖在憂苦中，其學問功夫所謂『顛沛必於是』者，不言可知矣，奚必論述講究而後可以爲學乎？南元善曾將原靜後來論學數條刊入後録中，初心甚不欲渠如此，近日朋輩見之，却因此多有省悟。始知古人相與辯論窮詰，亦不獨要自己明白，直欲共明此學於天下耳。蓋此數條，同志中肯用功者，亦時有疑及之，然非原静，則亦莫肯如此披豁吐露，就欲如此披豁吐露，亦不能如此曲折詳盡。故此原静一問，其有益於同志，良不淺淺也。自後但有可相啓發者，不惜時寄及之，幸甚幸甚！近得施聘之書，意向卓然，出於流輩。往年嘗竊異其人，今果與俗不同也。閑中曾相往復否？大事今冬能舉得，便可無他絆繫，如聘之者，不妨時時一會。窮居獨處，無朋友相砥切，最是一大患也。貴鄉有韋友名商臣者，聞其用工篤實，尤爲難得，亦曾一相講否？」

按：陽明此書所云「在憂苦中」，指陸澄丁憂家居，「大事今冬能舉得」，指陸澄至冬間服闋。按國榷卷五十二：「嘉靖二年四年辛巳，刑部主事陸澄以駙馬都尉崔元鬻獄，上其書。有旨，刑官執法自其分，何必封奏名帖沽直。置之。」此後不久陸澄歸歸安，向以爲病歸，今據陽明此書，知陸澄實乃以丁憂歸。施聘之即施儒，號西亭，歸安人。陽明云「往年嘗竊異其人，今果與俗不同」，乃指施儒在廣東按察司僉事任上平寇功著，張元廣東按察司副使施公儒墓誌銘：「起公廣東按察司僉事，兵備潮惠間。潮惠故藪盗擁衆多至數千人，沿山峒結巢穴，互爲聲勢，官府不能禁……公至，會劇賊龔梁鳳、鍾大總者，復相哨聚。公乃捕勒狼目漢達，官軍及效順新民各密授方略，分道進，直抵賊所劇山曰龍川山者，旬日間剿平之；並諭他賊首吴大王等，詣營歸命。捷聞，賜白金文綺。潮人士請於學士倫公以訓，伐石頌功焉。明年，平新田寇。又明年，平桃子園寇。皆斬獲二千人以上。遂請設惠來、大埔二縣，賊於是無所逃遁。」蓋施儒悉用陽明平寇之法也。按國榷卷五十三：「嘉靖四年十二月壬寅，廣東惠潮兵備僉事施儒，以士民保留，進副使。」施公儒墓誌銘：「乙酉年，擢福建布政司參議，業行矣，總制尚書姚公謨、巡按御史余公相會請量加公憲職，畢事於潮惠間，而公亦曰：『我思用廣人。』比命下，得授廣東按察司副使，整飭兵備如故。」（國朝獻徵録卷九十九）施儒授廣東按察司副使事有曲折，其間當曾歸居歸安，可與陸澄相見，故陽明書中云「閑中曾相往復否」，「亦曾一相講否」。以云「大事今冬能舉得」考之，陽明此書約作在秋八九月間。

東隱岑鼎涉江來訪，信宿而歸，陽明有詩贈別。

陽明先生文録卷四贈岑東隱先生：「岑東隱老先生，余祖母族弟也。今年九十有四矣。雙瞳炯然，飲食談笑如少壯，所謂聖世之人瑞者非耶？涉江來訪，信宿而别。感歎之餘，贈之以詩。　東隱先生白髮垂，猶能持竹釣江湄。身當百歲康强日，眼見九朝全盛時。寂寂群芳摇落後，蒼蒼松柏歲寒枝。結廬聞説臨瀛海，欲問桑田幾變移？　聖學工夫在致知，良知知處即吾師。勿忘勿助能無間，春到園林鳥自啼。」

按：岑東隱，即陽明祖母岑氏之族弟。據光緒餘姚岑氏章慶堂宗譜載，岑東隱名鼎，字懋實，號東隱，廩膳生，生於宣德九年二月初七日丑時，卒於嘉靖五年九月廿一日寅時（見王孫榮王陽明散佚詩文九種考釋）。按：岑鼎卒於嘉靖五年九月，故陽明云「今年九十有四」。大致岑鼎在嘉靖五年九月來訪，歸後不久即卒。陽明此二詩，亦可謂是其晚年歸越「日與宗族親友宴遊，隨地指示良知」之代表作也。

十月十一日，吏部尚書楊一清、試監察御史熊爵薦陽明任兵部尚書，不用。

明世宗實録卷六十九：「嘉靖五年十月辛酉，陞兵部左侍郎王時中爲本部尚書。先是兵部缺尚書，吏部會推者再，俱未允。試監察御史熊爵乃言：『本兵重地，貴在得人。新建伯王守仁、尚書彭澤皆壯猷元老，可當是任。』章下所司。至是吏部復以時中請，遂用之。」

按：時楊一清以吏部尚書直閣，故所謂「吏部會推者再」，乃楊一清意也。世宗則以陽明「竊負儒名」，王學「非方正之學」，時方自作敬一箴，頒行天下，實以程朱理學對抗陸王心學。國榷卷五十三：「嘉靖五年十月庚午，上作敬一箴，及注范浚心箴、程頤四箴。費宏請刻於天下學校，從之。」可見世宗一無用陽明之心也。

黄弘綱自廣德歸，詳告鄒守益政教之成，陽明致書鄒守益贊之。

王陽明全集卷六寄鄒謙之書四：「正之歸，備談政教之善，勤勤懇懇，開誘來學，毅然以斯道爲己任，其爲喜幸，如何可言！前書『虚文相誑』之説，獨以慨夫後儒之没溺詞章，雕鏤文字，以希世盜名，雖賢知有所不免，而其流毒之深，非得根器力量如吾謙之者，莫能挽而回之也。而謙之顧猶歉然，欲以猛省寡過，此正吾謙之之所以爲不可及也。欣歎欣歎！學絶道喪之餘，苟有興起向慕於是學者，皆可以爲同志，不必銖稱寸度而求其盡合於此，以之待人可也。若在我之所以爲造端立命者，則不容有毫髮之或爽矣。道一而已，仁者見之謂之仁，知者見之謂之知。釋氏之所以爲釋，老氏之所以爲老，百姓日用而不知，皆是道也，寧有二乎？今古學術之誠僞邪正，何啻碔砆美玉！然有眩惑終身而不能辨者，正以此道之無二，而其變動不拘，充塞無間，縱橫顛倒，皆可推之而通。世之儒者，各就其一偏之見，而又飾之以比擬仿像之功，文之以章句假借之訓，其爲習熟既足以自信，而條目又足以自安，此其所以誑己誑人，終身没溺而不悟焉耳。然其毫釐之差，而乃致千里之謬。非誠有求爲聖人之志而從事於惟精惟一之學者，莫能得其受病之源而發其神奸之所由伏也。若某之不肖，蓋亦嘗陷溺於其間者幾年，倀倀然既自以爲是矣。賴天之靈，偶有悟於良知之學，然後悔其向之所爲者，固包藏禍機，作僞於外，而心勞日拙者也。十餘年來，雖痛自洗剔創艾，而病根深痼，萌蘗時生。所幸良知在我，操得其要，譬猶舟之得舵，雖驚風巨浪顛沛不無，尚猶得免於傾覆者也。夫舊習之溺人，雖已覺悔悟，而其克治之功，尚且其難若此，又況溺而不悟，日益以深者，亦將何所抵極乎！以謙之精神力量，又以有覺於良知，自當如江河之注海，沛然無復能有爲之障礙者矣！默成深造之餘，必有日新之得，可以警發昏惰者，便間不惜款款示及之。」

按：前寄鄒謙之書三云「正之去，當能略盡鄙懷」，是謂黄弘綱赴廣德觀政教，作在八月；此寄鄒謙之書四云「正之歸，備談政教之善」，是謂黄弘綱自廣德歸，詳告政教之善，作在十月間可知矣。

十一月十四日，江西按察僉事汪應軫以疾解職歸山陰。

明世宗實録卷七十：「嘉靖五年十一月癸巳，江西僉事汪應軫以疾解職，不候命而歸。撫按官論其擅離職守，詔下所司逮問。已應軫自陳親老無人侍養，願乞休。吏部覆言，其情可憫。詔免逮問，特准致仕。」

按：國榷卷五十三：「嘉靖五年十一月戊子，江西按察僉事汪應軫引疾遽去。命逮訊，吏部爲請，特令致仕。」以爲事在戊子（八日），似指汪應軫始以疾解職時。

青湖先生文集卷七與季彭山年兄：「洪都别後，連承手札，指以心學之妙……近蒙陽明先生厚賜啓迪，豈不知感？但此心疑猶未釋，又敢不以待執事者待陽明哉？若陽明之文章功業，洎執事之才氣風節，則固僕之師友也，又何必同而嫌於異哉？僕今已病乞歸，築室南園，爲讀書之所，方圖寸進，以資教益。」

按：據汪應軫此書，可見汪應軫在引疾解職前後與陽明有通信往來，故其歸山陰後必當往見陽明。

青湖先生文集卷十四有登浮峰寺用王陽明韵：「人事謾隨黄葉改，塵心已共白雲還。山高鷄犬聲不到，自有晨昏非世間。」即汪應軫是次歸山陰經蕭山時所作，「塵心已共白雲還」，即言其引疾歸居山陰，汪應軫已以此次韵詩表明其歸山陰往見陽明之意。

十二月十一日，張璁、桂萼再修大禮全書，席書奏薦召起陽明詣議大禮，不用。

國榷卷五十三：「嘉靖五年十二月己未……張璁、桂萼及霍韜、方獻夫再修議禮全書。」

明世宗實録卷七十一：「嘉靖五年十二月己未，先是上林苑監右監承何淵復請，以世廟議行禮議，如修正尊號，集議凡例，續編刊布，以成大禮全書……時書方病，因奏：『頃議禮初已有另廟之説，且前廟卷内所載略具，惟問神道以衆論不一，及還主謁廟之議稍未編入。宜即勑原議禮官如方獻夫、霍韜、黄宗明、熊浹、黄綰，同本部官增修續之。或召起尚書王守仁，可與諮議。若今内閣及諸翰林官，皆昔日跪門呼號者，無煩使之事事以啓紛更……』已復詔罷監修總裁官，取原議禮韜等五人至館供事，以張璁、桂萼充副總裁，翰林院修撰等官，曩未預修者五人，禮部司屬二人，並韜等五人，爲纂修官。」

十二日，繼室張氏生子正聰，鄉先達以詩來賀，陽明次韵答謝。

王陽明全集卷二十嘉靖丙戌十二月庚申始得子年已五十有五矣六有静齋二丈昔與先公同舉於鄉聞之而喜各以詩來賀藹然世交之誼也次韵爲謝二首：「海鶴精神老益强，晚途詩價重珪璋。洗兒惠兆金錢貴，爛目光呈奎井祥。何物敢云繩祖武，他年只好共爺長。偶逢燈事開湯餅，庭樹春風轉歲陽。自分秋禾後吐芒，敢云琢玉晚珪璋？漫憑先德餘家慶，豈是生申降嶽祥。携抱且堪娱老况，長成或可望書香。不辭歲歲臨湯餅，還見吾家第幾郎？」陽明先生文録卷三與歐陽崇一書二：「去冬十二月十二日未時，得一子，今已逾百日，或可望長成也。」

黄綰陽明先生行狀：「諸氏卒，繼張氏，舉一子正億（按：即正聰）。適予女僅二週而公卒，遂鞠於余。以恩廕授國子生。」

錢德洪陽明先生年譜：「十一月庚申，子正億生。繼室張氏出。先生初得子，鄉先達有静齋、六有者，皆踰九十，聞而喜，以二詩爲賀。先生次韵謝答之，有曰『何物敢云繩祖武，他年只好共爺長』之句，蓋是月十有七日也。先生初命名正聰，後七年壬辰，外舅黄綰因時相避諱，更今名。」

按：錢德洪謂正聰生於十一月十二日，乃誤。以正聰十二月出生推之，陽明之娶繼室張氏或即在嘉靖五年正月，蓋去諸氏之卒一周年也。按陽明娶繼室張氏同時，又納妾多名，生子多人，非獨正聰一子。今考王艮重刻心齋王先生語録卷下載有王艮與薛中離書云：「别後，先師家事變更不常，其間細微曲折，雖令弟竹□先生耳聞目擊，於此猶未知其所以然也，蓋機不可泄故耳。向嘗請先師立夫人以爲衆婦之主，師曰：『德性未定，未可輕立。』請至再三，先師不以爲然者，其微意有所在也。正恐諸母生子壓於主母，而不安耶？其子之不安可知矣。我輩不究先師淵微之意，遠慮之□，□立吴夫人以爲諸母之主，其□剛無容，使正億（正聽）之母處於危險之地，無由自安。母固如此，億弟又何以安哉？遂使億弟陷於丑婦人之手。當時大夫伯顯（按：王守文）因汪洵緑懲戒之後，誓不入先師家内，其危險至此。□以歐南野至越，與樂村、約齋商量，拯救至南都，自與黄久庵、何善山召弟商議。人謀鬼謀已定，又得王瑶湖贊决，李約齋之力，遂收正億□危離險，遂得翁婿相處，吾輩之心始安矣。後陳、吴二夫人送歸，各得其所矣。其後吴夫人只□還歸原職，蓋三從之道，姑叔門人不與焉。我輩正當認錯改之，使吾億弟後無魔障可也。」

又著録與歐南野書云：

「貴鄉里曾雙溪至，知久庵公丁憂，正億弟隨歸。初公言以死保孤，於今日事勢不知果能終其所願否也。過越，恐伯顯老夫人相留，未知如何處之，望兄與龍溪兄扶持，豫謀萬全之策，以保先師一脉之孤。如何如何。」

又著録歐陽德回札云：

「久庵老先生取正聽育之宦邸，亦嘗反復籌量，不能自已。蓋非但慮正聽保抱鞠育之迹，亦恐其長於婦人之手，□養弗端，或浸淫以入於邪辟，重遺先人之□也。非但爲正聽求成立之道，抑亦以同志諸友往來處事，輒有違言，恐謗誹日甚，或啓無窮之衅也；非但於正聽有翁婿之義，老師有骨肉之恩，抑亦於伯顯及四方士友有道義同志之雅，善爲調護，使各不失其一體之愛也。伯顯有書欲留正聰，自是大義至情。然觀之日前，雖若割恩舍愛，徐觀其後，伯顯亦將喜而安之矣。執事幸委曲成之。草草奉聞。萬萬。」

又陽明先生年譜附録一云：

「嘉靖十年辛卯五月，同門黄弘綱會黄綰於金陵，以先生胤子王正億請婚。先是師殯在堂，有忌者行譖於朝，革錫典世爵。有司默承風旨，媒孽其家，鄉之惡少遂相煽，欲以魚肉其子弟。胤子正億方四齡，與繼子正憲離仳竄逐，蕩析厥居。明年夏，門人大學士方獻夫署吏部，擇刑部員外王臣陞浙江僉事，分巡浙東，經紀其家，奸黨稍阻。弘綱以洪、畿擬是冬赴京殿試，恐失所托。適綰陞南京禮部侍郎，弘綱問計，綰曰：『吾室遠莫計，有弱息，願妻之。』是月，洪、畿趨金陵爲正億問名。綰曰：『老母家居，未得命，不敢專。』洪、畿復走台，得太夫人命，於是同門王艮遂行聘禮焉。十一年……九月，正億趨金陵。正億外侮稍息，内釁漸萌；深居家扃，同門居守者，或經月不得見，相懷憂逼。於是同門僉事王臣、推官李逢，與歐陽德、王艮、薛僑、李珙、管州議以正億趨金陵，將依舅氏居焉。至錢塘，惡少有躡其後載者。迹既露，諸子疑其行。請卜，得鼎二之上吉，乃佯言共分胤子金以歸。惡黨信爲實，弛謀。有不便者，遂以分金騰謗，流入京師。臣以是被中黜職。」

又黄綰集卷二十一寄甘泉宗伯書云：

「春自京歸，至維揚，崇一諸友以書邀於路，云：『陽明先生家事甚狼狽，有難處者。』欲綰至越一處。綰初聞，不以爲然；至金陵細詢，方知果有掣肘難言之情。又躊躇數日，方托王汝止携取孤子至此教養。將陽明先生囊橐所遺賬目，煩諸友及親經其事者，與王伯顯、王仲肅並管事家人，逐一查對明白，立一樣合同簿三本：一付越中，一付孤子之母，綰亦收執一本。俟孤子成人之日查對，毫髮不許輕動。目前只令家人以田租所入供給。」

按：王艮所云「衆婦」、「諸母」，即指陽明所納衆側室，「吴夫人」、「陳夫人」，皆陽明側室夫人。王艮等人之所以請立吴夫人爲諸母之主，當是吴夫人生子故也，而諸母中也有生子者，故王艮謂「正恐諸母生子壓於主母，而不安」。錢德洪謂「諸子疑其行」，此「諸子」即指諸母之子。蓋是次家事乃由「内釁」引起，即諸母諸子争家産名分，使胤子正聰及其母陷於危險境地，由「内釁」而引發「外侮」，卒致騰謗四起而不堪收拾。衆家之説，唯王艮之言最得其實，點破内情，其餘諸人皆言「外侮」，掩飾「内釁」，或欲爲師諱耶？

按：陽明詩中稱餘姚有「六有」、「静齋」二丈以詩來賀，不知何人。陽明稱此二人與王華同舉於鄉，且有世交之誼。今考成化十六年浙江鄉試録中是年舉鄉試之餘姚士子，除王華外，尚有七名：

第九名，蔡錬，餘姚縣學增廣生，禮記；

第二十六名，王恩，餘姚縣學增廣生，禮記；

第三十二名，魏澄，餘姚縣儒士，春秋；

第三十六名，傅錦，餘姚縣學增廣生，禮記；

第六十七名，嚴謹，餘姚縣學增廣生，禮記；

第七十七名，俞鐔，餘姚縣學生，禮記；

第八十四名，高遷，餘姚縣儒士，禮記。

按：此七人，蔡鍊字懋成，號太白樓；王恩字克承，成化二十三年進士，官御史；傅錦成化二十年進士，官刑部員外郎。可信此三人非爲「六有」、「静齋」者。餘下四人，按王華、陽明在餘姚有世交之誼者爲魏氏（如魏瀚）、嚴氏（如嚴時泰），由此可知「六有」、「静齊」當爲嚴謹、魏澄。

古庵毛憲書來問學，陽明有答書，論「致良知」與「體認天理」之異。

古庵毛先生文集卷二奉王陽明書一：「某曩嘗於周道亨所拜領手教，啓益良多。三四年來，不德招殃，妻子繼没，弗克時候動止，罪甚罪甚！頃屈致高弟胡正人爲兒輩師，恭審道德日尊，高士群集，且有弄璋之喜，無任欣慰！某衰病荒落，恨弗得走依門下，以漸道化，惟獨持此心，勉保晚節而已。不揣鄙陋，敢以所聞請正於下執事。私念幼嘗有志此學，長而無聞，惟以不欺爲主，以恕爲要，以克己爲工夫，而敬畏貫乎其間。日久未有所得，時或間斷，覺克己尤難。愚性偏於暴怒，克制二十年，尚或乘間竊發，深自悔訟。歸休來，承甘泉先生示以隨處體認天理，更覺親切，循是用功，頗有效驗。五十以前，此心尚雜；今則義利分明，雖怒而不留，但稍費力耳。不審後日何如，伏望鐫誨，幸甚！」

王陽明全集卷六與毛古庵憲：「亟承書惠，既荷不遺，中間歉然下問之意，尤足以仰見賢者進修之功勤勤不懈，喜幸何可言也！無因促膝一陳鄙見，以求是正，可勝瞻馳！凡鄙人所謂『致良知』之説，與今之所謂『體認天理』之説，本亦無大相遠，但微有直截迂曲之差耳。譬之種植，致良知者，是培其根本之生意，而達之枝葉者也；體認天理者，是茂其枝葉之生意，而求以復之根本者也。然培其根本之生意，固自有以達之枝葉矣；欲茂其枝葉之生意，亦安能舍根本而別有生意可以茂之枝葉之間者乎？吾兄忠信近道之資，既自出於儕輩之上，近見胡正人，備談吾兄平日工夫又皆篤實懇切，非若世之徇名遠迹而徒以支離於其外者。只如此用力不已，自當循循有至，所謂殊途而同歸者也。亦奚必改途易業，而別求所謂爲學之方乎？惟吾兄益就平日用工得力處進步不息，譬之適京都者，始在偏州僻壤，未免經歷於傍蹊曲徑之中，苟志往不懈，未有不達於通衢大路也。病軀咳作，不能多及，寄去鄙録，末後論學一書，亦頗發明鄙見，暇中幸示及之。」

按：毛憲書所云「弄璋之喜」，即指生正聰，知此書作於嘉靖五年十二月間。周道亨即周衢（周衝道通之兄），毛憲於嘉靖元年以耳疾謝歸武進，時陽明有書托周衢轉呈毛憲，即毛憲此書所云「曩嘗於周道亨所拜領手教」，蓋周衢亦與周衝同爲陽明弟子也。「胡正人」疑即胡純（字惟一，或一字正人），萬曆紹興府志卷四十三儒林：「胡純，字惟一，會稽人。少從新建學。天性孝友，家貧無書，每假抄以誦。自弱冠即爲塾師，賴其資以奉親終其身。其爲人終日齋坐，不妄言笑，不苟交，動止必飭。其教人必率以規矩，歌詩習禮，不徒事章句。」儼然一「正人」塾師純儒者。所謂「自弱冠即爲塾師」，似即指毛憲屈致其爲兒輩塾師。陽明此書原題作「與毛古庵憲副」，誤，兹改。又陽明此書題下注「丁亥」作，蓋是毛憲書來在嘉靖五年十二月，陽明答書則作在嘉靖六年正月也。

陽明此書，大旨在論「致良知」與「隨事體認天理」之異。蓋毛憲雖爲陽明所取士，然其却尊朱學。吕柟禮科右給事中毛公憲墓表：「嘉靖初年，以耳疾謝歸。講求性理之學，學者翕然尊師……惟時郡守陳君實建道南書院，延公爲師，表進後學。公之教以不欺爲主，以喜怒爲用，以克己爲功，以敬義爲存心制事之本。其言曰：『君子之學，須是擺脱習氣，著實踐履，方是實學。』」（國朝獻徵録卷八十）故其思想接近湛甘泉之「體認天理」，而於陽明之「良知」説猶未達一間也。

柴太安人卒，陽明有文祭之。

陽明祭柴太安人文：「嘉靖年月日，新建伯兼兵部尚書忝眷王守仁，謹以牲醴之奠致祭於封太安人胡太親母柴氏之柩：維太安人，生於閩宗，歸於名族。母儀婦道，鄉邦所式。憲憲令子，外臺司直。匪榮膴秩，允榮顯德。溯澤於源，有封有錫。鬱鬱芝蘭，燁燁桑梓。耄壽考祥，哀榮終始。復何恨哉，復何恨哉！守仁忝在姻末，當始訃聞，病莫奔哭。期兹歸藏，必往執紼。先遣兒曹，匍匐歸役。經旬雨雪，水澤腹堅。加以咳疾，觸寒莫前。梗出意外，舟發復旋。天時人事，成此咎衍。百里江關，目極心痒。薄奠申祖，臨風愴愧。豈足將誠，祗以告罪。」（餘姚柏山胡氏重修宗譜卷首，陽明文集失載）

按：宗譜稱柴太安人爲埋馬胡東皋母，胡東皋女適陽明嗣子王正憲（見前），故陽明稱孫安人爲「胡親母」，而稱柴太安人爲「胡太親母」。此祭柴太安人文與祭孫安人文在格式與句式上都相似，蓋柴氏之卒與孫氏之卒相去未遠，似爲同時祔葬。祭文云「經旬雨雪」，「觸寒莫前」，時當在冬末之際。又祭文云「梗出意外，舟發復旋」，是謂陽明本已發舟往餘姚祭奠，因忽觸寒生疾，梗出意外，又旋舟復回。按顔鯨胡東皋傳云：「公諱東皋，字汝登，別號方岡，世爲餘姚梅川里人……母柴氏……辛未夏，三載考績書最，封父樗庵公如其官，母柴爲太安人……嘉靖改元，入覲，考治行，爲天下第一，詔優獎之。二年，陞按察司副使，整飭建昌兵備……丙戌，奔母喪，建昌軍民思公德愛，相與圖像立祠。」（國朝獻徵録卷五十六）可見柴氏卒在嘉靖五年，至其歸藏，陽明欲往執紼而作此祭文，已在嘉靖五年年底，故有「經旬雨雪」之句。祭文中云「外臺司直」，即指胡東皋任按察司副使；「忝在姻末」，指王正憲娶胡東皋之女；「兒曹」，即指王正憲。是年十二月庚申，張氏生正聽，所謂「梗出意外」，或亦指子正聽生耶？

劉邦采、劉曉合安福同志爲會，名曰「惜陰會」，陽明爲作惜陰說。

王陽明全集卷七惜陰說：「同志之在安成者，閲月爲會五日，謂之『惜陰』，其志篤矣。然五日之外，孰非惜陰時乎？離群而索居，志不能無少懈，故五日之會，所以相稽切焉耳。嗚呼！天道之運，無一息之或停……知良知之運無一息之或停者，則知惜陰矣；知惜陰者，則知致其良知矣。『子在川上曰：「逝者如斯夫！不舍晝夜。」』此其所以學如不及，至於發憤忘食也。堯舜兢兢業業，成湯日新又新，文王純亦不已，周公坐以待旦，惜陰之功，寧獨大禹爲然？子思曰：『戒慎乎其所不睹，恐懼乎其所不聞。』『知微之顯，可以入德矣。』或曰：鷄鳴而起，孳孳爲利。凶人爲不善，亦惟日不足，然則小人亦可謂之惜陰乎？……」

劉曉惜陰會約引：「曉之事夫子也最早，愧無爲諸君子倡。因念生也異方，不能往受教；在鄉也，又勢各有便，不能聚一。懼夫離群索居，固有因而怠焉者矣。乃與諸同志立爲惜陰會，期以各雙月望日，輪有志者若干人，主供應擇地之雅勝居焉。互相切磋，各殫厥心，盡五日而散。與會者非有大故，不得輒免。」（轉引自李才棟江西古代書院史）

鄒守益集卷十七書書屋斂義卷：「往歲丙戌、丁亥，同志舉惜陰之會，先師陽明公寔有訓言，所以揭聖學，昭天德，使人人遷善改過，同歸皇極之化，甚盛舉也！顧間月而會，五日而散，往來無常所，暴寒無常時，僉議須斂衆財以立書屋。凡我同志，不分已仕未仕，量家多寡而協出之，庶幾居肆成藝之規。賴天之福，松谿公惠撫吾邑，慨然以身任之，卜於舊學，用宏新制。其風氣凝固，規模壯宏，皆可以垂永久。」

按：安福惜陰會，錢德洪以爲劉邦采立，陽明先生年譜：「嘉靖五年十二月，作惜陰説。劉邦采合安福同志爲會，名曰『惜陰』，請先生書會籍。」年譜附録一：「師在越時，劉邦采首創惜陰會於安福，間月爲會五日。」然黄宗羲以爲劉曉立惜陰會，明儒學案卷十九縣令劉梅源先生曉：「見陽明於南京，遂稟受焉……歸集同志爲惜陰會，吉安之多學者，先生爲之五丁也。」又康熙安福縣志卷三：「劉曉，字伯光，南鄉三舍人……曉合諸同志歲時講談，而題其端曰『惜陰』。安成惜陰自曉始。」三舍劉氏七續族譜卷三十四家傳第八劉曉傳：「曉字伯光，號梅源，諭德戩之孫……結屋梅花之源，合諸同志，歲時講業，而題其端曰『惜陰』。陽明先生爲著惜陰説。安成惜陰之會自曉始。」今據劉曉惜陰會約引，謂劉曉立惜陰會當屬可信。蓋安福惜陰會乃是劉邦采、劉曉叔侄二人所共立也。

除夕，蘿石董澐自海寧渡江來訪，因共守歲，有守歲唱酬詩。

陽明守歲詩並序：「嘉靖丙戌之除，從吾道人自海寧渡江來訪，因共守歲。人過中年，四方之志益倦。客途歲暮，戀戀兒女室家，將舍所事走千里而歸矣。道人今年已七十，終歲往來湖山之間，去住蕭然，曾不知有其家室。其子穀又賢而孝，謂道人老矣，出輒長跪請留。道人笑曰：『爾之愛我也以姑息。吾方友天下之善士，以與古之賢聖者遊，正情養性，固無入而不自得。天地且逆旅，奚必一畝之宫而後爲吾舍耶？』嗚呼！若道人者，要當求之於古，在今時則吾所罕睹也。是夜風雪，道人有作，予因次韻爲謝。

多情風雪屬三餘，滿

目青山是舊廬。况有故人千里至，不知今夜一年除。天心終古原無改，歲時明朝又一初。白首如君真灑脱，耻隨兒子戀分裾。陽明山人守仁書。」（從吾道人語録後附）

從吾道人詩稿卷下丙戌除夕：「南渡江來樂有餘，廣堂守歲即吾廬。二三千個同門聚，六十九年今夜除。文運河圖呈象日，寒梅禹穴見花初。陽明甲第春風轉，老我明朝□曳裾。

越子城頭雪尺餘，梅花作伴卧僧廬。真常□□歲更改，舊染若隨塵掃除。到處是家安便□，□心即聖擬還初。白頭未信年華去，正要□□□翠裾。」

王襞明儒王東厓先生遺集卷二次董蘿石翁餘字韵：「堯夫擊壤浩歌餘，正似江門坐小廬。千古窮通憑感遇，百年謀計起乘除。即憐蘭蕙生涯轉，剛是春風鼓動初。待看風流三月我，萬香叢裏曳青裾。

唤醒從前春夢餘，回頭便識自家廬。莊嚴寶相皆成僞，幻妄空花早破除。一物不存非窈渺，纖毫落見失元初。夜來閑傍梅花立，月滿枝頭影滿裾。」

按：董澐先在三月來會稽見陽明，陽明爲作湖海集序，其約在秋中回海寧。至歲暮董澐又來會稽，詩云「陽明甲第春風轉」，隱指陽明得子正聰，董澐蓋有來賀之意。其詩云「二三千個同門聚」，尤值得注意。其時在會稽同門猶有二三千之多，如董穀、王襞皆在會稽，歲終未歸。王東崖先生襞墓誌銘亦云：「是時龍溪、緒山、玉芝皆在公左右。先生以公命悉師事之，踰十年歸。」故王襞得與唱酬也。

一五二七　嘉靖六年　丁亥　五十六歲

正月二十二日，世宗下詔開館纂修大禮全書，命黄綰、黄宗明等爲纂修官，應詔入京。黄綰書來問出處，陽明有答書，以爲「義不容辭」，「若纂修未爲盡非，則北赴未爲不可」。

國榷卷五十三：「嘉靖六年正月庚子，敕纂修大禮全書。大學士費宏、楊一清、石珤、賈詠、禮部尚書席書總裁，兵部侍郎張璁、詹事桂萼副總裁，少詹事方獻夫、霍韜、前河南右參議熊浹、福建鹽運使黄宗明、修撰席春、編修孫承恩、廖道南、王用賓、張治、南京工部營繕員外郎黄綰、禮部儀制主事潘潢、祠祭主事曾存仁纂修。」

黄綰集卷十九寄胡秀夫諸兄書：「僕歸，只謂終焉而已，在家方得安樂。不意元山論薦，朝廷遂差千户來取纂修禮書。初聞亦欲堅謝，既而鎮巡藩郡各差官及縣官，日夕到家敦逼，不惟勢不容辭，一時度義，亦無可爲辭者。又令人持書質諸陽明，亦云『義不容辭』。且元山後題本内，又反復説破衆人欲辭之意，不容終已，遂勉强出門。既不獲辭，今已就道。」

陽明先生文録卷三與黄宗賢書：「所委文字，以通家之情，重以吾兄道義骨肉之愛，更復何辭？向日之約，誠有不得已者。近來人事日益紛擾，每每自晨發至更餘，無須臾稍閑，精神驟衰，往往終日自不得食。吾兄若見之，將亦自有不忍以此相責者矣。北來消息，昨晚始聞。承喻信然，所謂甚難行止者，恐亦毁譽之心猶在。今且只論纂修一事，爲可耶？爲不可耶？若纂修未爲盡非，則北赴未爲不可。陞官之與差委事體，亦自不同。况議禮本是請君始終其事，中間萬一猶有未盡者，正可因此潤色調停。以今事勢觀之，元山既以目疾，未能躬事；方、霍恐未即出。二君若復不往，則朝廷之意益孤，而元山之志荒矣。務潔其身者，楊氏『爲我』之義，君子之心，未肯踁踁若此也。凡人出處，如人飲水，冷暖自知，非他人所能與，高明自裁度之。北行過越，尚須一面，不一一。」

按：其時黄綰已引疾歸居黄巖，陽明此書乃勉勸黄綰一出赴京纂修大禮全書（即明倫大典）。「元山」爲席書，「方」爲方獻夫，「霍」爲霍韜。按國榷卷五十三：「嘉靖五年六月壬子，禮部尚書席書告，賜酒饌，作詩慰之……嘉靖六年二月壬子，禮部尚書席書疾甚，許致仕，進武英殿大學士，賜第京師……三月戊子，前少保兼太子太保、禮部尚書、武英殿大學士席書卒。」席書二月致仕，三月即卒，由此可確知陽明此書作在嘉靖六年二月。以言「北來消息，昨晚始聞」考之，則在二月上旬中也。書云「所委文字，以通家之情，重以吾兄道義骨肉之愛，更復何辭」，疑指爲王鏊作傳。按王陽明全集卷二十五有太傅王文恪公傳，題下注作於嘉靖六年丁亥，或即出於黃綰所請。

二月十日，巡按應天御史聶豹回京復命，次真州，有書來告，陽明有答書。

陽明與聶雙江先生書：「遠承手教，推許過情，悚怍何可當！兼承懇懇衛道之誠，向學之篤，其爲相愛豈有既耶？感幸，感幸！道之不明，幾百年矣，賴天之靈，偶有所見，不自量力，冒非其任，誠不忍此學昧昧於世，苟可盡其心焉，雖輕身舍生，亦所不避，况於非笑詆毁之微乎？夫非笑詆毁，君子非獨不之避，因人之非笑詆毁而益以自省自勵焉，則固莫非進德之資也。承愛念之深，莫可爲報，輒以是爲謝。聞北上有日，無因一晤語，可勝懸懸。足下行有耳目之寄矣，千萬爲此道此學珍攝，以慰交游之望。二月十日，守仁頓首。」（同治永豐縣志卷三十五，陽明文集失載）

按：前考聶豹嘉靖五年春以巡按應天來見陽明。至嘉靖六年春回京復命，又有書致陽明。宋儀望雙江聶公行狀：「明年（嘉靖五年）春，按應天……丁亥，復命。未幾，遂差巡按福建。」聶豹啓陽明先生云：「丁亥春，北上，次真州，曾具狀託王巡按轉致，竟不知達否，如何？」（聶豹集卷八）陽明有答書，即此書也。觀聶豹書云「丁亥春，北上」，陽明此書則云「聞北上有日」，尤可見陽明此書乃答聶豹在真州一書，所謂「北上」，即行狀所云嘉靖六年春回京復命也。又觀聶豹啓陽明先生所言，可見聶豹未收到陽明此書，陽明此書或在中途亡失，遂亦未收入文集。

古庵毛憲再有書來問學。

古庵毛先生文集卷二奉王陽明書二：「某衰病侵尋，哀苦相繼，義理疏闊，學問荒蕪，有愧指教多矣。然亦不敢自棄，暇則温習舊聞，講求家禮、鄉約諸儀，措諸躬行，以冀寡過。深恨病縛，道遠弗獲親炙門下，以聆至教，愧悚，愧悚！間讀朱子大全，見得此老於天下事無不格，而理無不窮，真天挺豪傑，足以繼往而開來也。近同士大夫私議門下欲改大學『格』字，訓爲『正』，又病『敬』之一字爲綴，豈其然乎？因風望示喻，以釋此疑，萬幸，萬幸！」

按：前考毛憲嘉靖五年十二月書來問學，陽明在嘉靖六年正月有答書。毛憲此書云「有愧指教多矣」，即指收到陽明答書，可見毛憲此書作在二月中。按古庵毛先生文集卷六祭新建伯王陽明云：「顧某庸陋，愧未能心融而鑑照。然竊聞『根本枝葉』之論，沉潛砥礪，亦既深培而力造。」所謂「『根本枝葉』之論」，即指陽明首次答書；不及陽明第二次答書，可見陽明於毛憲此第二書未有覆。

朱得之歸靖江，陽明書修道説贈別，董澐有書致慰。

朱得之輯稽山承語：「嘉靖丁亥，得之將告歸，請益。師曰：『四方學者來此相從，吾無所畀益也，特與指點良知而已。良知者，是非之心，吾之神明也。人皆有之，但終身由之而不知者衆耳。各人須是信得及，儘著自己力量，真切用功，日當有見。六經四子，亦惟指點此而已。近來學者與人論學，不肯虚心易氣，商量個是當否，只是求伸其説，不知此已失却爲學之本，雖論何益？又或在此聽些説話，不去切實體驗，以求自得，只管逢人便講；及講時又多參以己見，影響比擬，輕議先儒得失。若此者，正是立志未真，工夫未精，不自覺其粗心浮氣之發，使聽者虚謙問學之意反爲蔽塞，所謂輕自大而反失之者也。往時有幾個樸實頭的，到能反己自修；及人問時，不肯多説，只説我聞得學問頭腦只是致良知，不論食息語默，有事無事，此心常自炯然不昧，不令一毫私欲干涉，便是必有事焉，便是慎獨，便是集義，便是致中和。又有一等淵默躬行，不言而信，與人並立而人自化，此方是善學者，方是爲己之學。』」

康熙常州府志卷二十三人物：「朱得之……其歸也，陽明書修道説貽之。」

從吾道人詩稿卷上寄朱近齋：「我憶如愚子，遥天首獨搔。鯉魚南海少，北斗靖江高。花落鶯猶語，春寒夢亦勞。一緘千里去，聊以慰同胞。」

按：明儒學案卷二十五明經朱近齋先生得之引朱得之記一條語録：「董蘿石平生好善惡惡甚嚴，自舉以問。陽明先生曰：『好字原是好字，惡字原是惡字。』董於言下躍然。」可見董、朱兩人甚相知。董澐嘉靖五年除夕方來紹興，此詩作於嘉靖六年春三月，則朱得之别陽明歸靖江約在二月中。

三月十一日，席書卒，陽明有文祭奠。

國榷卷五十三：「嘉靖六年三月戊子，前少保兼太子太保、禮部尚書、武英殿大學士席書卒……上自作文祭曰：『學得真傳，德惟一致。忠誠端慎，簡在朕心。欲共圖政化之淳，而遽奪忠良之速。後雖同事之臣，日或接見；獨於謀議之善，不復可聞。』其悼念如此。書有才用，多讀書。晚以桂萼薦，蒙知恃寵，負氣而忮。」

王陽明全集卷二十五祭元山席尚書文：「嗚呼元山！真可謂豪傑之士，社稷之臣矣。世方没溺於功利辭章，不復知有身心之學，而公獨超然遠覽，知求絶學於千載之上；世方黨同伐異，狥俗苟容，以鈎聲避毁，而公獨卓然定見，惟是之從，蓋有舉世非之而不顧；世方植私好利，依違反覆，以壟斷相與，而公獨世道是憂，義之所存，冒孤危而必吐；心之所宜，經百折而不回。蓋其所論雖或亦有動於氣、激於忿，而其心事磊磊，則如青天白日，洞然可以信其無他。世方娼嫉讒險，排勝己以嫉高明，而公獨誠心樂善，求以伸人之才，而不自知其身之爲屈；求以進賢於國，而不自知其怨謗之集於其身。蓋所謂『斷斷休休，人之有技，若己有之』者。此大臣之盛德，自古以爲難，非獨近世之所未見也。嗚呼！世固有有君而無臣，亦有有臣而無君者矣。以公之賢，而又遭逢主上之神聖，知公之深而信公之篤，不啻金石之固，膠漆之投，非所謂明良相逢，千載一時者歟？是何天意之不可測，其行之也，方若巨艦之遇順風，而其傾之也，忽中流而折檣舵；其植之也，方爾枝葉之敷榮，而摧之也，遂根株而蹶拔。其果無意於斯人也乎？嗚呼痛哉！嗚呼痛哉！某之不肖，屢屢辱公過情之薦，自度終不能有濟於時，而徒以爲公知人之累，每切私懷慚愧。又憶往年與公論學於貴州，受公之知實深。近年以來，覺稍有所進，思得與公一面，少叙其愚以來質正，斯亦千古之一快，而公今復已矣，嗚呼痛哉！聞公之赴，不能奔哭，千里設位，一慟割心。自今以往，進吾不能有益於君國，退將益修吾學，期終不負知己之報而已矣。嗚呼痛哉！言有盡而意無窮，嗚呼痛哉！」

黄綰集卷二十八奠席元山先生文：「於乎！先生豪傑之心，經濟之才，欲行其志，雖泰山莫壓，雷霆不摧。竟賴明道，群蒙欻開。遂得究宋議之不稽，辨訛籍以無猜；誅莽心於異代，息丹黨之諠豗。因大孝之昭彰，轉堯基而乾回；啓明堂以敷治，欣海岳之咸來。奈何先生，既栽不培，以致聖主當寧而浩歎，志士抱心而莫裁。遺此至恨，千古傷哉！」

按：王陽明全集卷二十一與黄宗賢書一云：「懇辭疏下，望相扶持……席元山喪已還蜀否？前者奠辭想已轉達。」此書作於六月（見下），知陽明祭文乃由黄綰携往京師轉達。

林大輅陞江西按察副使，經紹興來訪。别後兩人有通信往來論學。

王陽明全集卷六答以乘憲副：「此學不明於世，久矣。而舊聞舊習障蔽纏繞，一旦驟聞吾說，未有不非詆疑議者。然此心之良知，昭然不昧，萬古一日。但肯平心易氣，而以吾說反之於心，亦未有不洞然明白者。然不能即此奮志進步，勇脱窠臼，而猶依違觀望於其間，則舊聞舊習又從而牽滯蔽塞之矣。此近時同志中往往皆有是病，不識以乘别後，意思却如何耳。昔有十家之村，皆荒其百畝，而日惟糴於市，取其贏餘以贍朝夕者。鄰村之農勸之曰：『爾朝夕轉糴，勞費無期，曷若三年耕則餘一年之食，數年耕可積而富矣。』其二人聽之，舍糴而田。八家之人競相非沮遏，室人老幼亦交遍歸讁曰：『我朝不糴，則無以爲饔；暮不糴，則無以爲餐。朝夕不保，安能待秋而食乎？』其一人力田不顧，卒成富家；其一人不得已，復棄田而糴，竟貧餒終身焉。今天下之人，方皆轉糴於市，忽有轉糴而田者，寧能免於非讁乎？要在深信弗疑，力田而不顧，乃克有成耳。兩承書來，皆有邁往直進、相信不疑之志，殊爲浣慰！人還，附知少致切劘之誠，當不以爲迂也。」

按：「以乘」即林大輅，字以乘，號二山，莆田人。正德九年進士，因諫武宗南巡下詔獄，廷杖讁外。「憲副」，指林大輅任江西按察司副使，柯維騏通議大夫都察院右副都御史二山林公行狀：「肅皇帝登極，徵爲刑部副郎，父老攀援遮送……抵京，擢江西僉事，持憲嚴明有體。久而擢副使，攝南贛兵備。會思恩、田州聚亂，總制姚公謨、王公守仁，後先檄公夾兵討之，寇用以平。」（愧瘖集前附）可見林大輅在嘉靖六年陞江西副使，嘗途經紹興訪陽明問學，别後兩人多有通信往返時在是年夏秋間。

魏良政來紹興問學，並携魏良弼書至，陽明有答書。聞陽明將有入都之行，魏良弼再有書來問學。

王陽明全集卷六答魏師說：「師伊至，備聞日新之功。兼得來書，志意懇切，喜慰無盡。所云『任情任意，認作良知；及作意爲之，不依本來良知，而自謂良知者，既已察識其病矣』，意與良知當分別明白。凡應物起念處，皆謂之意。意則有是有非，能知得意之是與非者，則謂之良知。依得良知，即無有不是矣。所疑拘於體面、格於事勢等患，皆是致良知之心未能誠切專一。若能誠切專一，自無此也。凡作事不能謀始與有輕忽苟且之弊者，亦皆致知之心未能誠一，亦是見得良知未透徹。若見得透徹，即體面事勢中，莫非良知之妙用。除却體面事勢之外，亦別無良知矣。豈得又爲體面所局，事勢所格？即已動於私意，非復良知之本然矣。今時同志中，雖皆知得良知無所不在，一涉酬應，便又將人情物理與良知看作兩事，此誠不可以不察也。」

太常少卿魏水洲先生文集卷三奉陽明王先生：「小价來，備聞老師譽處益隆，朝廷向用之意益篤。公子發祥，大德必受命，仁者必有後，天道人道，同符合轍，吾道亨泰，指日而待也。既蒙手教，下臨誨諭諄復，捧讀皆如老師耳提面命，心志益覺有進，於此益知向之所問學未精，而工夫疏略，於此知作事不能謀始，苟且輕忽之弊，深中生之病，敢不拜命佩服！於此益知夢晝知晝之說，通乎晝夜之道，而知川上之歎，水哉之稱，造次必於是，顛沛必於是，而無一毫間斷，方才是心無一刻不收，而所致者皆良知也。不肖居此，自慚無補於生民，局於體面、事勢，蓋聞老師至教，欲得盡去昔日之陋，而時有不可爲，殊不知過，於前者不可追，於後而改之者，謂不復踵前日之病云耳，非謂追前而改正之也。顔子之不貳過，只是知得透徹，致得周遍，無一毫罅隙可投，只是個誠切專一，即老師所謂『誠切專一，上蔡謂「仁者，心無内外、遠近、精粗，君子無入不自得也」，只是一個誠切專一』。又蒙示『今時同志中雖知得良知無所不在，一涉應酬，又將人情物理與良知看作兩事』，静言思之，深坐此病，豈老師經歷愚生腹中查刷一遍過來，何無一毫遁情如此！近得邸報，費、石二老先生去位，繼之者必遂庵也，後此必吴、賈二先生也。老師此行，朝廷必有以處，老師無可無不可也。愚謂繼諸公之後，亦可補府部之缺，亦可第欲得此道之行，回古風於唐虞，非得位得君，轉移終覺難也。不才叨此下邑，德薄才疏，不能上順天心，下副民望，遭此荒旱，饑口嗷嗷，撫字賑恤，頗覺疲困。幸賴一麥穰穰，生民有濟。而平陽又報有警，師旅又興，坑兵不調於松陽矣。思古人『師旅饑饉，比及三年，有勇知方』之説，展轉再三，莫究其所旨歸也。惟老師終教之，不勝大願！」

按：陽明書中所云得魏良弼來書，今佚。魏良弼此奉陽明王先生，乃是在收得陽明此答魏師説後所作答書。書中所云「公子發祥」，指陽明得子正聰。所云「老師此行，朝廷必有以處」，「朝廷向用之意益篤」，指陽明將北上赴京親領誥券謝恩（詳下），時在三月。又此書云「費、石二老先生去位，繼之者必遂庵也」，費宏、石瑤均在二月致仕，國榷卷五十三：「二月癸亥，大學士費宏、石瑤致仕……蓋張璁、桂萼攻宏甚，又新中王邦奇之間也。」由此可確知魏良弼此書作於三月間。按魏良弼嘉靖三年夏赴松陽知縣任，見魏水洲行略（太常少卿魏水洲先生文集卷六）。明清進士録：「魏良弼，嘉靖二年三甲一百六十七名進士，江西新建人，字師說，號水洲。由松陽知縣歷刑部給事中，巡視京營，劾罷保定侯梁永福、太僕卿曾直等，直聲大著。吏部尚書王瓊被逮，良弼請釋之，帝怒，下詔獄。贖還職，遷吏科給事。彗星見，劾罷大學士張璁。逾月，復劾吏部尚書汪鋐，忤旨奪俸。及璁再起柄政，與鋐有前隙，遂以考察削籍。隆慶初，即家拜太常卿，卒。」魏良弼乃從松陽發書至，書云「不才叨此下邑」，即指松陽。蓋其時兩人書札往返甚多，今皆亡佚矣。如此陽明答書尤引人注目，蓋陽明稍後「天泉證道」所言「有善有惡是意之動」、「知善知惡是良知」，已由此書發之矣。

召命北上赴京親領誥券謝恩，受沮不行。陽明有書致歐陽德告之。

太常少卿魏水洲先生文集卷三奉陽明王先生：「老師此行，朝廷必有以處，老師無可無不可也。愚謂繼諸公之後，亦可補府部之缺，亦可第欲得此道之行，回古風於唐虞……」

陽明先生文録卷三與歐陽崇一書二：「去冬十二月十二日未時，得一子，今已逾百日，或可望長成也。北上之說，信有之。聖主天高地厚之恩，粉身無以爲報。今即位六年矣，徒以干進之嫌，不得一稽首門廷，臣子之心，誠跼蹐不安。近日又有召命，豈有謝恩之禮待君父促之而後行者?但賤軀咳患方甚,揆之人情,恐病勢稍間,終當一行。來書所謂『如此人情,如此世道,何處着脚』,凡在吾黨,所見略同,千里拳拳之念,何敢忘也!何敢忘也!『道之不行,已知之矣。』區區之心,固不敢先有意必,然亦自有不容已者耳。」

按:陽明此書言及去冬得子,以「今已逾百日」算,則此書作在三月中,與魏良弼奉陽明王先生所述合。所謂「北上之説」,「老師此行」,「豈有謝恩之禮待君父促之而後行」,「終當一行」,乃指其北上赴京親領誥券謝恩之行。蓋陽明雖封爲伯爵,却一直不給誥券歲禄。錢德洪陽明先生年譜:「嘉靖四年六月……尚書席書爲首特薦……於是楊一清入閣辦事。明年,有領券謝恩之召,尋不果。」所謂「北上」即指此領券謝恩之行,錢德洪定在嘉靖五年則誤。陽明此書云「近日又有召命」,則可知召命下在二月,其時陽明入朝、入閣之呼聲日高,費宏將罷,楊一清赴京,陽明於其時入朝謝恩,朝野皆以爲陽明將有大用,故最爲費、楊所忌憚。陽明卒未能北行入朝,蓋以此也。(按:至八月黄綰上疏後,朝廷方給陽明鐵券禄米)

戚賢赴歸安知縣任,途經紹興來問學。

王畿集卷十九祭戚南玄文:「追惟丙戌之歲,忝兄同榜,予以陽明先生在越,圖告南還。次年,兄出宰歸安,與越鄰壤。余嘗與玉溪扁舟過苕溪,期兄出會。兄泥於時忌,意向雖切,而行迹稍存。余以『脚跨兩家船』戲之,兄即幡然愧悔,出頭擔當,興學育才,能聲大起。每公事過越，必謀數日之會，而情益親。……兄未第時，嘗見先師於南都。及官歸安，復拜於越。先師嘗有『良知如白日』之訓，兄平生學問以此爲的。」

按：戚賢與王畿同於嘉靖五年舉進士。明清進士録：「戚賢，嘉靖五年三甲五十三名進士。安徽全椒人，字秀夫，號南玄。授歸安知縣，師事王守仁，政治精明，政績卓著。擢吏科給事中，前給事中葉洪劾汪鋐被謫，賢以鋐恣横，實輔臣張璁曲庇，並劾之。太廟災，復劾郭勳及張瓚等，謫山東布政司都事。尋以父老自劾，免歸，卒於家。」以戚賢六月已在歸安寄書與陽明（見下）考之，可見其當在春間赴歸安任，其經紹興來見陽明問學約在二三月間。

黄直獲釋被貶歸金溪，再來紹興問學。

傳習録卷下：「黄以方問：『博學於文，爲隨事學存此天理。然則謂行有餘力，則以學文，其説似不相合。』先生曰：『詩、書、六藝皆是天理之發見，文字都包在其中。考之詩、書、六藝，皆所以學存此天理也。不特發見於事爲者方爲文耳。餘力學文，亦只博學於文中事。』」

按：傳習録卷下後半部皆爲黄直所記，均屬反映陽明晚年思想之重要語録。以其中記有「先生起征思、田，德洪與汝中追送嚴灘」等條，可見是黄直嘉靖六年來紹興所記。按明史卷二百零七黄直傳：「黄直，字以方，金溪人。受業於王守仁。嘉靖二年會試，主事發策極詆守仁之學。直與同門歐陽德不阿主司意，編修馬汝驥奇之，兩人遂中式。直既成進士，即疏陳隆聖治、保聖躬、敦聖孝、明聖鑒、勤聖學、務聖道六事。除漳州推官。以漳俗尚鬼，盡廢境内淫祠，易其材以葺橋梁、公廨。御史誣以罪，送吏部降用。行至中途，疏請早定儲貳。帝怒，遣緹騎逮問。無何，得釋。貶沔陽判官。」據此，可知黄直當是在得釋後歸居金溪，故遂來紹興問學。以陽明九月已赴兩廣，而黄直所記語録又甚多推之，黄直約在春夏間（朱得之去後）來紹興問學。至九月，黄直陪侍陽明赴兩廣，故有嚴灘之記；至江西，陽明南下赴兩廣，黄直則歸金溪。

與門人講論良知心學，修正詮釋「王門四句教」。

傳習録卷下：「先生曰：『先儒解「格物」爲格天下之物，天下之物如何格得？且謂一草一木亦皆有理，今如何去格？縱格得草木來，如何反來誠得自家意？我解「格」作「正」字義，「物」作「事」字義。大學之所謂身，即耳目口鼻四肢是也。欲修身，便是要目非禮勿視，耳非禮勿聽，口非禮勿言，四肢非禮勿動。要修這個身，身上如何用得工夫？心者，身之主宰。目雖視，而所以視者心也；耳雖聽，而所以聽者心也；口與四肢雖言、動，而所以言、動者心也。故欲修身，在於體當自家心體，常令廓然大公，無有些子不正處。主宰一正，則發竅于目，自無非禮之視；發竅於耳，自無非禮之聽；發竅于口與四肢，自無非禮之言、動。此便是修身在正其心。然至善者，心之本體也。心之本體，那有不善？如今要正心，本體上何處用得功？必就心之發動處纔可著力也。心之發動不能無不善，故須就此處著力，便是在誠意。如一念發在好善上，便實實落落去好善；一念發在惡惡上，便實實落落去惡惡。意之所發，既無不誠，則其本體如何有不正的？故欲正其心在誠意。工夫到誠意，始有着落處。然誠意之本，又在於致知也。所謂「人雖不知，而己所獨知」者，此正是吾心良知處。然知得善，却不依這個良知便做去；知得不善，却不依這個良知便不去做，則這個良知便遮蔽了，是不能致知也。吾心良知既不能擴充到底，則善雖知好，不能著實好了；惡雖知惡，不能著實惡了，如何得意誠？故致知者，意誠之本也。然亦不是懸空的致知，致知在實事上格。如意在於爲善，便就這件事上去爲；意在於去惡，便就這件事上去不爲。去惡固是格不正以歸於正，爲善則不善正了，亦是格不正以歸於正也。如此，則吾心良知無私欲蔽了，得以致其極，而意之所發，好善去惡，無有不誠矣！誠意工夫，實下手處在格物也。若如此格物，人人便做得，『人皆可以爲堯、舜』，正在此也。」（黃直録）

按：黃直所記此條語録，是陽明生平唯一一篇解説其「王門四句教」之文字，尤有重要意義。陽明從「四無」上解説「心」、「意」、「知」（良知）、「格」（正），修正了「四句教」。亦即是説，陽明從「本體」上講「無善無惡」（四無），從「工夫」上講「有善有惡」（四有）。陽明後來提出之「王門八句教」（四有教與四無教），於此幾呼之欲出矣。疑錢德洪與王畿即是聽了陽明是次講論而於「王門四句教」理解産生歧義。

四月，鄒守益書來請刻先生文録，陽明乃取近稿，命錢德洪編次，由鄒守益刊刻於廣德。

錢德洪刻文録叙説：「嘉靖丁亥四月，時鄒謙之謫廣德，以所録先生文稿請刻。先生止曰：『不可。吾黨學問，幸得頭腦，須鞭辟近裏，務求實得；一切繁文靡好，傳之恐眩人耳目，不録可也。』謙之復請不已。先生乃取近稿三之一，標揭年月，命德洪編次；復遺書曰：『所録以年月爲次，不復分别體類者，蓋專以講學明道爲事，不在文辭體製間也。』明日，德洪掇拾所遺，復請刻。先生曰：『此愛惜文辭之心也。昔者孔子删述六經，若以文辭爲心，如唐、虞、三代，自典、謨而下，豈止數篇？正惟一以明道爲志，故所述可以垂教萬世。吾黨志在明道，復以愛惜文字爲心，便不可入堯、舜之道矣。』德洪復請不已。乃許數篇，次爲附録，以遺謙之，今之廣德板是也。先生讀文録，謂學者曰：『此編以年月爲次，使後世學者，知吾所學前後進詣不同。』又曰：『某此意思賴諸賢信而不疑，須口口相傳，廣布同志，庶幾不墜。若筆之於書，乃是異日事，必不得已，然後爲此耳。』又曰：『講學須得與人人面授，然後得其所疑，時其淺深而語之。纔涉紙筆，便十不能盡一二。』」

按：錢德洪此刻文録叙説署「乙未年正月」，當是「己未年」之誤。

門人黄夢星因父黄保卒歸潮，陽明書卷贈别。

王陽明全集卷八書黄夢星卷：「潮有處士黄翁保號坦夫者，其子夢星來越從予學。越去潮數千里，夢星居數月，輒一告歸省其父；去二三月輒復來。如是者屢屢。夢星性質温然，善人也，而甚孝。然禀氣差弱，若不任於勞者。竊怪其乃不憚道途之阻遠，而勤苦無已也，因謂之曰：『生既聞吾説，可以家居養親而從事矣，奚必往來跋涉若是乎？』夢星跽而言曰：『吾父生長海濱，知慕聖賢之道，而無所從求入。既乃獲見吾鄉之薛、楊諸子者，得夫子之學，與聞其學而樂之。乃以責夢星曰：「吾衰矣，吾不希汝業舉以干禄，汝但能若數子者，一聞夫子之道焉，吾雖啜粥飲水，死填溝壑，無不足也。」夢星是以不遠數千里而來從。每歸省，求爲三月之留以奉菽水，不許；求爲踰月之留，亦不許。居未旬日，即已具資糧，戒童僕，促之啓行。夢星涕泣以請，則責之曰：「唉！兒女子欲以是爲孝我乎？不能黄鵠千里，而思爲翼下之雛，徒使吾心益自苦。」故亟遊夫子之門者，固夢星之本心；然不能久留於親側，而倏往倏來，吾父之命，不敢違也。』予曰：『賢哉，處士之爲父！孝哉，夢星之爲子也！勉之哉！卒成乃父之志，斯可矣。』今年四月上旬，其家忽使人來訃云，處士没矣。嗚呼惜哉！嗚呼惜哉！聖賢之學，其久見棄於世也，不啻如土苴。苟有言論及之，則衆共非笑詆斥，以爲怪物。惟世之號稱賢士大夫者，乃始或有以之而相講究，然至考其立身行己之實，與其平日家庭之間所以訓督期望其子孫者，則又未嘗不汲汲焉惟功利之爲務；而所謂聖賢之學者，則徒以資其談論，粉飾文具於其外，如是者常十而八九矣。求其誠心一志，實以聖賢之學督教其子，如處士者，可多得乎？」

莆田馬明衡書來論學，陽明有答書。

王陽明全集卷六與馬子莘：「連得所寄書，誠慰傾渴！締觀來書，其字畫文彩皆有加於疇昔，根本盛而枝葉茂，理固宜然。然草木之花，千葉者無實，其花繁者，其實鮮矣。邇來子莘之志，得無微有所溺乎？是亦不可以不省也。良知之説，往時亦嘗備講，不審邇來能益瑩徹否？明道云：『吾學雖有所受，然「天理」二字，却是自家體認出來。』良知即是天理。體認者，實有諸己之謂耳。非若世之想像講説者之爲也。近時同志，莫不知以良知爲説，然亦未見有能實體認之者，是以尚未免於疑惑。蓋有謂良知不足以盡天下之理，而必假於窮索以增益之者；又以爲徒致良知未必能合於天理，須以良知講求其所謂天理者，而執之以爲一定之則，然後可以率由而無弊。是其爲説，非實加體認之功而真有以見夫良知者，則亦莫能辯其言之似是而非也。莆中故多賢，國英及志道二三同志外，相與切磋砥礪者，亦復幾人？良知之外，更無知；致知之外，更無學。外良知以求知者，邪妄之知矣；外致知以爲學者，異端之學矣。道喪千載，良知之學久爲贅疣，今之友朋知以此事日相講求者，殆空谷之足音歟！想念雖切，無因面會，一罄此懷，臨書惘惘，不盡。」

按：時馬明衡家居莆田，其屢有書來及陽明作答書，當在五月陽明命除兼都察院左都御史征思、田以前，故陽明此答書論「根本盛而枝葉茂」，與其與毛古庵憲中論「根本」「枝葉」意同（按：陽明文集中此二書並列在一起）。

書扇詩贈子正憲，再發「根本枝葉」之教。

王陽明全集卷二十書扇示正憲：「汝自冬春來，頗解學文義。吾心豈不喜？顧此枝葉事。如樹不植根，暫榮終必瘁。植根可如何？願汝且立志！」

按：所謂「汝自冬春來」，指嘉靖五年冬至嘉靖六年春。其論根本枝葉之説，正與其與馬子莘所言相同。

監察御史鄭洛書疏薦陽明，並爲陽明憤争力辯。

陸深監察御史鄭公墓誌：「丙子舉於鄉，丁丑舉進士，嘗過江門，拜白沙先生祠，因登甘泉湛先生之門，折衷理學，甘泉器之……乙酉春，召爲河南道監察御史，巡視京倉。九月，實授巡按通州。丁亥九月，選推提督南直隸學校。計立臺之日僅三十三月，而章凡四十七上。其論治心修身之道者五事，勸上廣仁恩以惠京師者十事，救災求言復上十事，皆剴切，語多不載……其薦達臣工也，如大學士楊公一清、兵部尚書王公守仁、彭公澤、吏部尚書羅公欽順、吏部尚書楊公旦、户部侍郎邵公寶、國子祭酒魯公鐸、大學士謝公遷、尚書林公俊、

孫公交，纚纚非一。」（國朝獻徵録卷六十五）

徐觀瀾鄭御史傳：「召入爲河南道御史，立臺僅三十三月，而章凡四十七上。費内閣與張詹事交惡也，洛書疏論之……先嘉靖戊子，按史聶豹持斧負威稜，行部抵郡，適洛書以宅憂在里……豹與洛書同年進士，又令華亭齊名，並從王守仁論學，最稱莫逆。第洛書以高才口辯，不能浮沉自晦，卒時年纔三十九；而豹以善仕遇合，位至大司馬，多壽考。」（國朝獻徵録卷六十五）

王陽明全集卷二十一與鄭啓範侍御：「每得封事讀之，其間乃有齒及不肖者……近者復聞二三君子以不肖之故，相與憤争力辯於鑠金銷骨之地，至於衝鋒冒刃而弗顧……」

按：鄭洛書，字啓範，號思齋，莆田人。明清進士録：「鄭洛書，正德十二年三甲一百五十五名進士。福建莆田人，字啓範，號思齋。官知上海縣，有善政。嘉靖間，詔拜御史，以直言忤旨，出視南畿學政，後被劾歸。有鄭思齋文集。」陽明此書作在六月（見下），故書所謂「近者」，當指五月陽明起用兩廣之前不久，鄭洛書疏薦陽明並爲之抗辯，蓋在三四月間（按：五月陽明起用兩廣後再疏薦抗辯已無意義）。朝廷旋在五月十一日起用陽明，可見鄭洛書之疏薦抗辯起作用矣。

五月，鄒守益陞南京主客郎中，途經紹興見陽明，面論大學問之著録成文與刊刻事。

王陽明全集卷二十七與德洪：「大學或問……且願諸公與海内同志口相授受，俟其有風機之動，然後刻之非晚也。此意嘗與謙之面論，當能相悉也。」

按：陽明此書作在是年八月（見下），所謂「大學或問」，即指陽明大學問。所謂「面論」，即指鄒守益來紹興見陽明面談。考鄒守益於嘉靖六年陞南京主客郎中，耿定向東廓鄒先生傳：「丁亥，先生年三十七，陞南京主客郎中。」其赴任時間，按董燧王心齋先生年譜：「嘉靖六年丁亥，先生……至金陵，會湛甘泉若水、吕涇野柟、鄒東廓……」王艮於是年下半年往會稽（見下），可見上半年鄒守益已在南京。以鄒守益四月尚在廣德刻陽明文録考之，則其赴南京主客郎中任當在五月。蓋鄒守益四月在廣德刊文録未竟，故五月過紹興再面問大學問之選録刊刻也。

五月十一日，以廣西岑猛餘黨盧蘇、王受復叛，詔起陽明兼左都御史，總制兩廣、江西、湖廣軍務，征思、田，蓋出兵部侍郎張璁之薦也。

明世宗實録卷七十六：「嘉靖六年五月丁亥，以廣西岑猛餘黨盧蘇、王受等復熾，詔起原任南京兵部尚書、新建伯王守仁兼左都御史，總制兩廣及江西、湖廣鄰近地方軍務，督同巡撫都御史姚謨等討之。仍令巡按御史石金紀功。」

按：國榷卷五十三亦云：「丁亥，起新建伯王守仁兵部尚書兼左都御史，總制兩廣、江西、湖廣軍務，討盧蘇、王受。」均不言薦者。按是次盧蘇、王受叛亂再起，乃由兵部會推總制軍務、往征思田人選，時兵部尚書爲王時中，兵部侍郎爲張璁，而此前張璁方上疏薦起陽明爲西北總制未成，故是次必當再薦陽明總制兩廣軍務也。黄綰陽明先生行狀：「丁亥，田州土知府岑猛之亂，提督都御史姚謨不克成功。張公孚敬拉桂公萼同薦。桂公不得已，勉從薦公。」明史卷一百九十五王守仁傳：「久之，所善席書及門人方獻夫、黄綰言於張璁、桂萼，將召用，費宏故銜守仁，復沮之……守仁之起由璁、萼薦。萼故不善守仁，以璁强之。」此所言張璁薦陽明，即指五月張璁推薦陽明總制兩廣軍務，但謂其拉桂萼同薦則非。按桂萼薦陽明乃在六月十七日(見下)，非在五月，其時陽明兼左都御史、總制兩廣軍務早定，桂萼再薦陽明已無實際意義。後來陽明在致張璁書中云「過承繆愛」，即謝張璁五月之薦；而在致桂萼書中却無謝其薦舉之語，亦足證决無張璁拉桂萼同薦之事。錢德洪陽明先生年譜云「五月……朝議用侍郎張璁、桂萼薦，特起先生總督兩廣及江西、湖廣軍務」，亦誤。

世宗召楊一清問「王守仁爲人」，楊一清奏對，有將來進陽明爲兵部尚書之請。

楊一清集密論録卷五論王守仁爲人如何奏對：「欽承聖諭：『欲知王守仁爲人何如。』臣切惟守仁學問最博，文才最富。正德初年，爲刑部主事，首上疏劾劉瑾過惡，午門前打三十，幾死。降貴州龍場驛驛丞，在煙瘴地面三年，幸而不死。劉瑾誅後，叙遷廬陵知縣，入爲吏部主事，歷員外郎、郎中。遷南京太僕少卿、鴻臚卿，再遷都御史、提督江西南贛等處軍務。

領兵征剿洞賊，積年巨寇，悉皆殄平。宸濠之變，與吉安知府伍文定首創大義與討賊，遂破南昌而入，據守其城。宸濠在江上，聞義兵起，急還江西。守仁命伍文定等領義兵迎拒，連戰於鄱陽湖，大破之，遂執宸濠，地方大定，遠近人心始安。是時，朝命未下，獨先勤王，武宗親征至保定，而捷報已至矣。論功行賞，封拜實宜。楊廷和忌其功高名高，不令入朝，乃陞南京兵部尚書。丁憂服闋，誥券已降，猶未謝恩。但其學術近偏，好行古道，服古衣冠，門人弟子高自稱許，故人亦多毁之者。其精忠大節，終不可泯也。近日，皇上起用兩廣，最愜公論。但人望未滿，以爲如此人者，不宜置之遠方。若待田州夷患寧息，地方稍安，遇有兵部尚書員闕，召而用之，則威望足以服人，謀略可以濟險，陛下可以無三邊之慮矣。伏乞聖鑒。」

按：世宗向以陽明爲「憸人」，斥爲「竊負儒名」，「尤非聖門之士」，終不肯用。然是次盧蘇、王受復叛，攻破田州，事出倉卒危急，環視朝野，竟無其人，故冥頑如世宗者亦惟有聽張璁之薦，忍惡起用陽明，置之遠方，處之危地，亦昏君用懲諍臣之一法也。然猶用人有疑，心存大忌，依違兩間，故再密召輔臣，宣室問對也。

三十日，蕭鳴鳳調湖廣兵備副使赴任，陽明有詩送之。

陽明送蕭子雝憲副之任：「衰疾悟止足，閑居便静修。採芝深谷底，考槃南澗頭。之子亦罕見，枉帆經舊丘。幽居意始結，公期已先遒。星途觸來暑，拯焚能自由。黄鵠一高舉，剛風翼難收。懷燕戀丘隴，回顧未忘憂。往志屬千里，豈伊枋榆投？哲士營四海，細人聊自謀。聖作正思治，吾衰竟何酬！所望登才俊，濟濟揚鴻休。隱者嘉肥遁，仕者當誰儔？寧無寥寂念，且急瘡痍瘳。舍藏會有時，行矣毋淹留。子邕懷抱弘濟，而當道趨駕甚勤。戀戀庭闈，孝情雖至，顧恐事君之義□未爲得也。詩以餞之，亦見老懷耳。陽明山人守仁識，時嘉靖丁亥五月晦。」（詩真迹藏故宫博物院，王陽明全集卷二十有送蕭子雝憲副之任，即此詩，但無後題）

按：蕭子雝即蕭鳴鳳，號静庵，山陰人。薛應旂廣東提學副使蕭公鳴鳳墓表：「尋陞河南按察使，仍董學政……臨潁有大臣在内閣，以故怨搆誣其鄉人谷生者，欲假手甘心，先生廉知其故，不爲處；乃復爲其子弟甥婿請記，又弗許。由是憾甚，嗾言事者劾先生及廣東提學副使魏先生校。二先生皆當世名儒，疏下，吏部恐拂臨潁意，乃量移先生於湖廣，魏於江西，皆兵備副使。」據此，陽明詩所云「憲副之任」，乃是指蕭鳴鳳授湖廣兵備副使。明史卷二百零八蕭鳴鳳傳：「嘉靖初，遷河南副使，仍督學政……吏部惜其學行，調爲湖廣兵備副使。明年，復改督廣東學政。」國榷卷五十三：「嘉靖六年十月壬戌，選提學官……河南魏校……廣東蕭鳴鳳。」可見蕭鳴鳳在嘉靖五年除湖廣兵備副使，但其在會稽家居到嘉靖六年五月方赴湖廣兵備副使任，至十月又改除廣東提學副使，時陽明亦受命總督兩廣、江西、湖廣軍務入廣。

六月一日，巡按御史石金劾罷提督兩廣軍務都御史姚鏌，廷臣會推王守仁代姚鏌。

明世宗實録卷七十七：「嘉靖六年六月丙午朔，提督兩廣軍務都御史姚鏌乞致仕，許之，賜馳驛歸。廷臣會推王守仁代鏌，上報允。尋諭輔臣楊一清等曰：『姚鏌朝廷特不言其罪，只就伊辭章準之。卿等之意，乃爲還有鄭潤與朱麒耳，以他每三人同事，何止罷鏌一個？今時雖曰鎮巡總兵同任一方之事，照致吉與凶，皆在一巡撫。果若事事同心相處，彼此不異，事豈得不成，斯朕謂之吉也；如彼此相抗，事出一偏，至於有失，則推讓他人，斯朕謂之凶也。且田州未能平息，輒來奏捷邀功，以致餘孽復亂，豈不爲生民之害？雖蠻夷猾詐，然在我處之未盡。卿等又以王守仁不知何日可到。守仁見今取用，若鏌既在，守仁亦不知來與不來。果如斯任缺人，着所在有司催促上緊赴任，勿得負朕委朕託，守仁自當兼程趨事可也。卿等還再□耳。』一清等言：『鏌事已前決，守仁才名素著。』『委之經略安計，議如朕所言，不可只隨卿等如何行。但要地方早安，必有成功。』『乞如聖諭，令兵部亟趨之赴任。』從之。」

按：所謂「廷臣」，即指楊一清、張璁諸人。

六日，兵部差官齎任命文書下到紹興，陽明疏辭，不允。

王陽明全集卷十四辭免重任乞恩養病疏：「今年六月初六日，兵部差官齎文前到臣家，内開奏奉欽依，以兩廣未靖，命臣總制軍務，督同都御史姚鏌等勘處者。臣聞命驚惶，莫知攸措。伏自思惟，臣於君命之召，當不俟駕而行，矧茲軍旅，何敢言辭？顧臣病患久積，潮熱痰嗽，日甚月深，每一發咳，必至頓絶，久始漸甦。乃者謝恩之行，輕舟安卧，尚未敢强，又況兵甲驅勞，豈復堪任？夫委身以圖報，臣之本心也。若冒病輕出，至於僨事，死無及矣。臣又伏思兩廣之役，起於土官讎殺，比之寇賊之攻劫郡縣，荼毒生靈者，勢尚差緩。若處置得宜，事亦可集。姚鏌平日素稱老成慎重，一時利鈍前却，斯亦兵家之常，要在責成，難拘速效。御史石金據事論奏，是蓋忠於陛下，將爲國家宏仁覆久遠之圖，所以激勵鏌等，使之集謀决策，收之桑榆也。臣本書生，不習軍旅，往歲江西之役，皆偶會機宜，幸而成事。臣之才識，自視未及姚鏌，且近年以來，又已多病。況茲用兵舉事，鏌等必嘗深思熟慮，得其始末條貫，中事少沮，輒以臣之庸劣參與其間，行事之際，所見或有同異，鏌等益難展布。夫軍旅之任，在號令嚴一，賞罰信果而已。慎擇主帥，授鉞分梱，當聽其所爲。臣以爲兩廣今日之事，宜專責鏌等，隆其委任，重其威權，略其小過，假以歲月，而要其成功。至於終無底績，然後别選才能，兼於民情土俗素相諳悉，如南京工部尚書胡世寧、刑部尚書李承勛者往代其任。夫朝廷用人，不貴其有過人之才，而貴其有事君之忠；苟無事君之忠，而徒有過人之才，則其所謂才者，僅足以濟其一己之功利，全軀保妻子而已耳。如臣之迂疏多病，徒持文墨議論，未必能濟實用者，誠宜哀其不逮，容令養疾田野。俟病痊之後，不終棄廢，或可量置閑散之地，使自得效其涓埃。」

並有札致楊一清、張璁、桂萼，懇乞辭免。

王陽明全集卷二十一寄楊邃庵閣老書三：「某素辱愛下，然久不敢奉狀者，非敢自外於門墻，實以地位懸絶，不欲以寒暄無益之談塵瀆左右。蓋避嫌之事，賢者不爲，然自歎其非賢也。非才多病，待罪閑散，猶懼不堪，乃今復蒙顯擢，此固明公不遺下體之盛，某亦寧不知感激？但量能度分，自計已審，貪冒苟得，異時僨事，將爲明公知人之累。此所以聞命驚惶而不敢當耳。謹具奏辭免，祈以原職致仕。伏惟明公因材而篤於所不能，特賜曲成，俾得歸延病喘於林下，則未死餘年皆明公之賜，其爲感激，寧有窮已乎？懇切至情，不覺瀆冒，伏冀宥恕。不具。」

陽明先生文録卷四與張羅峰書一：「兩承手教，深荷不遺。僕迂疏之才，口耳講説之學耳。簿書案牒，已非其能，而况軍旅之重乎？往歲江西之役，蓋僥幸偶集。近年以來，益病益衰，惟養痾丘園，爲鄉里子弟考正句讀，使移向方，庶於保身及物亦稍效其心力，不致爲天地間一蠹物。若必責之使出，自擇其宜，惟留都之散部，或南北太常國學，猶可勉效其禨綫，外是，舉非所能矣。近日之舉，雖過承繆愛，然投之以所不能，則亦適所以壞之也。懇辭之請，疏内亦有所不敢盡言者，奏下，望相與扶持曲成之。時事方亟，惟竭誠盡道，以膺天眷。不具。」

王陽明文集卷二十一答見山冢宰：「向齎本人去，曾奉短札，計已達左右矣。朽才病廢，寧堪重託？懇辭之疏，必須朝廷憐准。與其他日蒙顛覆之戮，孰若今日以是獲罪乎？東南小夷，何足以動煩朝廷若此，致有今日，皆由憤激所成。以主上聖明，德威所被，指日自將平定。但廟堂之上，至今未有同寅協泰之風，此則殊爲可憂者耳。不知諸公竟何以感化而斡旋之？大抵讒邪不遠，則賢士君子斷不能安其位，以有爲於時。自昔當事諸公，亦豈盡不知進賢而去不肖之爲美？顧其平日本無忠君愛國之誠，不免阿時附俗，以苟目前之譽，卒之悦諛信讒，終於蔽賢病國而已矣。來官守催，力遣數四，始肯還。病筆草草，未盡傾企。」

按：此三札，當是隨同陽明辭免重任乞恩養病疏一起送往京師。寄楊邃庵閣老云「此固明公不遺下體之盛」，可見陽明是次任命亦出楊一清推挽舉薦。與張羅峰云「兩承手教」，尤可注意，原來此前張璁已兩次寄札來告，以時間推算，張璁第一札當作在其五月十一日舉薦陽明之前，可見張璁在舉薦之前已先有書來與陽明聯係相告，足證張璁確爲是次陽明任命之主要舉薦者也。答見山冢宰云「向齋本人去，曾奉短札」，可見此前陽明亦有一札，由齋本人送往京師（陽明是札今佚）。陽明此答見山冢宰未言及桂萼舉薦，蓋桂萼舉薦陽明在六月十七日（見下），故陽明是札不言之及也。

七日，南京工部員外郎黄綰陞光禄寺卿，北上赴京，途經紹興來見陽明，垂詢修纂明倫大典事。别後陽明屢有書致黄綰。

國榷卷五十三：「嘉靖六年壬子，南京太常寺卿何瑭爲南京工部右侍郎；南京工部員外郎黄綰爲光禄寺少卿，直史館。」

王陽明全集卷二十一與黄宗賢書一：「僕多病積衰，潮熱痰嗽，日甚一日，皆吾兄所自知，豈復能堪戎馬之役者？况讒搆未息，而往年江西從義將士，至今查勘未已，往往廢業傾家，身死牢獄，言之實爲痛心，又何面目見之？今若不量可否，冒昧輕出，非獨精力决不能支，極其事勢，正如無舵之舟，乘飄風而泛海，終將何所止泊乎？在諸公亦不得不爲多病之人一慮此也。懇辭疏下，望相扶持，終得養疴林下是幸。席元山喪已還蜀否？前者奠辭想已轉達。天不憖遺，此痛何極！數日間唐生自黄巖歸，知宅上安好。世恭書來，備道佳子弟悉知向方。可喜間，附之知。」

按：此書云「懇辭疏下，望相扶持」，知其時黄綰已别離陽明到京師，陽明去書託其在京爲辭免事相扶斡旋。席書卒於三月，陽明祭文即託黄綰帶往京師傳達（見前），故此書云「前者奠辭想已轉達」。

由此可見黃綰在受新命後，即北上入京，其經紹興見陽明則在六月中旬，其攜陽明祭席書文北上入京約在六月下旬，陽明此書即作在六月下旬中。

同上，與黃宗賢書二：「得書，知別後動定，且知世事之難爲，人情之難測，有若此者，徒增慨歎而已。朽才病廢，百念俱息，忽承重寄，豈復能堪？若懇辭不獲，自此將爲知己之憂矣，奈何奈何！江西功次固不足道，但已八年餘矣，尚爾查勘未息，致使效忠赴義之士廢産失業，身死道途。縱使江西之功盡出冒濫，獨不可比於留都、湖、浙之賞乎？此事終須一白。但今日言之，又若有挾而要者，奈何奈何！木翁旬日間亦且啓行矣。此老慎默簡重，當出流輩，但精力則向衰。若如兀崖之論，欲使之破長格以用財，不顧天下之毀譽榮辱，以力主國議，則恐勢有所未能盡行耳。因論偶及，幸自知之。東南小蠢，特瘡疥之疾；群僚百司各懷讒嫉黨比之心，此則腹心之禍，大爲可憂者。近見二三士夫之論，始知前此諸公之心尚未平貼，姑待釁耳。一二當事之老，亦未見有同寅協泰之誠，間聞有口從面諛者，退省其私，多若讎仇。病廢之人，愛莫爲助，竊爲諸公危之，不知若何而可以善其後，此亦不可不早慮也。兵部差官還，病筆草草附此。西樵、兀崖皆不及別簡，望同致意。近聞諸公似有德色傲容者，果爾，將重失天下善類之心矣。相見間，可隱言及之。」

按：陽明在二月與黃綰書中已提出「北行過越，尚須一面」（見前），故黃綰北上入京必當經紹興往見一面。今據陽明此書云「得書，知別後動定」，可見黃綰確嘗來紹興見陽明矣。是次相見自然主要論明倫大典修纂事，陽明當「面授機宜」。兩人別後，陽明致書黃綰，黃綰到京寄書來，陽明乃作此書答之。書中提及「木翁旬日間亦且啓行矣」，木翁即謝遷，按國榷卷五十三：「嘉靖六年二月庚午，楊一清薦前大學士謝遷，詔內召。」又費宏謝遷神道碑：「丁亥二月，遣行人陳侃賫敕起公於家，且命鎮巡藩臬敦請上道。十月，抵京，敕進户部尚書、謹身殿大學士。」（國朝獻徵録卷十四）謝遷十月抵京，則其當是八月啓程，由此可以確知陽明此書作在七月底。按此書云「兵部差官還」，當是指七月朝廷差官來趣赴兩廣，明世宗實録卷七十七：「嘉靖六年七月癸巳（十八日）……仍令遣官馳傳趣之。」（詳下）朝廷七月十八日遣官馳傳趣之，則其到紹興約在七月底，此亦可見陽明是書作在七月底也。

同上，卷六與黃宗賢三：「人在仕途，比之退處山林時，其工夫之難十倍，非得良友時時警發砥礪，則其平日之所志向，鮮有不潛移默奪，弛然日就於頹靡者。近與誠甫言，在京相與者少，二君必須預先相約定，彼此但見微有動氣處，即須提起致良知話頭，互相規切。凡人言語正到快意時，便截然能忍默得；意氣正到發揚時，便翕然能收斂得；憤怒嗜欲正到騰沸時，便廓然能消化得。此非天下之大勇者不能也。然見得良知親切時，其工夫又自不難。緣此數病，良知之所本無，只因良知昏昧蔽塞而後有，若良知一提醒時，即如白日一出，而魍魎自消矣。中庸謂『知耻近乎勇』，所謂知耻，只是耻其不能致得自己良知耳。今人多以言語不能屈服得人爲恥，意氣不能陵軋得人爲恥，憤怒嗜欲不能直意任情得人爲恥，殊不知此數病者，皆是蔽塞自己良知之事，正君子之所宜深恥者。今乃反以不能蔽塞自己良知爲恥，正是恥非其所當恥，而不知恥其所當恥也，可不大哀乎？諸君皆平日所知厚者，區區之心，愛莫爲助，只願諸君都做個古之大臣。古之所謂大臣者，更不稱他有甚知謀才略，只是一個斷斷無他技，休休如有容而已。諸君知謀才略，自是超然出於衆人之上，所未能自信者，只是未能致得自己良知，未全得斷斷休休體段耳。今天下事勢，如沈疴積痿，所望以起死回生者，實有在於諸君子。若自己病痛未能除得，何以能療得天下之病？此區區一念之誠，所以不能不爲諸君一竭盡者也。諸君每相見時，幸默以此意相規切之，須是克去己私，真能以天地萬物爲一體，實康濟得天下，挽回三代之治，方是不負如此聖明之君，方能報得如此知遇，不枉了因此一大事來出世一遭也。病卧山林，只好修藥餌苟延喘息。但於諸君出處，亦有痛癢相關者，不覺縷縷至此，幸亮此情也。」

按：陽明此書，錢德洪陽明先生年譜定在嘉靖六年正月，云：「正月，先生與宗賢書……」乃誤。今觀陽明此書所述，黄綰分明已在京師，陽明勉勸其與在京「諸君每相見時，幸默以此意相規切之，須是克去己私」，此「諸君」即指霍韜、方獻夫、黄宗明、黄綰諸大禮議輩，而所謂「須是克去己私，真能以天地萬物爲一體」，「諸君都做個古之大臣」，「此一大事」等，實隱指大禮議及修纂明倫大典事也。黄綰六月底方入京師，故可見陽明此書當作在七月中。正月黃綰尚家居黃巖，未入京師。又陽明此書云「近與誠甫言」，按黃宗明其時任福建鹽運使，亦應召入都修纂明倫大典，其自鄞縣北上入京，自必過紹興見陽明，垂詢修纂明倫大典事，所謂「近與誠甫言」，即指是次見面所言，時亦在七月中也。

十七日，禮部侍郎桂萼上疏請起用舊臣王瓊、王守仁。

明世宗實録卷七十七：「嘉靖六年六月壬戌……禮部侍郎桂萼言：『邊事方急，請用王瓊、王守仁，以濟時艱。』上以『守仁已起用兩廣，趣令赴任』。」

國榷卷五十三：「壬戌……禮部右侍郎桂萼薦王守仁、王瓊。」

按：陽明在五月十一日已起用兩廣，桂萼在六月十七日猶上疏薦陽明，已無意義，似桂萼對朝中政事全然無知，匪夷所思。

桂萼文襄公奏議卷二請起用舊臣通壅蔽以安天下疏：「臣以爲今東南如岑猛之亂，但當申令各郡撫輯其民人，保固其封守。彼土之民，居則被虐於所轄之酋長，出則不能爲寇於中州，不出數年，不争先奔命，必前徒倒戈，何用輒調不戢之兵，枉殘赤子之命乎？此則某啓釁貪功，廣之撫按等官承其風旨而爲之也。今聞巡按御史某發其誤事之端，此正當責令承誤踵訛之人如姚鏌者，解官迴避，更令舊有譽望如王守仁者，深入其地以勘問之，則情不壅蔽，而東南之地不足憂也。西北戎夷之患，則勢頗猖獗……臣以爲此直宜起用王瓊，以總制三邊，則三邊壅蔽盡辟，而西北之患亦不足憂也。但王瓊才高意廣，速謗招尤；王守仁矜飭軍功，喜談新學，士論所以多沮之者。然方聖明鋭志中興，天下正在多事，豈可置此具經濟大略之人於無用之地乎？伏乞聖明申勑兵部，盡發所藏，以權救一時邊事之急，使民情安堵，即特遣使臣起取王瓊、王守仁而任用之。臣知命下之日，天下臣民識與不識，莫不歡呼者矣。」

按：此即桂萼遲上之薦陽明疏。後楊一清論剿廣西八寨奏對云：「前日發下兵部所覆王守仁剿廣西八寨賊本，已經擬票……思、田新附，盧蘇、王受能改過出力，不可全失其心，及少保桂萼奏薦王守仁，果能成功。古云：『薦賢受上賞。』故臣等從兵部所擬，將桂萼亦行賞勞，以旌其忠。」（楊一清集閣論録卷三）後世遂皆以爲陽明是次起用兩廣乃出桂萼薦舉，實誤甚。

十九日，命王守仁以便宜從事，視緩急以爲調兵進止。

明世宗實録卷七十七：「嘉靖六年六月甲子，巡撫湖廣都御史黄衷言：『盧蘇等乃岑猛餘黨，賊衆不多，廣西、南贛之兵，自足剿除。永順、保靖土兵，素無紀律，所過騷擾，恐生他釁，請毋調遣。』便疏下兵部，覆言：『臣等初議調兵，正欲相爲犄角，以亟平蠻賊。而衷等自分彼此，爲推託之説。宜令王守仁視賊勢緩急以爲調兵進止。』上從之，命王守仁以便宜從事，飭湖廣鎮巡官協心體國，不得自分彼此。」

兵部主事霍韜、少詹事方獻夫以修纂明倫大典赴召入都，陽明有書致霍韜、方獻夫，懇爲辭免扶持斡旋。

王陽明全集卷二十一答方叔賢書一：「久不奉狀，非敢自外，實以憂疾頻仍，平生故舊不敢通問。在吾兄誠不當以此例視，然廣士之來遊者相踵，山中啓處，時時聞之。簡札虛文，似有不必然者，吾兄當能亮之也。聖主聰明不世出，諸公既蒙知遇若此，安可不一出圖報？今日所急，惟在培養君德，端其志向。於此有立，政不足間，人不足謫，是謂『一正君而國定』。然此非有忠君報國之誠，其心斷斷休休者，亦只好議論粉飾於其外而已矣。僕積衰之餘，病廢日甚，豈復更堪兵甲驅馳之勞？況讒構未息，又可復出而冒爲之乎？懇辭疏下，望與扶持，得具養痾林下。稍俟痊復，出而圖報，非晚也。」

同上，與霍兀崖宮端：「往歲曾辱大禮議見示，時方在哀疚，心善其説而不敢奉復。既而元山亦有示，使者必求復書，草草作答。意以所論良是，而典禮已成，當事者未必能改，言之徒益紛争，不若姑相與講明於下，俟信從者衆，然後圖之。其後議論既興，身居有言不信之地，不敢公言於朝。然士夫之間及者，亦時時爲之辯析，期在委曲調停，漸求挽復，卒亦不能有益也。後來賴諸公明目張膽，已申其義。然如倒倉滌胃，積淤宿痰雖亦快然一去，而病勢亦甚危矣。今日急務，惟在扶養元氣，諸公必有回陽奪化之妙矣。僕衰病陋劣，何足以與於斯耶？數年來頻罹疾構，痰嗽潮熱，日益尫羸，僅存喘息，無復人間意矣。乃者忽承兩廣之推，豈獨任非其才，是蓋責以其力之所必不能支，將以用之而實以斃之也。懇辭疏下，望相與扶持曲成，使得就醫林下。幸而痊復，量力圖報，尚有時也。」

按：明世宗實録卷七十六：「嘉靖六年五月壬辰……少詹事兼侍講學士方獻夫，各以考察自陳，乞休，皆不允，仍促獻夫赴任……五月丙申……少詹事方獻夫、兵部主事霍韜以纂修赴召，在道上書……詔下其書於史館。」是方、霍五月赴召，六月下旬已在京，陽明此二書即作在六月下旬間。

歐陽德有書來問賀論學，陽明有答書。

陽明先生文録卷三與歐陽崇一書三：「遠勞問惠，甚愧。兩廣之任，豈病廢所堪？但世事又若難避，俟懇辭疏下，更圖進止耳。喻及持志養氣，甚善。暴其氣，亦只是不能持其志耳。釋氏輪回變現之論，亦不必求之窈冥。今人不能常見自己良知，一日之間，此心倏焉而夷狄，倏焉而禽獸，倏焉而趨入悖逆之途，倏焉而流浪貪淫之海，不知幾番輪回，多少發現，但人不自覺耳。釋氏言語，多有簸弄精神者，大概當求之游方之外，得其意而已矣。淫聲美色之喻，亦是吾儒作好作惡處，正須勘破此等病痛，方見廓然大公之本體也。」

南玄戚賢有書來致賀，陽明有答書。

王陽明全集卷六與戚秀夫：「德洪諸友時時談及盛德深情，追憶留都之會，恍若夢寐中矣。

盛使遠辱，兼以書儀，感怍何既！此道之在人心，皎如白日，雖陰晴晦明，千態萬狀，而白日之光未嘗增減變動。足下以邁特之資而能篤志問學，勤勤若是，其於此道真如掃雲霧而覩白日耳，奚假於區區之爲問乎？病廢既久，偶承兩廣之命，方具辭疏。使還，正當紛沓，草草不盡鄙懷。」

監察御史潘壯書來問賀，陽明有答書。

王陽明全集卷二十一答潘直卿：「遠承遺問，情意藹切，兼復獎與過分，僕何以得此哉？僕何以當此哉？愧悚愧悚！病廢日久，習成懶放，雖問水尋山，漸亦倦興，況茲軍旅之役，豈其精力所復能堪？已具疏懇辭，必須得請，始可免於後悔。不然，將不免爲知己之憂矣，奈何奈何！寧藩之役，湖、浙及留都之有功者皆已陞賞，獨江西功次，今已六七年矣，尚爾查勘未息。今復欲使之荷戈從役，僕將何辭以出號令？亦何面目見之？賞罰，國之大典，今乃用之以快恩仇若此，僕一人不足惜，其如國事何？連年久分廢棄，此等事不復掛之齒牙，今疼痛切身，不覺呻吟之發，不知畢竟何如而可耳！知子文道長尚未至，且不作書，見時望致意。」

按：前考潘壯字直卿，號梅峰，山陰人，嘗薦陽明。嘉慶山陰縣志卷十四：「潘壯，號梅峰……丙申（按：「丙申」疑是「丙戌」之誤。）秋，奉命按治江右……丁亥春，權貴有憚壯者，追論李福達大獄事，繫獄。朝論不平，交章赴救，罷職歸。」是其時潘壯方以監察御史按治江右，謂其嘉靖六年春繫獄乃誤，按潘壯因論李福達案下獄在八月（見國榷卷五十三「嘉靖六年八月」條），六月潘壯猶在江西按治，勘明當年陽明在江西平宸濠亂事，故書來盛贊陽明，並賀其起用也。

聞監察御史鄭洛書嘗上疏舉薦陽明，並爲陽明憤争力辯於朝，陽明有書致謝。

王陽明全集卷二十一與鄭啓範侍御：「某愚不自量，痛此學之不講，而竊有志於發明之。自以劣弱，思得天下之豪傑相與扶持砥礪，庶幾其能有成。故每聞海内之高明特達，忠信而剛毅者，即欣慕愛樂，不啻骨肉之親。以是於吾啓範雖未及一面之識，而心孚神契，已如白首之交者，亦數年矣。每得封事讀之，其間乃有齒及不肖者，則又爲之赧顔汗背，促蹐不安。古之君子，耻有其名而無其實。吾於啓範，惟切磋之是望，乃不考其實，而過情以譽於朝，異時苟有不稱，將使啓範爲失言矣，如之何而可！不肖志雖切於求學，而質本迂狂疏謬，招尤速謗，自其所宜。近者復聞二三君子以不肖之故，相與憤争力辯於鑠金銷骨之地，至於衝鋒冒刃而弗顧，僕何以當此哉？二三君子之心，豈不如青天白日，誰得而瑕滓之者？顧僕自反，亦何敢自謂無愧！則不肖之軀，將不免爲輕雲薄霧於二三君子矣，如之何而可！病軀懶放日久，已成廢人，尚可勉强者，惟宜山林之下讀書講學而已。兩廣之任斷非所堪，已具疏懇辭，必不得請，恐異日終爲知己之憂也。言不能謝，惟自鞭策，以期無負相知，庶以爲報耳。」

按：此「二三君子」，似即指方獻夫、楊一清、熊爵、席書、張璁、桂萼、潘壯諸薦舉者。

薛侃有書來，勉陽明赴任，並告講學近況。

薛侃集卷九奉尊師陽明先生書二：「聞有召命，未審出得成否。攄此爲天下，共人人所深願也。侃鈍根小識，平日莽莽而修，忽忽而言，未嘗於極冷落處蓄聚，極峻絶處鍛鍊，正圖懇切探求，冀堪告語沙邊竹下，罄我秘密。乃今多事，恐不能以得此矣。舊歲山齋初就，聚者皆新學之士。又爲兒婚草創一居，不免爲累。乃今痛自鞭勉，良友多集，爲久聚計。有頗見大意如李承、陳琠、李鵬、賴曰道，皆卓然有負荷意。朝夕相磨，歌遊於巖谷水石之間，使真意自長，妄意自消，似覺簡易。第恐離索既久，儀型既遠，差失毫釐，有不自覺者。向慮左右乏人任接引之勞，每懷走侍。今有德洪、汝中、師伊諸友在側，侃可以緩咎矣。」

七月十日，辭免不允，命下即速赴任。十八日，朝廷遣官馳傳趨促赴兩廣。

王陽明全集卷十八欽奉敕諭通行：「嘉靖六年七月初十日，節該欽奉敕諭：『先該廣西田州地方逆賊岑猛爲亂，已令提督兩廣等官都御史姚鏌等督兵進剿。隨該各官奏稱，岑猛父子悉已擒斬，巢穴蕩平，捷音上聞，已經降敕奬勵，論功行賞，及將該設流官添設參將等事修陳，又經該部議擬覆奏施行去後。續該官復奏，惡目盧蘇倡亂復叛，王受攻陷思恩，又經切責各官計處不審，行令將失事官員戴罪督兵勦捕，及調江西畬兵，湖廣永、保二司土兵，並力勦殺，務收全功。並敕巡按御史石金紀功外，但節據石金所奏前項地方，盧蘇、王受結爲死黨，互相依倚，禍孽日深，將來不可收拾；又參稱先後撫臣舉措失當，姚鏌等攘夷無策，輕信寡謀，圖田州已不可得，並思恩胥復失之，要得通行查究追奪。朕以事難遥度，姚鏌等前功難泯，後有疏虞，得旨切責之後，能自奮勵，平寇有功，亦未可知，難遽別議。乃下兵部議奏，以各官先後所論事宜，意見不同；且兵連兩廣，調遣事干鄰境地方，必得重臣前去，總制督同議處，方得停當。今特命爾提督兩廣及江西、湖廣等處地方軍務，星馳前去彼處，即查前項夷情，田州因何復叛，思恩因何失守，督同姚鏌等斟酌事勢，將各夷叛亂未形者，可撫則撫；反形已露者，當勦則勦。一應主客官軍，從宜調遣，主副將官及三司等官，悉聽節制，治以軍法，明示威信，務要計處合宜。仍令御史石金隨軍紀驗功次，從實開報，以憑陞賞。賊平之後，公同計處，應設土官流官，何者經久利便；並先今撫鎮等官，有功有過，分別大小輕重，明白奏聞區處。凡用兵進止機宜，及一應合行之事，敕内該載未盡者，悉聽便宜從長處置；事體十分重大者，具奏定奪。朕以爾勳績久著，才望素隆，特兹簡任。爾務以體國爲心，聞命就道，竭忠盡力，大展謀猷，俾夷患殄除，地方安靖，以紓朕西南之憂。仍須深慮却顧，事出萬全，一勞永逸，以爲廣人久遠之休，毋得循例辭避，以孤衆望。……』」

明世宗實録卷七十七：「嘉靖六年七月癸巳，新建伯、南京兵部尚書王守仁言：臣自江西事平之後，身罹讒搆，危疑洶洶。幸皇上俯鑒微忠，進官封爵。繼遭父喪，又頻年卧病，喘息奄奄……别選賢能，如胡世寧、李承勛者，往代其任。惟臣庸駑多病，難勝重任，惟陛下幸憐而釋之。上曰：『卿識敏才高，忠誠體國。兩廣多事，方藉卿撫定，紓朕南顧之懷。鏌已致仕，卿宜亟往節制諸司，調度軍馬，剿賊安民。其毋再諉，以負朕望。』仍令遣官馳傳趣之。」

黄綰陽明先生行狀：「得俞旨，兵部奉欽依，差官持檄，授公總制軍務，督同都御史姚鏌勘處彼中事情。上疏辭免，舉尚書胡世寧、李承勛自代，不允。上與楊一清曰：『若姚鏌不去，王守仁决不肯來。』遂令鏌致仕。又降旨督趨赴任。旨云：『卿識敏才高，忠誠體國。今兩廣多事，方藉卿威望，撫定地方，用紓朕南顧之懷。姚鏌已致仕了，卿宜星夜前去，節制諸司，調度軍馬，撫剿賊寇，安戢兵民。勿再遲疑推諉，以負朕望。還差官鋪馬裹賫文，前去敦取赴任行事，該部知道。』」

泰州守王臣有書來問學，並寄來厚儀，陽明有答書。王艮來紹興見陽明，約在其時。

王陽明全集卷六與王公弼書二：「老年得子，實出望外。承相知愛念，勤惓若此，又重之以厚儀，感愧何可當也！兩廣之役，積衰久病之餘，何能堪此？已具本辭免，但未知遂能得允否耳。來書『提醒良知』之説，甚善甚善！所云『困勉之功』，亦只是提醒工夫未能純熟，須加人一己百之力，然後能無間斷，非是提醒之外，别有一段困勉之事也。」

按：王艮嘉靖五年在泰州主安定書院教事，未來會稽。至嘉靖六年，王艮上半年往金陵會湛甘泉，下半年則來會稽見陽明。董燧王心齋先生年譜：「嘉靖六年丁亥……至金陵，會湛甘泉若水、吕涇野柟、鄒東廓、歐陽南野，聚講新泉書院……時甘泉湛公有揭『隨處體認天理』六字，以教學者，意與陽明稍異，先生乃作是説（天理良知説）……秋九月，在會稽，送陽明公節制兩廣。冬十一月，歸省。」可見王艮當是聞陽明起用兩廣，遂來會稽見陽明，王臣書或即是王艮携至也。

八月，有札致張璁、楊一清，再懇辭免。

陽明先生文録卷四與張羅峰書二：「奏本人去，曾附小札。腐劣多病，已成廢人，豈能堪此重任？若懇辭不獲，終不免爲相知愛者之累矣。奈何，奈何！東南小蠢，特皮膚瘡疥之疾。若朝廷之上，人各有心，無忠君愛國之誠，讒嫉險伺，黨比不已，此則心腹之病，大爲可憂者耳。諸公方有湯藥之任，蓋天下莫不聞，不及今圖所以療治之，異時能辭其責乎？不旬日間，木齋翁且啓行。此老重望，其慎默鎮定，終當與流輩不同，惜其精力則則益衰矣。差來官守催甚懇迫，力遣許時，始肯還。病筆草草，未盡欲言，千萬心亮。」

按：木齋翁即謝遷，前考謝遷在八月啓程入京，可見陽明此書作在八月。所謂「差來官守催甚懇迫」，即指朝廷遣官馳傳來趨促其赴兩廣。按朝廷七月十八日遣官馳傳趣之，其到紹興則在八月上旬。陽明遂作此致張璁書再懇辭免，由遣差來官齎回京師也。

王陽明全集卷二十一寄楊邃庵閣老書四：「竊惟大臣報國之忠，莫大於進賢去讒，故前者兩奉起居，皆嘗僭及此意；亦其自信山林之志已堅，而素受知己之愛，不當復避嫌疑，故率意言之若此。乃者忽蒙兩廣之命，則是前日之言適以爲己地也，悚懼何以自容乎？某以迂疏之才，口耳講説之學耳，簿書案牘，已非其能，而況軍旅之重乎？往歲江西之役，實亦僥倖偶成。近年以來，憂病積集，尫羸日盛，惟養痾丘園，爲鄉里子弟考訂句讀，使知向方，庶於保身及物亦稍得效其心力，不致爲天地間一蠹。此其自處亦既審矣。聖天子方勵精求治，而又有老先生主張國是於上，苟有襪綫之長者，不於此時出而自效，則亦無其所矣。老先生往歲方秉銓軸時，有以邊警薦用彭司馬者，老先生不可，曰：『彭始成功，今或少挫，非所以完之矣。』老先生之愛惜人才而欲成就之也如此，至今相傳，以爲美談，今獨不能以此意而推之某乎？懇辭疏上，望賜曲成，使得苟延喘息。俟病痊之後，老先生不忍終廢，必欲强使一出，則如留都之散部，或南北太常、國子之任，量其力之可能者，使之自效，則圖報當有日也。不勝恃愛懇瀆，幸賜矜察。」

中秋對月，有詩感懷。

王陽明全集卷二十中秋：「去年中秋陰復晴，今年中秋陰復陰。百年好景不多遇，况乃白髮相侵尋。吾心自有光明月，千古團圓永無缺。山河大地擁清輝，賞心何必中秋節！」

十九日，黄綰上明軍功以勵忠勤疏，訟王守仁等平宸濠等功，薦陽明入閣輔政，不從，爲張璁、桂萼、楊一清所陰沮。

黄綰明軍功以勵忠勤疏：「臣聞賞罰者，人主御天下之操柄也。得其操柄，死命可致，天下可運之掌；不得其操柄，百事具廢，欲治得乎？故明主慎之，至親不可移，至讎不可奪，有功必賞，有罪必誅；然必稱天以命之，示非私也。臣下視之，不飾虚語，不結援黨，不思賄託，惟勉忠勤，死不敢易，欲不治得乎？今或不然，凡飾譽、援黨、賄託、讒譭不及，必獲顯擢，無不如意；凡盡忠勤職，即讒譭蝟集，黜辱隨至，無不失意。以此操柄失御，人皆以姦結巧避爲賢，孰肯身仕國家事哉？臣不能枚舉，姑以先朝末年陛下初政一事論之：如宸濠構逆，虐燄吞天，藩郡震動，宗親懾憂，陛下嘗身見之矣。腹心應援布滿中外，鼎卿近倖，賄賂交馳；賣國姦臣，待時發動。兩京乏備，四路無人；方鎮遠近，莫之如何。握兵觀望，滔滔皆是。惟鎮守南贛都御史王守仁領敕福建勘事，道經南昌，中途聞變，指心籲天，誓不與賊俱生。赤身孤走，設奇運謀，乃遣優人齎諜，假與天兵約征，方鎮會戰，俾其邀獲，以示有備，牽疑賊謀，以俟四路設備。中執叛臣家屬，繆託腹心，又示無爲，以安其心。然後激衆以義，糾集烏合。待兵成慮審，發書罵賊，使覺悔。既出攝兵收復南昌，按甲待之。賊至安慶，攻城方鋭，警聞使還，算其歸途，水陸邀擊，大潰賊衆，遂擒宸濠於樵舍。兵法有先勝而後求戰者，非此謂也？成功之後，江右瘡痍未復，武宗皇帝南巡，姦權攘功，嫉譖百端，危疑莫測。守仁恭勤曲致，方靖地方，僅獲身免。守仁爲忠，可謂艱貞竭盡者矣。使時無守仁倡義統衆，謀獲機宜，戰取有方，安慶卒破，金陵不保，長驅北上，應援蜂起，腹心陰助，京師存亡未可知也。雖畢竟天命有在，終必殲夷，曠日持久，士夫戮辱，蒼生荼毒，可勝言也？守仁南贛鎮守地方之責，初無所與。今受責地方者，遇事不敢擔當，不過告變待命而已。守仁家於浙之山陰，浙乃江右通衢，兵力素弱，長驅或下，父兄宗族，有噍類乎？此時守仁夫豈不思？但忘私奉公，以爲社稷不幸或敗，夷滅何悔！守仁之志，可謂精貫白日者矣。幸而成功，宇内太平，所謂徙薪曲突，人不爲功，亦不致思其忠。又守仁於武宗初年，劉瑾爲姦，人莫敢言，守仁斥之觸恨，選杖毒決，碎尻折髀，死而復甦。流竄瘴裔，久方赦還，始獲録用。乃者南贛乏鎮，谿谷兇民聚黨爲盗，視效虐劫，肆無忌憚。凡在虔、楚、閩、廣接壤山澤，無非賊巢。大小有司，束手無策，皆謂終不可理。守仁鎮守三年，兵威武略，奇變如神，以故茶寮、桶岡諸寨，大冒、浰頭諸寨，次第擒滅，增縣置邏，立明約，遂爲治境。視古名將，何以過此？江右之民，爲立生祠，歲時祝祭，民心不忘，亦可見矣。曩者陛下登極，命取來京宴賞，封之新建伯，而陞南京兵部尚書。言者又謂不當來京宴賞，以致奢費。夫陛下大官之厨，日用無紀，較諸一飧之宴，所費幾何，猶煩論之；北京豈無一職，必欲置之南京，此乃邪比蔽賢嫉功之所爲也。守仁後丁父憂，服滿遂不起用，反時造言排論。然雖蒙拜爵陞官，鐵券未給，禄米未頒，朝事無與，迹比樵漁。縱使有過，何庸論之，况有功無過哉？其意尤可知矣。不獨守仁，凡共勤王大小臣工，亦廢黜殆盡，臣不能枚舉，姑以一二論之：彼時領兵知府，惟伍文定得陞副都御史，得廕一子千户。邢珣、徐璉但陞布政，即令閑住，彼亦何過，縱使有過，八議惡在？戴德孺雖陞布政，即死於水，皆無廕子。副使陳槐因勸宰臣進賢，致怒讎人，希意誣之，獨黜爲民。御史伍希儒、謝源輒以考察去官。且陳槐、邢珣等皆抱用世之才，秉捐軀之義，因功廢黜，深可太息。然在今日，陛下操柄之失，莫此爲甚。他日無事則可，萬一有事，將誰效用哉？况守仁學原性命，德由忠恕，才優經濟，使之事君處物，必能曲盡其誠，尤足以當薰陶，備顧問。以陛下不世出明賢之資，與之浹洽講明，天下之治，生民之福，豈易言哉？前者言官屢薦，故尚書席書、吴廷舉，今侍郎張璁、桂萼，皆薦之，曾蒙簡命，用爲兩廣總制。臣謂總制寄止一方，何若用之廟堂，可以贊襄謀議，轉人心，所濟天下矣。伏惟陛下念明良遭遇之難，亟召守仁，令與大學士楊一清等共圖至治，另推才能爲兩廣總制。仍敕該部給與守仁應得鐵券禄米。將陳槐、邢珣、徐璉等起用，伍希儒、謝源等查酌軍功事例議録，戴德孺量與廕襲。此實陛下奉天所操之大柄，不可毫髮移奪者，宜早收之，以爲使人宣忠效力之勸。臣不勝懇悃之至！」（王陽明全集世德紀附録）

明世宗實録卷七十九：「嘉靖六年八月甲子，光禄寺少卿黄綰訟王守仁等平宸濠功……疏下兵部，議從其請。上命給守仁券禄，俟廣西事寧，别有委任。江西有功諸臣下御史覈實。其致仕罷黜有才識可用者，清議無干者，吏部議請舉用。以德孺未任死，廕一子，爲國子監。」

國榷卷五十三：「嘉靖六年八月甲子，光禄寺少卿黄綰訟王守仁等平宸濠功，命給鐵券。故布政戴德孺，廕子入太學。」

黄綰陽明先生行狀：「予時爲光禄寺少卿，具疏論江西軍功，及薦公才德，堪任輔弼。上喜，親書御劄，並疏付内閣議。楊公一清忌公入閣，與之同列，乃與張公孚敬具揭帖對曰：『王守仁才固可用，但好服古衣冠，喜談新學，人頗以此異之。不宜入閣，但可用爲兵部尚書。』桂公知，遂大怒詈予，潛進揭帖毁公，上意遂止。」

明史卷一百九十七黄綰傳：「王守仁中忌者，雖封伯，不給誥券歲禄；諸有功若知府邢珣、徐璉、陳槐，御史伍希儒、謝源，多以考察黜。綰訟之於朝，且請召守仁輔政。守仁得給賜如制，珣等亦叙録。綰尋遷大理左少卿。」

按：黄綰此疏名「明軍功以勵忠勤疏」，表面上是訟王守仁等人平宸濠功，真意在薦陽明入閣輔政。世宗、楊一清、張璁、桂萼皆心知肚明，諸人各懷鬼胎，其間關鍵人物還在世宗，而非張璁、桂萼、楊一清。世宗内心對陽明之真實看法，暴露於其對楊一清所下「聖諭」中：「王守仁竊負儒名，實無方正之學。至於江西之事，彼甚不忠，觀其勝負以爲背向。彼見我皇兄親征，知宸濠必爲所擒，故乃同文定舉事，實文定當功之首，但守仁其時官在上耳。且如擒宸濠於南直隸地方，却去原地殺人，至今孰不知其縱恣？前日兩廣之處，見彼蠻寇固防，却屈爲招撫，損我威武甚矣。至於八寨而縱戮之……況崇事禪學，好尚鬼異，尤非聖門之士。」而楊一清亦附和對曰：「伏承諭及王守仁事。所其放言自肆，詆毁先儒，號召門生傳習，附和學術，可惡！及兵無節制，奏捷誇張，掩襲寨夷，恩威倒置，數語盡之矣……欲出榜禁約伊之邪説，其罪狀固已昭然於天下。」（楊一清集密諭録卷六論方獻夫代任吏部如何奏對）無怪世宗是次「王顧左右而言他」，於黄綰薦陽明入閣不置一詞，而虚以「俟廣西事寧，别有委任」敷衍了事。觀次日世宗便命下催陽明會同守臣亟督兵剿撫（見下），可見世宗向無喜陽明入閣之「上意」，黄綰「上喜」云云，顯爲帝諱掩飾之辭也。（按：黄綰陽明先生行狀作於嘉靖十三年，時世宗猶在位。）

二十日，命下再催陽明會同守臣督兵剿撫。

明世宗實録卷七十九：「嘉靖六年八月乙丑，初，廣西田州賊黨王受、盧蘇、刑相等爲亂。

受入思恩，執知府吴期英、千户魏瓊等，封其庫藏，以賊兵守之，而自攻逼武緣。守巡官鄒輗等方調兵，議招撫思恩，於是千長韋貴、徐伍等，遣壯士由間道入城爲内應，夜引兵奪門，殺守臣二十餘人，收獲府印及庫物，護送期英等於賓州，因招撫城中未下者。時受攻武緣甚急，參將張經等堅壁拒守，鎮守頭目許用與戰，斬其渠帥一人，衆皆披靡。賊見援兵大集，乃遁去。都御史姚鏌以捷聞。上以田州、思恩賊鋒雖挫，首惡未擒，仍命王守仁會同守臣亟督兵剿撫，以靖地方。韋貴、徐伍、許用及土官土民有功者，皆先給賞，仍戒雲南鎮巡官等，勿逸賊以貽後患。」

許相卿遣子送來書儀，陽明有答書。

雲村集卷四上王陽明先生書五：「某稔惡死不塞禍，家君奄棄，諸孤摧割萬狀，偷爾苟活。伏承尊慈遠頒賻慰，曷任感泣！仄聞仗鉞南紀，茂建殊勳，斯道妙用格天，震天甚盛。某罪殃餘息，祇恐溘先朝露，弗及快覩凱還。謹遣兒子某代申謝私。遥瞻旄纛，曷勝隕絶，荒遠失次。」

陽明與許杞山書：「吾子累然憂服之中，顧勞垂念至勤。賢郎書幣遠及，其何以當！道不可須臾而離，故學不可須臾而間，居喪亦學也。而喪者以荒迷自居，言不能無荒迷耳，學則不至於荒迷也。故曰『喪事不敢不過』、『寧戚』之説，爲流俗忘本者言。喜怒哀樂發皆中節之謂和，故哀亦有和焉，發於至誠而無所乖戾之謂也。夫過情，非和也；動氣，非和也；有意必於其間，非和也。孺子終日啼而不嗌，和之至也。知此，則知居喪之學，固無所異於平居之學矣。聞吾子有過毁之憂，輒敢以是奉告，幸圖其所謂大孝者可也。賢郎氣質甚美，適當冗結，不及與之一言，殊負遠來。不久便還林麓，後會尚有可期。草草布謝，不盡。」（康熙海寧縣志卷十三藝文。按：王陽明全集卷二十七有與許台仲書二，即此書，但不全，有誤）。

按：許杞山即許相卿，字台仲，號杞山、雲邨老人，海寧縣人。康熙海寧縣志卷十二：「許黄門讀書臺，在九杞山之陽。九杞山，即黄山。年譜云：公壯歲讀書黄山，直大雪，見籬落間花杞樹著子如紅雨，移植中庭，旬日發修九杞，遂自號『九杞山人』，因以名山。」陽明此書所言「纍然憂服之中」，「吾子有過毁之憂」，乃指許相卿丁父及繼母憂，許氏貽謀四則中序祠則云：「吾許氏世家海寧之袁花。先府君初命相卿舉進士，官諫垣。亡何，府君棄養，予不幸遭家之變，而求自全吾常，遂去袁花，適茶磨家焉。茶磨，嘉興海鹽山也。」許聞造禮科給事中許公相卿行述：「嘉靖元年壬午，諫議抗疏，論政令不當者數事……居歲餘，章亡慮數十上，語抗直多類此。明年秋八月，自免歸。又明年，居孺人、封諫議相繼卒，諫議家廬茹饘，哀哀朱殷，鬚髮盡白。王文成、湛甘泉各貽書慰諭。」（國朝獻徵録卷八十）據此，知許相卿父、繼母卒在嘉靖四年，其服喪哀毁時間甚長，故陽明致此書勸慰。以陽明此書言「適當冗結」，「不久便還林麓，後會尚有可期」，必是指嘉靖六年陽明征思、田將入廣之時。蓋是許相卿先在六月聞陽明起用，遂遣子來賀，即此書所云「賢郎書幣遠及」；至八月陽明將赴兩廣，諸事冗結，相卿子遂告别陽明歸海寧，陽明乃作此書，由相卿子携歸。此「賢郎」者，按許相卿史漢方駕前有史漢方駕凡例引云：「許聞造曰：家大人以爲不便疾讀，撰爲此書……」又周春海昌勝覽卷十三：「相卿所著……史漢方駕三十五卷，子聞造、壻徐禾校刻。」知此「賢郎」即許聞造，亦爲陽明弟子矣。

妻弟諸經來訪，陽明爲作爲善最樂文。

王陽明全集卷二十四爲善最樂文：「君子樂得其道，小人樂得其欲。然小人之得其欲也，吾亦但見其苦而已耳。『五色令人目盲，五聲令人耳聾，五味令人口爽，馳騁田獵令人心發狂。』營營戚戚，憂患終身，心勞而日拙，欲縱惡積，以亡其生，烏在其爲樂也乎？若夫君子之爲善，則仰不愧，俯不怍，明無人非，幽無鬼責，優優蕩蕩，心逸日休，宗族稱其孝，鄉黨稱其弟，言而人莫不信，行而人莫不悦，所謂無入而不自得也，亦何樂如之！妻弟諸用明積德勵善，有可用之才而不求仕。人曰：『子獨不樂仕乎？』用明曰：『爲善最樂也。』因以四字扁其退居之軒，率二子階、陽，日與鄉之俊彦讀書講學於其中。已而二子學日有成，登賢薦秀。鄉人嘖嘖，皆曰：『此亦爲善最樂之效矣！』用明笑曰：『爲善之樂，大行不加，窮居不損，豈顧於得失榮辱之間而論之？』聞者心服。僕夫治圃，得一鏡，以獻於用明。刮土而視之，背亦適有『爲善最樂』四字。坐客歎異，皆曰：『此用明爲善之符，誠若亦不偶然者也。』相與詠其事，而來請於予以書之，用以訓其子孫，遂以勗夫鄉之後進。」

按：其時多有親朋戚友來紹興賀陽明起用兩廣並送其行，諸經當亦在其時自餘姚來紹興見陽明並送其行。陽明此文作在八月中，觀集中此文與客坐私祝並放一起，亦可證此文作在八月中。

時將赴兩廣，陽明特作客坐私祝，以戒子弟與來學士子。

王陽明全集卷二十四客坐私祝：「但願温恭直諒之友來此講學論道，示以孝友謙和之行，德業相勸，過失相規，以教訓我子弟，使毋陷於非僻；不願狂懆惰慢之徒來此博弈飲酒，長傲飾非，導以驕奢淫蕩之事，誘以貪財黷貨之謀，冥頑無耻，扇惑鼓動，以益我子弟之不肖。嗚呼！由前之説，是謂良士；由後之説，是謂凶人。我子弟苟遠良士而近凶人，是謂逆子，戒之戒之！嘉靖丁亥八月，將有兩廣之行，書此以戒我子弟，並以告夫士友之辱臨於斯者，請一覽教之。」

將大學問著録成書，首次正式傳授門人弟子。大學問是陽明對「王門四句教」之經典闡釋，至是著録成書，成爲陽明對自己「王門四句教」心學之總結。

王陽明全集卷二十六大學問：「蓋身、心、意、知、物者，是其工夫所用之條理，雖亦各有其所，而其實只是一物；格、致、誠、正、修者，是其條理所用之工夫，雖亦皆有其名，而其實只是一事。何謂身心之形體？運用之謂也；何謂心身之靈明？主宰之謂也；何謂修身？爲善而去惡之謂也。吾身自能爲善而去惡乎？必其靈明主宰者欲爲善而去惡，然後其形體運用者始能爲善而去惡也。故欲修其身者，必在於先正其心也。然心之本體則性也，性無不善，則心之本體本無不正也。何從而用其正之之功乎？蓋心之本體本無不正，自其意念發動，而後有不正。故欲正其心者，必就其意念之所發而正之，凡其發一念而善也，好之真如好好色；發一念而惡也，惡之真如惡惡臭。則意無不誠，而心可正矣。然意之所發，有善有惡，不有以明其善惡之分，亦將真妄錯雜，雖欲誠之，不可得而誠矣。故欲誠其意者，必在於致知焉。致者，至也，如云『喪致乎哀』之致。易言『知至至之』，『知至』者，知也；『至之』者，致也。『致知』云者，非若後儒所謂充廣其知識之謂也，致吾心之良知焉耳。良知者，孟子所謂『是非之心，人皆有之』者也。是非之心，不待慮而知，不待學而能，是故謂之良知。是乃天命之性，吾心之本體，自然靈昭明覺者也。凡意念之發，吾心之良知無有不自知者。其善歟，惟吾心之良知自知之；其不善歟，亦惟吾心之良知自知之。是皆無所與於他人者也。故雖小人之爲不善，既已無所不至，然其見君子，則必厭然揜其不善，而著其善者，是亦可以見其良知之有不容於自昧者也。今欲別善惡以誠其意，惟在致其良知之所知焉爾。何則？意念之發，吾心之良知既知其爲善矣，使其不能誠有以好之，而復背而去之，則是以善爲惡，而自昧其知善之良知矣；意念之所發，吾之良知既知其爲不善矣，使其不能誠有以惡之，而復蹈而爲之，則是以惡爲善，而自昧其知惡之良知矣。若是，則雖曰知之，猶不知也，意其可得而誠乎？今於良知所知之善惡者，無不誠好而誠惡之，則不自欺其良知而意可誠也已。然欲致其良知，亦豈影響恍惚而懸空無實之謂乎？是必實有其事矣。故致知必在於格物。物者，事也，凡意之所發必有其事，意所在之事謂之物。格者，正也，正其不正以歸於正之謂也。正其不正者，去惡之謂也；歸於正者，爲善之謂也。夫是之謂格。書言『格於上下』，『格於文祖』，『格其非心』，『格物』之格實兼其義也。良知所知之善，雖誠欲好之矣，苟不即其意之所在之物而實有以爲之，則是物有未格，而好之之意猶未爲誠也；良知所知之惡，雖誠欲惡之矣，苟不即其意之所在之物而實有以去之，則是物有未格，而惡之之意猶爲未誠也。今焉於其良知所知之善者，即其意之所在之物而實爲之，無有乎不盡；於其良知所知之惡者，即其意之所在之物而實去之，無有乎不盡。然後物無不格，而吾良知之所知者無有虧缺障蔽，而得以極其至矣。夫然後吾心快然，無復餘憾而自慊矣；夫然後意之所發者，始無自欺而可謂之誠矣。故曰：『物格而後知至，知至而後意誠，意誠而後心正，心正而後身修。』蓋其功夫條理雖有先後次序之可言，而其體之惟一，實無先後次序之可分；其條理功夫雖無先後次序之可分，而其用之惟精，固有纖毫不可得而缺焉者。此格致誠正之説，所以闡堯舜之正傳而爲孔氏之心印也。」

錢德洪大學問序：「吾師接初見之士，必借學、庸首章以指示聖學之全功，使知從入之路。師征思、田將發，先授大學問，德洪受而録之。」

錢德洪大學問跋：「德洪曰：大學問者，師門之教典也。學者初及門，必先此意授，使人聞言之下，即得此心之知，無出於民彝物則之中；致知之功，不外乎修齊治平之内。學者果能實地用功，一番聽受，一番親切。師常曰：『吾此意思有能直下承當，只此修爲，直造聖域。參之經典，無不吻合，不必求之多聞多識之中也。』門人有請録成書者，曰：『此須諸君口口相傳，若筆之於書，使人作一文字看過，無益矣。』嘉靖丁亥八月，師起征思、田，將發，門人復請，師許之。録既就，以書貽洪曰：『大學或問數條，非不願共學之士盡聞斯義，顧恐藉寇兵而齎盜糧，是以未欲輕出。』蓋當時尚有持異説以混正學者，師故云然。師既没，音容日遠，吾黨各以己見立説。學者稍見本體，即好爲徑起頓悟之説，無復有省身克己之功。謂『一見本體，超聖可以跂足』，視師門誠意格物、爲善去惡之旨，皆相鄙以爲第二義。……是篇鄒子謙之嘗附刻於大學古本，茲收録續編之首。使學者開卷讀之，思吾師之教平易切實，而聖智神化之機固已躍然，不必更爲别説，匪徒惑人，祗以自誤，無益也。」（王陽明全集卷二

十六）

王陽明全集卷二十七與德洪：「大學或問數條，非不願共學之士盡聞斯義，顧恐藉寇兵而齎盗糧，是以未欲輕出。且願諸公與海内同志口相授受，俟其有風機之動，然後刻之非晚也。此意嘗與謙之面論，當能相悉也。江、廣兩途，須至杭城始決。若從西道，又得謙之一話於金、焦之間。冗甚，不及寫書，幸轉致其略。」

按：大學問乃陽明晚年歸越後多年心學思考之結晶與產物，亦是陽明對「王門四句教」最全面之闡釋。與早年古本大學傍釋相比較，可見陽明心學由以「誠意」爲主轉向以「致知」（致良知）爲主（所謂「第一義」），故大學問乃探「王門四句教」秘蘊之寶鑰也。然因其時陽明「王門八句教」（四無教與四有教）新説已在醞釀中（詳下），故陽明於其時忽將大學問著録成書，或隱然有終結舊説之意耶？

三十一日，唐府紀善周衝以母老歸省宜興，携書經紹興來問學，陽明有批書詳答。

陽明與周道通答問書：「問：爲今日之學者，須務變化氣習，而達之夫婦、父子、兄弟之間，以修身、齊家爲極則，庶有巴攬以驗其進，且爲實學。不然，則恐存心稍寬，茫無涯岸，未易成立。况聖賢體用之學，不由齊家，雖於治國、平天下或有得力處，畢竟於天德王道未盡。但齊家一關，盤詰甚大，苟非内有至健之志，而外有至順之容，恐未可以一二言也。如何，如何？

此段亦是好説話，只是欠下落。

「問：先生嘗答問性云：『氣即是性，性即是氣。』則聞命矣。

此言是解説『生之謂性』一句。

「然其間亦有難言者焉。佛氏明心見性之説，謂佛氏之所謂心性，非心性也，恐亦不可，然而所見疑有犯於程子論氣不論性之戒；爲吾儒之言者，往往又若專泥夫意之動爲心，而以知覺運動屬氣，必欲於心氣之外，別求見夫所謂理與性者，不又犯於程子論性不論氣之戒乎？二者疑皆失之，不能無問。

此段不消如此説得。

「竊以爲受天地之中以生，而是中之屬於人生言乎？其初禀此□□□性言乎？其主於身，則謂之心；就心之條理而言，則謂之理。忘理與心，忘心與性，忘性與身，渾淪而言之，則通謂之氣；抑就氣而論其根源之地，靈明知覺吾其體，神妙不測吾其用。先民以其本來如是，此性之所由命名也；以一身之動，萬感之應，必樞機於是，此心之所由命名也。又就其心性自然明覺，無所不知者，名之爲智；就其本然自有權度，無所不宜者，名之爲義；就其凡皆有節有文，粲然條理者，名之爲禮；就其□□生生不息，無物不體，無息不存者，名之爲仁，此又理之所由命名也，而其實均是一氣而已爾。佛氏但窺見吾心吾性靈明知覺之旁燭者，而失究於本原之地，則不知有生生不息之體矣。故其爲道，樞機不屬於己，又安知有應變無窮、神妙不測之用乎？正如日月有明，佛氏止認夫容光之照無微不□，□以謂是日月也，而其墮於空寂之境也，又何疑□□□□，知足以周萬物，而道實不足以濟天下，豈知者過之之徒與？故吾聖人之學，曰執中，曰建極，曰不逾矩，皆指是樞機而言也。其所以恒是道者，曰思，曰兢兢業業，曰小心翼翼；而其示人求之之地，則曰獨，曰良知，曰不睹不聞；其工夫則曰誠，曰敬，曰戒慎恐懼，曰不愧於屋漏，皆就今本原體認，以求自得□，無所容私於其間。然則在今日正不必論性，亦不必論心，□須得樞機在手，而不失其中正焉，自可弗畔於道矣。然否，然否？

只消説此兩句，即前面許多話説皆□□説。

致良知便是。

此段所論，大略多有是處，只因致知工夫未得精明，是以多有夾雜。

「儒者有言：『聖人之學，乾道也；賢人之學，坤道也。』衢疑之。易曰：『乾知大始，坤作成物。』又曰：『知至至之，知終終之。』乾道坤道，恐不可析。但聖人工夫用得熟，便覺自然，無所容心。若賢人工夫，尚須强勉，有類『坤作成物』耳。然非知爲之主，則□□□□事，故乾道坤道，雖就賢人之學看，亦不可缺一，是否？

此說亦正是，不必如此分疏。

「閑居中静觀時物生息流行之意，以融會吾志趣，最有益於良知。昔今康節、白沙二先生，故皆留情於此。但二先生又似耽著，有不欲舍之意，故卒成隱逸，恐於孔子用行舍藏之道有未盡合。

静觀物理，莫非良知發見流行處，不可又作兩事看。

「白沙先生云：『學以自然爲宗。』又云：『爲學須從静中養□□□□有商量處。』此蓋就涵養説，固有是理，但恐初學未從□□用工來，輒令如此涵養，譬諸行路之人，未嘗跋歷險阻，一旦遇險便怯，能保其不回道乎？竊記明道先生有言：『造詣得極，更説甚涵養。』云造詣，則克己在其中矣。須嘗克己造詣上用工過來，然後志堅忍，久而不變，此意如何？

知得致良知工夫，此等議論自然見得他有未盡處。

「古聖相傳心法之要，不過曰『執中』。然中無定體，難以□□□□，憑吾良知點檢日用工夫，頗亦覺得穩當處，多□□□□□，非過即又不及，不能得常常恰好，誠欲擇乎中庸，而固執之，如之何則可？

致良知便是擇乎中庸的工夫，倏然之間有過不及，即是不致良知。

「世儒論學，纔見人説就心性上用功，輒拒而不聽，以其流爲禪也。故其爲學，必須尋幾句書來襯貼此心，庶有依靠，此殆不能自立而然耳。先儒言心中不可有一物，若依靠□□□，□有物矣，安得此心虚明而應物無滯耶？蓋能□□□□□□書，一一憑我驅使。不能自立，雖讀聖人之書，終身只服事得書。

此等意思，只曉得便了。

「儒者論佛，往往不誅其立心之差，而反咎其用功之錯，以謂不宜專求本心，而遂遺棄物理也。不知遺棄物理，正由其初立心上生起此病，不干其專求於心也。夫吾孔子□□□□□，爲得其宗，傳之思、孟而止。然曾子之學，專用□□□□□尾，只説得愼獨。至孟子云：『學問之道無他，求其放心而已。』故其論王道，一則曰心，二則曰義。佛氏之求心，夫何過哉？若吾儒之志於學，不於其初嚴審於善利之間，徒欲矯佛而重於求物，輕於信心，則恐得罪於聖人之門，與佛氏公案雖不同，而同歸於律，惡得以五十步笑百步也？佛氏不累於物，與吾儒同；但吾儒不離於物，而能不累於物。若使佛氏不離於物，則不能不累於物矣。吾儒知所容心，而又知無所容其心；佛氏則欲盡歸於無所容心而已矣。佛氏之明，如生銅開鏡，乃用私智鑿出；吾儒則如日月有明，一本其自然，故鏡怕物障，日月不怕物障。

曾作山陰縣學記，其間頗論儒釋之同異，□孰其中細細□□□□□。

「嘗讀濂溪傳，至以名節自砥礪，安疑其容心□□□□□□，所繫亦甚大，真吾□之藩籬也。

衡自得五月十二日手教，遂自書『慎行惜名爲今日第一義』數字，貼之坐處。自是志向漸覺專一，工夫漸覺勇猛，戒謹恐懼之意常若不離於心目之間，而胸中亦自灑落，則是向裏之學，亦有資於外界然也。只孤立無助，恐中道作輟靡常，不能進步，以達天德，更望老先生一接引之。

致良知是今日第一義，□□□□□□，則所謂慎行惜名，□□□□□□。

「凡是有感斯應，其感自外至者，不必論也。澄心靜慮之□無思無爲，而有突然之感者，何歟？夫正感正應，邪感亦正應之，宜也。然有時乎正感而應之，忽入於邪者，豈其有所感而然耶？抑或涉於氣歟？必欲吾心之神，常爲萬感之主，無動靜而能定焉，當有何道？其道只是致良知，感應皆起於無思，無有自外至者，心無思，□□□□□□。良知真無待於一字加添，已自信得及，衡非□□□□□□□得如此，只如今一會客之間，惟盡吾心之誠，當揖而揖，當拜而拜，當言而言，當嚷而嚷，已是多少利便，多少自在，反會錯謬，失東忘西，安能動容周旋中禮？又如凡作文字，才起思議，便走筆不動，每事體驗得如此，信不容纖毫□□□□□□□用智之病，尚未能沙汰得盡，欲專留神於此沙汰，如何？

吾心一了之，百當之，有何疑？

「今日致知之學，更無可疑。但這件工夫，固宜自力，還須常親師友，講得圓活通遍，到那耳順處，方能觸處洞然，周流無滯。不然，則恐固執太早，未免有滯心。以有滯之心而欲應無窮之變，其能事皆當理乎？良知即是天理，致良知即是當理，親師友，講貫□□□□□□□，可別作一事□□□□。衢近今日用工夫，大率要在滌磨心病，使□□□□□□□□江漢暴之以秋陽，乾乾浄浄，一似秋空明月，方始快樂。但恨體弱多病，精神不足，正好用功之候，而四體又覺疲倦思卧矣。雖事親從兄之事，亦竟不能盡如其願，奈何，奈何！今必不得已，只憑良知愛養精神，既養得精神，都只將來供應良知之用，是或處病之一道歟？

良知自能分别調停，只要□□□□□□。良知知得當愛養精神，即愛養精神便是致知；知得當滌磨心病，即滌磨心病便是致知。養儉養方，只是一道，不可分作兩事。

「問：古者宗子之法，有百世不遷之宗，是爲大宗，其□□祖□祭也，不嫌於禘歟？大宗子死，族人雖已服盡，猶爲服齊衰三月，其禮不已重歟？夫謂宗法宜若是重也，記何以孔子曰『宗子爲殤而死，庶子弗爲後也』？聽宗法之廢歟？若謂庶子弗後，小宗言也，大宗而在，猶之可也；使大宗有絶，□□□□□□，可繼以爲後否歟？否則，疏遠之族，誰其爲□□□□□□之法，後世士庶人亦有可以義比附而立歟？如或以爲僭也，君子而有重本尊祖之心者，得無有未盡歟？

「問：古者立廟之制，天子七，諸侯五，大夫三，適士二，官師一。誠以廟宇之多寡爲制歟？抑祖考之祭，視廟宇而殺歟？如祖考之祭，視廟而殺，説禮者何以謂官師得祭祖？

□□□□□□□，是則適士亦得祭曾祖。同是二廟，大夫亦得□□□，同是三廟矣，然歟？説者又謂庶人祭禰於寢，然則漢以後庶人得祭三代，而今或祭及高祖者，僭而當事歟？昔人有祭先祖者，或以似祫而不敢祭，則古者大宗子之祭始祖似祫，亦在所廢歟？父母之喪，達於天子，無貴賤，一也。尊祖報本，亦□天理民彝之不可泯滅者，而獨於貴賤拘焉。無□□□□□□□義，固有可推者歟？君子無意於尊祖報本則已，使其有尊祖報本之心，則是恐不可以不之講也。

宗法廟制，其説甚長，後世亦自有難行處。學者只是致其良知，以行其尊祖報本之誠，則所謂雖不中不遠矣。忙中不及細講説，然雖細講説，亦空談無益。

「右衢病耳，艱於聽教。且承老先生遠別，恐路阻日修，就正益難。來途謹述所□□事，録□批斥是否，並求警發之言，以辟升堂入室之□□，得以尋級而進，感恩何慨！

大□道通所問，良知信得及處，更自説得分曉，於良知信未及□□□□得支離。良知一也，有信得及處、信未及處，皆由致知之功未能精純之故。今請只於此處用力，不必多設方略，別尋道路，枉費心力，終無益也。冗次，言不能盡。八月卅一日，守仁上。」（日本天理圖書館藏王陽明先生小像附尺牘一卷）

按：湛甘泉唐王府紀善周公衝墓碑銘：「乙酉，進唐府紀善，屢以正學啓王。尋上定志修學以防逸豫疏，又上修德裕後十二事，而明聖學、近正人二條尤切，王敬重之。乞移半禄養母。閲歲，念母老，假使事歸省。越庚寅，藩府以檄來徵命之，曰：『唐藩恩不可忘也。』屢促行，黽勉致仕。舉會極約，作希顔日抄，議酌行横渠井田遺制，未遂而止。壬辰，王疏薦曰：『周衡心志通明，操持端謹。』詔加五品俸級，儲長史缺。八月，得疾……卒實二十二日也。享年四十有七。」（國朝獻徵録卷一百零五）

陽明此答書封稱「道通相國」，應是指周衡嘉靖四年以後任唐府紀善。又答書云「曾作山陰縣學記」，按山陰縣學記作於嘉靖四年。由此可知周衡書中所言「且承老先生遠别，恐路阻日修，就正益難」，必是指陽明嘉靖六年八月將遠赴兩廣，往征思、田，陽明此書乃作在嘉靖六年八月三十一日。周衡書云「右衡病耳，艱於聽教……來途謹述所□□事，録□批斥是否，並求警發之言」，所謂「來途」，即是指周衡嘉靖六年因念老母，假使事歸省宜興，自唐府來經紹興見陽明，因周衡有耳疾，艱於聽教，故先在來途擬定一若干條提問書（即周衡此書），到紹興後呈示陽明，陽明乃就此書作批答也。

陽明與周道通書五：「今時同志中，往往多以仰事俯育爲進道之累，此亦只是進道之志不專一，不勇猛耳。若是進道之志果能勇猛專一，則仰事俯育之事莫非進道之資。顔子當時在陋巷，不改其樂，亦正是簞食瓢飲之時。當時顔路尚在，安得無仰事俯育？固有人不堪其憂者矣。近聞道通處事殊落莫，然愛莫爲助，聊以此言相警發耳。病筆不足。守仁拜手，道通長史道契文侍。」（日本天理圖書館藏王陽明先生小像附尺牘一卷，陽明文集失載）

按：陽明此書似即周衡書中所云「衡自得五月十二日手教」，其時周衡將歸省，湛甘泉周道通墓碑銘：「閲歲，念母老，假使事歸省。」又奠唐府紀善周道通文亦云：「載遷藩紀，曳裾王門……徐曰歸哉，母齡暮矣。豈無兄弟，曷以代己？迺假使符，南望白雲。」此所謂「假使事歸省」、「迺假使符」，即是加周衡王府長史，假使事歸省宜興，故陽明此書稱「道通長史」。

託家政及胤子王正聰於魏廷豹，託繼子王正憲於錢德洪、王畿。

錢德洪寄正憲男手墨二卷序：「正憲字仲肅，師繼子也。嘉靖丁亥，師起征思、田，正億方二齡。託家政於魏子廷豹，使飭家衆以字胤子；託正憲於洪與汝中，使切磨學問以飭內外。」（王陽明全集卷二十六）

按：陽明赴兩廣前夕託家政於魏廷豹，其於寄正憲書中多有言及。書一：「家中事，凡百與魏廷豹相計議而行。」書二：「魏廷豹此時想在家，家衆悉宜遵廷豹教訓。」書三：「凡百家事及大小童僕，皆須聽魏廷豹斷決而行……德洪、汝中輩，須時時親近，請教求益。聰兒已託魏廷豹，時常一看。廷豹忠信君子，當能不負所託。」魏廷豹，即魏直，字廷豹，蕭山人，精於醫術，故陽明以家政託之，亦一陽明弟子。民國蕭山縣志稿卷二十一：「魏直，字廷豹，能詩，以醫聞吴越間，治痘疹奇驗。所著有博愛心鑑一書。」汪應軫青湖先生文集卷二有稽山集序云：「稽山集者，蕭山魏廷豹甫寓稽山集也。廷豹何以寓稽山？從陽明先生遊也。廷豹年長於陽明，何以知從陽明遊？廷豹，文靖公之孫。文靖公爲時名臣，世有述，家有考，宜其好學不倦，知所歸也……廷豹之詩，吾雖未敢曰陶曰杜，然而晚年從師，其進殆未可量。」從「晚年從師」看，魏廷豹實爲陽明弟子。因陽明體弱多病，魏廷豹之來稽山師從陽明遊，實亦被請爲陽明「家庭醫生」，卒成陽明伯府「管家」。稽山集當多載魏廷豹來稽山從遊陽明詩文，惜其亡佚不傳。

九月八日，啓程赴兩廣，有詩別諸生。是夕，錢德洪、王畿侍於天泉橋，陽明發「王門八句教」(「四有教」與「四無教」)，揚棄「王門四句教」舊説，講論本體工夫，證道印心，是謂「天泉證道」，實是陽明仿佛教對己之心學所作之「判教」，是陽明對自己生平心學所作之最後總結。

王陽明全集卷二十別諸生：「綿綿聖學已千年，兩字『良知』是口傳。欲識渾淪無斧鑿，須從規矩出方圓。不離日用常行内，直造先天未畫前。握手臨岐更何語？殷勤莫愧别離筵。」

按：此詩咏歎「良知」聖學，爲陽明天泉證道發「王門八句教」之前奏曲也。

錢德洪陽明先生年譜：「九月壬午，發越中。是月初八日，德洪與畿訪張元沖舟中，因論爲學宗旨。畿曰：『先生説「知善知惡是良知，爲善去惡是格物」，此恐未是究竟話頭。』德洪曰：『何如？』畿曰：『心體既是無善無惡，意亦是無善無惡，知亦是無善無惡，物亦是無善無惡。若説意有善有惡，畢竟心亦未是無善無惡。』德洪曰：『心體原來無善無惡，今習染既久，覺心體上見有善惡在，爲善去惡，正是復那本體功夫。若見得本體如此，只説無功夫可用，恐只是見耳。』畿曰：『明日先生啓行，晚可同進請問。』是日夜分，客始散，先生將入內，聞洪與畿候立庭下，先生復出，使移席天泉橋上。德洪舉與畿論辯請問。先生喜曰：『正要二君有此一問。我今將行，朋友中更無有論證及此者。二君之見正好相取，不可相病。汝中須用德洪功夫，德洪須透汝中本體。二君相取爲益，吾學更無遺念矣。』德洪請問。先生曰：『有只是你自有，良知本體原來無有，本體只是太虛。太虛之中，日月星辰，風雨露雷，陰霾饐氣，何物不有？而又何一物得爲太虛之障？人心本體亦復是。太虛無形，一過而化，亦何費纖毫氣力？德洪功夫須要如此，便是合得本體功夫。』畿請問。先生曰：『汝中見得此意，只好默默自修，不可執以接人。上根之人，世亦難遇。一悟本體，即見功夫，物我內外，一齊盡透，此顔子、明道不敢承當，豈可輕易望人？二君以後與學者言，務要依我四句宗旨：無善無惡是心之體，有善有惡是意之動，知善知惡是良知，爲善去惡是格物。以此自修，直躋聖位；以此接人，更無差失。』畿曰：『本體透後，於此四句宗旨何如？』先生曰：『此是徹上徹下語，自初學以至聖人，只此功夫。初學用此，循循有人，雖至聖人，窮究無盡。堯、舜精一之功，亦只如此。』先生又重囑付曰：『二君以後再不可更此四句宗旨。此四句中人上下無不接着。我年來立教，亦更幾番，今始立此四句。人心自有知識以來，已爲習俗所染，今不教他在良知上實用爲善去惡功夫，只去懸空想個本體，一切事爲，俱不著實。此病痛不是小小，不可以不早説破。』是日洪、畿俱有省。」

按：陽明赴任謝恩遂陳膚見疏云「已於九月初八日扶病起程」，今據王畿曰「明日先生啓行」，可知陽明實在九月九日啓行。

傳習録卷下：「丁亥年九月，先生起復征思、田。將命行時，德洪與汝中論學。汝中舉先生教言，曰：『無善無惡是心之體，有善有惡是意之動，知善知惡是良知，爲善去惡是格物。』德洪曰：『此意如何？』汝中曰：『此恐未是究竟話頭。若説心體是無善無惡，意亦是無善無惡的意，知亦是無善無惡的知，物是無善無惡的物矣。若説意有善惡，畢竟心體還有善惡在。』德洪曰：『心體是天命之性，原是無善無惡的。但人有習心，意念上見有善惡在，格致誠正，修此正是復那性體功夫。若原無善惡，功夫亦不消説矣。』是夕，侍坐天泉橋，各舉請正。先生曰：『我今將行，正要你們來講破此意。二君之見正好相資爲用，不可各執一邊。我這裏接人原有此二種：利根之人直從本源上悟入。人心本體原是明瑩無滯的，原是個未發之中。利根之人一悟本體，即是功夫，人己内外，一齊俱透了。其次不免有習心在，本體受蔽，故且教在意念上實落爲善去惡。功夫熟後，渣滓去得盡時，本體亦明盡了。汝中之見，是我這裏接利根人的；德洪之見，是我這裏爲其次立法的。二君相取爲用，則中人上下皆可引入於道。若各執一邊，眼前便有失人，便於道體各有未盡。』既而曰：『已後與朋友講學，切不可失了我的宗旨：無善無惡是心之體，有善有惡是意之動，知善知惡是良知，爲善去惡是格物。只依我這話頭，隨人指點，自没病痛。此原是徹上徹下功夫。利根之人，世亦難遇。本體功夫，一悟盡透，此顔子、明道所不敢承當，豈可輕易望人？人有習心，不教他在良知上實用爲善去惡功夫，只去懸空想個本體，一切事爲俱不着實，不過養成一個虚寂。此個病痛不是小小，不可不早説破。』是日德洪、汝中俱有省。」

王畿集卷一天泉證道記：「陽明夫子之學，以良知爲宗，每與門人論學，提四句爲教法：『無善無惡心之體，有善有惡意之動，知善知惡是良知，爲善去惡是格物。』學者循此用功，各有所得。緒山錢子謂：『此是師門教人定本，一毫不可更易。』先生謂：『夫子立教隨時，謂之權法，未可執定。體用顯微只是一機，心意知物只是一事，若悟得心是無善無惡之心，意即是無善無惡之意，知即是無善無惡之知，物即是無善無惡之物。蓋無心之心，則藏密；無意之意，則應圓；無知之知，則體寂；無物之物，則用神。天命之性，粹然至善，神感神應，其機自不容已，無善可名。惡固本無，善亦不可得而有也，是謂無善無惡。若有善有惡，則意動於物，非自然之流行，著於有矣。自性流行者，動而無動；著於有者，動而動也。意是心之所發，若是有善有惡之意，則知與物一齊皆有，心亦不可謂之無矣。』緒山子謂：『若是，是壞師門教法，非善學也。』先生謂：『學須自證自悟，不從人脚根轉。若執著師門權法，以爲定本，未免滯於言詮，亦非善學也。』時夫子將有兩廣之行，錢子謂曰：『吾二人所見不同，何以同人？盍相與就正夫子？』晚坐天泉橋上，因各以所見請質。夫子曰：『正要二子有此一問。吾教法原有此兩種：四無之說，爲上根人立教；四有之説，爲中根以下人立教。上根之人，悟得無善無惡心體，便從無處立根基，意與知、物，皆從無生，一了百當，即本體便是工夫，易簡直截，更無剩欠，頓悟之學也；中根以下之人，未嘗悟得本體，未免在有善有惡上立根基，心與知、物，皆從有生，須用爲善去惡工夫，隨處對治，使之漸漸入悟，從有以歸於無，復還本體，及其成功一也。世間上根人不易得，只得就中根以下人立教，通此一路。汝中所見，是接上根人教法；德洪所見，是接中根以下人教法。汝中所見，我久欲發，恐人信不及，徒增躐等之病，故含蓄到今。此是傳心秘藏，顔子、明道所不敢言者。今既已説破，亦是天機該發泄時，豈容復秘？然此中不可執著。若執四無之見，不通得衆人之意，只好接上根人，中根以下人無從接授；若執四有之見，認定意是有善有惡的，只好接中根以下人，上根人亦無從接授。但吾人凡心未了，雖已得悟，不妨隨時用漸修工夫。不如此，不足以超凡入聖，所謂上乘兼修中下也。汝中此意，正好保任，不宜輕以示人，概而言之，反成漏泄。德洪却須進此一格，始爲玄通。德洪資性沈毅，汝中資性明朗，故其所得，亦各因其所近。若能互相取益，使吾教法上下皆通，始爲善學耳。』自此海内相傳天泉證悟之論，道脉始歸於一云。」

王畿集卷十二答程方峰：「天泉證道大意，原是先師立教本旨，隨人根器上下，有悟有修。良知是徹上下真種子，智雖頓悟，行則漸修。譬如善才在文殊會下得根本知，所謂頓也；在普賢行門參德云五十三善知識，盡差別智，以表所悟之實際，所謂漸也。此學全在悟，悟門不開，無以徵學。然悟不以言思期必而得。悟有頓漸，修亦有頓漸。著一『漸』字，固是放寬；著一『頓』字，亦是期必。放寬便近於忘，期必又近於助。要之，皆任識神作用，有作有止，有任有滅，未離生死窠臼。若真信良知，從一念入微承當，不落揀擇商量，一念萬年，方是變識爲智，方是師門真血脉路。」

王畿集卷二十緒山錢君行狀：「夫子之學以良知爲宗，每與門人論學：『無善無惡心之體，有善有惡意之動，知善知惡是良知，爲善去惡是格物。』以此四句爲教法。君謂：『此是師門教人定本，一毫不可更易。』予謂：『夫子立教隨時，未可執定。體用顯微，只是一路。若悟得心是無善無惡之心，意即是無善無惡之意，知即是無善無惡之知，物即是無善無惡之物。若是有善有惡之意，則知與物一齊皆有，而心亦不可謂之無矣。』君曰：『若是，是壞師門教法，非善學也。』丁亥秋，夫子將有兩廣之行。君謂予曰：『吾二人所見不同，何以同人？盍相與就正夫子？』晚坐天泉橋上，因各以所見請質。夫子曰：『正要二君有此一問，吾教法原有此兩端。四無之説，爲上根立教；四有之説，爲中根以下通此一路。汝中所見，我久欲發，恐人信不及，徒起躐等之病，故含蓄到今。今既已説破，豈容復秘？然此中不可執著，若執四無之見，中根以下人無從接授；若執四有之見，上根人亦無從接授。德洪資性沉毅，汝中資性明朗，故其悟入亦因其所近。若能各舍所見，互相取益，使吾教法上下皆通，始爲善學耳。』自此海内相傳天泉辨正之論，始歸於一。」

趙錦龍溪王先生墓誌銘：「陽明以討思、田，將行。緒山舉陽明『無善無惡心之體，有善有惡意之動，知善知惡是良知，爲善去惡是格物』四言，以爲教人定本。先生以爲：『心意知物，只是一機。若悟得心體本無善惡，則意知與物亦皆如是。蓋無心之心，其機密；無意之意，其應圓；無知之知，其體寂；無物之物，其用神。若意有善惡，則知與物皆有，而心亦不可謂之無矣。此教人權法，未可守之以爲定本也。』是夜，入請陽明於天泉橋。陽明曰：『吾教原有兩種：上根之人，悟得無善無惡心體，便從無處立基，意、知與物皆從無生，一了百當，即本體是工夫，頓悟之學也；中根以下，未悟本體，未免在有處立基，意、知與物皆從有生，隨處對治，使之漸入悟，從有歸無，還復本體。但上根之人，世不易得，只得就中根以下立教。汝中所見，我久欲發，恐人信不及，徒增躐等病，故含蓄至今。此顔子、明道所未易言者。汝中天資明朗，德洪天資沈毅，故所悟入亦各不同，然亦正好相資爲用。』」（王畿集附

録四）

耿定向新建侯文成王先生世家：「夏，命兼都察院左都御史，征思、田。瀕行，王汝中以所契格物旨陳説，志遠矣。先生曰：『俟子他日自明之。』引而不發，有以也。先生居嘗揭教，指四語曰：『無善無惡者心之體，有善有惡者意之動，知善知惡是良知，爲善去惡是格物。』學者遵循無異也。王汝中曰：『心無善惡，則意、知與物，一切如是。下二句非向上一機，若爲剩語者。』時同錢洪甫質證之先生。先生曰『悟此本體，人己内外一齊了徹，顔子、伯淳所不敢承。下二句乃徹上徹下語，初學至聖人，究竟無盡』云。」（耿天臺先生文集卷十三）

按：前考陽明在是年三月已用「四無教」説修正「王門四句教」，可見其時陽明「王門八句教」（「四無教」與「四有教」）説已大致形成。至是在天泉證道上陽明正式提出「王門八句教」，修正並揚棄了「王門四句教」。天泉證道者，乃證「王門八句教」之道，而非證「王門四句教」之道。此本昭然可見，祇因錢德洪與王畿兩人記叙有異，後人不察，皆據錢德洪之説，以爲陽明在天泉證道上提出「四句教」，天泉證道乃是證「王門四句教」之道，可謂大誤，後人以訛傳訛，遂成陽明學研究一大千古錯案。其實所謂「天泉證道」事本很簡單：先是在天泉會之前錢德洪、王畿聽受陽明「四句教」後理解各異，於是至天泉會上，兩人各以所見請質，陽明乃修正原「四句教」之説，提出了「王門八句教」（「四無教」與「四有教」）：

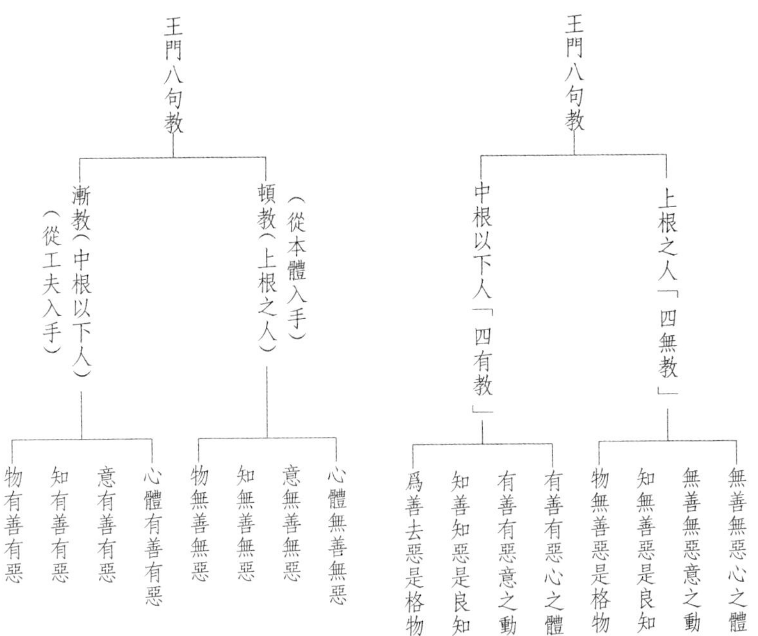
王門八句教
上根之人「四無教」
無善無惡心之體
無善無惡意之動
知無善惡是良知
物無善惡是格物
中根以下人「四有教」
有善有惡心之體
有善有惡意之動
知善知惡是良知
爲善去惡是格物
王門八句教
頓教（上根之人）
（從本體入手）
心體無善無惡
意無善無惡
知無善無惡
物無善無惡
漸教（中根以下人）
（從工夫入手）
心體有善有惡
意有善有惡
知有善有惡
物有善有惡

按所謂「四無」，指體、意、知、物皆無善惡，是針對悟得心體之人（上根之人）而言；所謂「四有」，指體、意、知、物皆有善惡，是針對未悟得心體之人（中根以下人）而言。可見所謂「四無教」與「四有教」乃是陽明仿佛教對自己「心學」所作之「判教」。佛教所謂「判教」，是謂佛陀一生所説經教頗多，皆在對機説法，因時、因地、因人而異，故須對佛陀一生所説經作一番系統整理與判釋，判爲若干教。南北朝慧觀首開判教之先河，將全部佛經判分爲「頓教」與「漸教」兩類，又按時判爲五教，即所謂「二教五時」之判教。法華宗之「五時八教」之判教，頓教是對利根衆生所説教，漸教是對淺根之人所説教等。陽明亦仿佛教如是判教，按「人」將自己心學判爲二教：「四無教」是對上根之人所説，是頓教；「四有教」是對中根以下人所説，是漸教。可見「王門八句教」（「四無教」與「四有教」）乃是陽明對自己生平「心學」所作的一次判教式總結，不免深具「禪氣」。以「四無教」而言，按朱得之稽山承語著録云：「或問：『裴公休序圓覺經曰：「終日圓覺而未嘗圓覺者，凡夫也；欲證圓覺而未極圓覺者，菩薩也；具足圓覺而住持圓覺者，如來也。」何如？』曰：『我替他改一句：終日圓覺而未嘗圓覺者，凡夫也；欲證圓覺而未極圓覺者，菩薩也；具足圓覺而住持圓覺者，羅漢也；終日圓覺而未嘗圓覺者，如來也。』」又王畿集卷六答五臺陸子問云：「予舊曾以持話頭公案質於先師，謂：『此是古人不得已權法。釋迦主持世教無此法門，只教人在般若上留心。般若，所謂智慧也。嗣後，傳教者將此事作道理知解理會，漸成義學。及達磨入中國，不立文字，直指人心，見性成佛，從前義學，盡與刊下。傳至六祖以後，失其源流，復成義學。宗師復立持話頭公案，頓在八識田中，如嚼鐵酸餡，無義路可尋討，無知解可湊泊，使之認取本來面目，圓滿本覺真心。因病施藥，未嘗有實法與人，善學者可以自悟矣。』」圓覺者，圓滿覺悟如來藏清淨心也。陽明將心體比之爲如來藏心，如來藏心乃是清淨本覺真心，無善無惡；意（念）、知（識）、物（色）皆一心所生，虛妄假有，無所謂善惡，唯悟得本體者（上根之人）方能識此，故「四無教」乃爲上根人設教也。可見「四無教」與「四有教」作爲陽明「心學」之判教理論，已然隱伏後來王學走向狂禪之內在契機，無怪勇捍師道之錢德洪出來竭力回護掩飾師説矣。

關於「天泉證道」，錢德洪與王畿兩人所記述本無差異，只是在最後錢德洪忽然莫名其妙加插了一段陽明説話：「已後與朋友講學，切不可失了我的宗旨：無善無惡是心之體，有善有惡是意之動，知善知惡是良知，爲善去惡是格物。只依我這話頭，隨人指點，自没病痛。」這裏陽明明明是在談「四無教」與「四有教」新説，忽然插入要人嚴遵「四句教」舊説行事一段，明顯上下脱節，牛頭不對馬嘴，顯是錢德洪所私加。陽明在天泉會上提出「四無教」與「四有教」新説（不是提出「四句教」舊説），而無論「四無教」還是「四有教」都是對「四句教」舊説的否定，怎麽可能陽明還要人切實按「四句教」舊説宗旨行事？在天泉證道後，陽明赴兩廣，在富陽、嚴灘、南浦，陽明皆向弟子大闡「四無教」宗旨（詳見下），直至其卒，陽明絶無再以「四句教」教人者，僅此已足證陽明在天泉會上乃是立「王門八句教」（「四無教」與「四有教」）新説，斷非立「王門四句教」舊説，錢德洪竟謂陽明在天泉會上始立「四句教」宗旨（按：前考陽明在嘉靖五年一二月間始立「四句教」之説），告誡弟子「以後再不可更此四句宗旨」，「切不可失了我的（四句教）宗旨」，「只依我這話頭（四句教），隨人指點」，分明乃錢德洪妄加之語，以回護掩飾陽明之判教新説也。由此近五百年來紛争不已之「天泉證道」之謎可以揭開矣。

天泉證道以後，錢德洪依舊守定「王門四句教」之説，而對「王門八句教」（「四無教」與「四有教」）則閃爍其辭，含糊其言。王畿則旗幟鮮明大闡「王門八句教」，以爲陽明天泉傳道之不二法門，錢德洪均不敢道一字。後人（如黄宗羲）反多被錢德洪之説所蔽，而不察王畿之説。兹特將王畿闡釋發揮「王門八句教」之數則重要資料著録於下，以灼見「天泉證道」乃證「王門八句教」之道爲不虚也：

聶豹集卷十一答王龍溪：「龍溪云：『大學全功，只在「止至善」一語……先師教人，嘗曰：「至善無惡是心之體，有善有惡是意之動，知善知惡是良知，爲善去惡是格物。」蓋緣學者根器不同，故用功有難易。有從心體上立基者，有從意根上立基者。從心體上立基，心便是個至善無惡的心，意便是至善無惡的意，便是致了至善無惡的知，格了至善無惡的物。從意根上立基，意是個有善有惡的意，知便是有善有惡的知，物便是有善有惡的物，而心亦不能無不善之雜矣。故須格其心之不正，以歸於正。雖其用功有難易之殊，而要之復其至善之體，則一而已。』」（參見王畿集附録三致知議辨佚文）

按：聶豹答王龍溪中引王畿説有十二則之多，可見王畿皆是依「王門八句教」立説。

鄒守益集卷三青原贈處：「錢、王二子送於富陽。夫子曰：『予别矣，盍各言所學？』德洪對曰：『至善無惡者心，有善有惡者意，知善知惡是良知，爲善去惡是格物。』畿對曰：『心無善而無惡，意無善而無惡，知無善而無惡，物無善而無惡。』夫子笑曰：『洪甫須識汝中本體，汝中須識洪甫工夫。二子打併爲一，不失吾傳矣。』」

龍溪會語書同心册後語：「問：『良知不分善惡……請質所疑。』『性無不善，故知無不良……不思善，不思惡，良知知是知非而善惡自辨，是謂本來面目，有何善惡可思得？……良知知是知非，良知無是無非。』」（王畿集附録二）按：王畿集卷二十半洲劉公墓表亦云：「公領之曰：『良知知是知非。』予激之曰：『良知無是無非。』未達。予曰：『是非者，善惡之機，分別之端。知是知非，所謂規矩也；忘規矩而得其巧，雖有分別而不起分別之想，所謂悟也。其機原於一念之微，此性命之根，無爲之靈體，師門密旨也。』」

王畿集卷十七漸庵説：「或者又問昔賢有頓漸之説……予曰：頓漸之別，亦概言之耳……理乘頓悟，事屬漸修。悟以啓修，修以徵悟。根有利鈍，故法有頓漸。要之，頓亦由漸而入，所謂上智兼修中下也。真修之人，乃有真悟，用功不密而遽云頓悟者，皆墮情識，非真修也。」

按：從陽明生平「良知」學之形成發展看，實從「王門四句教」到「王門八句教」（「四無教」與「四有教」），展現了陽明「良知」學之發展演變歷程：「王門四句教」爲自江西歸越時提出之「良知」學，「王門八句教」爲晚年天泉證道時提出之「良知」學，反映了陽明不同時期對「良知」之認識。由此可見陽明在天泉證道會上對己之「良知」學作了「二時二教」之判教：從「時」上，將「良知」學判爲二時：「江西歸越時」，爲「王門四句教」，乃是自江西歸越時所説教；「天泉證道時」，爲「王門八句教」，乃是天泉證道時所説教。從「人」上，將「良知」學判爲頓漸二教：「四無教」爲上根之人所説，爲頓教；「四有教」爲中根以下人所説，爲漸教。一言以蔽之：「王門四句教」反映了陽明前期之「良知」學思想，

「王門八句教」反映了陽明晚期之「良知」學思想。

按：王畿論陽明生平學術五變，其論陽明學術最後一變云：「逮居越以後，所操益熟，所得益化……時時知是知非，時時無是無非，開口即得本心，更無假借湊泊，如赤日麗空而萬象自照，如元氣運於四時而萬化自行，亦莫知其所以然也……萬感萬應，皆從一生；兢業保任，不離於一。晚年造履益就融釋，即一爲萬，即萬爲一，無一無萬，而一亦忘矣。」（滁陽會語）此所謂最後一變，即指陽明由「王門四句教」一變而爲「王門八句教」（「四無教」與「四有教」）也。錢德洪只論陽明前期學術三變，而對陽明晚期學術之變不置一詞，或是怕涉及「王門四句教」與「王門八句教」之糾案耶？

渡錢塘，駐節武林，張瀚偕諸生來訪問學。

張瀚松窗夢語卷四士人紀：「五年，復起征思、田。時駐節武林，余爲諸生，心景慕之，約同儕數人廷謁公，得覿風儀：神骨清朗，步履矯捷，翩翩如鶴。求其指示，但云：『隨事體認，皆可進步。爲諸生，誦習孔、孟，身體力行。即舉子業，豈能累人哉？所患溺於口耳，無心領神會之益，視聖賢爲糟粕耳。』余聆公言，至今猶一日也。」

焦竑吏部尚書張恭懿公瀚傳：「張恭懿公名瀚，字子文，浙之錢塘人……生七歲，從塾師受句讀，日誦累百言，數請益，塾師爲遜席者再。陽明先生征思、田，道出武林，公生十有六年耳，紹介上謁，陽明先生大奇之，曰：『孺子可教也。』明年，補郡諸生。」（國朝獻徵録卷

二十五）

按：張瀚字子文，號元洲，仁和人，嘉靖十四年進士。馮夢禎張太宰恭懿公傳稱其「少擅丹青，晚盡棄之。詩律在建安、大曆間，文取經世，不經藻繢。書法大令、智永，最喜爲人書。雅好山水，家居半湖上」。（松窗夢語前附）明清進士録：「張瀚，嘉靖十四年二甲五十八名進士。浙江仁和人，字子文，號元洲。歷大名知府，俺答犯京師，征畿輔民兵入衛，瀚立簡八百人馳至真定。累擢右副都御史。萬曆初，擢吏部尚書。張居正謀奪情，中旨令瀚諭留，瀚持不可，居正怒，令言官劾罷之。」

遊吴山、月巖、御校場，訪巡按御史王璜，有詩咏。

王陽明全集卷二十秋日飲月巖新構别王侍御：「湖山久繫念，塊處限形迹。遥望一水間，十年靡由即。軍旅起衰廢，驅馳豈遑急。前旌道回岡，取捷上畸側。新構鬱層椒，石門轉深寂。是時霜始降，風凄群卉拆。璺静響江聲，窗虚函海色。夕陰下西岑，凉月穿東壁。觀風此餘情，撫景見高臆。匪從群公餞，何因得良覿？南徼方如燬，救焚敢辭亟？來歸幸有期，終遂幽尋癖。」

按：此「王侍御」應即王璜。萬曆杭州府志卷六十名宦：「（浙江巡按御史）王璜，字廷實，直隸濬縣人。正德辛巳進士。嘉靖六年來按浙，嚴威儼恪，望之起畏。鎮臣奸胥有南張者，大爲民蠹，璜首按致其罪，市里稱快。藩大吏□□名檢，璜惜其才，冀彼悛改，厲聲色窘挫之，大吏□悔過，乃已。由是上下震慴，奸貪吏至望風引去。時永嘉方柄國，家人暴横。璜行部至，以法繩之。屬京察，竟以嚴苛奪職。璜去數十年，至今稱名御史者，必曰王公云。善曰：『予幼時，自里閈間望見王公偉儀鐵面，目光炯炯射人，私竊計曰：此御史有威望，必且能伐奸。已而果然。彼於永嘉無畏，他何所計哉？』」按明世宗實録卷八十：「嘉靖六年九月戊寅……署都察院事、兵部左侍郎張璁，考察各道不職御史共十二人，酷暴爲民。浙江巡按王璜不謹，閑住。」是陽明來訪王璜，正當王璜將罷之時。萬曆杭州府志卷四十四：「留月臺、玉虚臺，俱在萬松嶺，上爲月巖，下爲圭石。月榭，在月巖傍。王守仁餞月榭别王侍御赴廣……」知詩所云「新構」即指月榭。

陽明御校場詩：「絶頂秋深荒草平，昔人曾此駐傾城。干戈消盡名空在，日夜無窮潮自生。谷口巖雲揚殺氣，路邊疏樹列殘兵。山僧似與人同興，相趁攀蘿認舊營。」（李衛西湖志卷十六）

按：沈德潛西湖志纂卷六宋御校場謂田汝成西湖遊覽志餘中載有陽明詩殘篇二句：「絶頂深秋草樹平，昔人曾此駐傾城。」即此詩，定爲咏「宋御校場」詩。御校場即宋殿前司營，在鳳凰山中。西湖志卷十六：「宋殿前司營，夢粱録：在鳳凰山八盤嶺中，置衙，有御書閣、凝香堂、整暇堂。山之上有亭，扁曰『延桂』。最高處曰介亭，崖石嶙峋。亭之後爲衝天樓，極高，爲江海湖山奇偉之觀。西湖遊覽志：殿前司，爲新軍護衛之所，俗稱御校場者，此也。」陽明是次深秋發越中渡錢塘，遊吴山、月巖，正經過御校場，故有此詩咏。

錢德洪、王畿送至富陽，陽明再發「四無教」與「四有教」（「王門八句教」）。

鄒守益集卷三青原贈處：「錢、王二子送於富陽。夫子曰：『予别矣，盍各言所學？』德洪對曰：『至善無惡者心，有善有惡者意，知善知惡是良知，爲善去惡是格物。』畿對曰：『心無善而無惡，意無善而無惡，知無善而無惡，物無善而無惡。』夫子笑曰：『洪甫須識汝中本體，汝中須識洪甫工夫。二子打併爲一，不失吾傳矣！』……良知之旨，其天命之性乎！是性也，不睹不聞，無聲無臭，而莫見莫顯，體物不遺，不睹不聞，真體常寂，命之曰誠；莫見莫顯，妙用常感，命之曰神；常寂常感，常虚常靈，有無之間，不可致詰，命之曰幾。性焉安焉，知幾其神，以止至善，天運川流，不舍晝夜；復焉執焉，見幾而作，遷善改過，雷厲風飛，不俟終日。有所忿懥好樂則不寂，不寂則撓其體；親愛賤惡而辟則感不通，不通則窒其用。慎哉，其惟獨乎！獨也者，幾也。於焉戒慎，於焉恐懼，日瑟僴，日赫喧，日精微，日廣大。禮儀威儀，無適非仁；發育峻極，無適非天。是爲誠立神通，全生全歸之學。世之擬議言動，繩趨矩步，而貞純未融，其蔽也支；獨抱玄機與造化游，而人倫庶物脱略未貫，其蔽也虚；皆師門所弗與也。」

按：此可謂是陽明對「王門八句教」之「經典」總結。「四無教」是從本體上説，「四有教」是從工夫上説。陽明將錢、王各人四句「打併爲一」而爲「王門八句教」，由此統一了本體與工夫，統一了「四無教」與「四有教」。鄒守益之説，全從「王門八句教」上立論，符合陽明思想宗旨。

二十二日，過嚴灘釣臺，有詩咏，刻置亭壁。

王陽明全集卷二十復過釣臺：「憶昔過釣臺，驅馳正軍旅。十年今始來，復以兵戈起。空山煙霧深，往迹如夢裏。微雨林徑滑，肺病雙足胝。仰瞻臺上雲，俯濯臺下水。人生何碌碌？高尚當如此。瘡痍念同胞，至人匪爲己。過門不遑入，憂勞豈得已！滔滔良自傷，果哉末難矣！　右正德己卯獻俘行在，過釣臺而弗及登。今兹復來，又以兵革之役，兼肺病足瘡，徒顧瞻悵望而已。書此付桐廬尹沈元材，刻置亭壁，聊以紀經行歲月云耳。嘉靖丁亥九月廿二日書，時從行進士錢德洪、王汝中、建德尹楊思臣及元材，凡四人。」

錢德洪、王畿追送至嚴灘。陽明發「有心無心，實相幻相」之説，再揭「王門八句教」之「吾宗」。

傳習録卷下：「先生起行征思、田，德洪與汝中追送至嚴灘。汝中舉佛家『實相幻相』之説。先生曰：『有心俱是實，無心俱是幻；無心俱是實，有心俱是幻。』汝中曰：『有心俱是實，無心俱是幻，是本體上説工夫；無心俱是實，有心俱是幻，是工夫上説本體。』先生然其言。洪於是時尚未了達，數年用功，始信本體工夫合一。但先生是時因問偶談，若吾儒指點人處，不必借此立言耳。」

按：所謂「本體上説工夫」，即「四無教」；所謂「工夫上説本體」，即「四有教」。

王畿集卷二緒山錢君行狀：「夫子赴兩廣，予與君送至嚴灘。夫子復申前説，二人正好互相爲用，弗失吾宗，因舉『有心是實相，無心是幻相；有心是幻相，無心是實相』爲問。君擬議未及答，予曰：『前所舉是即本體證功夫，後所舉是用工夫合本體。有無之間，不可以致詰。』夫子莞爾笑曰：『可哉！此是究極之説，汝輩既已見得，正好更相切劘，默默保任，弗輕漏洩也。』二人唯唯而別。」

徐階龍溪王先生傳：「既而有叩玄理於文成者，文成以『有心無心，實相幻相』詔之。公從旁語曰：『心非有非無，相非實非幻。纔著有無實幻，便落斷常二見。譬之弄丸，不著一處，不離一處，是謂玄機。』文成亟俞之。」

王畿集卷十六書先師過釣臺遺墨：「追憶嚴陵別時，申誨之言有曰：『我拈出「良知」兩字，是是非非自有天則，乃千聖秘藏。雖昏蔽之極，一念自反，即得本心，可以立躋聖地。只緣人看得太易，反成玩忽，如人不見眼睫毫，以其太近也。然中間尚有機竅：良知知是知非，其實無是無非。無者，萬有之基，冥權密運，與天同遊。人知神之神，不知不神之神也。若是非分別太過，純白受傷，非所以畜德也。』」

按：所謂「夫子復申前説，二人正好互相爲用，弗失吾宗」，即指陽明「天泉證道」時所提「王門八句教」，以爲「四無教」與「四有教」相互爲用，合爲吾宗大旨。

錢德洪訃告同門：「前年秋，夫子將有廣行，寬、畿各以所見未一，懼遠離之無正也，因夜侍天泉橋而請質焉。夫子兩是之，且進之以相益之義。冬初，追送於嚴灘請益，夫子又爲究極之説。由是退與四方同志更相切磨，一年之別，頗得所省……」（王陽明全集卷三十八世德紀）

按：所謂「夫子又爲究極之説」，即指陽明再發「王門八句教」，亦即王畿所云「夫子復申前説，二人正好互相爲用，弗失吾宗」也。蓋錢德洪不敢如王畿直言明説，皆含混言之也。

二十三日，舟次嚴州，有書致子王正憲，訓戒家事。

陽明寄正憲男書一：「即日舟已過嚴灘。足瘡尚未愈，然亦漸輕減矣。家中事凡百與魏廷豹相計議而行，讀書敦行，是所至囑！內外之防，須嚴門禁；一應賓客來往，依所留告示，不得少有更改。四官尤要戒飲博，專心理家事。保一謹實可托，不得聽人哄誘，有所改動。我至前途，更有書報也。九月廿三日嚴州舟次，父字，付正憲收。老奶奶及二老奶奶處可多多拜上，説一路平安。」（顧麟士過雲樓續書畫記卷二寄正憲男手墨二卷）

至三衢，王璣與欒惠、王修易、林文瓊、鄭禮等數十生迎候江滸，陽明有詩贈別，並寄錢德洪、王畿。

王畿集卷二十中憲大夫都察院右僉都御史在庵王公墓表：「丁亥，先師赴兩廣，道衢，君與欒君惠、王君修易、林君文瓊、鄭君禮輩，候於江滸，復求印可。臨別，以詩示之，有云：『仗鉞非吾事，傳經愧爾師。』意蓋有在也。」

王陽明全集卷二十西安雨中諸生出候因寄德洪汝中並示書院諸生：「幾度西安道，江聲暮雨時。機關鷗鳥破，踪迹水雲疑。仗鉞非吾事，傳經愧爾師。天真石泉秀，新有鹿門期。」

錢德洪陽明先生年譜附録一：「先自師起征思、田，舟次西安，門人欒惠、王璣等數十人雨中出候。師出天真二詩慰之。明年師喪，還玉山，惠偕同門王修（按：當作王修易）、徐霈、林文瓊等迎櫬於草萍驛……是年（嘉靖十三年）遂爲知府，從諸生請，築室於衢之麓……諸生柴惟道、徐天民、王之弼、徐惟緝、王之京、王念偉等，又分爲龍游、水南會，徐用檢、唐汝禮、趙時崇，趙志皋等，爲蘭西會，與天真遠近相應，往來講學不輟。」

按：錢德洪謂西安出候諸生有數十人之多，蓋此柴惟道、徐用檢十餘人當亦皆是西安出候諸生也。

時錢德洪、王畿方欲卜築書院於天真山，陽明有詩寄錢德洪、王畿贊之。

王陽明全集卷二十德洪汝中方卜書院盛稱天真之奇並寄及之：「不踏天真路，依稀二十年。石門深竹徑，蒼峽瀉雲泉。泮壁環胥海，龜疇見宋田。文明原有象，卜築豈無緣？」

錢德洪陽明先生年譜附録一：「天真距杭州城南十里，山多奇巖古洞，下瞰八卦田，左抱西湖，前臨胥海。師昔在越講學時，嘗欲擇地當湖海之交，目前常見浩蕩，圖卜築以居，將終老焉。起征思、田，洪、畿隨師渡江，偶登玆山，若有會意者。臨發以告，師喜曰：『吾二十年前遊此，久念不及，悔未一登而去。』至西安，遺以二詩，有『天真泉石秀，新有鹿門期』及『文明原有象，卜築豈無緣』之句。」

按：所謂「二十年前」，即指正德二年陽明嘗有隱遁天真山之意，後未果，乃遠遁武夷山。所謂「新有鹿門期」，即指陽明不久征思、田歸來，將隱居天真山以終。

二十八日，至常山，訪棠陵方豪，相別於西峰，有詩咏。

王陽明全集卷二十方思道送西峰：「西峰隱真境，微境臨通衢。行役空屢屢，過眼被塵迷。青林外延望，中閟何由窺？方子巖廊器，兼已雲霞姿。每逢泉石處，必刻棠陵詩。玆山秀常玉，之子囊中錐。群峰灝秋氣，喬木含凉吹。此行非佳餞，誰爲發幽奇？奈何眷清賞，局促牽至期。悠悠傷絶學，之子亦如斯。爲君指周道，直往勿復疑！」

按：陽明寄正憲男書二云：『即日已抵常山兩日，明早過玉山矣……九月卅日發。』（過雲樓續書畫記卷二寄正憲男手墨二卷）是陽明到常山在九月二十八日。錢德洪陽明先生年譜謂「戊戌（二十四日），過常山」，乃誤。二十四日陽明尚在嚴州。棠陵文集卷三孤樹堂記云：「嘉靖六年冬十月初六日，予蒙恩起廢，復除廣東按察司僉事。」是方豪其時方家居常山，西峰乃其隱居之地。

同上，長生：「長生徒有慕，苦乏大藥資。名山遍探歷，悠悠鬢生絲。微軀一繫念，去道日遠而。中歲忽有覺，九還乃在茲。非爐亦非鼎，何坎復何離？本無終始究，寧有死生期？彼哉遊方士，詭辭反增疑。紛然諸老翁，自傳困多歧。乾坤由我在，安用他求爲？千聖皆過影，良知乃吾師。」

按：錢德洪陽明先生年譜定此詩爲陽明過常山作，似即陽明與方豪講道論丹而作。蓋方豪亦一好佛道文士，故陽明專與論長生與良知也。

二十九日，以吏部左侍郎方獻夫奏請，命王守仁專事思恩、田州，召還鎮守太監鄭潤。

明世宗實録卷八十：「九月癸卯，吏部左侍郎方獻夫言：『思恩、田州比歲稱亂，皆由統御非人、制服無術所致。乞專以屬之王守仁，而罷鎮守太監鄭潤、總兵朱麒。』因薦珠池少監張賜可代潤，前副總兵張祐可代麒。且乞特設一都御史，與總兵共駐田州，悉聽守仁節制。上以其言關係地方大計，即令鄭潤回京，命兵部舉代麒者以聞。其所薦總鎮之臣，候朝廷自行簡用。都御史添設可否，屬守仁議之。」

國榷卷五十三：「嘉靖六年九月癸卯，命王守仁專事田州，召太監鄭潤還。」

兀崖霍韜有書來論學論政，告方獻夫欲薦陽明入閣輔政。

渭厓文集卷八復陽明先生：「過浙時，不得走候。揚州附啓，又出燈下，鹵潦殊甚，諒照察不訏。舟到臨清，得報，知道旌又照映我南隅，生喜曰：『南荒自得寧息也，自今年始也。然收成效，須滯先生在南服坐鎮三年。』方叔子曰：『廟堂尤急，必得先生入閣，則默贊潛旋，自非時輩所可望；若居冢宰，則轉移士習，鼓動世風，決大有可觀。』生謂：『我兩廣如倒懸，望老先生以解。』方叔子云：『寧不恤兩廣，且爲廟堂憂。』方今在位君子，只隨日圖爲自保，以幸無苟訾而已。大釁隱憂伏在不測，發則不可禦，而人莫之思也。今有才望可此責者，乃退托不肯負荷，或爲世俗掛繫，不肯猛勇斬截，只少持兩端，而流弊所極，遂不知其所終。此於世道泰否之機，亦所未敢望以托也。生輩智識淺迫，才器亦復偏滯，兼之物望素輕，言未出口，而訾先及矣。故徒負耿耿，不能有益。此方叔子之見，而生亦謂爲然。先生到南隅，想不數月，而地方可定，又將望先生歸，佐聖天子矣。此今日輿論所屬望也。或謂先生張主學問，有流禪之弊，恐鼓天下後學逞浮談，不切實德，而庸俗無知者起而攻争焉。是亦世道淳漓之會，前世敗轍，不可不知也。生曰：王老先生學問誠有過高者，此賢知之過也。然老先生虛心無我，聞一善言，見一善行，恐改從不早也。所慮者，或及門之士面從心違，或張主門户，嘵嘵自異，啓流俗詆訾之隙，如宋程、朱門人，然則遂關涉世道耳。然此皆老先生所熟計者，生亦徒見其贅，且淺視先生也。讀傳習録，多有未領者，曾標出一二，期而請教，未敢輕率。萬惟勉副聖天子眷命，早爲南邦了此積痛，此我父母鄉士之望也。然後早歸朝寧，坐贊宥密，天下再沐唐虞之澤，又天下萬世之望也。兩廣積弊，有宜興革，後奉請教，兹草草未盡。」

按：所謂「舟到臨清，得報」，似即指霍韜在臨清收到陽明所寄與霍兀崖宫端（王陽明全集卷二十一，見前引），蓋是齎本人入京經臨清與霍韜相遇，霍韜乃得陽明書。觀霍韜此書，可見方獻夫、霍韜二人已有薦陽明入朝之心，故旋在十一月二人上疏薦陽明入閣輔政矣（見下）。

十月一日，過玉山，有書寄子王正憲。三日，至廣信，發布欽奉敕諭通行。

陽明寄正憲男書二：「即日已抵常山兩日，明早過玉山矣……九月卅日發。」（過雲樓續書畫記卷二寄正憲男手墨二卷）

王陽明全集卷十八欽奉敕諭通行嘉靖六年十月初三日：「嘉靖六年七月初十日，節該欽奉敕諭……照得當爵猥以菲才，濫膺重寄，多病之餘，精力既已減耗；久廢之後，事體又復闊疏。大懼弗堪，有負委託。及照兩廣之與江西、湖廣，雖云相去遼遠，而壤地相連，士夫軍民，往來絡繹，傳聞既多，議論有素；况在無嫌之地，是非反得其真，且處傍觀之時，區畫宜有其當，合行諮詢，以輔不逮。除委用職官，及調遣軍馬臨時相機另行外，擬合通行。爲此仰抄捧回司，照依案驗備奉敕諭内事理，即行本司掌印佐貳及各道分巡兵備守備等官，並所屬大小衙門各該官吏，凡有所見，勿憚開陳，其間或撫或勦，孰爲得宜；設土設流，孰爲便利；與凡積弊宿蠹之宜改於目前，遠慮深謀之可行於久遠者，備寫揭帖，各令呈來，以憑採擇。各該官吏俱要守法奉公，長廉遠耻，祛患衛民，竭忠報國。毋以各省而分彼此，務在協力以濟艱難，果有忠勇清勤、績行顯著者，旌勸自有常典，當爵不敢蔽賢；其或奸貪畏縮、志行卑污者，黜罰亦有明條，當爵亦不敢同惡。深惟昧劣，庶賴匡襄，凡我有司，各宜知悉。仍行鎮守撫按等衙門知會，一體欽遵施行。」

至弋陽，訪石潭汪俊與閑齋汪偉，有詩咏。

王陽明全集卷二十寄石潭二絶：「僕兹行無所樂，樂二公一會耳。得見閑齋，固已如見石潭矣。留不盡之興於後期，豈謂樂不可極耶？聞恙已平復，必於不出見客，無乃太以界限自拘乎？奉次二絶，用發一笑，且以致不及請教之憾。

見説新居止隔山，肩輿曉出暮堪還。知公久已藩籬撤，何事深林尚閉關？

乘興相尋涉萬山，扁舟亦復及門還。莫將身病爲心病，可是無關却有關？」

按：陽明詩所云「二公」，指石潭汪俊與閑齋汪偉兄弟，其時二人均因争大禮議罷歸弋陽。國榷卷五十三：「嘉靖三年三月丙寅朔……禮部尚書汪俊言：『陛下入奉大宗，不得祭小宗，亦猶小宗之不得祭大宗也。今聖孝無窮，臣等竊效萬一，獻帝徽稱之上仍宜曰興獻，於本生不失尊崇，於正統無嫌匹嫡。』上切責之……丙戌，禮部尚書汪俊罷。」「十月壬寅，吏科給事中陳洸劾吏部尚書楊旦、侍郎汪偉、郎中劉勳皆邪黨。旦、偉皆致仕。」後人皆據陽明此二詩，以爲汪俊與陽明講學不合，拒絶出見陽明，楊慎至以爲陽明作此二絶而與汪俊絶交（見明儒學案卷四十八文莊汪石潭先生俊），顯誤。今按汪俊祭陽明先生文明云：「公兹東來，曰予無樂；樂見故人，來踐舊約。旗旐央央，流水瀰瀰。公私皇皇，或卧或起。乃重訂約：其待予歸；歸將從容，山遨水嬉。公既奏凱，吾治吾館。忽聞訃音，乃以喪返。」（王陽明全集卷三十八祭文）是汪俊確嘗出見陽明，且兩人當面訂約，將來陽明凱旋，兩人再共遊山玩水之樂。陽明詩序明云『奉次二絶』，乃是次汪俊韵詩，如何是「絶交詩」？此蓋先是汪俊以病恙未出見，陽明乃作此二絶以進，責以「聞恙已平復，必於不出見客，無乃太以界限自拘乎」，汪俊遂乃出見，執手訂約也。

訪理齋江潮，有和江潮浩歌樓韵。

江潮浩歌樓：「太倉解帶食知休，動輒經旬懶下樓。金馬玉堂何處樂，雲山石室自忘憂。低頭莘野甘扶耒，横足君王夢把鈎。斗酒春風和滿面，孔顔雖憾不逢周。」（同治弋陽縣志卷十三藝文）

陽明和理齋同年浩歌樓韵：「長歌浩浩忽思休，拂枕山阿結小樓。吾道磋砣中道止，蒼生困苦一生憂。蘇民曾作商家雨，適志重持渭水鈎。歌罷一篇懷馬子，不思怒後佐成周。」（同治弋陽縣志卷十三藝文）

費宏和理齋浩歌樓韵：「才名如此豈宜休，閑卧山中百尺樓。高誼拳拳猶戀主，長歌浩浩本無憂。鳴皋老鶴能聞野，跛浪鯨魚不受鈎。共仰新朝方側席，遺賢真合佐虞周。」（同治弋陽縣志卷十三藝文）

按：前考江潮字天信，號鐘石（理齋似是其晚年歸居所號），弋陽人（一作貴溪人），弘治十二年進士，與陽明爲同年，兩人關係甚密。江潮因李福達案革職罷歸，閑卧山中浩歌樓。吴國倫江公潮墓誌銘云：「會有太原人李福達以妖書惑衆，聚黨至數千人，改年爲亂，震動三河。公勒兵解之，而獨福達操重資逋匿他所，已聞公圖其形，購捕益急，遂詭張寅名入京，夜持萬金爲武定侯郭勛壽，因匿勛家。勛貽書山西部使者爲關説，欲脱其急。公捕得其書，抗疏陳福達罪狀，併劾勛倚掖廷親，怙勢藏逆，敢爲亂階，罪當誅；不誅勛，無以信法。疏三上，不報。勛因得流言宫闈，謬爲張寅稱冤，上疑之。時永嘉張公新相，恐諸大臣不附己，又欲結勛自固，遂阿旨下公詔獄，且使人陰嘗公少易而言，中丞可復也。公正色謝曰：『人臣奉法無狀，不知死所，何以官爲？』永嘉知公不能屈，卒從末減，議罷公官。公既罷歸，日侍太夫人養，甚愉悦，間從鄉長老賓客雅歌酣飲，不復談往事。」（國朝獻徵録卷六十一）永嘉張公即張璁，而「雅歌酣飲」即指其歸卧浩歌樓浩歌酣飲也。江潮之劾郭勛已關大禮議，故由張璁、桂萼一手釀成震驚朝野之大獄。國榷卷五十三：「九月壬午，釋妖人李福達……薛良論死，韓良等永戍，山西布政使李彰、按察使李鈺、僉事章綸、大理司少卿徐文華俱永戍邊，給事中劉琦、御史程啓充、盧瓊亦戍邊，給事王科、秦祐、沈漢、程輅及左都御史聶賢削籍，刑部尚書顔頤壽、左右侍郎劉玉、王啓、右副都御史江潮、劉文莊、大理寺卿湯沐、少卿顧佖、汪淵、太僕寺卿汪玄錫、光禄寺少卿余才、吏部右侍郎孟春、工部右侍郎閔楷、右僉都御史張仲賢俱免官，馬録永戍南丹衛，畢昭還任。時璁、萼、獻夫以議禮驟顯，朝臣嫉之如仇，璁等亦斷斷切齒，會大獄興，乃協比傾陷。」可見江潮在嘉靖六年九月八日罷歸弋陽，陽明十月上旬過弋陽，正可同江潮相見。詩中所言「馬子」，即馬録，明清進士録：「馬録，正德三年三甲一百九十六名進士。河南信陽人，字君卿。授固安縣，居官廉明，徵爲御史。嘉靖間，按山西，治妖賊李福達獄，武定侯郭勛移書爲解，録不從，劾勛庇奸亂法。勛與張璁、桂萼合謀爲蜚語，上聞，遂反前獄，謫戍廣西卒。」

過貴溪，桂洲夏言來見，有詩送行。

夏言桂洲詩集卷十二送大司馬王陽明總督兩廣：「聖主資文武，中軍得范韓。尚書初出閫，上將復登壇。日月迴龍節，風霜壓豸冠。先聲諸路動，雄略萬夫看。珠虎懸金印，旌旗擁玉鞍。星營刁斗振，雲陣鳥蛇盤。海邑羊城闕，山形象郡寒。坐令歸壤地，行見滅凶殘。蠻僚祠諸葛，蒼生倚謝安。還朝畫麟閣，勛業炳如丹。」

按：王世貞大學士夏公言傳：「夏言，字公謹，廣信之貴溪人。性警敏，能屬文，尤長於筆札。自其在公車，則已奕奕有儁聲。舉進士，授行人司行人。擢兵科給事中，奉詔覈斥錦衣冒濫官屬三千二百，出按皇莊侵占農地二萬餘頃，糾中貴人趙彬、建昌侯張延齡，前後七疏，皆報可。轉右給事中，同考會試。疏請杜内臣傳乞，救知府郭九皋等緹逮，及請慎出入以嚴政體，及論邢福海等不當以傳奉陞，皆諤諤爲人所傳誦。丁母憂，歸。」（國朝獻徵録卷十六）是夏言時方丁憂居貴溪，故來見陽明也。

過餘干，徐樾自貴溪追至，舟中問學。

錢德洪陽明先生年譜：「先生發舟廣信，沿途諸生徐樾、張士賢、桂軏等請見，先生俱謝以兵事未暇，許回途相見。徐樾自貴溪追至餘干，先生令登舟。樾方自白鹿洞打坐，有禪定意。先生目而得之，令舉似，曰：『不是。』已而稍變前語，又曰：『不是。』已而更端，先生曰：『近之矣。此體豈有方所？譬之此燭，光無不在，不可以燭上爲光。』因指舟中曰：『此亦是光，此亦是光。』直指出舟外水面曰：『此亦是光。』樾領謝而别。」

抵南昌府南浦驛，有詩感懷。鄒守益、歐陽德、劉邦采、黄弘綱、何廷仁、魏良器、魏良弼、陳九川諸同志三百人候於南浦請益，陽明再發「王門八句教」。

王陽明全集卷二十南浦道中：「南浦重來夢裏行，當年鋒鏑尚心驚。旌旗不動山河影，鼓角猶傳草木聲。已喜閭閻多復業，獨憐饑饉未寬征。迂疏何有甘棠惠，慚愧香燈父老迎。」

王畿集卷二緒山錢君行狀：「過江右，東廓、南野、獅泉、洛村、善山、藥湖諸同志二三百人候於南浦請益。夫子云：『軍旅匆匆，從何處説起？我此意畜之已久，不欲輕言，以待諸君自悟。今被汝中拈出，亦是天機該發洩時。吾雖出山，德洪、汝中與四方同志相守洞中，究竟此件事。請君只裹糧往浙，相與聚處，當自有得。待予歸，未晚也。』」

徐階龍溪王先生傳：「文成至洪都，鄒司成東廓暨水洲、南野諸君，率同志百餘人出謁。文成曰：『吾有向上一機，久未敢發，近被王汝中拈出，亦是天機該發洩時。吾方有兵事，無暇爲諸君言，但質之汝中，當有證也。』其爲師門所重如此。」（王畿集附録四）

趙錦龍溪王先生墓誌銘：「無何，陽明過江右，鄒東廓、歐陽南野率同志百餘人出謁，陽明謂之曰：『吾有向上一機，久未敢發，今被汝中拈出，亦是天機該發洩時。吾方有兵事未暇，請君質之汝中，當必有證也。』其善發陽明之藴，而爲其所重如此。」（王畿集附録四）

王陽明全集卷六與陳惟濬：「江西之會極草草，尚意得同舟旬日，從容一談，不謂既入省城，人事紛沓，及登舟時，惟濬已行矣。沿途甚怏怏。抵梧後，即赴南寧，日不暇給……」

按：陽明此書作在嘉靖七年七月（見下）。所謂「抵梧」，指陽明十一月二十日抵梧州。所謂「省城」，指南昌。可見此書所謂「江西之會」，必是指陽明入南昌府之前在南浦之會也。蓋陳九川爲臨川人，陽明是行由貴溪轉往南昌，未在臨川逗留，故陳九川由臨川北上趕至南浦，與陽明、鄒守益、歐陽德諸人相見。陽明本欲與陳九川在舟中再作旬日談，不料陽明入南昌府後人事紛沓，陳九川在舟中相等不至，遂歸臨川矣。

入駐南昌府，謁文廟，爲門人諸生講大學於明倫堂。

錢德洪陽明先生年譜：「明日，至南浦，父老軍民俱頂香林立，填途塞巷，至不能行。父老頂輿傳遞入都司。先生命父老軍民就謁，東入西出，有不舍者，出且復入，自辰至未而散，始舉有司常儀。明日，謁文廟，講大學於明倫堂，諸生屏擁，多不得聞。唐堯臣獻茶，得上堂旁聽。初堯臣不信學，聞先生至，自鄉出迎，心内已動。比見擁謁，驚曰：『三代後安得有此氣象耶？』及聞講，沛然無疑。同門有黄文明、魏良器輩笑曰：『逋逃主亦來投降乎？』堯臣曰：『須得如此大捕人，方能降我，爾輩安能？』」

龍溪會語卷五南遊會紀：「元翁云：『嘉靖丁亥，陽明先師赴兩廣，至省，舊學陳良才約同學三十人拜謁於清戎公署，與聞良知之教。復命集於學宫，申訂教義，大都教人立有必爲聖人之志，親師取善，讀書講學以輔之。何等明快切實！……』」（王畿集附録二）

部永春皇明三儒言行要録陽明先生要録卷一：「先生有兩粤之命，過南昌，與諸生講明斯學，歷晝夜不輟。維時幕下文武士憂讒畏譏，促先生行，日以再四，先生微哂之。明日，未抵劍江，而粤西捷音至矣。夫然後信先生武以不殺爲神，用而示之不用。」

過豐城，登黄土腦，有詩感懷舊事。

王陽明全集卷二十重登黄土腦：「一上高原感慨重，千山落木正無窮。前途且與停西日，此地曾經拜北風。劍氣晚横秋色浄，兵聲寒帶暮江雄。水南多少流亡屋，尚訴征求杼軸空。」

過臨江，有書寄子王正憲。

陽明寄正憲男書三：「舟已過臨江，五鼓與叔謙遇於途次，燈下草次報汝知之。沿途皆平安，咳嗽尚未已，然亦不大作。廣中事頗急，只得連夜速進，南贛亦不能久留矣。汝在家中，凡宜從戒諭而行。讀書執禮，日進高明，乃吾之望。魏廷豹此時想在家，家衆悉宜遵廷豹教訓，汝宜躬率身先之。書至，汝即可報祖母諸叔況我，沿途平安。凡百想能體悉我意，鈐束下人謹守禮法，皆不俟吾喋喋也。廷豹、德洪、汝中及諸同志親友，皆可致此意。」（過雲樓續書畫記卷二寄正憲男手墨二卷）

至吉安，會士友諸生彭簪、王釗、劉陽、歐陽瑜、劉瓊治等三百餘人於螺川驛，大揭「良知」之教。

錢德洪陽明先生年譜：「至吉安，大會士友螺川。諸生彭簪、王釗、劉陽、歐陽瑜等偕舊遊三百餘，迎入螺川驛。先生立談不倦，曰：『堯、舜生知安行的聖人，猶兢兢業業，用困勉的工夫。吾儕以困勉的資質，而悠悠蕩蕩，坐享生知安行的成功，豈不誤己誤人？』又曰：『良知之妙，真是周流六虚，變通不居。若假以文過飾非，爲害大矣。』臨别，囑曰：『工夫只是簡易真切。愈真切，愈簡易；愈簡易，愈真切。』」

按：王時槐知州彭石屋簪傳：「彭簪，字世望，安福人。正德丁卯舉於鄉，爲衡山令十年……移倅常州……善唐荊川順之。攝篆宜興……擢知靖州。一日，拂袖還石屋，稱石屋山人……羅太史念庵數數乘筍輿訪山中簪第……築玩易草堂及卧雲亭於石屋之上。東廓鄒先生特築行窩，聯就草堂，時時引入石屋中，劇談移日。」（國朝獻徵録卷八十九）是彭簪已棄官歸居石屋，錢德洪稱其爲「諸生」，未當。

鄒守益王陽明先生圖譜：「過江西，軍民焚香來迎，街市不能行。至吉安，諸生彭簪、王釗、歐陽瑜、劉瓊治等偕舊遊三百餘，迎螺川驛。」

有書寄安福惜陰會諸同志。

王陽明全集卷六寄安福諸同志：「諸友始爲惜陰之會，當時惟恐只成虛語。邇來乃聞遠近豪傑聞風而至者以百數，此可以見良知之同然，而斯道大明之幾，於此亦可以卜之矣，喜慰可勝言耶？得虞卿及諸同志寄來書，所見比舊又加親切，足驗工夫之進，可喜可喜！只如此用功去，當不能有他歧之惑矣。明道有云：『寧學聖人而不至，不以一善而成名。』此爲有志聖人而未能真得聖人之學者，則可如此說。若今日所講良知之說，乃真是聖學之的傳，但從此學聖人，却無有不至者。惟恐吾儕尚有一善成名之意，未肯專心致志於此耳。

在會諸同志，雖未及一一面見，固已神交於千里之外。相見時，幸出此共勉之。王子茂寄問數條，亦皆明切。中間所疑，在子茂亦是更須誠切用功，到融化時，並其所疑亦皆釋然沛然，不復有相阻礙，然後爲真得也。凡工夫只是要簡易真切。愈真切，愈簡易；愈簡易，愈真切。病咳中不能多及，亦不能一一備列姓字，幸以意亮之而已。」

按：錢德洪陽明先生年譜謂「先生明年丁亥過吉安，寄安福諸同志書」。今按是次來會螺川驛之士友，中多是安福士子，陽明此書當即是由彭簪諸人帶回安福，故書云「相見時，幸出此共勉之」。又書云「要簡易真切」一段，與陽明臨別時所囑全同，蓋即對安福士人所言也。書中「虞卿」即王學益，「王子茂」疑即王槐密。

檄吉水龍光以從。

羅洪先集卷二十一明故直隸滁州判官北山龍君墓誌銘：「嘉靖初，論功賞，以翁嘗爲大足丞，既致仕，遥授直隸滁州判官，閑住……後六年，先生有田州之役，復檄以從。是時，將撫盧蘇、王受，而二酋方疑先生紿己，陰持兩端，擁衆二萬人投降，實來觀釁。先生遣翁諭意，翁乃數騎往。蘇、受之衆露刃如雪，環之數十里，呼聲震天。翁坐胡牀，引二酋跪前，宣朝廷威德與軍門寬厚不殺之意，辭懇聲厲，意態閑暇。二酋故嘗物色先生形貌，竊疑以爲先生潛來，咸俯首獻欸，誓不敢負，議遂定。」

過泰和，有書致羅欽順，預訂文會。後羅欽順有答書，已不及見。

羅欽順又與王陽明書戊子冬：「側聞旌麾伊邇，計不日當臨敝邑。甚欲一瞻德範，以慰多年渴仰之懷。奈病骨支離，艱於遠出，咫尺千里，悵惘曷勝！伏惟亮察。去年嘗辱手書，預訂文會，殆有意乎左提右挈，相與偕之大道。爲愛良厚，感戢無已，但無若區區之固滯何！夫固滯者，未免於循常；而高明者，恒妙於獨得。竊恐異同之論，有非一會晤間之所能決也。然病既有妨，盛意何可虛辱？輒以近來鄙説數段，奉塵尊覽，及嘗反覆高論有不能無疑者，亦條爲一段，具如別幅。固知未能仰契尊旨，將不免爲覆瓿之具，亦姑效其愚而已。雖然，愚者千慮，容有一得，先睽後合，尚不能無忘於高明。伏希裁擇，幸甚。

「『物者，意之用也。格者，正也，正其不正以歸於正也』。此執事格物之訓也。向蒙惠教，有云：『格物者，格其心之物也，格其意之物也，格其知之物也；正心者，正其物之心也；誠意者，誠其物之意也；致知者，致其物之知也。』自有大學以來，無此議論，此高明獨得之妙，夫豈淺陋之所能窺也耶？然誨諭之勤，兩端既竭，固嘗反覆推尋，不敢忽也。夫謂『格其心之物，格其意之物，格其知之物』，凡其爲物也三；謂『正其物之心，誠其物之意，致其物之知』，其爲物也一而已矣。就三物而論，以程子格物之訓推之，猶可通也；以執事格物之訓推之，不可通也。就一物而論，則所謂物者果何物耶？如必以爲『意之用』，雖極安排之巧，終無可通之日。此愚之所不能無疑者一也。又執事嘗謂：『意在於事親，即事親是一物；意在於事君，即事君是一物。』諸如此類，不妨説得行矣。有如論語『川上』之歎，中庸『鳶飛魚躍』之旨，皆聖賢吃緊爲人處，學者如未能深達其義，未可謂之知學也。試以吾意着於川之流，鳶之飛，魚之躍，若之何『正其不正以歸於正』耶？此愚之所不能無疑者二也。又執事答人論學書有云：『吾心之良知，即所謂天理也。致吾心良知之天理於事事物物，則事事物物皆得其理矣。致吾心之良知者，致知也；事事物物各得其理者，格物也。』審如所言，則大學當云『格物在致知』，不當云『致知在格物』；當云『知至而後物格』，不當云『物格而後知至』矣。且既言『精察此心之天理，以致其本然之良知』，又言『正惟致其良知，以精察此心之天理』，然則天理也，良知也，果一乎，果非一乎？察也，致也，果孰先乎，孰後乎？此愚之所不能無疑者三也。初作此書，將以復陽明往年講學之約，書未及寄，而陽明下世矣，惜哉！鄙説數段，皆記中語也，念非一家私議，因録之。」（困知記附録）

按：書所云「去年嘗辱手書，預訂文會」，應即是指嘉靖六年陽明過泰和，羅欽順因病未來見，故致書羅欽順，有將來會晤講學之約。陽明此書今佚。

過萬安，劉玉有詩來送行。

劉玉執齋先生文集卷五次韵李少參東王伯安二首：「少年才譽已無雙，豪氣今隨萬里航。

醉裏江山賓從減，閑中風月簡編忙。祝融南去蠻煙裏，儋耳東連海色蒼。從此遐方添故事，新詩宜寫寓公堂。半生歧路將斑白，千古功名幾汗青？薄宦漫隨勾漏令，可文休擬太玄經。江花的皪聊供玩，野鳥啁啾已慣聽。定有朔風隨爽氣，披襟一笑酒全醒。」

按：國朝獻徵録卷四十六有刑部侍郎劉公玉傳云：「劉玉，字咸栗，江西萬安人。弘治丙辰進士……嘉靖改元，召入，以平濠功陞右副都御史，尋擢刑部侍郎。大獄事起，下詔獄，罷歸。卒於家。」所謂「大獄事」指李福達案，劉玉與江潮同在九月八日被罷免(見前引)，歸居萬安，不久即卒。

抵贛州，發布湖兵進止事宜，行下兩廣調撥供應夫馬。

王陽明全集卷十八湖兵進止事宜十月。

黃景昉國史唯疑卷七：「王文成征思、田，道經贛縣。適南安司李周積署事，供應夫馬，製方、員牌數千，方牌給馬，員牌給夫，三軍肅然。文成喜，班下兩廣爲式。後班師過南安，疾篤，賴積綱紀，以無憾於其終。」

右副都御史潘希曾來訪，有詩贈別。

潘希曾竹澗集卷四贈陽明王公督軍兩廣：「陽明先生大節出險，大功賜封，天下想望其風采，而其得之心無待於外者，則雖士大夫或莫知之也。先生家居數年，詔起視師蒼梧，道贛江，幸奉顏誨，以慰闊别，敬呈鄙句。一封書奏險夷輕，百戰功歸帶礪盟。世道更爲今日起，心傳獨得古人精。稽山峻絶云難躡，贛水迢遥蓋偶傾。早定南荒報天子，太平調燮待阿衡。」

按：潘希曾字仲魯，號竹澗，金華人。程文德大司馬竹澗潘公希曾傳：「乙酉，晉都察院右副都御史，提督南、贛、汀、漳等處軍務……上會召爲工部右侍郎，迨論功，竟弗及焉。」（國朝獻徵録卷四十）據國榷卷五十三：「九月辛卯……右副都御史潘希曾爲工部右侍郎。」是潘希曾九月陞工部右侍郎，但至十月命尚未下到江西，故其在贛可與陽明相見。

十一月四日，過大庾，宿新城，有詩感懷。

陽明詩録宿新城：「猶記當年築此城，廣瑶湖寇正縱横。人今樂業皆安堵，我亦經過一駐兵。香火沿門慚老稚，壺漿遠道及從行。峰山弩手疲老甚，且放歸農莫送迎。」嘉靖丁亥十一月四日，有事兩廣，駐兵新城。此城予巡撫時所築。峰山弩手，其始蓋優恤之，以俟調發；其後漸苦於送迎之役，故詩及之。」

按：王陽明全集卷二十有過新溪驛，即此詩，但無後題。新城在大庾縣，民國大庾縣志卷三：「峰山城，在小溪北十五里峰山里，民素善弩。明正德丙子（按：當作丁丑），巡撫王守仁選爲弩手，從征瑶寇。事平，民恐報復，懇懇築城自衛，許之。」「小溪驛，明洪武四年立，舊在小溪城外，溪水衝嚙漸圮，改建山坡。正德十二年，以奉賊故，王都御史守仁遷於峰山新城。」詩所謂「猶記當年築此城，廣瑶湖寇正縱横」，即指新城爲正德十二年陽明來江西平寇時所築。

梅國劉節來訪，有和詩送别。

劉節梅國前集卷十和陽明司馬重至有感：「建牙開鎮虎頭城，翦暴除兇殺氣横。獻捷飛塵馳羽檄，洗兵揮雨濕旄旌。堅辭已免勤王賞，力竭番爲破賊行。祠廟清高供伏蠟，公神如在送還迎。」

按：劉節字介夫，號梅國、雪臺，大庾人。黄佐雲臺劉公節神道碑：「丁亥，晉浙江右布政使。適左轄久病，奉命代之。戊子，復當賓興。」（國朝獻徵録卷四十六）劉節在陞浙江右布政使之後、改任左轄之前，當曾歸居大庾，故得來見陽明也。

七日，過梅嶺。十五日，度三水。有書寄子王正憲。

王陽明全集卷二十六嶺南寄正憲男：「初到江西，因聞姚公已在賓州進兵，恐我到彼，則三司及各領兵官未免出來迎接，反致阻撓其事，是以遲遲其行。意欲俟彼成功，然後往彼，公同與之一處。十一月初七，始過梅嶺，乃聞姚公在彼以兵少之故，尚未敢發哨，以是只得晝夜兼程而行。今日已度三水，去梧州已不遠，再四五日可到矣。途中皆平安，只是咳嗽尚未全愈，然亦不爲大患。書到，可即告祖母汝諸叔知之，皆不必掛念。家中凡百皆只依我戒諭而行。魏廷豹、錢德洪、王汝中當不負所託，汝宜親近敬信，如就芝蘭可也。廿二叔忠信好學，携汝讀書，必能切勵。汝不審近日亦有少進益否？聰兒邇來眠食如何？凡百只宜謹聽魏廷豹指教，不可輕信奶婆之類，至囑至囑！一應租稅帳目，自宜上緊，須不俟我丁寧。我今國事在身，豈復能記念家事？汝輩自宜體悉勉勵，方是佳子弟爾。十一月望。」

十八日，抵肇慶，有書致錢德洪、王畿。

王陽明全集卷六與錢德洪王汝中：「家事賴廷豹糾正，而德洪、汝中又相與薰陶切劘於其間，吾可以無内顧矣。紹興書院中同志，不審近來意向如何？德洪、汝中既任其責，當能振作接引，有所興起。會講之約但得不廢，其間縱有一二懈弛，亦可因此夾持，不致遂有傾倒。餘姚又得應元諸友作興鼓舞，想益日異而月不同。老夫雖出山林，亦每以自慰。諸賢皆一日千里之足，豈俟區區有所警策？聊亦以此示鞭影耳。即日已抵肇慶，去梧不三四日可到。方入冗埸，未能多及，千萬心亮！紹興書院及餘姚各會同志諸賢，不能一一列名字，幸亮！」

二十日，至梧州。二十一日，開府於梧州，處置軍政事務。

王陽明全集卷十四赴任謝恩遂陳膚見疏：「已於九月初八日扶病起程……至十一月二十日，始抵梧州……然臣沿途涉歷，訪諸士夫之論，詢諸行旅之口，頗有所聞……」

同上奏報田州思恩平復疏：「欽遵，當即啓行，至十一月二十一日抵梧州涖任。」

按：錢德洪陽明先生年譜云：「乙未，至梧州，上謝恩疏。二十日，梧州開府。」其説有誤。「乙未」爲二十一日。

同上，卷三十獎留僉事顧溱批呈十一月二十三日，批嶺西道議處兵屯事宜呈十一月二十三日，批廣州衛議處哨守官兵呈十一月二十五日，批都指揮李翺操演哨守官兵呈十一月二十七日。

同上，卷十八批南康縣生員張雲霖復學詞，牌諭安遠縣舊從征義官葉芳等十一月。

國子監丞王宏久自東莞來訪，陽明爲其父王縝梧山集作序。

陽明梧山集序：「嶺南厚街王氏，吾宗也。今上嘉靖之二年，南京户部尚書梧山先生卒於官。越三年，其孤國子監監丞宏久，自東莞詣余，乞爲其先生集序。時余正奉命總制兩廣府署，距東莞一葦杭之爾。讀先生集，恍然如疇昔晤對時，遂欲移舟仙里，覽公平日釣遊之舊，多事匆卒，未能也。憶弘治己未歲，余舉進士，居京師，公時以給諫充安南册封使，於時先君子承乏秩宗，與同朝，諸薦紳餞送都門，余始獲欽儀豐采，見其温温恪恪，岸然有道之容，倘所謂和順積中而英華發於外焉者耶！越十年，公累遷都憲，撫軍鄖陽，余亦撫南贛。洪都之變，公首設方略，爲犬牙交控之勢，以扼其衝。不踰年，逆濠成擒，天子得紓南顧憂者，公爲之備也。今上鑒公累勞，御極之初，特晉大司徒，將拜臺輔，而公轉盼墓草，時甚悼焉。是集皆公歷宦以來，忠勤大節，形之章疏中，雖或允行，或未奉允行，甚或抵觸天怒，無所忌諱，要均可以前質古人，後示法於來者。間有閑吟別撰，非公經意爲之，而其性真所發，筆興並酣，則卓犖紆徐，不可以一格拘，其素所藴積者厚也。嗟呼！古人後世而不朽者三，立言其一焉。如公之盛德、豐功，赫赫在人耳目，立言其奚以爲？雖然，余嘗式公之德矣，佩公之勳伐猷爲矣，且十數年世講宗盟，得親公之謦欬風儀，非朝伊夕矣。今公往集存，每披尋展讀之，輒幸得所憑藉，以見公之生平；而況天下之大，四海之廣，且疏及遥遥幾百載後，未識公之面貌，又不獲俎豆公之書，而行帛有湮，史册無據，其何以美而傳，愛而慕，使夫聞風生感，懦夫立，貪夫廉，重爲功於名教哉？故集存是公之存也，即公之立朝風烈文章及其匡居志趣，亦一一與之並存也。聞公之先大人淡軒先生守寶慶時，有楚遊草傳世，詩壇紙貴久矣，得公集廓而大之，於焉經世而行遠，後有作者，王氏其弁冕乎！余不才，不得政通人和之暇，相與造公堂，酹公墓而告焉，竊對公之遺集，幸公之盛德、豐功並立言而不朽之三俱矣，遂書之以爲序。」（王縝梧山先生集卷首，陽明文集失載）

按：前考王縝字文哲，號梧山，東莞人，弘治六年進士。其卒年，據黄佐南京户部尚書王公縝傳：「陞南京户部尚書，疏又以父年老辭，不允。時南畿大饑，縝區處厥恤，請内帑銀五萬，給之。尋卒於官，年六十有一。」（國朝獻徵録卷三十一）國榷卷五十二：「嘉靖二年四月壬申，南京刑部右侍郎王縝爲南京户部尚書……七月丁丑，南京大疫……八月辛丑，應天滁、和等大饑，截漕三十萬石賑之……九月乙未，南京禮部尚書顔頤壽改南京户部。」據此，王縝當卒於嘉靖二年九月中。其子王宏久來請序在嘉靖六年，陽明十一月至梧州開府，梧州距東莞甚近，即陽明序所云「距東莞一葦杭之爾」。陽明此序中所言「淡軒先生」，即王縝父王恪，千頃堂書目卷二十八著録王恪詠史詩一卷，或即原收在此楚遊草中。

作文祭東湖吴廷舉。

王陽明全集卷二十五祭吴東湖文：「嗚呼吴公！吾不可得而見之矣。公之才如干將、莫邪，隨其所試，皆迎刃而解；公之志如長川逝河，信其所趣，雖百折不回；公之節如堅松古柏，必歲寒而後見；公之學如深林邃谷，必窮探而始知。自其筮仕，迄於退休，歇歷中外，幾於四十年，而天下皆以爲未能盡公之才；登陟崇顯，至於大司空，而天下皆以爲未能行公之志。雖未嘗捐軀喪元，而天下信其有成仁死義之勇；雖未嘗講學論道，而天下知其有闢邪衛正之心。嗚呼！若公者，真可謂一世豪傑，無所待而興者矣。某與公未獲傾蓋，而向慕滋切；未獲識公之面，而久已知公之心。公於某，其教愛勤惓，不特篇章之稠疊，而過情推引，亦復薦剡之頻煩。長愧菲薄，何以承公之教？而懼其終不免爲知人之累也。今兹承乏是土而來，正可登堂請謝，論心求益，而公則避我長逝已一年矣！嗚呼傷哉！幸與公並生斯世，而復終身不及一面，茫茫天壤，竟成千古之神交，豈不痛哉！薄奠一觴，以哭我私；公神有知，尚來格斯！」

按：吴廷舉爲梧州人，卒於嘉靖五年。所謂「今承乏是土而來」，即指陽明至梧州開府，可見陽明此祭文作在十一月，蓋吴廷舉周年祭也。嘉慶廣西通志卷二百三十九：「工部尚書吴廷舉墓，在（梧州）府城東十里界首山麓。」

吴繼喬來梧州問學。

乾隆揭陽縣正續志卷六賢達：「吴繼喬，字世達，號之溪，梅岡人。嘉靖戊子舉人。聞王守仁講學蒼梧，往從之遊。丁内艱。會稽季本，名御史也，謫邑簿，雅重之，賻以金，辭不受。服闋，授宜章令。時虔寇李文彪敗走，傳聞匿於桂陽，官軍追剿，將屠之，繼喬爲營免。旋以父憂歸。終制，起補江華令。民有僑居者，州守鄉人也，爲仇家計殺，定罪與州守不合，因告歸。家居二十年，議保鄉善俗事宜，太守郭子章多所採納。代同年文昌張允弼償債數百金。張死，召其子以券還之。卒，年八十一。」

按：其時季本任揭陽主簿，吴繼喬來見陽明或出季本介紹。

浮峰周沛陪送陽明至梧州，受教而别。

二周詩集周沛山人集哭陽明先生二十韻：「箕尾乘冬夜，先生實隕身。朝廷亡柱石，霄漢失星辰。昔以梧州別，相看越水濱。誨言猶在耳，灑淚或沾巾。社稷憂窮寇，安危仗老臣。十年瞻北闕，此日獨南巡。勝决蠻夷服，威行鳥獸馴。不階三尺鐵，坐籍四川民。屬郡謳歌滿，諸蕃禮樂新。梯航來萬里，干羽格三旬。病轉炎荒劇，身殲軍務頻。孤忠懸白日，飛旐返青春……未白生前志，羞稱門下人。宫墻空睇望，慟哭向蒼旻。」二周詩集卷首：「定齋周君祚，字天保，浙江山陰人。正德辛巳進士。歷官諫議，以疾歸，隱居前梅山中，肆志爲文辭。其平生古冲李公序之詳矣……其子山人沛，字允大，號浮峰。雅能嗣響，並附以傳。」

按：國朝獻徵録卷八十有李默作工科左給事中定齋周公祚墓誌銘，稱其「生子沛，太學生……沛又能文章，以世其美，士嘉其胤」。明清進士録：「周祚，正德十六年三甲一百六十二名進士。浙江山陰人，字天保。由直隸來安知縣，徵拜兵科給事中，以疾歸隱。善文辭，工詩。有周氏集、定齋集。」周祚、周沛爲山陰人，當與陽明早識。周沛山人集中有懷秘圖山人楊汝鳴，其當是陽明自江西歸越後即來受學，故自稱爲「門下人」。是次周沛即以門人身份陪侍陽明入廣，至梧州方灑淚而别。

有書致汪應軫論政事，汪應軫有答書。

汪應軫青湖先生文集卷七上陽明王先生：「正翹仰間，辱遠賜手書，不勝感慰！伏念軍務倥偬之際，不忘後輩如此，固盛德忠厚所臻，抑亦可見樽俎笑談之有餘矣。此又可見朝廷得人賀，不獨吾私幸也。雖然，軍旅之事，孔子以爲未學；及至論王孫賈，則有取焉。豈聖人於武事真有所未閑耶？抑王孫賈果有長於孔子耶？愚以爲兵者，不祥之器，聖人不得已而用之。王孫賈以軍旅治軍旅，不過足以守國而已。孔子之聖，蓋有在於軍旅之外，以爲世不習俎豆，是以有軍旅；及至用軍旅，尚不知臨事而懼，好謀而成。故子路之勇，亦不之許。其所以取王孫賈者，爲衛發也，非答靈公之本意也。昨見老先生已論及此矣，誠恐臨高之時，獻謀者不詳，而用命者不勇，萬一有違初議，軍門之紀律固在，然繩之於否臧之後，亦已晚矣。是以敢有此説，不識高明以爲何如？如今日獨覺之進，更望示下，以啓愚昧，幸甚！」

梧山書院落成，陽明親往開講，風厲多士。

嘉靖廣西通志卷二十六：「（梧州府）梧山書院，在蒼梧縣學右，講堂三楹，後堂三楹，號舍左右各七間。嘉靖六年，巡按御史石金建。黄芳記：『嘉靖乙酉，桂林書院成，裒秀士讀書其中。梧士患府江之險，請別置以便居肄。督府東泉姚公、侍御黄梅石公，屬芳暨僉憲李公董其役，爰相地蒼梧縣學之西，鳩工營焉。丁亥冬，落成。姚公致政去，新建伯陽明王先生奉命總制四省軍務，來代，實倡正學，風厲多士，其言曰：「誠意爲聖門第一義，今反落第二義。」而其知行合一之説，於博文多識若有不屑，學者疑焉。芳解之曰：知以利行，行以踐知，此學者之常談，不假言也。先生之説，啓扃鑰以救流弊，探本之論也。夫學也者，非以進德修業乎？乾之九三言「進德」，曰「忠信」、「居業」，曰「修辭立誠」，是固主於行矣。其曰「知至至之」，決其幾也，故曰「可與言幾」；「知終終之」，堅其守也，故曰「可與存義」。然皆忠信爲主焉，而學聚問辨，程子亦以爲進德之事，非行與知合，奚乎？聖門四教，學文爲主，如非忠信，則馳騖泛濫而無所益。中庸知爲達德，而誠以行之，□有明訓，故君子之學未嘗不博，其博也乃在於人倫日用之實，而益致夫精擇固守之功。蓋存誠者，大本之所以立；精義者，達道之所以行也。率是而進之，夫然後學者有定本，而日躋乎美大聖神之域。若如後世之所謂學，忘其本真，而務雜情以廣知，非惟不足以望游、夏，而沉溺文藝，無所發明，其所知者，固有君子之所不必知，適以濟夫驕吝之私，長其浮誕之習而已，亦將何所成乎？故言誠，則知在其中；言知，則誠猶有間。執德不一，學將焉用？此君子所以遺其本也。愚以是質諸先生，先生然之。』」

按：陽明十一月二十日至梧州，至十二月二日赴南寧，故可知此「丁亥冬」必指冬十一月。

十二月一日，上赴任謝恩遂陳膚見疏，陳兩廣用兵大計，力主招撫盧蘇、王受，思恩、田州仍設土官。同時有札致朝中薦舉人方獻夫、霍韜、黄綰，懇望關照指示，責其薦舉於朝。

王陽明全集卷十四赴任謝恩遂陳膚見疏（六年十二月初一日）：「臣惟岑猛父子固有可誅之罪，然所以致彼若是者，則前此當事諸人亦宜分受其責……夫所可憤者，不過岑猛父子及其黨惡數人而已，其下萬餘之衆，固皆無罪之人也。今岑猛父子及其黨惡數人既云誅戮，已足暴揚，所遺二酋，原非有名惡目，自可寬宥者也。又不勝二酋之憤，遂不顧萬餘之命，竭兩省之財，動三省之兵，使民男不得耕，女不得織，數千里内騷然塗炭者兩年於兹。然而二酋之憤，至今尚未能雪也。徒爾兵連禍結，征發益多，財饋益殫，民困益深，無罪之民死者十已六七。山瑶海賊乘釁摇動，窮迫必死之寇既從而煽誘之，貧苦流亡之民又從而逃歸之，其可憂危何啻十百於二酋者之爲患？其事已兆而變已形，顧猶不此之慮，而汲汲於二酋，則當事者之過計矣……夫二酋者之沮兵拒險，亦不過畏罪逃死，苟爲自全之計；非如四方流劫之賊攻城堡，掠鄉村，虜財物，殺良民，日爲百姓之患，人人欲得而誅之者。今驅困憊之民，使裹糧荷戈，以征不爲民患、素無讎怨之虜，此人心之所以不奮，而事之所以難濟也。又今狼達土漢官兵亦不下數萬，與萬餘畏罪逋誅之虜相持已三月有餘，而未能一決者，蓋以我兵發機太早，而四面防守太密，是乃投之無所往，而示之必不活，益使彼先慮預備，並心協力，堅其必死之志以抗我師。就使我師將勇卒奮，決能取勝，亦必多殺士衆，非全軍之道；又況人無戰志，而徒欲合圍待斃，坐收成功，此我兵之所以雖衆而勢日以懈，賊雖寡而志日以合、備日密而氣日以鋭者也……臣愚以爲且宜釋此二酋之罪，開其自新之路。而彼猶頑梗自如，然後從而殺之，我亦可以無憾。苟可曲全，則且姑務息兵罷餉，以休養瘡痍之民，以絶覬覦之姦，以弭不測之變。迨於區處既定，德威既洽，蠻夷悦服之後，此二酋者遂能改惡自新，則我亦豈必固求其罪？若其尚不知悛，執而殺之，不過一獄吏之事，何至兵甲之煩哉？……臣又聞諸兩省土民之言，皆謂流官之設，亦徒有虛名而反受實禍。詰其所以，皆云思恩未設流官之前，土人歲出士兵二千以聽官府之調遣；既設流官之後，官府歲發兵民數千以防土人之反覆。即此一事，利害可知。且思恩自設流官以來，十八九年之間，反者五六起，前後征剿，曾無休息。不知調集軍兵若干，費用糧餉若干，殺傷良民若干，朝廷曾不能得其分寸之益，而反爲之憂勞征發，浚良民之膏血而塗諸無用之地，此流官之無益，亦斷然可睹矣……田州切鄰交趾，其間深山絶谷，皆瑶、僮之所盤據，動以千百。必須仍存土官，則可藉其兵力，以爲中土屏蔽。若盡殺其人，改土爲流，則邊鄙之患，我自當之，自撤藩籬，非久安之計，後必有悔。」

明世宗實録卷八十六：「嘉靖七年三月乙未……新建伯、南京兵部尚書兼都察院左都御史王守仁上疏曰：『臣惟岑猛父子固有可誅之罪……』疏下，兵部覆議，言：『守仁之疏是或一見。以臣等觀之，竊恐目前之效，片檄可收；事後之機，他時難料。且中途詢訪，未經會議，亦非的然處置。方臣等因發其語意所當審處者有五：田州既改土爲流，因其叛亂而盡易之，朝令夕改，無以示信，須查照別府州事例，土流無置而後可，一也。岑猛父子職級因罪降革，不當仍復府制，宜降五品，衙門擇人分管，庶法紀不致陵夷，二也。盧、王二酋有名首惡，不應獨使幸免者，果能向順，執獻同惡，投赴軍門，乃可待以不死，聽候安置，三也。思恩府弘治末年建置，安定已久，非田州比，似未可一概改易，倘慮流官增編里甲，妄肆科罰，豈無法制可禁防乎？四也。本部提準事例，生擒岑猛並斬首來獻者，賞銀有差，仍分給罪人財産，量授地方官職，今銀兩雖嘗賞給，而財産未見議撥，無以激勸有功，必照依功力輕重，分割地産給賞，一以殺雄據之勢，一以勵忠勇之心，散利輯衆，亦兵家所急，五也。宜令守仁會同總領太監張賜、總兵官李旻、新舊巡按紀功御史，據理審時，詳情度勢，不急近功，再加遠圖，應撫應勦，或勦撫並行，不宜偏執；應土應流，與土流兼設，尤在得人。並將臣等所陳五事，酌量採行，務使德威相濟，信義俱兼，庶邊務有益，國體無損。』上從部議，以守仁才略素優，論奏必有所見，但未經詢謀僉同，恐非定論。令與鎮巡等官熟計以聞。其應施行者，亦許以便宜從事。」

按：國榷卷五十四亦云：「嘉靖七年三月乙未，新建伯王守仁請宥盧蘇、王受，思恩、田州仍設土官。兵部議：岑猛罪革，不宜復府。思恩自弘治末改流官，非田州比。盧蘇、王受，兇渠也，奈何幸免？

果能效順，俟執醜赴降，或聽解網。上然之，下守仁熟計。」可見朝廷至嘉靖七年三月方命下否决陽明之議，然陽明已自行其是，平復思、田矣。

王陽明全集卷二十一答方叔賢書二：「昨見邸報，知西樵、兀崖皆有舉賢之疏，此誠士君子立朝之盛節，若干年無此事矣，深用歎服！但與名其間，却有一二未曉者，此恐鄙人淺陋，未能知人之故。然此乃天下治亂盛衰所繫，君子小人進退存亡之機，不可以不慎也。此事譬之養蠶，但雜一爛蠶於其中，則一筐好蠶盡爲所壞矣。凡薦賢於朝，與自己用人又自不同。自己用人，權度在我，故雖小人而有才者，亦可以器使；若以賢才薦之於朝，則評品一定，便如白黑，其間舍短録長之意，若非明言，誰復知之？小人之才，豈無可用？如砒硫芒硝皆有攻毒破壅之功，但混於參苓耆朮之間而進之，養生之人萬一用之不精，鮮有不誤者矣。僕非不樂二公有此盛舉，正恐異日或爲此舉之累，故輒叨叨，當不以爲罪也。思、田事，貴鄉往來人當能道其詳。俗諺所謂『生事事生』，此類是矣。今其事體既已壞，盡欲以無事處之，要已不能，只求減省一分，則地方亦可減省一分勞擾耳。鄙見略具奏内，深知大拂喜事者之心，然欲殺數千無罪之人以求成一己之功，仁者之所不忍也！齎奏人去，凡百望指示之。舟次草草，未盡鄙懷，千萬鑒恕！」

按：所謂「鄙見略具奏内」，乃指陽明所上赴任謝恩遂陳膚見疏，奏内力主招撫，反對征伐殺戮，故書云「然欲殺數千無罪之人以求成一己之功，仁者之所不忍也」。所謂「齎奏人去」，即指遣人齎此赴任謝恩遂陳膚見疏送往京師。所謂「舟次」，即指陽明又啓程赴南寧。由此可以確知陽明此書作在十二月二、三日中。所謂「知西樵、兀崖皆有舉賢之疏」，即指方獻夫、霍韜薦舉陽明入朝。按霍韜復陽明先生書中已云「方叔子曰：『廟堂尤急，必得先生入閣……若居冢宰……』」「方叔子云：『寧不恤兩廣，且爲廟堂憂。』」（見前引）可見是次方獻夫、霍韜必是薦舉陽明入閣輔政，時間在十一月中。其時薦舉陽明入閣觸犯世宗大忌，亦深爲楊一清、張璁、桂萼所嫉，故皆諱言其事，史書不載，陽明亦祇從邸報中獲知消息也。

同上，與黃宗賢書三：「近得邸報及親友書，聞知石龍之於區區，乃無所不用其極若此；而西樵、兀崖諸公愛厚勤拳，亦復有加無已，深用悚懼。嗟乎！今求朝廷之上，信其有事君之忠、憂世之切、當事之勇、用心之公若諸公者，復何人哉！若之何而不足悲也？諸公既爲此一大事出世，則其事亦不得不然。但於不肖則似猶有溺愛過情者，異日恐終不免爲諸公知人之累耳。悚懼悚懼！思、田之事，本亦無大緊要，只爲從前張皇太過，後來遂不可輕易收拾。所謂天下本無事，在人自擾之耳。其略已具奏詞，今往一通，必得朝廷如奏中所請，則地方庶可以圖久安；不然，反覆未可知也。賤軀患咳，原自南、贛炎暑中得來，今地益南，氣類感觸，咳發益甚，恐竟成痼疾，不復可藥。地方之事苟幸塞責，山林田野則惟其宜矣，他尚何説哉？西樵、兀崖家事，極爲時輩所擠排，殊可駭歎！此亦皆由學術不明，近來士夫專以客氣相尚，凡所毁譽，不惟其是，惟其多，且勝者是附是和，是以至此。近日來接見者，略已一講，已覺豁然有省發處，自後此等意思亦當漸消除。京師近來事體如何？君子道長，則小人道消；疾病既除，則元氣亦當自復。但欲除疾病而攻治太厲，則亦足以耗其元氣，藥石之施，亦不可不以漸也。木翁、邃庵相與如何？能不孤海内之望否？亦在諸公相與調和。此如行舟，若把舵不定而東撑西曳，亦何以致遠涉險？今日之事，正須同舟共濟耳。賫本人去，凡百望指示。」

按：所謂「略已具奏詞」，即指上赴任謝恩遂陳膚見疏。所謂「賫本人去」，即指遣人賫赴任謝恩遂陳膚見疏送往京師。可見陽明此書與答方叔賢書二作在同時。所謂「石龍之於區區，乃無所不用其極若此」，即指黄綰上明軍功以勵忠勤疏，薦陽明入閣輔政。

陽明先生文録卷四與霍兀厓宫端書：「每讀章奏，見磊落奇偉之志，挺持奮發之勇，卓然非儕輩可望，深用歎服。果得盡如所志，天下之治誠可焕然一新。然其形勢自有不能盡如人意者，要在寬以居之，仁以行之而已。高明既有定見，顧無俟於鄙劣者之喋喋。西樵書中，亦致芹曝之獻，倘覽及之，幸有一言示其可否也。田州事實無緊要，徒勞師費財，紛紛兩年，重爲地方之患。今於謝恩疏中，略陳愚見，須得朝廷俯從其議，庶可以圖久安；不然，起伏之變，未有已也。齎奏人去，草草附問。地方之事，有可見教者，人還不惜示及。」

按：所謂「謝恩疏」，即指陽明所上赴任謝恩遂陳膚見疏。所謂「西樵書」，即指陽明答方叔賢書二。

二日，楊一清、桂萼薦陽明兼任巡撫，陽明疏辭，舉伍文定、梁材、汪鋐自代。

黄綰陽明先生行狀：「十二月，楊公一清與桂公萼謀，恐事完回京，復命見上，予與張公又薦之，上必留用，又題命公兼理巡撫。奉聖旨：『王守仁暫令兼理巡撫兩廣等處地方，寫敕與他。』咨到，又力疏辭免，舉致仕都御史伍文定、刑部左侍郎梁才自代。不允。」

王陽明全集卷十四辭巡撫兼任舉能自代疏七年正月初二日：「嘉靖六年十二月初二日，准本院咨節該吏部題奉聖旨：『王守仁暫令兼理巡撫兩廣等處地方，寫敕與他。欽此。』欽遵外，臣聞命之餘，愈增惶懼……切見致仕副都御史伍文定質性勇果，識見明達，往歲寧藩之變，嘗從臣起兵討逆，臣備知其能。今年力未衰，置之閑散，誠有可惜。若起而用之，以爲巡撫，其於經略之方，撫綏之術，必能不負所委。及刑部左侍郎梁材，新陞南贛副都御史汪鋐，亦皆才能素著，抑且舊在兩廣，備諳土俗民情，皆足以堪斯任。乞敕吏部於三人之中，選擇而使之。」

三日，啓程赴南寧。五日，抵平南縣，有書寄子王正憲。

陽明寄正憲男書五：「近兩得汝書，知家中大小平安。且汝自言能守吾訓戒，不敢違越，果如所言，吾無憂矣。凡百家事及大小童僕，皆須聽魏廷豹斷決而行。近聞守度頗不遵信，致牴牾廷豹。未論其間是非曲直，只是牴牾廷豹，便已大不是矣。繼聞其遊蕩奢縱如故，想亦終難化導。試問他畢竟如何乃可？宜自思之。守悌叔書來，云汝欲出應試。但汝本領未備，恐成虛願。汝近來學業所進吾不知，汝自量度而行，吾不阻汝，亦不强汝也。德洪、汝中及諸直諒高明，凡肯勉汝以德義，規汝以過失者，汝宜時時親就。汝若能如魚之於水，不能須臾而離，則不及人不爲憂矣。吾平生講學，只是『致良知』三字。仁，人心也；良知之誠愛惻怛處，便是仁，無誠愛惻怛之心，亦無良知可致矣。汝於此處，宜加猛省。家中凡事不暇一一細及，汝果能敬守訓戒，吾亦不必一一細及也。餘姚諸叔父昆弟，皆以吾言告之。前月曾遣舍人任鋭寄書歷，此時當已發回。若未發回，可將江西巡撫時奏報批行稿簿一册，共計十四本，封固付本舍帶來。我今已至平南縣，此去田州漸近。田州之事，我承姚公之後，或者可以因人成事。但他處事務似此者尚多，恐一置身其間，一時未易解脱耳。汝在家凡百務宜守我戒諭，學做好人。德洪、汝中輩須時時親近，請教求益。聰兒已託魏廷豹，時常一看。廷豹忠信君子，當能不負所託。但家衆或有桀驁不肯遵奉其約束者，汝須相與痛加懲治。我歸來日，斷不輕恕。汝可早晚常以此意戒飭之。廿二弟近來砥礪如何？守度近來修省如何？保一近來管事如何？保三近來改過如何？王祥等早晚照管如何？王禎不遠出否？此等事，我方有國事在身，安能分念及此？瑣瑣家務，汝等自宜體我之意，謹守禮法，不致累我懷抱乃可耳。十二月初五日發。」（顧麟士過雲樓續書畫記卷二寄正憲男手墨二卷）

按：陽明十二月一日猶在梧州上赴任謝恩遂陳膚見疏，以其五日到平南縣推算，其啓程赴南寧當在三日。

在平南，與都御史姚謨交代，發布軍務行文。

王陽明全集卷十四奏報田州思恩平復疏：「十二月內，續准兵部咨爲地方大計緊急用人事，該禮部右侍郎方獻夫奏，節奏聖旨：『方獻夫所奏關係地方大計，鄭潤、朱麒與姚鏌事同一體，姚鏌已着致仕，鄭潤等因賊情未寧，暫且留用。今既這等説，鄭潤取回，代替的朕自簡用。朱麒應否去留，着兵部會議，並堪任更代的，推舉相應官兩員來看。田州應否設都御史在彼駐劄，還着王守仁議處，具奏定奪。欽此。』備咨前來知會，俱經欽遵外，本月初五日進至平南縣地方，與都御史姚鏌交代。二十二等日，太監鄭潤、總兵官朱麒陸續各回梧州、廣州等處，聽候新任。」

同上，卷三十行兩廣都布按三司選用武職官員十二月初七日，行兩廣按察司稽查冒濫關文十二月十二日，給思明州官孫黄永寧冠帶劄付牌，省發土官羅廷鳳等牌十二月十七日。

二十二日，在平南，召石金、林富、汪必東、鄒輗、祝品、林大輅等衆將官會議征思、田之役方略，以征伐有十患，招撫有十善，最終議定招撫方略。

王陽明全集卷十四奏報田州思恩平復疏：「二十二等日，太監鄭潤、總兵官朱麟陸續各回梧州、廣州等處，聽候新任。總兵、太監交代去訖，當臣公同巡按紀功御史石金，右布政林富，參政汪必東、鄒輗，副使祝品、林大輅，僉事汪溱、張邦信、申惠、吴天挺，參將李璋、沈希儀、張經及舊任副總兵今閑住都指揮同知張祐，並各見在軍前用事等官，會議得思恩、田州之役，兵連禍結兩省，荼毒已踰二年，兵力盡於哨守，民脂竭於轉輸，官吏罷於奔走。即今地方已如破壞之舟，漂泊於顛風巨浪中，覆溺之患，洶洶在目，不待智者而知之矣。今若必欲窮兵雪憤，以收前功，未論其不克，縱復克之，亦有十患……故爲今日之舉，莫善於罷兵而行撫，撫之有十善……夫進兵行剿之患既如彼，罷兵行撫之善復如此，然而當事之人乃猶往往利於進兵者，其間又有二幸四毁焉。下之人幸有數級之獲，以要將來之賞；上之人幸成一時之捷，以蓋日前之愆： 是謂二幸。始謀請兵而終鮮成效，則有輕舉妄動之毁； 頓兵竭餉而得不償失，則有浪費財力之毁； 聚數萬之衆，而竟無一戰之克，則有退縮畏避之毀；循土夷之情，而拂士夫之議，則有形迹嫌疑之毀：是謂四毀……夫人臣之事君也，殺其身而苟利於國，滅其族而有裨於上，皆甘心焉，豈以僥倖之私，毀譽之末，而足以撓亂其志者？今日之撫，利害較然，事在必行，斷無可疑者矣。於是衆皆以爲然。」

提督團營張永卒，兵部會推王守仁提督團營軍務，世宗不允。

明世宗實録卷八十三：「十二月丁卯……改太子少保、刑部尚書李承勛爲兵部尚書，兼都察院左都御史，加太子太保，提督團營軍務；都察院左（按：「左」當作「右」。）都御史胡世寧爲刑部尚書；陞兵部左侍郎伍文定爲都察院右都御史。時上方欲振新營務，命廷臣舉素有威望者，練達兵政者，專督營務。於是兵部尚書王時中等會舉提督兩廣新建伯、南京兵部尚書王守仁，提督陝西三邊軍務、太子太保、兵部尚書王憲及文定。上以兩廣、甘肅事未靖，守仁及憲未可輕動，特以承勛任之，由世寧代承勛，文定代世寧。」

楊一清集密諭録卷五論推用提督團營文臣奏對：「昨日，閲兵部會推官推舉提督團營文臣，衆議舉王守仁、王憲、伍文定，皆合公論。皇上簡用，必有定見。但此事專官督理，乃克有濟。若以在部任事之臣兼之，終是委任不專，難責成效。如成化年間，王越以右都御史，後陞左都御史提督軍務，仍協管院事。蓋以協管院事爲名，使其官有歸着，其實專督營務也……故衆議欲先命李承勛暫去整理，俟新任官至日交待，最爲得宜，此蓋遵照皇上前命張璁暫署都察院之意也。合無將承勛量兼右都御史職銜，不妨部使，別授敕暫且提督團營軍務。」　再論推舉提督團營文臣奏對：「適間伏蒙聖諭云：『提督團營官，兵部所推王守仁，廣西事未平，王憲已有旨着去河西整理軍務，委難輕動。』更一官必更一番事務，誠如聖慮。伍文定雖取，不知何日方到。莫若就用李承勛，不必待有官更代，聖明所處極當……查得成化年間，王越以太子太保、兵部尚書兼左都御史並掌管都察院事兼提督團營軍務。今宜照此例，將李承勛改兵部尚書兼左都御史本院掌印，不妨院事，兼提督團營軍務。如此，則委任專而事體重矣。」

朱厚熜、張孚敬諭對録卷三：「嘉靖六年十二月初九日，諭張尚書：『朕看兵部會推來提督團營官，其中守仁不可用。憲可用，但今有事，難又更換。更一人，必更一番事。文定不知如何？朕欲將承勛要任，不必又等官來。如此，不知可否？若可，將承勛陞兵部兼右都，世寧陞刑部，文定陞左都。可計議來聞。』」卷五：「嘉靖七年三月二十一日，諭張少保：『卿奏欲用伍文定爲雲南提督軍務官，最爲可托……但文定見協管都察院事，亦須要人。朕又思兩廣之事，恐守仁不能了辦，今可將梁材用之，文定留作別項用。……』」

二十六日，抵南寧，處置招撫事宜，盡撤調集防守之兵。

王陽明全集卷十四奏報田州思恩平復疏：「二十六日，臣至南寧府，乃下令盡撤調集防守之兵，數日之内，解散而歸者數萬有餘。湖兵數千，道阻且遠，不易即歸，仍使分留南寧、賓州，解甲休養，待間而發。初，盧蘇、王受等聞臣奉命前來查勘，始知朝廷亦無必殺之意，皆有投生之念，日夜懸望，惟恐臣至之不速。已而聞太監、總兵等官復皆相繼召還，至是又見防守之兵盡撤，其投生之念益堅……」

徐聞縣丞林應驄渡海來見，講學旬餘。

光緒莆田縣志卷二十林應驄傳：「同邑御史朱淛、馬明衡疏諫，逮訊。應驄抗疏論救，言：『陛下以宫闈之故，罪及言官；本生正統之義，又不能無所軒輊，忠臣義士將杜口結舌，不敢復議天下事。』上怒，並詔獄，謫徐聞縣丞。航海謁陽明王守仁，講學旬餘……至徐聞，行事忤貴臣霍韜。丙戌入覲，韜傾之，遂罷歸。先其父卒。所著有夢槎奇遊集二卷。」

按：林應驄當在陽明到南寧後，自徐聞渡海來見。陽明有牌行委官林應驄督諭土目云：「爲此牌仰原任户部郎中、今降徐聞縣縣丞林應驄，齎執令旗令牌，會同總兵監軍等官，公同署田州府事知州林寬，身督頭目盧蘇等，閱視各營……」（王陽明全集卷十八）是林應驄亦爲平思、田事來南寧見陽明，非唯講學故也。

桂萼移書陽明，欲其偵查安南内亂真况復聞，陽明寢不與偵。

范守己皇明肅皇外史卷九：「嘉靖八年春正月戊戌朔，風霾晦如夕，集議王守仁事功學術。初，守仁之在廣西也，安南適内亂，桂萼欲建議圖之，移書守仁，使偵其要領以復。守仁恐其責之我也，寢不與偵，萼銜之。既思、田平，萼忌其功。而峽盜又平，守仁奏捷，盛言諸盜盤據流劫之禍，及己因湖兵激士酋陷陣斬馘之多。章下兵部，覆請勞賞。帝降旨曰：『此捷音近於誇詐。王守仁姑賜獎諭，有功官役，令巡按御史勘覈奏聞。』已而守仁乞歸去廣西，萼奏曰：『守仁撫制四藩，關係甚鉅，而擅自離鎮，罪不可逃。今聞卒於南安，尚可原諒。』」

國榷卷五十四：「予又聞員外吴鼎曰：『新建之起用思、田也，蓋桂萼之力居多云。萼自以遭時際主，致位輔宰，非立奇功，不足賈重後世。會安南有亂，冀可傳檄取之，乃陰以意指授守仁，若專爲思、田出者，使密探安南要領。而守仁竟忤萼指，直於奏尾稍稍及之，萼遂恚憾。會守仁物故，而以他事發怒詘其名。』嗚呼！使其然，譎秘又何如也！」

黄景昉國史唯疑卷六：「霍渭厓云：『桂見山自諸生時，夢他日當立功八桂之外，夙有安南志。既當路，特起王陽明兩廣，思與共功。不謂陽明歸念切，遽移病去。桂恨其負己，没後，以學術爲疵，剟從奪爵。』」

昭代典則卷二十六「戊子七年冬十一月」條下：「新建伯病，謂翁萬達曰：『田州事，非我本心，後世誰諒我者？』新建伯初起用，皆萼之力。萼議禮，致位卿輔，欲立奇功。會安南有亂，冀可傳檄取之，乃陰以意寓書授新建伯，若專爲思、田者，使密探安南要領。而新建伯不答，直於奏尾稱及之，萼遂恚憾。會新建伯卒，竟中傷，革世爵及卹典云。」

明史卷一百九十五王守仁傳：「守仁之起由璁、萼薦，萼故不善守仁，以璁强之。後萼長吏部，璁入内閣，積不相下。萼暴貴，喜功名，風守仁取交阯，守仁辭不應……萼遂顯詆守仁征撫交失，賞格不行。」

按：安南内亂事在嘉靖六年。國榷卷五十三：「嘉靖六年三月戊寅朔，己卯，安南莫登庸篡位，稱大越皇帝，改元明德。先使范嘉謨假黎䧺禪詔，于是立其孫福海爲太子，實名方瀛。頃弑䧺，並其母殺之，僞謚䧺恭皇帝。時黎譓尚據清華、乂安、順化、廣南，餘舊臣分據聲援。登庸率兵拒譓，奪清華據之。譓走乂安，又走葵州，入老撾宣慰司。」按陽明平思、田在嘉靖七年二月，可知桂萼移書陽明約在嘉靖六年冬間。桂萼薦陽明在六月十七日，其時正當安南内亂動蕩之際，而桂萼亦方覬覦内閣之位，急不可耐，竟妄生奇想，欲以建「取交阯」之功取得入閣之最大資本。桂萼之忽薦陽明起用兩廣，其真意不在欲陽明平思、田，而在欲假陽明之手密探安南，「傳檄取之」，由此昭然若揭矣。

萬曆野獲編卷十七征安南：「嘉靖初年，安南久逾貢期，又侵奪廣東欽州四峒，朝議欲問其罪。時王文成新起征田州，威名甚重，桂文襄暴貴用事，諷王乘兵力取安南爲己功，王不應，恚甚，嗾人論之，奪其世爵。時湛甘泉亦附桂，力主恢復之説，王禍遂不可解。」

一五二八　嘉靖七年　戊子　五十七歲

正月二日，上辭巡撫兼任舉能自代疏，不允。

王陽明全集卷十四辭巡撫兼任舉能自代疏。

明世宗實録卷八十六：「嘉靖七年三月己卯……提督兩廣軍務、新建伯、南京兵部尚書兼都察院左都御史王守仁疏辭兼理巡撫兩廣，因薦致仕副都御史伍文定、刑部左侍郎梁材、南贛副都御史汪鋐皆堪選任。上優詔慰答，不允辭。」

七日，盧蘇、王受遣頭目黄富來告投順歸降之意。二十七日，盧蘇、王受各率衆數萬自縛歸降。二月八日，督令降民各歸復業，思、田平定。

王陽明全集卷十四奏報田州思恩平復疏：「初，盧蘇、王受等聞臣奉命前來查勘，始知朝廷亦無必殺之意，皆有投生之念，日夜懸望，惟恐臣至之不速。已而聞太監、總兵等官復皆相繼召還，至是又見防守之兵盡撤，其投生之念益堅，乃遣其頭目黄富等十餘人，於正月初七先付軍門訴苦，願得掃境投生，惟乞宥免一死。臣等諭以朝廷之意正恐爾等有所虧枉，故特遣大臣前來查勘，開爾等更生之路，爾等果能誠心投順，決當貸爾之死。因復開陳朝廷威德，備寫字牌，使各持歸省諭盧蘇、王受等……蘇、受等得牌，皆羅拜踴躍，歡聲雷動。當即撤守備，具衣糧，盡率其衆掃境來歸。本月二十六日，俱至南寧府城下，分屯爲四營。明日，蘇、受等皆囚首自縛，各與其頭目數百人赴軍投見，號哀控訴，各具投狀，告稱前情，乞免一死，願得竭力報效……臣因諭以朝廷意惟願生全爾等，今爾方來投生，豈忍又驅之兵刃之下？爾等逃竄日久，家業破蕩，且宜速歸，完爾家室，及時耕種，修復生理。至於各處盜賊，軍門自有區處，不須爾等剿除，待爾家事稍定，徐當調發爾等。於是又皆感激歡呼，皆謂朝廷如此再生之恩，我等誓以死報。臣於是遂委右布政林富、舊任總兵官張祐分投省諭，安插其衆，俱於二月初八日督令各歸復業去訖。地方之事幸遂平定。」

按：錢德洪陽明先生年譜云：「在梧。二月，思、田平。」乃誤，在梧當作在南寧。

十三日，上奏報田州思恩平復疏。朝廷遣行人獎賞。

王陽明全集卷十四奏報田州思恩平復疏。

明世宗實録卷八十八：「五月壬午，提督兩廣等處軍務、新建伯、南京兵部尚書兼左都御史王守仁報思、田賊平，其疏略曰……上覽其疏，深嘉之，曰：『守仁受命提督軍務，蒞事未久，乃能開誠宣恩，處置得宜，致令叛夷畏服，率衆歸降，罷兵息民，厥功可嘉。其賜勑差行人齎去奬勵，仍賞銀五十兩，紵絲四表裏。太監張賜、御史石金各賞銀二十兩，紵絲二表裏。其餘有功三司等官，俱賜賚有差。其經略善後事宜，仍許守仁以便宜從事。應請者，亟奏定奪。』」

十五日，上地方緊急用人疏，舉薦林富。十八日，上地方急缺官員疏，舉薦林富、張祐、沈希儀。

王守仁全集卷十四地方緊急用人疏，地方急缺官員疏。

明世宗實録卷八十八：「五月癸未……提督兩廣軍務、新建伯王守仁奏：『比者侍郎方獻夫建議於田州暫設都御史，同廣西副總兵專駐其地，撫綏諸夷……』兵部覆如守仁議，得旨：張祐即准復充副總兵，協同鎮守思、南地方，專在田州駐劄，往來提調官軍，撫安土人。巡撫不必設，凡事專責成守巡兵備等官。沈希儀暫令柳、慶帶管，待新任參將至日，從宜委任。」

處置平思、田善後事宜，公同三司等官議設土官。參政鍾芳上書，力主分置土官。

王陽明全集卷十四處置平復地方以圖久安疏：「臣於思恩、田州平復之後，即已仰遵聖諭，公同總鎮、鎮巡、副參、三司等官，太監張賜、御史石金等，議應設流官、土官，何者經久利便，不得苟有嫌疑避忌，而心有不盡，謀有不忠。乃皆以爲宜仍土官以順其情，分土目以散其黨，設流官以制其勢。蓋蠻夷之性，譬猶禽獸麋鹿，必欲制以中土之郡縣，而繩之以流官之法，是群麋鹿於堂室之中，而欲其馴擾帖服，終必觸樽俎，翻几席，狂跳而駭擲矣。故必放之閑曠之區，以順適其獷野之性。今所以仍土官之舊者，是順適其獷野之性也。……然分立土目而終無連屬綱維於其間，是畜麋鹿於苑囿，而無守視之人以時守其墻墉，禁其群觸，終將踰垣遠逝而不知，踐禾稼，决藩籬，而莫之省者。今所以特設流官者，是守視苑囿之人也。」

鍾芳筠溪集卷十三上新建伯：「近惟本司咨該奉明案備行各道，凡有所見，俱許開呈，以備採擇。是誠集衆思，廣忠益，不自有其善者也。顧職膚譾，昧於時宜，何以仰承德意，况田、思二州事勢，該道各官備諳熟練，朝夕左右，必皆講之精透，而尊侯明睿洞照，隨機應務，萬變不窮，亦不假芻蕘之見，而應之有餘裕矣。然奉教命，不敢不竭其愚。蓋夷狄之俗，不可以中國之法治之，惟在布明威信，仍其本俗，寬其繩勒而已。先該軍門奏奉欽依，今次用兵，只誅岑猛父子及韋好、陸綬等數人，此意甚好。既破田州，乃欲盡戮其酋及其族屬，俾無噍類，以致失大信而不顧。大信既失，夷人倉惶無所依仗，遂致今日之變，再動大衆，擾我邊鄙。今蒙節鉞鎮臨其境，必皆靡然□順，如脱水火而就衽席，生殺予奪，惟所命之。至於善後之策，則不外乎因其勢而導之耳。今之議者有三：曰分置土官，曰流官土俗，曰改土爲流。夫分置土官，得古人誅罪置君之意，帝王之師也。流官土俗，立虚名以狗夷人不得已之情，弱其戎備，而獎實用者也。若夫改土爲流，則彼兵之聽調者悉歸於農，而我兵之在内者反勞遠戍，夷情怨激，必且屢叛，是謂無事而生事，撤藩籬而啓外衅者也。此三説者，非惟利害瞭然，而是非得失亦甚明白。本職候謁侍側之頃，奉聆指教數言，率皆切中肯綮，退而忻忭，以爲夷方裁定，只在一反掌間耳。雖知高明已有定筭，無所答喙，然情實切於效愚，愛尤慚乎莫助，是以不避僭妄，謬塵清矚，以謂流官土俗之議，終不若分置土官之爲得。庸腐不知大計，姑此塞責，伏惟矜恕，裁擇幸甚。」

按：鍾芳字仲實，號筠溪，崖州人。明清進士録：「鍾芳，正德三年進士。廣東崖州人，籍瓊山，字仲實，號筠溪。官至户部右侍郎。有皇極經世圖贊、崖志略、續古今紀要、鍾筠溪家藏集等。」時任廣西右參政。黄佐户部右侍郎鍾公芳傳：「陞廣西右參政，去貴縣虎患，諭降洛容賊，討田州叛酋岑猛，定平樂、藤峽，屢有軍功。捷聞，兩賜金幣，陞江西右布使。」（國朝獻徵録卷三十）

犒送湖廣永順、保靖二宣慰司土官目兵。

王陽明全集卷十八犒送湖兵：「照得先該軍門奏調湖廣永順、保靖二宣慰司土官目兵前來征勦田州等處。今照各夷自縛歸降，地方平靖。爲照宣慰彭明輔、彭九霄雖未及銜冒矢石，摧堅破敵，然跋涉道途，間關山海，不但勞苦之備嘗，且其勤事之忠，赴義之勇，不戰而勝，全師以歸，隱然之功，亦不可掩。所據宴勞之禮，相應照舊舉行。其沿途該用廩給口糧等項，亦合計算總支，庶免阻滯及省偏州下邑之擾。爲此牌仰本官行會左參政龍誥、僉事吴天挺、參議汪必東督行南寧府，於賞功綵段金銀花枝銀兩内照依開數支出，齎送各宣慰，並給賞各舍目收領，以慰其勞。」

有書寄子王正憲。

王陽明全集卷二十六又寄正憲男書一：「去歲十二月廿六日始抵南寧，因見各夷皆有向化之誠，乃盡散甲兵，示以生路。至正月廿六日，各夷果皆投戈釋甲，自縛歸降，凡七萬餘衆。地方幸已平定，是皆朝廷好生之德威格上下，神武不殺之威潛孚默運，以能致此。在我一家，則亦祖宗德澤陰庇，得無殺戮之慘，以免覆敗之患。俟處置略定，便當上疏乞歸，相見之期漸可卜矣。家中自老奶奶以下想皆平安，今聞此信，益可以免勞掛念。我有地方重寄，豈能復顧家事？弟輩與正憲，只照依我所留戒諭之言，時時與德洪、汝中輩切磋道義，吾復何慮？餘姚諸弟姪，書到咸報知之。」

聶豹差巡按福建，入閩，有書來問學。

聶豹集卷八啓陽明先生：「逖違道範，丙戌之夏，迄今兩易寒暑矣。泰北高寒，秉彝之好，無時無念不在公之左右也。恭惟道候迪吉，麟趾育祥，敬承有在，仁者之必有後也，斯言始信於天下矣，不勝慶慰，不勝慶慰！丁亥春，北上，次真州，曾具狀託王巡按轉致，竟不知達否，何如？迹涉疏違，負此歉罪。西粵之亂，先聲所至，莫不震疊，凱還當在日下。聖天子側席以待，而天下太平之望，跂足久矣。某承乏一方，百無能爲。以春正入閩境，諸務叢委，茫無下手處。始知平生之學，斯未能信，患所以立聖人之言，近如地，遠如天。體即用，未有用非其體者，而『仕優則學，學優則仕』之説，竊疑其析之過矣。天下豈有仕外之學哉？仕即學也，學即仕也。自十五志學以至於從心，自乘田、委吏以至於司寇，是亦爲政無非仕也。有民人焉，有社稷焉，無非學也。是故喜怒哀樂之發，以至於視聽言動之著，感之而爲惻隱、羞惡、辭讓、是非之情，應之而爲君臣、父子、夫婦、長幼、明友之道，變之而爲富貴、貧賤、夷狄、患難、死生之來，曾有一時一處而非吾良知之所當致者哉？某四十無聞，蹉跎孤負，教言在耳，寤寐騰愧。所不至於詭經畔道之甚者，幸而知有痛癢之心，未盡死也。近來非僻諸念，稍稍裁抑，惟暴怒之氣時復妄發。當其怒時，自以爲義，然已不覺其爲怒所遷而有所忿懥，何啻千里？始信集義之功，不忘則助，甚難爲力，何如何如？瞻望伊邇，未緣鬣馳，以需神化，謹此專人奉候門下。解官有志，摳衣何期，歲月如流，儲此耿耿。伏惟爲道珍嗇，厚自愛以慰天下，不備。外疑事數條，附録以請。

「二、學至於求仁求心，易簡而天下之理得矣。自秦漢以降，周、程之外，知此義者，蓋寥寥焉。知行動静之功既分，而支離汗漫之弊無已。旁求外襲，弊而至於今日科舉之學，極也。於是有不得已，約仁與心之靈明神化爲良知之學，以援天下之溺者，是蓋獨苦之心，蹇裳濡足之言也。學本良知，良知爲學，吾道足矣。支離汗漫之弊，將不撲而自熄也。鬼神之爲德，其盛矣乎！蓋上天之載，無聲無臭，至矣。是知也，天且不違，而况於人乎？况於鬼神乎？時執塗人而問之曰：『汝有知乎？』曰：『有。』時執童子而問之曰：『汝有知乎？』必曰：『有。』知饑知食，知寒知衣，莫非知也，推而至於知天知命，知化育，愚夫愚婦之與知，聖人亦有所不知焉，一也；其有不一者，致與不致之間矣。但致知之功，竊意其入頭下手亦自不同，當隨其資之近者而致力焉。孟子曰：『孩提之童，無不知愛其親；及其長也，無不知敬其兄。』不待學習，本於天性，此真知也，則是良知之用，莫切於孝弟焉者。孝弟也者，其爲仁之本歟！堯舜之道，孝弟而已。知皆擴而充之，不足以事父母，而仁義禮樂之實，要之以事親從長之間，是孟子有得於良知深矣。某嘗反求諸心，虚靈之用，固自燦然，出有入無，超忽茫蕩，若無輳泊。近來求之於事親從長之間，便覺有所持循。如一念之欲方萌，輒自訟曰：『是非孝也。』則罔念自消；如一言一行之過也，輒自訟曰：『爲父母戮也。』則汗愧交迸。是非之心，人皆有之。時執塗人、童子而斥之曰『汝不孝不弟也』，亦皆艴然不悦，如蒙污穢焉。始知西銘即中庸之理，而曾子啓手足得全歸之義。舜、武、周公之庸行，爲中庸之極致，只爲今人不識孝弟，往往求之於儀文之末，而不知一念非天，一事非理，一物失所，皆非孝也，而良知之功用，於是乎淺矣。孟子曰：『大人者，不失其赤子之心。』赤子何心也？愛親敬長之心也。『天下何思何慮？天下同歸而殊途，一致而百慮。』某服膺明教，蓋欲於事親從長之間而求所謂良知之學焉，何如？

「二、御史以監察爲事，故凡吏治之賢否，民病之隱幽，風俗之淳漓，皆御史之所當知。然知之爲難，於今尤難也。巧詐者極彌縫之文，赴愬者多虚浮之説，若非清心下問，加志周爰，鮮有不爲人所欺者也。某承乏以來，晝夜憂勤，故於簿書條格之外，亦頗廉得其一二，而臨之以不測也。於是貪墨之風，稍見斂戢。比會陳惟濬，則又以逆詐億信惓惓爲戒，蓋恐爲此心本體之累。夫億逆先覺之説，先生之所以告崇一者，詳而至精矣。一言以蔽之，要不過復良知之本體。本體之知，實知實見，常覺常照，然其所以覺之者，一惟據理之有無爲覺耳。由也不得其死，盆成适至見殺，固先覺也；入宫之喜，放魚之歎，亦先覺也。是故君子無意於逆億與先覺也，而惟以窮理之功，勿忘勿助。不能窮理以覺人，而爲人所罔者，忘也；惟恐人之罔己，而馳志於億逆者，助也。忘則不明，助則不誠。不誠不明，離道遠矣，是故先生要之以誠也。誠則以羊易牛，其迹吝矣，適合乎行仁之巧法；不誠則攘夷尊周，如其仁也，乃不免爲假仁之伯術。竊意億逆之用，則亦有然者。如其所以咨諏詢訪者，無非爲上爲民之實心，而無一毫私意夾帶於其中，則雖億逆，猶先覺也。何也？誠也。誠則旁行曲防，皆良知之用也。萬一先有一毫自私自利之心攙於其内，即雖彰往察來，固先覺也，猶億逆也。何也？不誠也。不試則周知旁燭，皆良知之累也。誠與不誠之間，億逆、先覺之由分也。若今必欲以億逆爲戒，而一惟坐以待至以覺之，其流之弊，將至厭事惡外，守空悟寂，恐亦不得爲覺也。不知何如？

「一、告子盡心一章，造理履事之説，傳疑久矣。外事以造理者，必非理；外理履事者，必非事。不誠無物，理外無事也；有物有則，事外無理也。是故歧理與事而二之者，必非學也。學而至於内外合一，則所謂精義入神以致用，利用安身以崇德者，其殆庶幾矣乎！然非本於良知之致，終難免乎襲義之病。蓋自聞夫生知、學知、困知之教，而百年支離破碎之説，至是始涣然釋，怡然順，不復向焉牴牾之患也。比嘗反覆於體驗之餘，謬有見於管中之得，敢具以請。心也，性也，天也，命也，一也。心外無性，性外無天，天外無命。盡也，知也，存也，養也，修身也，其功一也，亦非二也。要之，只是盡吾心焉已耳。盡心云者，即中庸之盡性也。然已盡之心不存，則盡者有時而或塞；已知之性不養，則知者有時而或昏。存者，盡之繼；養者，知之篤。存心養性，一陟一降，在帝左右，所以事天也。至於殀壽之來，一惟存心養性以俟之，無所恐懼疑惑，以貳其心焉，則是以義爲命，命由此立也。盡心知性，日知其所無也；存心養性，月無忘其所能也。殀壽不貳，至死不變也。窮理盡性以至命也，一也。妄意如此，不知何如？

「二、中庸『尊德性而道問學』一句，精一執中之傳，萬古聖學之原也。朱陸之辯相持而不決者，幾三百年。比今豪傑之士，稍稍覺悟，而致知存心，並作一項下手，莫非先生倡明之力也。德性者，良知也；道問學者，致知之功也。是故外德性而道問學者，必非學；外問學而尊德性者，奚以尊？心外有知，存外有致，皆不得其說也。德性者，天德也，明德也，王道之本也。『大學之道，在明明德，在親民，在止於至善』者，尊德性而道問學也。克己以求仁，集義以養氣，慎獨以致中和，定之以仁義中正而主静，聖賢之所謂問學者，言人人殊，然未聞有外德性以爲道者也。廣大也，精微也，高明也，中庸也，故也，新也，厚也，禮也，皆吾之德性也。致也，盡也，極也，道也，温而知也，敦而崇也，道問學之功也。綱舉目張，中庸立言，意義自明，若無待於辯矣。其有辯而不明者，習於聞見之舊耳。甚矣，習見之蔽人也！

「近淮陰邂逅甘泉先生，深夜講論，偶因及此，亦微有不同焉，併録以請。」

按：聶豹乞恩致仕以全病軀疏云：「嘉靖六年九月二十二日，欽蒙差往福建巡按。臣以七年正月十七日，接管行事。」（聶豹集卷二）可見聶豹此書乃是正月到福建後不久所作。所謂「淮陰邂逅甘泉先生」，乃是指湛甘泉嘉靖六年冬十月秩滿考績赴京，至嘉靖七年正月歸南京，途經淮陰邂逅聶豹。

宋儀望雙江聶公行狀：「戊子春，入閩……是春，復以書往陽明論學，亹亹數千言，復書俱悉所云。既又建養正書院、射圃亭於會城，群八閩秀士教之，重刻傳習録、道一編、二業合一論、大學古本，以訓迪諸生……先生自丁亥以來，其論致知功夫，則以孩提知愛知敬爲良知本來面目，反而求之事親從兄，覺有所持循，致書陽明、南野二公，蓋極言之。」

三月，刻田州立碑紀功；刻田州石銘，以鎮田州。

陽明田州立碑：「嘉靖丙戌夏，官兵伐田，隨與思恩，相比復煽，集軍四省，洶洶連年。於是皇帝，憂憫元元，容有無辜，而死者乎？乃命新建伯，臣王守仁：曷往視師，其以德綏，勿以兵虔。班師撤旅，信義大宣。諸夷感慕，旬日之間，自縛來歸者，七萬一千。悉放之還農，兩省以安。昔有苗徂征，七旬來格；今未期月，而蠻夷率服。綏之斯來，速於郵傳，舞干之化，何以加焉！爰告思、田，毋忘帝德；爰勒山石，昭此赫赫。文武聖神，率土之濱，凡有血氣，莫不尊親。嘉靖戊子季春，臣守仁拜手稽首書，臣林富、張祐刻石。御史石金，布政林富，參議汪必東、鄒輗，副使林大輅、祝品、翁素，僉事張邦信、申惠，副總兵李璋、張祐，參將沈希儀、張經，僉事吳天挺、汪溱，都指揮謝珮，知府蔣山卿贊畫。胡松、李本、林應驄，同知史立成、桂鏊、舒柏，通判陳志敬，知州李東、林寬，宣慰侯彭明輔、彭九霄，官男彭宗舜，軍門□□隨禮部辨印生錢君澤，過朱身丞杜洞、傅尚賢監刻。指揮趙璇、林節、劉鏜，百户嚴述、郭經督工。」（雍正廣西通志卷一百零二。按：今廣西平果縣右江岸陽明洞天巖洞前峭壁上，刻有陽明此文手迹，題作「征撫思田功蹟文」。）

王陽明全集卷二十五田州石刻：「田石平，田州寧民請如此；田水縈，田山迎府治新向。千萬世，鞏皇明。嘉靖歲，戊子春，新建伯，王守仁，勒此石，告後人。」

費宏田石平記：「田江之濱有怪石焉，狀若一龜，卧於衍石之上。長倍尋，厚廣可尋之半。境土寧靜則偃卧維平，有眚則傾欹，潛浮以離處。故俗傳有『平寧傾兵』之讖。歲乙酉，岑氏猛食采日殷，恣横構兵。守臣方上疏議討，一夕石忽浮去數百武。猛懼，乃使力士復之，嚮夕殷祀之，以潛弭其變。明年，大兵至，猛竟失利以滅，人益異焉。猛黨盧、王二酋脇衆連兵據思、田，以重煩我師，朝議特起今新建伯陽明王公來平。比至，集衆告曰：『蠢兹二酋，豈憚一擒？維瘡痍未瘳，而重罹鋒刃，爲可哀也。』即日下令解十萬之甲，掣四省之兵，推赤二酋，俾自善計。二酋憚公威德，且知大信不殺，遂率衆自縛泣降。公如初令諭而遣之，單車詣田，經畫建制，以訓奠有衆。田父老望風觀德，如堵如墻，羅拜泣下曰：『大兵不加，明公再生之賜也。田醜何以爲報！』維田始禍，石實釁之，具以怪狀聞，且曰：『自王師未旋，石靡有寧，田人惴惴守之如嬰，今則亡是恐矣。願公毁此，以寧我田。』公曰：『其然，與若等往觀之。』既觀，曰：『汝能怪乎？吾不汝毁而與决。』取筆大書其上曰：『田石平，田州寧。千萬世，鞏皇明。』明年春，公使匠氏鎸之，遂以爲田鎮。田人無遠近老穉，咸謳歌於道以相慶焉。嗟夫！維石在阿，賦性不那。孰使之行，豈民之訛？維妖維祥，肇是興亡。天實變幻，而莫知其方。維邪則洩，維正則滅，亦存乎其人而已矣。公忠誠純正，其静一之學，浩然之氣，見於勤王靖難者，可以格神明而貫金石，天下已信之，有弗靈於是石乎？田人寶兹石文，蓋不啻交人之纍銅柱也已。公車將旋，田人趨必東曰：『兹不可無述以告於世世。』作田石平記。」（王陽明全集卷三十九）

按：費宏作此田石平記，乃出汪必東之請，非陽明本意。其時費宏已致仕家居，事過境遷，或欲與陽明重修舊好，乃着意作是記以表白心迹。然此記卒不收入費宏集中，其因亦蓋出於此也。

王陽明全集卷十四處置平復地方以圖久安疏：「初，岑猛之將變，忽然有石自田州江心浮出，傾卧岸側。其時民間有『田石傾，田州兵；田石平，田州寧』之謡。猛甚惡之，禁人勿言，密起百餘人夜平其石，旦且復傾。如是者屢屢，已而果有兵變。今年二月，盧蘇等既有投順，歸視其石，則已平矣。皆共喜異，傳以爲祥。臣至田州，親視其石，聞土人之言如此。民間多取『田寧』二字私擬其名。臣等欲乞朝廷遂以此意命之，雖非大義所關，亦足以新耳目而定人心之一端也。」

許相卿有書來賀平復思、田。

雲村集卷四上王陽明先生書一：「某罪戾餘生，遠違矩正，懵禮負教，慚懼何言！伏惟道化德猷，坐殿南服，炎荒絶徼、久外天日之夷，一旦手挈之聖治輿圖中。竊覩平復田州一疏，遠猷深識，夫豈近世功名之士所敢覷其藩墻？某跧伏垔堵，亦爲吾道增氣。舊聞清恙，時切馳戀，伏惟倍萬崇攝，以致康豫，無任切禱。」

按：所謂「平復田州一疏」，即指陽明所上奏報田州思恩平復疏，許相卿得見此疏當在三月以後。

二十三日，命下進剿八寨、斷藤峽。

王陽明全集卷十五征剿稔惡瑶賊疏：「據留撫田州、思恩等處地方，廣西布政司右布政林富、原任副總兵都指揮同知張祐等會呈前事，開稱：『田州、思恩平復，居民悉已各安生理，土夷亦皆各事農耕，地方實已萬幸。但惟八寨瑶賊，積年千百成徒，流劫州縣鄉村，殺害良民，虜掠子女生口財物，歲無虚月，月無虚旬。民遭荼毒寃苦，屢經奏告，乞要分兵剿滅者，已不知幾百十番。爲因地方多事，若要進兵，未免重爲民困，是以官府隱忍撫諭，冀其悔罪改過。而彼乃悍然不顧，愈加兇横，出劫益頻。蓋緣此賊有衆數萬，盤據山谷，憑恃險阻，南通交趾等夷，西接雲、貴諸蠻，東北與斷藤、牛腸、仙臺、花相、風門、佛子及柳、慶、府江、古田諸處瑶賊回旋連絡，延袤周遭二千餘里，東掠西竄，南摽北突。近因思、田擾攘，各賊乘機出攻州縣鄉村，遠近相煽，幾爲地方大變……乞要乘此軍威，速加征勦，庶不貽患地方……』據此行間，隨據左江道守巡守備等官、左參議汪必東、僉事吳天挺、參將張經等會呈……開稱：『斷藤、牛腸、六寺、磨刀等處猺賊，上連八寨諸蠻，下通白竹、古陶、羅鳳、仙臺、花相、風門、佛子等峒各賊，累年攻劫郡縣鄉村……延袤千里之內，皆已變爲盜賊之區……近因思、田用兵，遂與八寨及白竹、古陶、羅鳳等賊乘勢朋比連結，殺虜搶劫，月無虛旬，扇惑搖動，將成大變……近幸思、田之諸夷感慕聖化，悉已自縛歸降……獨此斷藤各巢逆賊，自知罪在不赦，恃險如故，截路截村，略無忌憚。若不乘此軍威，進兵勦滅，將來禍患，焉有紀極。』緣由會案呈詳到臣。」

同上，八寨斷藤峽捷音疏：「照得各職於本年三月二十三等日，先奉本院鈞牌：『據左江道守巡守備等官呈，稱斷藤峽等處猺賊，上連八寨，下通仙臺、花相等峒，累年攻劫郡縣鄉村，殺害軍民，累奏請兵誅勦，乞要乘此兵威勦滅。等因，行仰各職監統各該官兵進勦各賊。諭令未至信地三日之前，停軍中途，候約參將張經，與同守巡各官集議，先將進兵道路之險夷遠近，各巢賊徒之多寡強弱，及所過良民村分之經由往復，面同各鄉導人等逐一備細講究明白，務要彼此習熟，若出一人；然後刻定日時，偃旗息鼓，寂若無人，密至信地，乘夜速發，務使迅雷不及掩耳，將各稔惡賊魁盡數擒勦，以除民害，以靖地方。除臨陣斬獲外，其餘脅從老弱，一切皆可宥免……』奉此各職會同參議汪必東，僉事汪溱、吴天挺，參將張經，都指揮謝珮，遵照軍門成算，分布各哨官兵，申明紀律，嚴督依期進剿前項各賊巢穴。」

同上，卷三十行參將沈希儀守八寨牌三月二十三日，行左江道剿撫仙臺白竹諸瑶牌三月二十四日。

同上，卷十八征剿八寨斷藤峽牌三月。

按：進剿八寨、斷藤峽自三月開始，至六月班師。錢德洪陽明先生年譜乃籠統於七月下云：「七月，襲八寨、斷藤峽，破之。」其説誤甚，後人皆踵其訛。大致陽明於三月二十三日命下進剿八寨、斷藤峽，四月二日出兵，四月十日破斷藤峽，四月二十三日破八寨；以後又連破古蓬、古鉢、都者峒、銅盆、黄田、鐵坑諸巢，直追至横水江，於六月中旬班師回兵。陽明於八寨斷藤峽捷音疏中叙述甚明，其斷非七月破八寨、斷藤峽昭然可見（詳下）。兹將明世宗實録卷九十二中一段叙述著録於下，以見其實：

「九月甲戌，新建伯王守仁督兵討廣西諸寨叛賊，悉平之。先是斷藤峽等處傜賊，上連八寨，下通仙臺、花相等峒，連絡數十餘巢，盤亘三百餘里，流劫郡縣，屢征不服，急則入萬山叢箐中。自潯、梧上下軍民，横罹鋒鏑者數十年。至是守仁既招降思、田叛目盧蘇、王受，責之剿寨賊自效，罷還永順、保靖二土司。土兵應調至者，密授方略，使指揮唐宏等部護，乘歸途之便擊之。守仁止南寧，偃旗仆鼓，示不爲備。度賊已懈，督官兵四面圍之，永順攻牛腸，保靖攻六寺諸巢，以四月三日合戰敗之。明日，破仙居山寨。又明日，破油榨、石壁、大陂等巢，斷藤峽平。乘勝進攻仙臺、花相、白竹、古陶、羅風等巢，悉破。布政使林富率盧蘇、王受等由别道抵八寨，突破石門，賊遂奔潰。我兵分道□剿，於是古蓬、周安、古鉢、都者峒、黄田、鐵坑等寨相繼殄平。餘賊僅千餘人，且戰且走，趨渡横水江，水大風，溺死太半，其脱身入山者，多□墜崖谷死。」

四月一日，有書致錢德洪、王畿。

陽明與德洪汝中書：「地方事幸遂平息，相見漸可期矣。近來不審同志叙會如何？得無法堂前今已草深一丈否？想卧龍之會，雖不能大有所益，亦不宜遂爾荒落，且存餼羊，後或興起，亦未可知。餘姚得應元諸友，相與爲益不小。今有人自家中來，聞龍山之講至今不廢，亦殊可喜。書到，望爲寄聲，益與勉之。九、十弟與正憲輩，不審早晚能來親近否？彼或自絶，望且誘掖接引之，諒與人爲善之心，當不俟多喋也。汝佩、良輔蘇松之行如何？胡惟一今歲在舍弟處設帳如何？魏廷豹决能不負所托，兒輩或不能率教，亦望相與挾持之。人行匆匆，百不及一，諸同志均此致意。四月一日，陽明山人致德洪、汝中二道弟文侍。餘空。」（壯陶閣書畫録卷十明王陽明手札册）

按：所謂「卧龍之會」，指陽明門人在稽山書院講會，蓋稽山書院即在卧龍山下。所謂「龍山之講」，指其門人會期於餘姚龍山講習。應元，即許應元，明清進士録：「許應元，嘉靖十一年二甲五十四名進士。錢塘人，字子春。以剛介忤執政，不得館職。出知泰安州，廉潔自持。擢工部員外郎，官至廣西布政使，所至有聲。工詩文，有許水部稿。」國朝獻徵録卷一百有侯一元作廣西右布政使許公應元墓誌銘。胡惟一，即胡純，胡世寧子，號雙溪，會稽人。所謂「胡惟一今歲在舍弟處設帳」，乃指聘請胡純來設教授學。黄虞稷千頃堂書目著録胡純雙溪集、泗州志、忠鯁録、天慈見睍録等，可見其亦當時一著名文士。

二日，發兵進剿斷藤峽、八寨。

王陽明全集卷十五八寨斷藤峽捷音疏：「節據廣西領哨潯州衛指揮馬文瑞、王勳、唐宏、卞琚、張縉，千户劉宗本，永順統兵宣慰彭明輔，官男彭宗舜，保靖統兵宣慰彭九霄，及辰州等衛部押指揮彭飛、張恩等，各呈前事：職等遵奉統領各該軍兵，依期於本年四月初二日密到龍村埠登岸。當蒙統督參將張經，都指揮謝珮，督同宣慰彭明輔，分布官男彭宗舜，頭目彭明弼、彭傑，領土兵一千六百名；隨同領哨指揮馬文瑞，頭目向永壽、嚴謹，領土兵一千二百名；隨同領哨指揮王勳，又督同宣慰彭九霄等，分布官男彭藎臣，下報效頭目彭志明，領土兵六百名；隨同領哨指揮唐宏，頭目彭九皋，領土兵六百名；隨同領哨指揮卞琚，頭目彭輔，領土兵六百名；隨同領哨指揮張縉，頭目賈英，領土兵六百名；隨同領哨千户劉宗本，並各哨官員，領潯州等衛所及武靖州漢土官兵鄉導人等，共一千餘名。永順進剿牛腸，保靖進剿六寺等賊巢，刻定初三日寅時一齊抵巢。」

六日，上處置平復地方以圖久安疏，奏請立土官知州，立岑邦相於田州，岑邦佐於武靖；分設土官巡檢；田州改名田寧；興田州學校，於附近府州縣學教官内選委一員，領田州學事。

王陽明全集卷十四處置平復地方以圖久安疏。

明世宗實録卷八十九：「六月丙寅……陞金華府知府張鉞爲廣西右參政，管田寧府事。吏部尚書桂萼言：『王守仁區畫田寧事宜，土目先試以巡檢，知州先試以吏目，知府先試以同知。試三年，而後實授。其薦林寬爲同知，蓋試知府也。朝廷既假之便宜，宜遂從其議。』上以爲然，命寬以同知掌府學，俟三年有成，即陞知府。鉞仍舊職。」

十日，破斷藤峽。陽明有詩咏。

王陽明全集卷十五八寨斷藤峽捷音疏：「刻定初三日寅時一齊抵巢。各賊先防湖兵經過，各將家屬生畜驅入巢後大山潛伏，賊首胡緣二等各率徒黨團結防拒。然訪知本院住札南寧，寂無征剿消息，又不見調兵集糧，而湖兵之歸，又皆偃旗息鼓，略無警備，遂皆怠弛，不以爲意。至是突遇官兵四面攻圍，各賊倉惶失措，然猶恃其驍悍，蜂擁來敵。當有彭明輔、彭九霄、彭宗舜並頭目田大有、彭輔等督率目兵，奮不顧身，衝突矢石，敵殺數合，賊鋒摧敗，當陣生擒斬獲首賊並次從賊徒賊級六十九名顆，俘獲男婦及奪回被虜人口、牛隻、器械等項數多。餘賊退敗，復據仙女大山，憑險結寨。各兵追圍，攀木緣崖，設策仰攻。至初四日，復破賊寨，當陣生擒斬獲首賊並次從賊徒賊級六十二名顆。初五日，復攻破油榨、石壁、大陂等巢，生擒斬獲首賊及次從賊徒賊級七十九名顆，俘獲男婦、牛隻、器械等項數多。餘賊奔至斷藤峽、横石江邊，因追兵緊急，争渡覆溺死者，約有六百餘徒。官兵復從後奮勇追殺，當陣生擒斬獲首賊及次從賊徒賊級六十五名顆，俘獲男婦、牛畜、器械等項數多。各賊間有一二漏網，亦皆奔竄他境。官兵追殺，至於本月初十日，遍搜山峒無遺。稟蒙收兵，回至潯州府住劄……」

王陽明全集卷二十破斷藤峽：「纔看干羽格苗夷，忽見風雷起戰旗。六月徂征非得已，一方流毒已多時。遷賓玉石分須早，聊慶雲霓怨莫遲。嗟爾有司懲既往，好將恩信撫遺藜。」

按：所謂「六月徂征」乃用徂征有苗典故，非謂破斷藤在六月也。

十五日，上征剿稔惡瑶賊疏。

王陽明全集卷十五征剿稔惡瑶賊疏：「爲照思、田變亂之時，該前都御史等官姚謨等奏調湖廣永、保二司土兵前來南寧等處聽用，近幸地方悉已平靖，各兵正在班師放回之際，歸途所經，正與各賊巢穴相去不遠；況思、恩二府新附，土目盧蘇、王受等感激朝廷生全之恩，屢乞殺賊報效。俱各遵奉敕諭事理，除一面量調官軍，協同前項各兵，行委左江道守巡參將等官監統永、保二司宣慰官男領各頭目士兵人等，分道進剿牛腸、六寺、仙臺、花相等賊，並行留撫思、田布政及右江分巡兵備守備等官監統思、田土目兵夫，分道進剿八寨等賊，所獲功次，俱仰該道分巡兵備官收解，紀功御史紀驗，造册奏報，及行總鎮太監張賜密切公同行事，並密行鎮巡等官知會……」

二十三日，破八寨。陽明有詩咏。

王陽明全集卷十五八寨斷藤峽捷音疏：「隨蒙本院密切牌諭，復令職等移兵進剿仙臺等賊。就於本月十一日黄夜，仍前分布各哨官兵，遵照牌内方略，永順於磐石、大黄江登岸，進剿仙臺、花相等處；保靖於烏江口、丹竹埠登岸，進剿白竹、古陶、羅鳳等處。刻定於十三日寅時一齊抵巢……又該督兵右布政林富，舊任副總兵張祐等，遵奉本院方略，分督田州府報效頭目盧蘇等目兵及官軍人等三千名，思恩府報效頭目王受等目兵及官軍人等二千名，韋貴等目兵，及官軍鄉款人等一千一百名，照依分定哨道，進剿八寨稔惡瑶賊，刻期於本年四月二十三日卯時一齊抵巢。先於二十二日晚，於新墟地方集各土目人等，申布本院密授方略，乘夜啣枚速進，所過村寨，寂然不知有兵。黎明各抵賊寨，遂突破石門大險，我兵盡入。賊方驚覺，皆以爲兵從天降，震駭潰竄，莫知所爲。我兵乘勝追斬，各賊且奔且戰。薄午，四遠各寨驍賊聚衆二千餘徒，各執長標毒弩，並勢呼擁來拒，極其猛悍。我兵鼓譟奮擊而前，聲震巖谷，無不一當十。賊既失險奪氣，而我兵愈戰愈奮，賊不能支，遂大奔潰。當陣生擒斬獲首賊及次從賊徒賊級二百九十一名顆，俘獲男婦、畜産、器械數多。賊皆分陣聚黨，奔入極高大山，據險立寨。」

按：陽明所述，即襲破八寨之戰。後陽明五月九日所發行參將沈希儀計剿八寨牌云：「近因八寨瑶賊稔惡，已經發思、田目兵攻破賊巢，方在分投搜捕。」（王陽明全集卷三十）所謂「攻破賊巢」，即指四月二十三日襲破八寨。四月二十三日以後，則主要在分頭搜捕八寨餘衆，詳見追捕逋賊（王陽明全集卷十八）。

同上，卷二十平八寨：「見説韓公破此蠻，貔貅十萬騎連山。而今止用三千卒，遂爾收工一月間。豈是人謀能妙算？偶逢天助及師還。窮搜極討非長計，須有恩威化梗頑。」

行下廣西提學道興舉思、田學校。

王陽明全集卷十八案行廣西提學道興舉思田學校：「照得田州新服，用夏變夷，宜有學校。但瘡痍逃竄之餘，尚無受廛之民，即欲建學，亦爲徒勞。然風化之原，終不可緩云云。除具題外，擬合就行。爲此仰抄案回道，著落當該官吏備行所屬儒學遵照，但有生員，無拘廪增，願改田州府學，及各處儒生願附籍入學者，各赴告本道，徑自查發，選委教官一員，暫領學事，相與講肄游息，或興起孝弟，或倡行鄉約，隨事開引，漸爲之兆，俟休養生息一二年後，該府建有學校，然後將各生徒通發該學肄業，照例充補增廩，以次起貢，俱無違錯。」

按：思、田興學校乃陽明於處置平復地方以圖久安疏中提出，至是行下提學道處置推行。其時任廣西提學副使者正爲李中，國榷卷五十三：「嘉靖六年十月壬戌……選提學官：直隸御史張衮、鄭洛書，浙江副使萬潮，江西趙淵，河南魏校，山東余本，四川韓邦奇，廣西李中，雲南唐胄，福建張邦奇，湖廣許宗魯，廣東蕭鳴鳳，貴州僉事高賁亨。」羅洪先都察院右副都御史李公中行狀：「癸未春，陞廣西布政司左參議。其夏，陞廣西按察司副使，提督學校。先生憫俗學支離，喪失真性，凡教一本於身，不事言語……於是擇諸生，聚處五經書院，五日登堂，講說敷悉，自辰至暮不休，人多嚮之。甲申夏，以繼母某氏憂歸……丁亥，起復補前職，廣西人士聞者交賀。」（國朝獻徵録卷五十九）按李中谷平先生文集卷四有釣臺用陽明王子韵：「明月照桐江，千秋一釣旅。肩輿上石臺，凛凛清風起。心游百世前，義在四時裏。巢由甘山林，大禹勞胼胝。版築作商霖，鷹揚在渭水。時哉復何思？大道無彼此。舊德天子師，諫議非知己。救世扶沮溺，是謂知時矣。」可見陽明在廣西與李中當有交游往來。

親往南寧府學、縣學及書院講學，發良知之教，開導諸生。

王陽明全集卷十八牌行靈山縣延師設教：「看得理學不明，人心陷溺，是以士習日偷，風教不振。近該本院久駐南寧，該府及附近各學師生前來朝夕聽講，已覺漸漸有奮發之志……」

同上，牌行南寧府延師設教：「近該本院久住南寧，與該府縣學師生朝夕開導訓告，頗覺漸有興起向上之志……」

季彭山先生文集卷一建敷文書院修德息兵記：「乃度郡東北隙地，建敷文書院，日進諸生，與之從容講學，以示誕敷文德之意。」

門人季本推行鄉約於揭陽，呈告陽明，陽明批委潮州府通判張繼芳，督令各縣推行鄉約。

王陽明全集卷十八揭陽縣主簿季本鄉約呈：「據揭陽縣主簿季本呈爲鄉約事，足見愛人之誠心，親民之實學，不卑小官，克勤細務，使爲有司者，皆能以是實心修舉，下民焉有不被其澤，風俗焉有不歸於厚者乎？但本官見留軍門聽用，該縣若無委官相繼督理，未免一暴十寒。況本院近行十家牌諭，雖經各府縣編報，然訪詢其實，類是虛文搪塞；且編寫人丁，惟在查考善惡，乃聞加以義勇之名，未免生事擾衆，已失本院息盜安民之意。訪得潮州府通判張繼芳持身端確，行事詳審，仰該府掌印官將發去牌式，再行曉諭所屬，就委張繼芳遍歷屬縣，督令各該縣官動加操演，務要不失本院立法初意。仍先將牌諭所開事理，再四紬繹，必須明白透徹，真如出自己心，庶幾運用皆有脉絡，而施爲得其條理。該縣鄉約仰委縣丞曹森管理，毋令廢墮。」

五月一日，季本作田州事實記，詳論剿殺岑猛父子與招撫盧蘇、王受之是非得失，爲陽明抗辨。

季彭山先生文集卷二田州事實記：「土官岑氏，在田州世有功德，以爲國家不侵不叛之臣，邊疆倚賴焉。其後岑猛之初襲爲知府也，遇有家禍，時在外未得入，而思恩土官岑濬實納之，遂挾取猛丹梁、慕義之地。既而濬以罪敗，猛乃乘間告復其地，當道弗與，且欲因而抑之，摘猛罪，亦左遷建平千户，以其府與思恩例，改爲流官。猛恐自此遂失田州，累乞貶秩，以爲其府幕，不許，遂留不赴任，而流官知府始代猛者，不爲土人所附，退居南寧，與猛終不相得。後知府高公友機至，待以坦懷，則猛亦禮意周盡矣。已而軍門調猛征馬平、程鄉及江西窑原洞諸盜有功，累陞南丹指揮僉事、指揮同知、權署府事，及征北流、前□，斬獲計已二萬八千餘，功而卒不復其知府。猛既失故物，又頗好文墨，耻與武臣頡頏。先是藉猛功而起身者，多爲都司參將，而猛乃以指揮爲之屬，或至受其侮，供應其所需，少有不盡，則從而媒孽之。猛意頗不平，不欲以功名自競，於是傳其邦彦，而吟詩飲酒，彈雀捕魚，招延方外之士，講養生術，將自爲其身矣。邦彦膂力絶人，智謀不在猛下，調征新寧，既親破剿思恩；劉紹之亂，復討平之。戰無不勝，功無不成，於是田州之兵雄兩廣，而邦彦因有驕豪之志矣。重以一二監守兹土者，有所誅求，搜剔其隱過，既不足以服其心，而反爲所輕。猛亦時有譏詆上司之言，薦聞於遠，當道無不領之，惟恐不得其隙。又田州地當數州衝要，軍門使者過之，或有所調發，卒倚勢取索，欲渝其常。猛既以謝事避去，而邦彦亦不禮焉。使者歸，則造危言以謗猛。會泗城有亂，那地、東蘭諸州素爲所侮，欲因而甘心焉，以田州、唐興等地亦舊爲泗城所侵奪，積有深怨，約猛共報之。而泗城土官岑接實爲那地兵所殺，以訴於當道。在猛自謂争復故地，土俗之常耳；而殺接者又那地也，不意爲意。當道因欲以罪誅猛，不爲辨曲直，猛怨，且頗察知泗城有告猛者，自田州道出，輒邀致之，以爲打點，出慢語，以挾當道。當道益深惡之，而謗猛者日深，遂加以叛逆之罪，請兵征討。朝廷亦未有必誅之意也。會有流言，以猛爲行賄者，人皆自避嫌疑，不復爲猛深辨；而小人欲乘時以立功名者，又皆力贊之成。乃大合四省之兵於南寧，以伐田。邦彦聞之，欲出拒戰。猛曰：『我未嘗得罪朝廷，必無伐我理；萬一有之，豈可抗官兵，以自取戾？』止勿許。乃遣人進表，則不得達；遣人訴冤，則不得行；遣人求立功以贖罪，則不得請。於是邦彦率其所親陸壽、韋好等至，公要覘師。而官兵猝至，殺韋好等，邦奇遁走，尋病死。猛知事急，竄死歸順，其民乃潰。未幾，土目盧蘇以岑氏世有功德於田，不忍其嗣絶，欲求一撫定以繼之，懼不可得，乃揚言猛尚存，而衆畢集，誓以一心。復遣人説思恩土目王受，使率衆來復土俗。初，思恩之改設流官也，併土俗亦去之，而爲里中民皆不便，往往以其情鳴官，不得復，反覆未寧。故蘇因而啓受，蓋幸隣境之多事，以自遂其所圖。受至思恩，果率其衆，以里甲之不便，告於知府吴期英，而懼有患，每旦則叩頭聽命，而於上下之禮，倉庫之防，嚴不敢犯焉。期英未爲施行，受乃出至武緣，將求質以自達於上，官兵以爲受反而擊之。既於險不得已，則相格鬥，而受實非有反心也。及請質不得，官兵已趨思恩拒之矣。受遂乃至上林，求得所知指揮張輗、王鳳而去，以分質於思、田，惟以此勢求撫而已。當時執事者例以大義責之，而不復少原其情，必欲窮誅二目，以深絶其黨，思、田由是久不得靖，供億之區，人懷異慮。所幸聖天子憂憫元元，特命新建伯撫定之，察民之情，一從其俗，且爲之圖久遠計，而於岑氏則不絶其後，全兩府七萬生靈之命，省國家鉅萬軍興之資，人心悦服，邊境帖然。否則絶人自新，堅其必死，用兵不息，他援薦至，不惟失思、田，且無兩廣矣。嗚呼！蠻夷之俗，大率淫佚無禮，殘暴不仁，不可以法度繩也。自猛襲位以來，砥礪名節，思自樹立，親賢友士，務本恤民，閨門有禮，國俗有條，民有罪者，不忍見其箠楚，使人杖之門外。至於妄殺戮人，則尤所未有。以是民心悦服。累立戰功，而不得志，遂託於養生，以示無争名意。比官兵以反叛加之，人且料猛兵事素練，號令素行，用其富强之力，而使邦彦將之，奮臂一呼，群蠻響應，足以基兩廣數年難拔之患，必非甘於受死者。然猛終守臣節，不敢有異謀，豈非土官中之最賢者乎？向使駕馭有道，以激勸其志，則猛之材志，濟以邦彦之驍勇，因其富强，足以盡平兩廣稔惡之蠻種，而於府庫財可無分毫費也。又猛自先世有功國家，苟罪有可戮，猶將十世宥之，况實無反心乎？雖其一時忿争詆傲，若無忌憚，然亦在我者處之未盡，當自反者也。乃必欲加猛大惡，使其父子抱憤懣以死。嗚呼！邦彦且未足論，猛深可惜也！已無益於事，而失蠻夷之心，得非執事者之過計邪？或者謂猛爲歸順所掩殺以邀賞，如此，則猛益完矣。然而尚幸其或死於病，乃於朝廷好生之體未爲虧耳。若夫盧蘇之志，欲爲其主存孤；王受之情，欲爲其土復俗。雖不無阻兵拒敵之罪，要之，蠻夷小人不諳禮法，集黨自防，勢所必至，亦未可盡以大義責之，而處以必死也。今猛既嗣其後人，則九泉之下，庶得以瞑目；而蘇、受亦開其生路，則萬死之餘，舉樂於效勞矣。此非聖天子廣大無私，斷不降於成議，而新建伯纖微不忽，處留盡乎人情，則思、田之冤，豈特猛一人而已哉？余至南寧，搜訪土人，而得其顛末，悲猛之志，懼夫人之未盡知也，竊惟私識之，聞幽君子庶幾有取焉。嘉靖七年夏五月朔，梧江逸史記。」

按：季本此記，旨在訟岑猛被誅之冤，贊陽明招撫盧蘇、王受之英明，其議論直言大膽，抨擊朝廷失誤，鑄成冤案，一無忌諱，在當時敢發如此翻案文字者，唯季本一人而已。季本此記實是代師立言，道出陽明心底真話。蓋朝廷以岑猛爲奸惡大憝而征剿之，誅殺岑猛已成定案，上下噤不敢言；而陽明反對剿殺，招撫盧蘇、王受，設立土官，在當時已遭人非議，後世亦多以此詬陽明者，如國榷於陽明招降盧蘇、王受下即云：「田汝成曰：『嗚呼！予涉廣西，聞父老言田州事，未嘗不三歎馭夷之失策也……岑猛倚强跋扈，罪誠有之，誅其君而吊其民，誰曰不可？……盧蘇倡亂，抗敗王師，雖八議不宥。新建受鉞專征，總制四省，撲殺此僚，直拉朽耳；而顧以姑息訖事，何哉？』……參將俞恩亦言：『田州乃陽明未竟之功，然岑猛實伏誅，而疏言病死；蘇、受大憝漏網，而盛稱其功，此何解也？』」此等書生腐論，皆爲朝廷好殺戮、制冤案張目辯解。季本作此記，揭明事件真相，意在爲陽明抗辨也。估計陽明在二月平思、田後，即將季本由揭陽調至南寧，季本遂得以探訪土人三月而成此記。

許相卿再有書來論學。

雲村集卷四上王陽明先生書四：「溽暑，伏惟台候百福。頃奉勤誨，粗心懵識，未敢有見處，已如暗寶，漸覩隙光。由茲以往，或得與觀天日之大，拜賜之侈，殆於罔極矣。伏惟爲道崇護鼎茵，以迓天休。某聞教以來日嚴，顧謂病耗疏劣，自策弗前，寤寐依依函丈之下也。執事方今爲長城，坐殿南服，時平志遂，然後歸西州，表東海。某得後諸生霑餘潤，以與聞斯道，日夕以冀也。昧干崇嚴，悚仄無已。」

駐扎南寧五月，出郊送軍，有詩咏懷。

王陽明全集卷二十南寧二首：「一駐南寧五月餘，始因送遠過僧廬。浮屠絕壁經殘燹，井竈沿村見廢墟。撫恤尚漸凋弊後，遊觀正及省耕初。近聞襁負歸瑤僮，莫陋夷方不可居。　勞矣田人莫遠迎，瘡痍未定犬猶驚。燹餘破屋須先葺，雨後荒畬莫廢耕。歸喜逃亡來負襁，貧憐繻絝綴旗旌。聖朝恩澤寬如海，甑鮒盆雨縱爾生。」

二十二日，林富陞都察院右副都御史，巡撫湖廣鄖陽，陽明作序送別。

王陽明全集卷十五舉能撫治疏：「看得思恩、田州二府地方，府治雖立而規制未成，流官雖設而職守未定，且瘡痍未服，人心憂惶，乞將右布政林富量陞憲職，及存留舊任……將南寧、貴州等府衛州縣及東蘭、南丹、泗城、那地、都康、向武等土官衙門俱聽林富等節制……又經條陳具本於本年四月初六日差承差楊宗賫奏請旨，俱未奉明示。本年五月二十二日，本官已蒙欽陞都察院右副都御史，撫治湖廣鄖陽等處地方去訖……」

按：萬曆鄖臺志卷九載林富兵荒錢糧疏云：「臣自嘉靖七年九月到任，值地方重災。」是林富於九月到鄖陽任。

同上，卷二十二送別省吾林都憲序：「嘉靖丁亥冬，守仁奉命視師思、田，省吾林君以廣西右轄，實與有司。既思、田來格，謀所以緝綏之道，咸以爲非得寬厚仁恕、德威素爲諸夷所信服者，父臨而母鞠之，殆未可以强力詭計劫制於一時而能久於無變者也，則莫有踰於省吾者。遂以省吾之名上請乞加憲職，委之重權，以留撫於茲土，蓋一年二年而化治心革，朝廷永可以無一方顧也乎！則又以爲聖天子方側席勵精，求卓越之才，須更化善治，則如省吾之成德夙望，大臣且交章論薦，或者請未及上，而先已有隆委峻擢，恐未肯爲區區兩府之遺黎，淹歲月而借之以重也。疏去未踰月，而巡撫鄖陽之命果下矣。當是時，八寨之瑶積禍千里且數十年，方議進兵討罪，省吾將率思、田報效之民以先之，報聞，衆咸爲省吾賀，且謂得免兵革驅馳之勞也。省吾曰：『不然。當事而中輟之，仁者忍之乎？遇難而苟避之，義者爲之乎？吾既身任其責，幸有改命，而亟去之，以爲吾心，吾能如是哉？』遂弗停驅而往。冒暑雨，犯瘴毒，乘危破險，竟成八寨之伐而出……正德初，某以武選郎抵逆瑾，逮錦衣獄，而省吾亦以大理評觸時諱在繫，相與講易於桎梏之間者彌月，蓋晝夜不怠，忘其身之爲拘囚也。至是别已餘二十年，而始復會於此。省吾貌益充，氣益粹，議論益平實。而其孜孜講學之心，則固如昔加懇切焉。公事之餘，相與訂舊聞而考新得。予自近年偶有見於良知之學，遂具以告於省吾，而省吾聞之，沛然若决江河，可謂平生之一快，無負於二十年之别也矣！今夫天下之不治，由於士風之衰薄；而士風之衰薄，由於學術之不明；學術之不明，由於無豪傑之士者爲之倡焉耳。省吾忠信仁厚之質，得之於天者既與人殊；而其好學之心，又能老而不倦若此，其德之日以新而業之日以廣也，何疑乎？自此而明學術，變士風，以成天下治，將不自省吾爲之倡也乎？於省吾之别，庸書此以致切劘之意。若夫期望於聲位之間，而繫情於去留之際，是奚足爲省吾道之哉？」

二十五日，上舉能撫治疏，薦舉周期雍、王大用。

王陽明全集卷十五舉能撫治疏：「所有思、田二府撫循緝理官員，尚未奉有成命。如蒙皇上軫念邊方，俯從臣等所請，乞於兩廣及鄰省附近地方各官內選用，庶可令其作速到任，不致久曠職業。臣本昧於知人，不敢泛然僭舉。切照廣東右布政使王大用，湖廣按察使周期雍，皆才識過人，可以任重致遠。臣往年巡撫南贛，二臣皆在屬司，爲兵備僉事，與之周旋兵革之間，知其皆實心幹事。江西未叛一年之前，臣嘗與周期雍密論宸濠之惡，不可不爲之備，期雍歸去汀、漳，即爲養兵蓄鋭以待。及臣遇變豐城，傳檄各省，獨期雍與布政席書聞變即發。當是時，四方援兵皆莫敢動，迄宸濠就擒，竟無一人至者，獨席書行至中途，復受臣檄，歸調海滄打手，又行至中途，聞事平而止。其先後引領至江西省城者，惟周期雍、王大用兩人而已……乞敕吏部酌臣所議，於二臣之內選用其一，非惟地方付託得人，永有所賴；而臣等亦可免於身後之戮，地方幸甚。」

追剿八寨、斷藤峽餘衆，連破古蓬、周安、古鉢、都者峒、銅盆、黃田諸寨。遂行下綏柔流賊，撫柔瑶民。

王陽明全集卷十五八寨斷藤峽捷音疏：「（四月）二十四日，我兵復攻破古蓬等寨……二十八日，復攻破周安等寨……五月初一日，復攻破古鉢等寨……初十日，復攻破都者峒等寨……本月十二等日，復據參將沈希儀解到督領指揮孫繼武等官軍及遷江土目兵夫人等於高徑、洛春、大潘等處追剿邀擊各寨奔賊，斬獲首從賊徒賊級九十八名顆；都指揮高崧解到督領指揮程萬全等官軍及土目兵夫人等於思盧、北山等處搜剿截捕各寨奔賊，斬獲首從賊徒賊級九十一名顆；又據同知桂鏊監督思恩土目韋貴、徐五等目兵分剿銅盆等寨，斬獲首從賊徒賊級一百九十二名顆，俘獲數多；又據通判陳志敬督領武緣、應虛等處鄉兵搜剿大鳴等山奔賊，斬獲首從賊徒賊級八十六名顆。又於本月十七等日，盧蘇、王受等復攻破黄田等寨，斬首從賊徒賊級三百六十二名顆，俘獲數多。」

同上，卷十八綏柔流賊：「蓋用兵之法，伐謀爲先；處夷之道，攻心爲上。今各瑶征剿之後，有司即宜誠心撫恤，以安其心；若不服其心，而徒欲久留湖兵，多調狼卒，憑藉兵力以威劫把持，謂爲可久之計，則亦未已……夫柔遠人而撫戎狄，謂之柔與撫者，豈專恃兵甲之盛，威力之强而已乎？……即行知府程雲鵬，公同指揮周胤宗，及各縣知縣等官，親至已破賊巢各鄰近良善村寨，以次加厚撫恤，給以告示，犒以魚鹽，待以誠信，敷以德恩……從而爲之推選衆所信服立爲酋長，以連屬之。優其禮待，厚其犒賞，以漸綏來調習，使之日益親附……此後官府若行剿除，爾等但要安心樂業，無有驚疑。若各賊果能改惡遷善，實心向化，今日來投，今日即待以良善，即開其自新之路，決不追既往之惡。爾等即可以此意傳告開喻之，我官府亦未嘗有必欲殺彼之心。若彼賊果有相引來投者，亦就實心撫安招來之，量給鹽米，爲之經紀生業，亦就爲之選立酋長，使有統率，毋令涣散。一面清查侵占田土，開立里甲，以息日後之爭；禁約良民，毋使乘機報復，以激其變……夫善者益知所勸，則助惡者日衰；惡者益知所懲，則向善者益衆。此撫柔之道，而非專有恃於兵甲者也。」

按：陽明是行文作於五月，蓋在破八寨、斷藤峽、都者峒、銅盆、黄田諸寨之後。錢德洪陽明先生年譜乃將撫瑶民叙在破八寨、斷藤峽之前，謂「五月，撫新民……七月，襲八寨、斷藤峽，破之」，顛倒誤甚。

湖兵先行歸師回南寧，陽明有詩送行，稱贊彭世麟、彭明輔、彭宗舜三代忠孝。

王陽明全集卷二十往歲破桶岡宗舜世麟老宣慰實來督兵今茲思田之役乃隨父致仕宣慰明輔來從事目擊其父子孫三世皆以忠孝相承相尚也詩以嘉之：「宣慰彭明輔，忠勤晚益敦。歸師當五月，冒暑浄蠻氛。九霄雖已老，報國意猶勤。五月衝炎暑，回軍立戰勳。愛爾彭宗舜，少年多戰功。從親心已孝，報國意尤忠。」

按：五月十七日破黄田諸寨，進剿已近尾聲，故陽明乃命湖兵先行歸軍（全軍班師在六月十一日）。

陽明六月四日所作寄何燕泉手札中云：「使來，值湖兵正還。」（見下）可見湖兵回軍在五月底。陽明蓋是在八寨送湖兵歸南寧。

同上，卷三十行左江道犒賞湖兵牌，獎勞督兵官牌，土舍彭藎臣軍前冠帶劄行，獎勞永保二司官舍土目牌。

同上，卷十五八寨斷藤峽捷音疏：「照得宣慰彭明輔、彭九霄、官男彭宗舜等，皆衝犯暑毒，身親陷陣，事竣之後，狼狽扶病而歸，生死皆未可必。其官男彭藎臣者，亦遣家丁遠來報效。兩年之間，顛頓道途，疾疫死亡，誠有人情所不能堪者。而彭明輔等忠義奮發，略無悔怠，即其一念報國之誠，殊有所不可泯者。」

薛侃起故官赴京師，得陽明書，有答書論朝事天下事。

薛侃集卷九奉尊師陽明先生書三：「侃五月發舟，得領尊翰拜讀，知兵事稍寧，按廣有期。侃譬人家驕子，髫齔嬉遊，亟離膝下，迨長稍知承順，欲侍親側，有不可得。今期左右數月，乃北上。主上真大有爲之君，向左一機，今若復失此會，太平未有日也。大抵天下事必從原頭理絡，乃有實下手處。不然，終是泥金漆器，遇水瀑裂，業終難濟。欲撥轉此機在諸公，能成諸公在吾師。不知渠何以自計？每思及此，雖駑鈍不能不爲之發慨也。」

按：明史卷二百零七薛侃傳云：「嘉靖七年，起故官。」所謂起故官即起復爲行人。書云「五月發舟」，即指薛侃起程入京。陽明與薛侃書今佚，按薛僑薛中離行狀：「丁亥，陽明公受命兩廣征討蠻夷，過其鄉，促先生起復，曰：『志存天下，毋專美於一方也。』」所謂過其鄉並非指過揭陽，而是泛指過兩廣。蓋薛侃遷延數月不起復赴任，故陽明致書薛侃，促其起復。若然，則所謂「志存天下，毋專美於一方也」云云，蓋即是陽明信中語也。

六月四日，燕泉何孟春有書併詩章寄至，陽明有答書。

陽明寄何燕泉手札：「某久卧山中，習成懶僻，平生故舊，音問皆疏。遥聞執事養高歸郴，越東楚西，何因一話？煙水之涯，徒切瞻望而已。去歲復以兵革之役，扶病强出，殊乖始願。正如野麋入市，投足摇首，皆成駭觸。忽枉箋教，兼辱佳章，捧讀灑然。蓋安石東山之高，靖節柴桑之興，執事兼而有之矣，仰歎可知。地方事苟幸平靖，伏枕已逾月，旬日後亦且具疏乞還。果遂所圖，雖不獲握手林泉，然郴嶺之下，稽山之麓，聊復同此悠悠之懷也。使來，值湖兵正還，兼有計處地方之奏，冗冗乃爾久稽，又未能細語，臨紙惘然，伏翼照亮。不具。六月四日，王守仁頓首，燕泉何老先生大人執事。餘空。」（手札真迹藏上海博物館，陽明文集失載）

按：何燕泉因大禮議在嘉靖六年二月引疾歸居郴州，即陽明此書所云「養高歸郴」。所謂「兼有計處地方之奏」，乃指陽明上舉能撫治疏、下綏柔流賊等，可見何燕泉遣使至南寧在五月底。其時追剿破寨已近尾聲，湖兵先歸師，即陽明書所云「值湖兵正還」也。書云「旬日後亦且具疏乞還」，尤可注目，蓋已有意於旬日後班師，即上疏乞歸矣。

是日，御史胡明善薦陽明入閣輔政，不允。

明世宗實録卷八十九：「六月甲辰，御史胡明善言：『新建伯王守仁性與道合，思若有神，撫綏廣寇，兵不血刃。大學士楊一清有濟險應變之才，折衝禦侮之略。蓋天所授以佐中興。幸早召守仁入，與一清同心輔政。』上曰：『任用大臣，朝廷自有處置。』下其章於所司。」

十日，破鐵坑、緑茅諸寨，追剿至横水江，乃命班師。

王陽明全集卷十五八寨斷藤峽捷音疏：「六月初七等日，復攻破鐵坑等寨，斬獲首從賊徒賊級二百五十三名顆，俘獲數多。又據指揮康壽、松千竇、王俊等督領官兵於緑茅等處把隘搜截，斬獲首從賊徒賊級四十八名顆……我兵四路夾追，及之於横水江……八寨之賊略已蕩盡，雖有脱網，亦不能滿數十餘徒矣。本院議於八寨之中，據其要害，移設衛、所以控制諸蠻。復於三里設縣，以迭相引帶。親臨相視思恩府基，景定衛縣規則。其時毒暑日甚，山溪水漲，皆惡流臭穢，飲者皆成疫痢。本院因見各賊既已掃蕩，而我兵又多疾疫死亡，乃遂班師而出。」

按：陽明六月十五日所作祭永順寶靖士兵中云「今爾等徒侶，皆已班師去矣」，可見班師當在六月十五日以前。又陽明六月十日所作奬勞督兵官牌云「今師旋有日，所據宴勞之禮，相應舉行」，同日所作奬勞永保二司官舍土目牌亦云「今歸旋有日，所據宴勞之禮，相應舉行」。可見陽明實即在六月十日命下班師，蓋是在八寨中議決也。王陽明全集卷二十五有祭軍牙六纛之神文，似即班師時作。錢德洪陽明先生年譜誤以平斷藤峽、八寨在七月，遂以爲班師在七月，乃是誤上加誤。

十五日，御史馬津再薦陽明入閣輔政，遭世宗切責，爲桂萼所沮抑。

明世宗實録卷八十九：「六月乙卯……御史馬津言：『新建伯王守仁忠貞幹濟，在在有聲，功高人忌，毁譽失實。請召置廟堂，以慰民望。』上以兩廣未寧，守仁方有重寄，津妄奏瀆擾，切責而宥之。」

文襄公奏議卷四論田寧事宜疏：「少保丞桂萼謹奏：臣昨於推補田寧知府之後，復詳兵部咨文，見新建伯王守仁處置田州事宜内稱：已委化州知州林寛，在於地方經理府治，若即陞以該府同知，而使之久於其職，其建立必有可觀。迨其累有成績，遂擢以爲知府，使終身其地，彼亦忻然過望，必且樂爲不倦，有益地方，決知不少。蓋土目之於林寛，既已相安，此時必日夜望有成命也。及請命於朝，乃吏選新官，不用王守仁所議，是王守仁以輕易請，而朝廷反以重且難者應之，大失守仁處此之深意矣。臣昨即謀於内閣，以爲守仁處此，於林寬之爲知府，岑邦祐之爲知州，土目之爲巡檢，皆先輕易視之；而姑試之，吏目試之以巡檢，内嚴朝廷尊大之勢，外繫土人求望之心，馴之使不驚，乃所以見今日知府之異於昔日之流官，而爲久安長治之策者也。合具題請再下本部，暫依守仁所議，即陞知州林寬爲田寧府同知，署掌本府印信，三年之後，果實心效勞，地方寧靖，即將林寬陞授知府，責之久任，則事體歸一。且異日萬一復有難處之事，亦易於更改，而守仁不能逭其責矣。内閣咸有難色，止曰：『成命已下，幸勿再勞聖聽。』臣亦誠恐皇上實厭更改，故不敢執奏，但預救此誤，不可不以聞也。夫王守仁在兩廣所處事宜，一用臣請起用之疏，撫輯人民，保固封守而已。蓋此法誠心行之，必取實效。但一過而去，則是守仁或以詐土夷，或以詐聽，亦自懼其不能持久，此又不可不察也。今又聞御史馬津亦復論薦，是皆急於守仁去任計也。伏乞皇上特令内閣弗許守仁離任，責以撫處三年，則兩廣之事大定，而所設之官可以一聽其自爲。此委任責成，自古任用人才，使不得爲欺罔之道也。」

按：國榷卷五十四：「六月丙午，王守仁奏田州改田寧府，設流官。别立田州，有岑猛幼子邦相授吏目，署州事。盧蘇、王受爲土巡檢，思恩流官仍舊。從之。」是朝廷在六月六日已定其議，桂萼再上疏奏請更改，顯是受馬津薦陽明入閣輔政之刺激，懼陽明功成歸朝入閣而上此疏，欲陽明長留兩廣，「不能逭其責」，永不得入朝。按桂萼當初薦陽明本意即在沮陽明入朝入閣，置之邊遠之地。至是謝遷致仕歸，桂萼正虎視眈眈覬覦空缺「宰輔」之位，豈能容陽明其時離任入朝？故桂萼特藉論田寧事宜上疏，誣攻馬津薦陽明「是皆急於守仁去任計也」，誣稱陽明「一過而去，則是守仁或以詐土夷，或以詐聽」，竟欲内閣「弗許守仁離任，責以撫處三年」，「使不得爲欺罔之道也」。桂萼用心之歹毒奸詐，如司馬昭之心路人皆知矣。陽明見此疏不無慄慄危懼，其忽於七月十日上養病疏，不俟命下即離任去，必當與桂萼此疏有直接關係也。（見下）

是日，陸澄上疏自悔議禮之非，起復爲禮部儀制司主事。旋謫爲廣東高州府通判。

明世宗實録卷八十九：「六月乙卯，起復南京刑部山西司署員外郎陸澄上疏，自悔其議禮之非，初爲人所詿誤，後以責其師王守仁，言：『父子天倫，不可奪。今上孝情不可遏，禮官之言未必是，張、桂諸賢未必非。』然後大恨其初議之不經，而悔無及也。疏下，吏部尚書桂萼因言：『興禮出於人心自然，雖孩提之童無不明信。特以執政偏謬徇私，臺聯百司伏機，更相傾搆，故一時雖智謀之士，明知朝議之非，不過巧爲兩可之辭，或微示輕重之意，未敢明言以觸時忌者。澄仍修慝不隱，事君不欺，宜聽自新。仍行各司，有如澄者，俱聽自陳其逼脇詿誤之由，量賜末減，録用如故。』詔可。」

文襄公奏議卷四請許言禮諸官認罪疏：「昨見吏科抄出主事陸澄悔過之奏，可以驗前者典禮之議人心初未嘗死，特以一時智巧之士，操兩可之詞，不肯質言是非，故群迷牢不可破，而設計搆陷之鋒，其可畏有如此。臣所以於皇上手勅，欲乞通許認罪，以歸結此兩可之論也。今僅就澄本題復，仍乞通行内外各衙門知會，凡議禮妄言之人，有能知非悔過如陸澄者，俱許披露肝膈，自陳其逼脇詿誤之由，具本認罪，量情輕重，特旨減末。此實補前日手勅之所不足，而絶兩可之原者也。」

明世宗實録卷九十六：「嘉靖七年十二月甲申，上覽明倫大典，見禮部儀制司主事陸澄議禮原疏，遂諭吏部：『澄常造悖理之論，惑誘愚蒙，逢迎取媚。又假以悔罪，爲辭悖惡奸巧，有玷禮司。宜出之遠方。』乃謫爲廣東高州府通判。」

萬曆野獲編卷二十陸澄六辨：「刑部主事陸澄，王文成高足弟子。世宗初，文成封伯，宰執忌之，御史程啓充、給事毛玉等承風旨，劾文成學術之邪，澄上疏爲六辨以折之……澄又疏詆考興獻之非，投劾歸。赴補得禮部，時張、桂新用事，復疏頌璁、萼正論，云以其事質之師王守仁，謂『父子天倫不可奪，禮臣之言未必是，張、桂之言未必非』，恨初議之不經，而悔無及。疏下吏部，尚書桂萼謂澄事君不欺，宜聽自新。上優詔襃答。未幾，明倫大典成，中載澄初疏甚詳，上大怒，責其悖逆奸巧，謫廣東高州府通判，旋陞廣東僉事，尚以頌禮得超擢云。文成之附大禮不可知，然其高弟如方獻夫、席書、霍韜、黄綰輩，皆大禮貴人，文成無一言非之，意澄言亦不妄。」

作祭永順寶靖土兵文，委南寧知府蔣山卿祭告於南寧府城隍神。

王陽明全集卷二十五祭永順寶靖土兵文。

十六日，繼母趙氏六十壽誕，作雲山遐祝圖遥祝。

鄒守益集卷四叙雲山遐祝圖：「雲山遐祝者，吾師陽明先生奉王命以殿南服，思歸壽其母夫人趙而不可得，故作是圖，以寓孝也。越之距廣也，若是其遠也，以仰觀則雲瀰瀰矣，以俯察則山壘壘矣，然孝思潛乎，無以異於升堂而效祝也。曰：『祝之義古乎？』曰：『華封人之祝，在陶唐氏行之矣。臣之祝君，子之祝親，其揆一也。』曰：『夫皆可以祝乎？』曰：『祝也者，祝之於天也。福謙而害盈者，天之制也；賞善而罰惡者，君之柄也。君執其柄，以馭萬民，而妄求之，且獲咎於君；天司其制，以宰萬物，而妄求之，將不咎於天乎？華封人之祝也，以堯之聖而後祝之也。』曰：『若是，則奚爲遐祝也？』曰：『夫人之德，克迓續於天也。方先生之幼失恃也，倜儻出常矩，龍山公欲夙其成，痛鈐勒之；而委曲開諭，使充其量也，其慈慧有如此者。伯仲遺孤煢然，岑太夫人所閔也，携入京邸，分俸，俾自樹，以順適姑志，其孝愛有如此者。守儉，庶出也，而長；守文，夫人出也，而幼；蔭子之典，首以與儉也，其公有如此者。先生官南都，與學者講明先王之道，守文尚幼，亟遣游學焉，其深識有如此者。徐曰仁，志士也，以女女之，後爲虞部郎，有令名，其卒也，撫女館粲之，立孤以續其祀，其明斷有如此者。初相龍山公爲冢宰，繼以先生功，進開國一品之封，貴盛，逾四年矣，恒不廢紡績，以爲子婦先，驕奢之戒，凜然斧鉞，其謙虚有如此者。是以若是祝之也。』曰：『祝之於天，天受之乎？』曰：『受之。天無私視，以民之目爲目；天無私聽，以民之耳爲耳。錢進士寬，邑人也，合同邑之士百餘人以壽，則德孚於邇也；王進士畿，郡人也，合同郡之士及四方之君子百餘人以壽，則波於遠也。占諸人情，則測天心矣。由耆而耄，以升期頤，斯其兆焉耳。』曰：『先生之學，以天地萬物爲體者也，奚祝之止於家也？』曰：『仁人之於天下，莫不欲其壽富多男子也，然勢不能以直遂也。立愛自親始，立敬自長始。良知良能，仁義之實也。達之天下，孰無是良知乎？人人親其親，長其長，合敬同愛，以升於大順，是先生之志也。』預聞春風之教，弗可以默也，推其義，以納諸賓筵。」

涇野先生文集卷五壽誥封一品夫人王母趙内君六十序：「誥封一品夫人王母趙内君者，南京吏部尚書致仕、進封新建伯、龍山先生餘姚王公之配，今新建伯、南京兵部尚書陽明伯安公之繼母也。六月十六日，夫人懸帨之期，是年蓋甲子一周矣。陽明之門人錢進士寬與其同志者，走狀問壽。錢進士曰：夫人受性孝謹，年甫及笄，不出閨閤，異姓兄弟鮮見其面，有古閨門之肅焉。既歸龍山先生，恭順日茂，相待如賓友，有古饁耨之敬焉。妾媵雖衆，恒事績紡，諸子勸沮，愀然不樂，深示戒辭，有古主績之儉焉。人苟非己子，絜蘆而守，奈陽明幼年倜儻，庭訓甚嚴，夫人曰：『此兒聰慧，後當大成。』委曲保育，無所不至，不慈而能之乎？苟欲利己，分荆而鬥禽，伯叔早逝，遺孤咸幼未大，夫人念之不置也，乃携入京師，撫若己出，不義而能之乎？苟欲私國，攝隱以俟桓，龍山公爲少宗伯時，例應蔭子入監，時守文幼，守儉雖長，庶出也，先生欲遲之，以屬守文，夫人曰：『守儉獨非吾子邪？』不公而能之乎？然則夫人之壽也，當何若？曰：性者，命之所以定也；志者，氣之所以行也；德者，年之所由建也。其性存者，其命立；其志博者，其氣完；其德大者，其年永。夫肅，則固而不弛；敬，則貞而不違；儉，則節而有常；慈，則均而不妬；義，則廣而不貪；知公其榮，則嗣緒遠。六者皆婦人之難也，而夫人兼之，此其壽又可量乎？聞之云：天壽敬，地壽肅，日壽慈，月壽義，鬼神壽其儉，松柏壽其榮。天地、日月、鬼神、草木，蓋將於德是壽，况其他乎！雖然，碩果在樹，不食，猶一果也；惟種之於土，則生生化化之妙，歲月不可得而計矣。昔者孟子輿之母固賢也；微子輿明孔子之道，發六經之旨，以覺後世，則其母之壽又安能偕之以至今存哉！夫陽明子行茂而不倦，功高而不伐，雖當投戈之際，輒講藝之不輟；雖於百歲之年，務赤子之不失。此其風固可以淑四方，而其學亦將以啓方來。當其志，固欲使夫人之壽偕之以至千百祀遠也。」

興學延師，請合浦縣主簿陳逅設教於靈山縣學。

王陽明全集卷十八牌行靈山縣延師設教：「看得原任監察御史、今降合浦縣丞陳逅，理學素明，志存及物，見在軍門，相應差委。除行本官外，爲此牌仰靈山縣當該官吏，即便具禮敦請本官於該縣學安歇，率領師生，朝夕考德問業，務去舊染卑污之習，以求聖賢身心之功。該縣諸生應該赴試者，臨期起送；不該赴試者，如常朝夕聽講。或時出與經書策論題目，量作課程。不得玩易怠忽，虚應故事，須加時敏之功，庶有日新之益……」

同上，牌行委官陳逅設教靈山。

陳逅省庵漫稿卷二啓陽明夫子：「伏承鈞命，欲以闔郡下委，使卑職教學爲務，無徒汩没於簿書云者。此由高明愛某至深，待某至厚，故忘其不肖，委任責成過分如此，然實有不可冒處者。庸才鄙識，不模不範，塊然血肉之軀，有何道業可以傳授，乃敢抗顔爲師，如柳宗元所爲譏切當世者哉？近世有志之士，苦心復古，一時相與之徒，不知檢約，自干物譏，而好異毛吹蔓舉，至欲投鼠而並及其器，此高明所親見而深爲之不平者也。今以某之不肖，而謬焉崇委，其能終不辱逮門下矣乎？自顧缺然，無一可以奉承德意者，惟高明照察。」

按：陳逅字良會，號省庵，常熟人。明清進士録：「陳逅，正德十二年三甲一百六十名進士。江蘇常熟人，字良會，一作魯山。除福清知縣。入爲御史，時同官朱淛、馬明翰以諫昭聖皇太后免朝賀，詔獄拷訊，近疏救之，並下詔獄，謫合浦主簿。累官河南副使，坐事斥爲民。撫按交薦，不起，卒。有石淙山人漫稿。」明史卷二百零七有傳。

敷文書院建成，延請揭陽主簿季本設教，親往書院講學。

王陽明全集卷十八牌行南寧府延師設教：「看得原任監察御史、今降揭陽縣主簿季本，久抱温故知新之學，素有成己成物之心，即今見在軍門，相應委以師資之任。除行本官外，仰南寧府掌印官即便具禮率領府縣學師生，敦請本官前去新創敷文書院，闡明正學，講析義理。各該師生務要專心致志，考德問業，毋得玩易怠忽，徒應虚文。其應該赴省考試者，扣算程期，臨時起送；不該赴試者，仍要如常朝夕質疑問難。或時出與經書題目，量作課程。務加時敏之功，以求日新之益……」

同上，牌行委官季本設教南寧。

季彭山先生文集卷一建敷文書院修德息兵記：「嘉靖丁亥歲，思、田弗靖，撫臣議征之，集兵四省者二年矣。維時生靈抱鋒鏑之憂，郡縣坐供輸之困。皇上勵精圖治，軫念元元，特起我陽明夫子於家，俾往定其地。累疏以疾辭，弗獲，乃抵南寧，則謂邊夷所以弗率者，爲遠於聲教，不得蒙至治之澤耳。吾既不能撫綏，又從而虔劉之，此與罔民何異?於是大宣天子德聲，圖惟息衆，乃度郡東北隙地，建敷文書院，日進諸生，與之從容講學，以示誕敷文德之意。由是思、田之民仰慕德化，自縛來降。至則諭以恩威，衆咸感泣，乃悉解其縛，而放之歸農，蓋七萬一千餘人焉。昔伯禹征苗，三旬逆命，班師旅以修德；舜干羽於兩階，雍容七旬，而有苗來格。蓋惟堯舜之時有此盛舉，後世莫能及，亦以爲不可及也。而吾夫子爲是，何其易易哉！夫天下之道，良知盡之矣，堯舜之所以爲堯舜，全此而已矣。孟子曰：『人皆可以爲堯舜。』其不以此，與聖賢既遠，道學不明。人見聖人之萬理完具，隨處充周，以爲無所不知，無所不能也，往往求之於聞見之多，事功之著，而不要其本於良知，汗漫無統，勞苦難成，則以聖人爲不可及，宜矣。自吾夫子即固有之良知，洩不傳之聖秘，以明天之明命，本但如是其易，而非加乎一毫之强爲，是則人之所以爲聖，而道之所以無他者也。然而絶學之後，駭於驟聞，雖高明之士或契於心，亦未敢信夫聖人之道止於如是而必可學也，且謂吾夫子天資高邁，意見偶及而爲是説耳。殊不知吾夫子謫官龍場，居危三載，困心衡慮之餘，反己自修之實，超然獨悟，非由揣摩。及其賜歸，身任斯道，惟以其良知之學益致之於日用之間，細微曲折，罔有或遺，故不事他求，而學已入於聖域矣。是以歇歷中外，往輒有功，剪除姦宄於南贛，戡定禍亂於江西，偃息談笑，若無事焉，非古之所謂『不大聲以色』者邪？既而功名見忌，讒搆相尋，則又泰然樂天，略無所動，深避形迹，若將終身焉，非古之所謂『不見是而無悶』者邪？此皆聖人積漸之德，而人之所謂難也。由今觀之，其果難哉？其果出於良知之外哉？至於思、田之柔服，分明堯舜氣象矣。然則謂堯舜可學者如此，又有以驗其必然也，其果難哉？其果出於良知之外哉？諸生聞吾夫子良知之教，而又親見夫德化之行，莫不奮然興起，願學聖人。然而聞者弗詳，傳或易失，又吾夫子所甚惓惓也。以本久在門下，嘗聞此學，而方從事軍前，日且閑暇，乃使之領書院事，以申明之。本既承命，反復曉諸生，而諸生之感於教化者，思兵戈之既息，懷德澤於無窮，乃屬其父老而以告於本，將圖序其成績者。本惟吾夫子盛德大業，史官所書，後世所式，豈末學所能贊一辭哉？顧以致良知之説乃吾夫子所雅言，以教人爲堯舜者也，故特舉以明今日成功之本，使夫學者聞之，庶不疑於所從焉。」（原文殘缺，參嘉靖南寧府志卷九引文）

陽明南寧新建敷文書院記碑：「嘉靖丙戌夏，官兵伐田，遂與思恩，相比復煽，集軍四省，洶洶連年。於是皇帝，憂憫元元，容有無辜，而死者乎？迺命新建伯，臣王守仁：曷往視師，勿以兵殲，其以德綏。迺班師撤旅，散其黨翼，宣揚至仁，誕敷文德。凡亂之起，由學不明。人失其心，肆惡縱情。遂相侵暴，荐成叛逆。中上且然，而況夷狄？不教而殺，帝所不忍。孰近弗繩，而遠能準。爰進諸生，爰闢講室。决蔽啓迷，雲開日出。各悟本心，再從外得。厥風之動，翕然無遠。諸夷感慕，如草斯偃。我則自威，帝不我殄。釋干自縛，泣訴有泫。旬日來歸，七萬一千。濈濈道路，踴躍歡闐。放之還農，兩省以安。昔有苗徂征，七旬來格。今未期月，而蠻夷率服。綏之斯來，速於郵傳。舞干之化，何以加焉！明明天子，神武不殺。好生之德，上下迺格。神運無方，莫窺其迹。爰告思田，毋忘帝德。既勒山石，昭此赫赫；復識於此，俾知兹院之所始。」（林富、黄佐嘉靖廣西通志卷二十六）

按：嘉靖南寧府志卷四：「敷文書院，在城内北，係縣學舊址。嘉靖七年，都御史王守仁建。嘉靖十六年，知府郭楠重修。」林富先任廣西布政使，與陽明共征思、田，破斷藤峽、八寨；陽明卒後，其又陞兵部右侍郎，兼都察院右僉都御史，代提督巡撫之任。黄佐爲廣東南海人，多問學陽明。故二人嘉靖中編廣西通志多取自實地資料，其時陽明此記碑猶樹在敷文書院中未壞也。

董傳策駱越漫筆：「王新建督四省兵駐南寧，因創敷文書院，日聚幕僚諸生講學，更不議兵事。三司官莫測其意，謂公假此縱敵，密有指授也。或乘間進言曰：『招降誠善策，脱有不濟，當云何？』公斂容謝曰：『嶺徼苦兵久矣，吾實招之，非誘致也。』公少年縱横翕張，至是亦厭功名，思休輯厥學，真有進哉！一日，講良知萬物一體，有問：『木石無知，體同安在？』時湖廣兩宣慰侍列所部兵頗驕恣，公因答問者曰：『譬如無故壞一木，碎一石，此心惻然顧惜，便見良知同體；及乎私欲錮蔽，雖拆人房舍，掘人塚墓，猶恬然不知痛癢，此是失其心。』兩宣慰聞之聳然。」（轉引自嘉慶廣西通志卷一百二十七）

有簡托祝公叙招泰泉黄佐來論學。

黄佐庸言卷九：「比平八寨駐廣，予已僉臬江右，時開講，官師士民畢集。先有簡托祝公叙招予，予往見，大喜曰：『昔論良知，知尊兄謂「聖人於達道達德，皆責己未能當，言明德則良能可兼」，已作敷文書院對聯矣，曰：「欲求明峻德，惟在致良知。」』予致謝而已。且曰：『天下今皆悦吾言矣。』予曰：『顔淵無所不悦，冉有則勉强謂非不悦爾，恐人各自有夫子。』公笑曰：『是也，非尊兄不聞此言。』予見其面色黧悴，時噏姜蜜以下痰，勸之行，公以爲然。」

七月六日，上邊方缺官薦才贊理疏，薦舉陳槐、施儒、朱衮、楊必進、李喬木等人，均不用。

王陽明全集卷十五邊方缺官薦才贊理疏：「臣看得爲民副使陳槐，平生奮志忠節，才既有爲，而又能不避艱險；致仕知府朱衮，年力壯健，才識通敏；去任副使施儒，學明氣充，忠信果斷；閑住副使楊必進，曉練軍務，識達事機。此四人者，皆堪右江兵備之任。施儒舊爲兵備於潮、惠，楊必進舊爲兵備於府江，皆嘗著有成績，兩地夷民至今思念不忘。若於四人之中選用其一，其餘地方之事必有所濟。及照田州新附之地，知府陳能尚未到任。該臣看得化州知州林寬……但其禀質乃亦不禁炎瘴，於風土非宜，蒞事以來，終月卧病，呻吟牀席，軀命且不能保，又何能經理地方之事乎？臣又訪得潮州府推官李喬木者，才力足以有爲，而又熟知土俗夷情，服於水土；但係梧州籍貫，稍有鄉里之嫌。臣看廣西軍衛有司衙門所屬官員及各學教職，亦皆多用本省士人，今田州雖設流官知府，而其所屬乃皆土夷，自無鄉里之嫌可避，亦與各教職無異者。乞敕吏部改用林寬於別地，俯採臣議，將李喬木改陞田州同知，庶可使之久於其任，以責成功，則地方之幸，臣之幸也。」

陽明答聘之書：「匆匆別，竟不能悉所言，奈何，奈何！今秀卿好義而貧，已曾面及，此去，幸垂照。九月六日，守仁頓首，聘之大人道契文侍。」（茅一相寶翰齋國朝書法卷八王守仁與聘之憲長書三通）

按：陽明此疏上，不報，所薦之人均未用。如楊必進，羅洪先集卷二十一南樓楊公墓誌銘：「公名必進，字抑之，號南樓，吉水洴塘里人也……選南京山東道監察御史，出爲廣西按察司僉事，擢副使……新建伯王公守仁、尚書胡公世寧憐其才，疏之朝，竟格於例，不得用。」施儒，前考施儒字聘之，號西亭，歸安人。嘉靖六年陽明赴兩廣，時施儒任廣東按察司副使，爲陽明所倚重，至舉施儒自代。張元施儒墓誌銘：「新建伯王公之平八寨也，會右江兵備員缺，未有所屬任，疏公名以請兵部尚書胡公世寧，至舉公自代。」（國朝獻徵録卷九十九）然施儒在五月即因得罪中官落職，故陽明疏中稱其爲「去任副使」。施儒墓誌銘詳載其事云：「授廣東按察司副使，整飭兵備如故，庶幾展公才志。而鴿鳥事起，諸右族方紛紛不便，公馳捕佐，惡少爲口語以詆，冀摇動公。卒以公持之堅，息此大妖千一方。陳給事者，與公同年，居鄉里間横甚，以言事得黨於新貴人，雖罷官，竟不次授太常少卿，乃即其所仇恨二千家訟之。朝行廣東覆按，諸同官者皆憚陳，競袖手避，陳獨難公，且以新貴人手書，至啗之美官。竟潮之民所以無寃，而寘陳於法者，公也。明年，遂落職。」按「陳給事」即陳洸，陽明門人，大禮議中之兇人。「新貴人」指桂萼、張璁輩。施儒落職罷歸時間，國榷卷五十四：「嘉靖七年五月己卯，宥陳洸死，仍予冠帶。錦衣千户陳紀奉命上獄詞，前吉安知府葉應驄坐奏事不實削籍，郎中黄綰謫潮陽知縣，伍鎧城旦，御史藍田削籍，韶州知府唐昇謫□□。凡經勘官各鐫俸，又出郎中劉勳、御史熊蘭、涂相，罷參政李鋭、僉事施儒。」此爲桂萼、張璁所釀又一大案。施儒罷歸在五月，陽明與之相别則在六月，即陽明此書所云「匆匆别」也。

十日，上八寨斷藤峽捷音疏，乞恩普賞。世宗以爲奏捷「誇詐」，「恩威倒置」。

王陽明全集卷十五八寨斷藤峽捷音疏：「今據進剿斷藤峽谷，各哨土目官兵解到生擒斬獲首從賊徒賊級一千一百四名顆，俘獲賊屬五百六十八名口；進剿八寨，各哨土目官兵解到生擒斬獲首從賊徒賊級一千九百一名顆，俘獲賊屬五百八十七名口。兩處共計擒斬獲三千五名顆，俘獲賊屬一千一百五十五名口……兩地進兵，各不滿八千之衆，而三月報績，共已踰三千之功。蓋其勞費未及大征十之一，而其斬獲加於大征三之二，遠近室家相慶，道路歡騰，皆以爲數十年來未見其斯舉也……此豈臣等知謀才略之所能及，皆是皇上除患救民之誠心，默贊於天地鬼神，而神武不殺之威，任人不疑之斷，震懾遠邇，感動上下；且廟諸臣咸能推誠舉任，公同協贊，惟國是謀，與人爲善。故臣等得以展布四體，無復顧慮，信其力之所能爲，竭其心之所可盡，動無不宜，舉無弗振，諸將用命，軍士效力，以克致此……伏望皇上明昭軍旅之政，既行廟堂協贊舉任之上賞，亦録諸臣分職供事之微勞，及將宣慰彭明輔等特加陞獎，官男彭宗舜、彭蓋臣免其赴京，就彼襲替，以旌其報國之義。土目盧蘇、王受等，亦曲賜恩典，或不待三年而遂錫之冠帶，以勵其報效之忠。如此，庶幾功無不賞，而益興忠義之心；賞當其功，而自息僥倖之望矣。」

明世宗實録卷九十四：「閏十月戊子……新建伯王守仁以討平斷藤峽諸寨捷聞，因自言：用計招撫思、田叛目盧蘇、王受等，以夷攻夷，故所向克捷，而我軍僅湖廣掣還之兵八千人，深入三百餘里，俘斬三千餘賊，□除百餘年來兩廣腹心之患。蓋勞費不及大征十一，而成功倍之。此皆由我皇上乾綱内斷，任人不疑，而廊廟諸臣咸能推誠舉任，公心協贊，故已得以展布四體，共成此功。宜先行廟堂協贊舉任之賞，次録諸臣禦侮折衝之勞。兵部覆奏，上曰：『此捷音近於誇詐，有失信義，恩威倒置，恐傷大體。但各洞瑶賊習亂日久，勞亦不可泯。王守仁姑賜勑獎諭，有功人員下巡按御史覈實以聞。宣慰彭明輔等遠調瘴鄉，身親陷陣，優加賞賚，官男彭宗舜、彭藎臣就彼冠帶襲替。盧蘇、王受既改過立功，先行軍門犒賞，待始終無過，方與冠帶。奏捷人賜新鈔千貫，餘賞不行。今後宜務實行事，以副委託。』」

楊一清集閣諭録卷三論剿廣西八寨奏對：「前日發下兵部所覆王守仁剿廣西八寨賊本，已經擬票，將各該有功鎮、巡、三司等官量行賞勞，其餘人員待巡按御史造册陞賞，未蒙俞允。續又擬票，止降勑獎勵王守仁，其餘仍候巡按查勘至日陞賞。惟土官彭明輔遠調瘴鄉，屢建奇功，賞典功不加，將來難以調遣；思、田新附，盧蘇、王受既能改過出力，不可全失其心；及少保桂萼奏薦王守仁，果能成功，古云：『薦賢受上賞。』故臣等從兵部所擬，將桂萼亦行賞勞，以旌其忠。此皆究竟利害、參酌事體而言，豈敢有所偏私？兹者，欽蒙御筆批改：『這捷音近於誇詐，有失信義，恩威倒置，恐傷大體。但各洞瑶賊習亂日久，亦不可泯王守仁，姑寫勑獎勵。欽此。』臣等恭讀數過，相顧駭愕，誠不能窺測聖意。切謂八寨之捷，以爲有功則當速加賞賚，不宜更加詰責。若如聖諭，以爲有失信義，恩威倒置，王守仁方被罪之不暇，而何獎勵之有？但廣西大藤峽瑶寨之賊，自天順至成化初年，劫掠兩廣地方，至於湖廣，亦被其害，幸賴先朝命都督趙輔、都御史韓雍統領大兵數萬，破其巢穴，遂改大藤峽爲斷藤峽，地方稍得安堵。不然，彼時已無廣西；廣西既破，廣東豈能獨存？四五十年以來，以此賊生齒漸繁，恃其險阻，稔惡益盛，不時剽掠州縣，流劫鄉村，殺害人民，不可勝紀。守臣歲歲用兵，曾無寧日。及今不爲剿除，數年之後，又如天順末年之勢，用力加數倍矣。茲者，王守仁假湖廣便道之師，用思、田新附之衆，稽合衆謀，兼收群策，一鼓而破其巢穴，誠足以懾服瑶、僮之心，發舒華夏之氣，功實俊偉。此非兵部之私言，亦中外臣工之公論也。及查得本官前此已嘗具奏，兵部節該題奉欽依：『是。便與行王守仁，即令督副總兵、參將等官，分投設法，相機攻剿，務將各寨瑶賊擒斬盡絶，以靖地方。欽此。』即是，則本官此舉，固嘗請命於朝，皇上已許之矣。彼鳥言獸面之徒，固非信義所能結，而屢撫屢叛，其罪在彼，而責不在我。若無兵威臨之，則恩爲徒狎，賊終無所懲創，而地方終不得安矣。朝廷亦安忍惜此數千叛賊之命而不爲兩廣兵民千萬人久大之圖乎？古者大夫出疆，有可以安國家、利社稷，專之可也。故遣將出師，君親推轂而命之曰：『自閫以外，將軍主之。進止之機，蓋不中制。』今既付王守仁以專征之任，而又沮其成功；兵部以本兵之責，而又疑其過聽。臣等任忝股肱，職親密勿，凡所擬議，復不見信。雖陛下英明天授，勇智夙成，而四方萬國九夷八蠻之事，豈皆一一周知，固亦難於專主。若不信守臣，不聽大臣，而一以聖意裁處，萬一有失政，壞地方大事，則臣下皆得以辭其責，恐非社稷之利也……切謂斷藤峽剿賊之事，乞照臣後次擬票發出施行。倘聖心終以爲疑，則併王守仁亦不必奬勵，止云這剿平瑶賊功次，還行巡按御史查勘明白，分别次第，造册奏來，以憑查議陞賞。如此，庶幾圭角不露，人心亦不致大爲驚駭矣……」

按：世宗所言，含混不可捉摸，連閣臣亦相顧駭愕，不能窺測聖意。所謂「近於誇詐」，似指陽明奏捷誇大不實；所謂「恩威倒置，恐傷大體」，似指陽明掩襲斷藤峽、八寨，專事殺戮，無恩有威，有傷世宗聖德，朝廷大體。按明世宗實録卷九十一：「八月辛亥……新建伯王守仁奏：『……布政使及右江分巡兵備等官，監統思、田土兵，分剿八寨賊。』兵部覆議，詔可，仍諭守仁嚴督副總兵以下官，相機攻剿，務絶宿寇，以靖地方。」可見陽明所作所爲完全符合世宗與朝廷旨意，世宗乃出爾反爾，自食前言，憑空捏造此二條加諸陽明，可謂莫須有之罪名也。精明如楊一清閣老竟也未窺破世宗真實用心。蓋世宗本最忌憚陽明入朝，而有意於桂萼入閣；而桂萼亦不容他人染指，最忌陽明，至欲其再留兩廣三年。陽明其時以三月平定斷藤峽、八寨，交出一份完美「答卷」，世宗已難再啓齒推諉其入朝入閣，故唯有吹毛求疵，捏造此二條莫須有之罪名，不認其平斷藤峽、八寨之功，使陽明卒不得以平思、田、斷藤峽、八寨之功入朝入閣也。稍後在嘉靖八年二月朝廷議王守仁功罪時，世宗加給陽明之主要罪狀便是「但兵無節制，奏捷誇張。近日掩襲寨夷，恩威倒置」（明世宗實録卷九十六），世宗封殺陽明入閣之真面目於此暴露無遺矣。

是日，上乞恩暫容回籍就醫養病疏，並有札致閣老翟鑾再懇，不允。

王陽明全集卷十五乞恩暫容回籍就醫養病疏：「臣自往年承乏南贛，爲炎毒所中，遂患咳嗽之疾，歲益滋甚。其後退伏林野，雖得稍就清凉，親近醫藥，而病亦終不能止，但遇暑熱，輒復大作。去歲奉命入廣，與舊醫偕行，未及中途，而醫者先以水土不服，辭疾歸去。是後，既不敢輕用醫藥，而風氣益南，炎毒益甚。今又加以遍身腫毒，喘嗽晝夜不息，心惡飲食，每日强吞稀粥數匙，稍多輒又嘔吐。當思恩、田州之役，其時既已力疾從事。近者八寨既平，議於其中，移衛設所，以控制諸蠻，必須身親相度，方敢具奏，則又冒暑輿疾，上下巖谷，出入茅葦之中，竣事而出，遂爾不復能興。今已輿至南寧，移卧舟次，將遂自梧道廣，待命於韶、雄之間。……夫竭忠以報國，臣之素志也；受陛下之深恩，思得粉身虀骨以自效，又臣近歲之所日夜切心者也。病日就危，尚求苟全以圖後報，而爲養病之舉，此臣之所大不得已也。惟陛下鑒臣一念報主之誠，固非苟爲避難以自偷安，能憫其瀕危垂絶不得已之至情，容臣得暫回原籍就醫調治，幸存餘息，鞠躬盡瘁，以報陛下，尚有日也。」

明世宗實録卷九十二：「九月甲戌，新建伯王守仁督兵討廣西諸寨叛賊，悉平之……會守仁病甚，乃上書請告，略言其狀曰：『邇者繆蒙陛下過採大臣之議……鞠躬盡瘁，以事陛下，尚有日也。』疏入，上曰：『卿才望素著，公議雅服。近又深入瘴鄉，蕩平劇寇，安靖地方，方切倚任。有疾，宜在任調治，不准辭。』」

按：陽明此乞恩暫容回籍就醫養病疏題下原注「七年十月初十日」作，後人遂以爲陽明上養病疏請告在十月初十日，錢德洪陽明先生年譜謂：「十月，疏請告。先生以疾劇，上疏請告。」乃大誤。因此一誤，錢德洪年譜於此譜叙全錯，幾可謂一片混亂，五百年來竟無一人以發其誤者。今按陽明七月初十日所上八寨斷藤峽捷音疏分明云：「但恨身嬰危疾，自後任勞煩難，已具本告回養病，乞賜俯允。」可見陽明乞恩暫容回籍就醫養病疏與八寨斷藤峽捷音疏上在同一天，「十月初十日」必是七月初十日形誤。世宗不准辭命詔下在九月甲戌（五日），僅此亦足證陽明上養病疏在七月，斷不可能在十月。茲再舉二例考之：陽明又寄正憲男書五云：「八月廿七日南寧起程，九月初七日已抵廣城。病勢今亦漸平復，但咳嗽終未能脱體耳。養病本北上已二月餘，不久當得報。」（王陽明全集卷二十六）此書作在九月十一二日，以「二月餘」上推，可見陽明養病疏正上在七月十日。又寄正憲男書六亦云：「我至廣城已踰半月……候養病疏命下，即發舟歸矣。」此書作於九月二十三四日，可見陽明養病疏上在七月，斷非十月。又陽明答何廷仁云：「自至廣城，又增水瀉……區區養病本去已三月，旬日後必得旨。」（王陽明全集卷六）陽明到廣城在九月初七。若陽明養病疏上在十月，則以「去已三月」算，陽明此書應作在嘉靖七年十二月，豈非荒謬至極（按陽明卒在十一月）？詳考見下。

王陽明全集卷二十一寄翟石門閣老：「思、田之議，悉蒙裁允，遂活一方數萬之生靈。近者八寨、斷藤之役，實以生民塗炭既極，不得已而爲之救焚之舉，乃不意遂獲平靖。此非有魏公力主於朝，則金城之議無因而定；非有裴公贊決於内，則淮、蔡之績何由而成？今日之事，敢忘其所由來乎？齎奏人去，輒申感謝之誠，並附起居之敬。但惟六月徂征，衝冒瘴疫，將士危險，頗異他時。稍得沾濡，亦少慰其勤苦耳。處置地方數事附進，得蒙贊允，尤爲萬幸。舟中伏枕，莫既下懷，伏祈鑒亮！」

按：翟鑾字仲明，號石門，諸城人。其於嘉靖六年三月以吏部左侍郎兼翰林院學士入閣，嘉靖七年六月陞禮部尚書兼文淵閣大學士。書所云「齎奏人去」，即指陽明遣人齎養病疏往京師，因翟鑾爲禮部尚書，故陽明特有書札致意也。

又致書黄綰，懇其在京爲請告歸休斡旋轉圜。

王陽明全集卷二十一與黄宗賢書四：「兩廣大勢，罷敝已極，非得誠於爲國爲民、强力有爲者爲之數年，未可以責效也。思、田之患則幸已平靖，其間三五大巢，久爲廣西諸賊之根株淵藪者，亦已用計剿平。就今日久困積冤之民言之，亦可謂之太平無事矣。病軀咳患日增，平生極畏炎暑，今又深入炎毒之鄉，遍身皆發腫毒，旦夕動履且有不能。若巡撫官再候旬月不至，亦只得且爲歸休之圖，待罪於南、贛之間耳。聖天子在上，賢公卿在朝，真所謂明良相遇，千載一時。鄙人世受國恩，從大臣之末，固非果於忘世者，平生亦不喜爲尚節求名之事，何忍遽言歸乎？自度病勢，非還故土就舊醫，決將日甚一日，難復療治，不得不然耳。静庵、東羅、見山、西樵、兀崖諸公，聞京中方嚴書禁，故不敢奉啓。諸公既當事，且須持之以鎮定久遠。今一旦名位俱極，固非諸公之得已，是乃聖天子崇德任賢，更化善治，非常之舉，諸公當之，亦誠無愧。但貴不期驕，滿不期溢。賢者充養有素，何俟人言？更須警惕朝夕，謙虛自居。其所以感恩報德者，不必務速效，求近功，要在誠心實意，爲久遠之圖，庶不負聖天子今日之舉，而亦不負諸公今日之出矣。僕於諸公，誠有道義骨肉之愛，故不覺及此，會間幸轉致之。」

按：陽明後有與黄宗賢書五云：「前齎奏去，曾具白區區心事，不審已能遂所願否？」所謂「前齎奏去」，即指遣人齎養病疏往京師；所謂「具白區區心事」，即指同時有書寄黄綰，由齎奏人帶去，即此與黄宗賢書四也，可見此書四作在七月十日無疑。書中所言「静庵」即胡世寧（刑部尚書），「東羅」即張璁，「見山」即桂萼，「西樵」即方獻夫，「兀崖」即霍韜，皆在朝當事人物，炙手可熱，所謂「賢公卿在朝」者，因其時京中嚴書禁，陽明未敢直接投書諸當事鉅公，而託黄綰轉達其意也。

十二日，上處置八寨斷藤峽以圖永安疏，不行。

王陽明全集卷十五處置八寨斷藤峽以圖永安疏：「惟是八寨及斷藤峽諸賊，積年痛毒生民，千百里内，塗炭已極。臣既目睹其害，不忍坐視而不救，遂遵奉敕諭事理，乘機舉兵征剿。仰賴神武威德，幸已剪滅蕩平，一方倒懸之苦，略已爲之一解。但將來之患，不可以不預防；而事機之會，亦不可以輕失。臣因督兵，親歷諸巢，見其形勢要害，各有宜改立衛所，開設縣治，以斷其脉絡而扼其咽喉者。若失今不爲，則數年之間，賊以漸復，歸聚生息，不過十年，又有地方之患矣。臣以多病之故，自度精神力量斷已不能了此，但已心知其事勢不得不然，不敢仰負陛下之託，俯貽地方之憂，輒已遵奉敕諭，便宜事理，一面相度舉行，不避煩瀆之誅，開陳上請，乞賜採擇施行……」

明世宗實録卷九十四：「閏十月戊戌……兵部覆新建伯王守仁議處八寨瑶賊便宜二事：其一，謂八寨之賊每寨有衆數千，首尾聯絡，爲柳、慶諸賊淵藪，而周安堡正當八寨之中，宜築城置戍，據其腹心，而移設南丹一衛於其間。蓋賓州故有南丹衛軍坐食，無所耕牧，若移彼就此，令與遷江八所狼兵犄角而守，分耕賊田，則柳、慶日重，而八寨可無它變。其一，謂斷藤峽諸賊既平，正宜休兵散屯，招徠嚮化之民。惟五屯正當風門、佛子諸夷巢穴，最爲要害，舊雖有千户所官兵，見存不滿二百。宜設一鎮，增築高城，而設守備衙門，取回五百兵，分調哨守。其他所之兵，又潮州調到協守者歸之原伍；避役逃亡者，以附近土寨目兵補之。詔如議行。」

省庵漫稿卷二題爲處置地方以圖永安事：「臣查得接管卷内嘉靖七年月日不等，該提督兩廣、江西、湖廣等處地方軍務、新建伯、南京兵部尚書兼都察院左都御史王守仁，准兵部咨：『該新建伯王守仁題前事，奉聖旨：「該部看了來説。」本部看得本爵既剿積年之寇，復興善後之思，所據遷衛改府、設縣增鎮，具見計慮周悉，相應依擬，今將本部應行事理議處開請，候命下之日，移咨本爵，將所奏南丹衛遷移周安堡，增築鎮城於五屯，查揀官軍守禦，務要選委能幹官員，分投整理。其工料之費，仍須處置得宜，及禁革下人蕩費擾害。工完之日，造册奏繳。其或臨期事體，應該損益，一面從宜規畫，一面星馳具奏。等因。題奉聖旨：「是。」准擬行。』又准户部咨，亦同前事。該本部准兵部咨：『看得新建伯王守仁，乞要改築思恩府城於荒田，移設鳳化縣治於三里，添設流官縣治於思龍，無非弭盗安民、思患預防之意。及照本爵題稱，遵奉敕諭，一面相度舉行。緣未開有估定工料、動支錢糧數目，事在彼中相應查處。合候命下之日，移咨新建伯王守仁，將各項事宜再行三司府縣等官，從長計慮。若果别無違礙，就便選委能幹官員，乘時舉事，完日造册奏繳。等因。題奉聖旨：「是。」這等還行王守仁督委三司等官查勘，從長計處，備由具奏定奪。』又准兵部咨：『爲地方大慮事，該太子少保、禮部尚書兼翰林院學士方獻夫等奏前事，奉聖旨：「這事已有旨了。修建城邑防患事，還着王守仁公同鎮巡三司等官，議處停當，具奏定奪。務要一勞永逸，勿貽後艱。該部知道。欽此。」俱欽遵，備行前來，已經案行三司各掌印官，會同副參等官查勘。未報。』」

按：陽明處置八寨斷藤峽以圖永安疏提出五條善後處置事宜：移築南丹衛城於八寨，改築思恩府城於荒田，改鳳化縣治於三里，添設流官縣治於思龍，增築守鎮城堡於五屯。但因陽明很快離任去，兵部所下遂成一紙具文；後林富繼任都察院右僉都御史來巡撫兩廣，更多否定陽明善後事宜。柯維騏兵部右侍郎林公富傳：「初，守仁上思、田、八寨事宜，下撫臣詳議。富條其便不便甚確，皆報可。」（國朝獻徵録卷五十八）詳見陳逅題爲處置地方以圖永安事（代林富作）。

十九日，上查明岑邦相疏，請立岑邦相爲田州署州事。

王陽明全集卷十五查明岑邦相疏。

明世宗實録卷九十三：「十月癸亥，初，提督兩廣軍務、新建伯、兵部尚書王守仁奏言：『岑氏世有田州，人心久服，岑猛雖歿，有子二人，諸夷莫不願得復立其後。議於開設流官知府之外，就於該府四十八甲内割其八甲，降設田州，立岑猛之子邦相，授以署州事吏目，隸之知府。三年著有勞績，照流官陞轉，以承岑氏之祀。』時部議岑猛四子，而守仁止言存者二人，與前奏不合；且猛次子邦彦生有嫡長男熵童，又娶盧蘇女，生子一人，俱不言所在，事屬未明。詔令覆勘。至是守仁奏言：『初議立岑氏，後該府土目及耆老皆言岑猛四子：長邦佐，妻張氏出；次邦彦，妾林氏出；次邦輔，外婢所生；次邦相，妾韋氏出。猛嬖溺林氏，而張失愛，故邦佐自幼出繼武靖，而以邦彦承襲。今邦彦既死，宜立邦佐。時臣等竊議，武靖地方正當瑶賊之衝，而邦佐出繼已久，民心歸戴，况其才力足以制禦各瑶。今欲更立一人，殊難其代……乞敕該部，俯從原議，立邦相於田州，以曲順各夷之情……』得旨：

『既查勘明白，岑邦相准授田州署州事吏目，仍聽流官知府控制。後有勤勞，依擬陞擢。岑邦輔聽於本州隨住。其岑邦彦的有子嗣與否，還查明具奏，毋得隱漏，致有再詞。』」

桂萼唆使錦衣衛指揮僉事聶能遷誣奏陽明，謂陽明用百萬金銀託黄綰賄賂張璁，得兩廣之任。黄綰上章奏辨其誣，聶能遷謫戍。

黄綰陽明先生行狀：「先此，張公孚敬見公所處岑猛諸子及盧蘇、王受得宜，征剿八寨有方，奏至甚喜，極口稱歎，謂予知人之明。又述在南京時，與言惓惓欲公之意，曰：『我今日方知王公之不可及。即薦於朝，取來作輔，共成天下之治。』桂公、楊公聞之皆不樂，及嗾錦衣衛都指揮聶能遷誣奏公用金銀百萬，託余送於張公，故薦公於兩廣。余疏辨其誣。奉旨：『黄綰學行才識，衆所共知。王守仁功高望隆，輿論推重。聶能遷這廝捏詞妄奏，傷害正類，都察院便照前旨嚴加審問，務要追究與他代做奏詞並幫助奸惡人犯來説。黄綰安心供職，不必引嫌辭避。』下能遷於獄，杖之死。時予爲詹事，桂公、楊公計欲害公，恐予在朝，適南禮侍缺，即推予補之。明年春，上將出郊，桂公密具揭帖奏云云。上遂允命多官會議，削公世襲公爵，並朝廷常行卹典贈謚，至今人以爲恨。」

明世宗實録卷九十：「黄綰上章自明：『遷議禮奏疏，文義心迹非出真誠，故盡黜之，積恨肆誣，無怪其然，意在傾排善類，動搖國是。』因乞引避以謝之。上曰：『黄綰學行才識，衆所共知。王守仁功高望隆，輿論推重。聶能遷乃捏詞妄奏，傷害正類。令法司嚴加審問，並追究幫助之人。黄綰安心供職，不必引嫌辭避。』已而審其事無佐證，盡出誣罔，乃謫戍能遷。翁洪者，福建莆田人，以褫職匿居京城，至是令發原籍爲民。」

明史卷一百九十七黄綰傳：「錦衣僉事聶能遷者，初附錢寧得官，用登極詔例還爲百户。後附璁、萼議大禮，且交關中貴崔文，得復故職。大典成，諸人皆進秩，能遷獨不與，大恨。囑罷閑主事翁洪草奏，誣王守仁賄席書得召用，詞連綰及璁。綰疏辨，且乞引避。帝優旨留之，而下能遷法司，遣之戍，洪亦編原籍爲民。」

國榷卷五十四：「七月戊子，錦衣指揮僉事莆田聶能遷，初附錢寧冒功，被汰。遂附崔文，復秩。又議禮未陞，怨黄綰纂修削其草，誣綰爲王守仁賂席書見召。綰疏辨，下法司，獄上，戍。」

楊一清集密諭録卷六乞休致奏疏：「及聶能遷奏上，璁適以疾未出。臣與臣鑾擬票，一時愚昧，不曾擬將伊拿問。夫以讒邪小人，排毁大臣，不重處之，無以懲戒將來，以是責臣，罪不得辭矣。若如璁言，爲小人立赤幟以來天下讒邪，則臣豈敢？方聶能遷奏下，臣與臣鑾密議，臣璁平日與臣等恒言，入京之初，璁及萼俱爲衆所嫉，不敢相通，獨聶能遷深相交納，多得其力。桂萼之言亦復如是。又見能遷屢疏議禮，能扶正倫，今除删去外，尚有貳條收入明倫大典中。切謂璁與能還平日相厚，今乃有此奏，恐其偶有所激，且未知璁意如何，故倉卒之間，從寬擬奏，以俟聖明定奪。不意璁緣此深加怒恨，若疑其有意沮害之者……又見本内所誣王守仁用金銀百萬兩託陳璠、張浩帶至京，黄綰爲之行賄。其言甚無根據，故票中所擬暗昧不明之事，指此事而言，不爲璁也……至於張浩一節，臣不得不辯。張浩本璁之親也，前年進表赴京，璁時爲兵部侍郎，偶與臣言其才可用。適有浙江都司掌印員缺，璁欲用之而難於自言。臣曰：『大臣用人，内舉不避親，但觀其人可用與否耳。』臣次日以此意告尚書王時中：『璁欲用張浩，避嫌不肯自言，宜再察訪，果稱此任，則用之，否則已。』兵部乃推二人同上，而浩與焉，蒙旨點用。今璁乃謂張浩乃臣所薦，不幾於自欺乎？……綰乃璁同鄉故友，雖不由科目，頗有文學，不係白丁，臣亦愛之。近年見其議禮奏疏，心蓋重之。頃者，衆薦爲少詹事，當補經筵。臣以其鄉音頗多，雖在經筵之列，不必令其進講，遂以此生怨矣。比者吏部侍郎員缺，所厚者嘗薦之。臣謂其白衣人，一旦致位三品，用之吏部，太驟，恐公論不服。今年柒月間，擬南京考試官。舊例皆循資舉用二人，請旨差遣。璁欲通以翰林、春坊官姓名拈鬮。臣謂拈鬮乃市井之事，非内閣所宜，傳笑於人，然竟不能止也。聞亦有黄綰名，臣謂彼不由科目出身，經學非其所習，若拈得之，何以服多士？遂撤去之，至此則恨深矣。然附勢之人，恐不止黄綰。」

按：聶能遷案蹊蹺怪異，疑雲重重，唯黄綰道出幕後指使真兇桂萼。閣臣票擬如同兒戲，桂萼隱蔽不露，倨傲强横，無人敢揭。明世宗實録不敢實録，反爲强者諱，以「審其事無佐證」爲名，隱去桂萼、張璁，胡亂牽出翁洪、席書結案，欲蓋彌彰，尤爲可笑（按：席書在嘉靖六年三月已卒，黄綰時尚未進京）。細按此聶能遷案誣奏所指，在聶能遷是針對黄綰，在桂萼則是針對陽明，欲置陽明於死地，不得入朝入閣也。故聶能遷誣奏雖告失敗，而桂萼目的則已然達到，陽明果受沮抑不得入朝，而桂萼則順利入閣，當上閣老矣。

致書黄綰，再懇其爲請告歸休斡旋曲成。

王陽明全集卷二十一與黄宗賢書五：「前齎奏去，曾具白區區心事，不審已能遂所願否？自入廣來，精神頓衰。雖因病患侵凌，水土不服，要亦中年以後之人，其勢亦自然至此，以是懷歸之念日切。誠恐坐廢日月，上無益於國家，下無以發明此學，竟成虚度此耳，奈何奈何！春初思、田之議，悉蒙朝廷裁允，遂活數萬生靈。近者八寨、斷藤之役，實以一方塗炭既極，不得已而爲救焚之舉，乃不意遂獲平靖。此非有諸公相與協贊，力主於内，何由而致是乎？書去，各致此感謝之私，相見時，更望一申其懇懇。巡撫官久未見推，僕非厭外而希内者，實欲早還鄉里耳。恐病勢日深，歸之不及，一生未了心事，石龍其能爲我恝然乎？身在而後道可弘，皮之不存，毛將焉附？諸公不敢輒以此意奉告，至於西樵，當亦能諒於是矣，曷亦相與曲成之？地方處置數事附進，自度已不能了此。倘遂允行，亦所謂盡心焉耳已。舟次伏枕草草，不盡所懷。」

按：此書所云「前齎奏去」，即指遣人齎乞恩暫容回籍就醫養病疏送往京師（七月十日）。所謂「曾具白區區心事」，指同時有書致黄綰，懇其促成養病歸休之請（即與黄宗賢書四）。所謂「巡撫官久未見推」，指陽明正月二日上疏辭巡撫兼任，至今朝廷未遣巡撫官來。所謂「諸公不敢輒以此意奉告」，即與黄宗賢書四所云「静庵、東羅、見山、西樵、兀崖諸公，聞京中方嚴書禁，故不敢奉啓」。所謂「此意」、「曷亦相與曲成之」，即指懇請黄綰、方獻夫相與曲成其養病歸休之事。所謂「地方處置數事附進」，即指其所上處置八寨斷藤峽以圖永安疏（七月十二日）。由此可見陽明此書作在其上處置八寨斷藤峽以圖永安疏以後不久，亦意在催促黄綰、方獻夫曲成其養病歸休之請也。

作長篇論學書答聶豹，並分寄陳九川、鄒守益、歐陽德。

傳習録卷中答聶文蔚書二：「得書，見近來所學之驟進，喜慰不可言。諦視數過，其間雖亦有一二未瑩徹處，却是致良知之功尚未純熟。到純熟時，自無此矣。譬之驅車，既已由於康莊大道之中，或時横斜迂曲者，乃馬性未調，銜勒不齊之故，然已只在康莊大道中，决不賺入傍蹊曲徑矣。近時海内同志到此地位者曾未多見，喜慰不可言，斯道之幸也！賤軀舊有咳嗽畏熱之病，近入炎方，輒復大作。主上聖明洞察，責付甚重，不敢遽辭。地方軍務冗沓，皆輿疾從事。今却幸已平定，已具本乞回養病。得在林下稍就清凉，或可瘳耳。人還，伏枕草草，不盡傾企。外惟濬一簡，幸達致之。來書所詢，草草奉復一二：「近歲來山中講學者，往往多説『勿忘勿助』工夫甚難，問之則云：『才著意便是助，才不著意便是忘，所以甚難。』區區因問之云：『忘是忘個甚麽？助是助個甚麽？』其人默然無對，始請問。區區因與説我此間講學，却只説個『必有事焉』，不説『勿忘勿助』。必有事焉者，只是時時去集義。若時時去用必有事的工夫，而或有時間斷，此便是忘了，即須勿忘；時時去用必有事的工夫，而或有時欲速求效，此便是助了，即須勿助。其工夫全在必有事焉上用，勿忘勿助只就其間提撕警覺而已。若是工夫原不間斷，即不須更説勿忘；原不欲速求效，即不須更説勿助。此其工夫何等明白簡易，何等灑脱自在！今却不去必有事上用工，而乃懸空守著一個勿忘勿助，此正如燒鍋煮飯，鍋内不曾漬水下米，而乃專去添柴放火，不知畢竟煮出個甚麽物來。吾恐火候未及調停，而鍋已先破裂矣。近日一種專在勿忘勿助上用工者，其病正是如此。終日懸空去做個勿忘，又懸空去做個勿助，漭漭蕩蕩，全無實落下手處，究竟工夫只做得個沉空守寂，學成一個癡騃漢，才遇些子事來，即便牽滯紛擾，不復能經綸宰制。此皆有志之士，而乃使之勞苦纏縛，擔閣一生，皆由學術誤人之故，甚可憫矣！夫必有事焉，只是集義；集義，只是致良知。説集義，則一時未見頭腦；説致良知，即當下便有實地步可用工。故區區專説致良知。隨時就事上致其良知，便是格物；著實去致良知，便是誠意；著實致其良知而無一毫意必固我，便是正心。著實致良知，則自無忘之病；無一毫意必固我，則自無助之病。故説格致誠正，則不必更説個忘助。孟子説忘助，亦就告子得病處立方。告子强制其心，是助的病痛，故孟子專説助長之害。告子助長，亦是他以義爲外，不知就自心上集義，在必有事焉上用功，是以如此。若時時刻刻就自心上集義，則良知之體洞然明白，自然是是非非纖毫莫遁，又焉有不得於言，勿求於心；不得於心，勿求於氣之弊乎？孟子集義養氣之説，固大有功於後學，然亦是因病立方，説得大段；不若大學格致誠正之功，尤極精一簡易，爲徹上徹下，萬世無弊者也。聖賢論學，多是隨時就事，雖言若人殊，而要其工夫頭腦，若合符節。緣天地之間，原只有此性，只有此理，只有此良知，只有此一件事耳。故凡就古人論學處説工夫，更不必攙和兼搭而説，自然無不脗合貫通者。才須攙和兼搭而説，即是自己工夫未明徹也。近時有謂集義之功必須兼搭個致良知而後備者，則是集義之功尚未了徹也。集義之功尚未了徹，適足以爲致良知之累而已矣。謂致良知之功必須兼搭一個勿忘勿助而後明者，則是致良知之功尚未了徹也。致良知之功尚未了徹，適足以爲勿忘勿助之累而已矣。若此者，皆是就文義上解釋牽附，以求混融湊泊，而不曾就自己實工夫上體驗，是以論之愈精，而去之愈遠。文蔚之論，其於大本達道既已沛然無疑，至於致知窮理及忘助等説，時亦有攙和兼搭處，却是區區所謂康莊大道之中，或時横斜迂曲者。到得工夫熟後，自將釋然矣。「文蔚謂『致知之説，求之事親從兄之間，便覺有所持循』者，此段最見近來真切篤實之功。但以此自爲，不妨自有得力處；以此遂爲定説教人，却未免又有因藥發病之患，亦不可不一講也。蓋良知只是一個天理，自然明覺發見處，只是一個真誠惻怛，便是他本體。故致此良知之真誠惻怛以事親，便是孝；致此良知之真誠惻怛以從兄，便是弟；致此良知之真誠惻怛以事君，便是忠。只是一個良知，一個真誠惻怛。若是從兄的良知不能致其真誠惻怛，即是事親的良知不能致其真誠惻怛矣；事君的良知不能致其真誠惻怛，即是從兄的良知不能致其真誠惻怛矣。故致得事君的良知，便是致却從兄的良知；致得從兄的良知，便是致却事親的良知。不是事君的良知不能致，却須又從事親的良知上去擴充將來，如此又是脱却本原，著在支節上求了。良知只是一個，隨他發見流行處當下具足，更無去求，不須假借。然其發見流行處却自有輕重厚薄毫髪不容增減者，所謂天然自有之中也。雖則輕重厚薄毫髪不容增減，而厚又只是一個；雖則只是一個，而其間輕重厚薄又毫髪不容增減。若可得增減，若須假借，即已非其真誠惻怛之本體矣。此良知之妙用，所以無方體，無窮盡，語大天下莫能載，語小天下莫能破者也。孟氏『堯、舜之道，孝弟而已』者，是就人之良知發見得最真切篤厚、不容蔽昧處提省人，使人於事君處友仁民愛物，與凡動静語默間，皆只是致他那一念事親從兄真誠惻怛的良知，即自然無不是道。蓋天下之事雖千變萬化，至於不可窮詰，而但惟致此事親從兄、一念真誠惻怛之良知以應之，則更無有遺缺滲漏者，正謂其只有此一個良知故也。事親從兄一念良知之外，更無有良知可致得者，故曰：『堯、舜之道，孝弟而已矣。』此所以爲惟精惟一之學，放之四海而皆準，施諸後世而無朝夕者也。文蔚云：『欲於事親從兄之間，而求所謂良知之學。』就自己用工得力處如此説，亦無不可；若曰『致其良知之真誠惻怛，以求盡夫事親從兄之道焉』，亦無不可也。明道云：『行仁自孝弟始，孝弟是仁之一事，謂之行仁之本則可，謂是仁之本則不可。』其説是矣。

「億逆先覺之説，文蔚謂『誠則旁行曲防，皆良知之用』，甚善甚善！間有攙搭處，則前已言之矣。惟濬之言亦未爲不是，在文蔚須有取於惟濬之言而後盡，在惟濬又須有取於文蔚之言而後明。不然，則亦未免各有倚著之病也。『舜察邇言而詢蒭蕘』，非是以邇言當察，蒭蕘當詢，而後如此，乃良知之發見流行，光明圓瑩，更無罣礙遮隔處，此所以謂之大知；才有執著意必，其知便小矣。講學中自有去取分辨，然就心地上著實用工夫，却須如此方是。

盡心三節，區區曾有生知、學知、困知之説，頗已明白，無可疑者。蓋盡心、知性、知天者，不必説存心、養性、事天，不必説殀壽不貳、修身以俟，而存心養性與修身以俟之功已在其中矣。存心養性事天者，雖未到得盡心知天的地位，然已是在那裏做個求到盡心知天的工夫，更不必説殀壽不貳，修身以俟，而殀壽不貳、修身以俟之功已在其中矣。譬之行路，盡心知天者，如年力壯健之人，既能奔走往來於數千百里之間者也；存心事天者，如童穉之年，使之學習步趨於庭除之間者也；殀壽不貳、修身以俟者，如襁抱之孩，方使之扶墻傍壁而漸學起立移步者也。既已能奔走往來於數千里之間者，則不必更使之於庭除之間而學步趨，而步趨於庭除之間自無弗能矣；既已能步趨於庭除之間，則不必更使之扶墻傍壁而學起立移步，而起立移步自無弗能矣。然學起立移步，便是學步趨庭除之始；學步趨庭除，便是學奔走往來於數千里之基，固非有二事。但其工夫之難易，則相去懸絶矣。心也，性也，天也，一也，故及其知之成功則一；然而三者人品力量自有階級，不可躐等而能也。細觀文蔚之論，其意以恐盡心知天者廢却存心修身之功，而反爲盡心知天之病。是蓋爲聖人憂工夫之或間斷，而不知爲自己憂工夫之未真切也。吾儕用工，却須專心致志在殀壽不貳、修身以俟上做，只此便是做盡心知天功夫之始。正如學起立移步，便是學奔走千里之始。吾方自慮其不能起立移步，而豈遽慮其不能奔走千里，又况爲奔走千里者而慮其或遺忘於起立移步之習哉？

「文蔚識見，本自超絶邁往，而所論云然者，亦是未能脱去舊時解説文義之習，是爲此三段書分疏比合，以求融會貫通，而自添許多意見纏繞，反使用工不專一也。近時懸空去做勿忘勿助者，其意見正有此病，最能擔誤人，不可不滌除耳。所謂『尊德性而道問學』一節，至當歸一，更無可疑。此便是文蔚曾著實用工，然後能爲此言。此本不是險僻難見的道理，人或意見不同者，還是良知尚有纖翳潛伏。若除去此纖翳，即自無不洞然矣。

「已作書後，移卧簷間，偶遇無事，遂復答此。文蔚之學既已得其大者，此等處久當釋然自解，本不必屑屑如此分疏。但承相愛之厚，千里差人遠及，諄諄下問，而竟虚來意，又自不能已於言也。然直戇煩縷已甚，恃在信愛，當不爲罪。惟濬及謙之、崇一處各得轉録一通，寄視之，尤承一體之好也。」

按：錢德洪陽明先生年譜誤將陽明上養病疏定在十月，遂將陽明此與聶豹書亦定在十月，誤甚。傳習録中於此陽明與聶豹書下注云「右南大吉録」，更誤。按陽明此書云：「今却幸已平定，已具本乞回養病。」陽明養病疏上在七月十日，則陽明此與聶豹書當作在七月十日以後不久，蓋不出七月也。按陽明此書乃是答聶豹春間書（見前引），聶豹書在春間已寫成，但至七月初方遣人送至南寧，或是其時聞陽明平斷藤峽、八寨班師之故。陽明此書爲其卒前所寫最長一篇論良知學之書，意義重大，觀其云「心也，性也，天也，一也，故及其知之成功則一；然而三者人品力量自有階級，不可躐等而能也」，猶隱然是「天泉證道」時「王門八句教」之餘響也。此書後特收入傳習録，蓋非無因也。

同時有書致陳九川論良知之學。

王陽明全集卷六與陳惟濬:「江西之會極草草,尚意得同舟旬日,從容一談,不謂既入省城,人事紛沓,及登舟時,惟濬已行矣。沿途甚怏怏。抵梧後,即赴南寧,日不暇給,亦欲遣人相期來此,早晚略暇時可閑話。而此中風土絶異,炎瘴尤不可當,家人輩到此,無不病者。區區咳患亦因熱大作,痰痢腫毒交攻。度惟濬斷亦不可以居此,又復已之。近得聶文蔚書,知已入漳。患難困苦之餘,所以動心忍性,增益其所不能者,宜必日有所進。養之以福,正在此時,不得空放過也。聖賢論學,無不可用之功,只是『致良知』三字,尤簡易明白,有實下手處,更無走失。近時同志亦已無不知有致良知之説,然能於此實用功者絶少,皆緣見得良知未真,又將『致』字看得太易了,是以多未有得力處。雖比往時支離之説稍有頭緒,然亦只是五十步百步之間耳。就中亦有肯精心體究者,不覺又轉入舊時窠臼中,反爲文義所牽滯,工夫不得洒脱精一,此君子之道所以鮮也。此事必須得師友時時相講習切劘,自然意思日新。自出山來,不覺便是一年。山中同志結廬相待者,尚數十人,時有書來,儘令人感動。而地方重務,勢難輕脱,病軀又日狼狽若此,不知天意竟如何也!文蔚書中所論,迥然大進,真有一日千里之勢,可喜可喜!頗有所詢,病中草草答大略。見時可取視之,亦有所發也。」

按：陽明此書，即其答聶文蔚書二所云「外惟濬一簡，幸達致之」，蓋二書作在同時也。所謂「文蔚書中所論」，即指聶豹啓陽明先生。所謂「病中草草答大略」，即指陽明答聶文蔚書二。

八月，莆田陳大章來問學，延請爲南寧府學師設席講禮。

王陽明全集卷十八牌行南寧府延師講禮：「照得安上治民，莫善於禮，冠婚喪祭諸儀，固宜家諭而户曉者，今皆廢而不講，欲求風俗之美，其可得乎？……近據福建莆田儒學生員陳大章前來南寧遊學，進見之時，每言及禮，因而扣以冠婚鄉射諸儀，果亦頗能通曉。看得近來各學諸生，類多束書高閣，飽食嬉遊，散漫度日。豈若使與此生朝夕講習於儀文節度之間，亦足以收其放心，固其肌膚之會，筋骸之束，不猶愈於博弈之爲賢乎？爲此牌仰南寧府官吏即便館穀陳生於學舍，於各學諸生之中，選取有志習禮及年少質美者，相與講解演習。自此諸生得於觀感興起，砥礪切磋，修之於其家，而被於里巷，達於鄉村，則邊徼之地，自此遂化爲鄒魯之鄉，亦不難矣。諸生講習已有成效，該府仍要從厚措置，禮幣以申酬謝。仍備由差人送至廣西提督學校官，以次送發各府州縣，一體演習。其於風教，要亦不爲無補。」

按：陽明在南寧，來學士子甚多。如陳大綸，道光寧都直隸州志卷二十二：「陳大綸，字伯言，廣西南寧人。明嘉靖八年進士。嘗受學陽明先生……」陳大綸與陳大章或爲同宗兄弟耶？

全州蔣冕有書來告地方戰亂之況，請兵往剿，未應。

蔣冕湘臯集卷二十二與王陽明總制書：「近年吾廣西州縣處處皆賊，雖敝鄉全州及所轄灌陽與鄰邑興安、靈川，亦無不然。全、灌舊所慮者，惟湖廣楊峒十八團之賊間來爲害。成化末，賊嘗一出，桂林知府羅珣督兵擊之，剿賊六七百人，全、灌自是二十餘年安然無事。正德八九年來，賊自義寧等處來擾，興靈都指揮馮琚督兵截殺，賊憚其謀勇，尋即斂迹。其後大征古田，以致洛容失陷，由是恭城賊勾引荔浦賊，乘虛越過府江而來。始惟侵擾灌陽村落，近一二年則又越灌陽而來，擾犯吾全州矣。舊冬今春及今月來，擾吾全者凡二次。舊冬今春之來也，三□□□去，民雖荼毒，猶之可也。今則擾險□□□□□□四散，焚劫半月兼旬，猶肆行不去，民之荼毒則有不忍言者矣。全、灌、興安非無官軍民款，然賊衆我寡，勢不能敵，未免坐視而莫敢救。廣西鎮守、守□衙門，亦非不遣官督兵前來救援，但桂林官兵亦自寡弱，戍守狼兵不遵紀律，往往先期而逃，止有打手殺手數百人，其分遣而來援也，亦果能制賊之死命否邪？此賊若非加以兵威，俾知所畏憚，則吾全、灌之民終無息肩之日。伏望仁人君子俯恤殘民，特垂念慮，調遣達軍狼兵，益以打手殺手，選謀勇官如馮都指揮者統率，前來全、灌、興安，不時往來防禦巡邏，遇有警報，隨即策應。或密切徑往險惡巢寨，相機鵰剿；或出奇攻擊，如羅知府在成化末年事，皆在臨期隨宜斟酌而行。待半年或七八閲月後，地方果寧，方許掣回。若鵰剿之策果行，仍乞行仰府江兵備及平樂知府量發官軍，四面夾攻。設使猝未攻剿，亦乞行仰嚴加防遏，毋或其縱横出劫，肆無忌憚。若然，則不惟區區殘民有所恃頼，雖么麽老病如冕者，亦得以苟延殘喘於荒山野水之濱，遠近耄倪人人皆拜大造之賜矣。凡此計處，不必旌節親臨敝境，但嚴行各該衙門專委任而責成焉，則不無濟矣。全、灌、興、靈之外，前所云洛容自大征後，至今賊皆竄冗縣中，上下相蒙，謂爲修復已久，而實未嘗修復。府江賊亦恣肆如故，莫如之何。今秋嚴布政歸自蒼梧，其下承差吏皂死傷於賊者十二三人，他可知矣。右江一帶，軍民往來道路常梗，日復一日，不知畢竟何所底止。凡若此者，患執事未之知耳；使誠知之，寧忍不爲之處哉？恃斯文雅愛，喋喋冒煩，伏惟不罪而留意焉，幸甚！」

按：國榷卷五十四：「六月癸卯，敕定議禮諸臣之罪，前大學士楊廷和削籍，故禮部尚書毛澄奪官，前大學士蔣冕、毛紀、尚書喬宇、汪俊各鐫秩閑住，林俊、何孟春、郎中夏良勝俱削籍……」蔣冕六月鐫秩，其歸全州在七月，則此書當作在八月中，書中云「今秋」、「今月」，指秋八月也。陽明未有回應者，蓋全州、興安寇患實甚於思、田，陽明在南寧已心力交瘁，鞭長莫及；況其時陽明已有歸休意，至八月二十七日遂離南寧東歸（見下），故可能陽明在南寧亦未得及見蔣冕此書也。

全力處置平斷藤峽、八寨善後地方治安事宜，多未及實行。

王陽明全集卷十八劄付同知林寬經理田寧，劄付同知桂鏊經理思恩，議立縣衙，卷三十批右江道移置鳳化縣南丹衛事宜呈，批右江道議築思恩府城垣呈，行福建漳州府取回岑邦佐牌，批參將沈良佐經理軍伍呈，改委南丹衛監督指揮牌。

按：陽明自七月十二日上處置八寨斷藤峽以圖永安疏後，不等朝命下，即着手處置疏中所提諸地方治安事宜，至八月二十七日陽明離南寧東歸，整個八月中，陽明全力處置一應善後地方事宜，以固治安。然因很快離任東歸，其所下處置事宜多未及實行；至林富來代提督，更多反陽明措置，思、田治安自是日非矣。

董傳策駱越漫筆：「王新建既降盧蘇，改田州爲田寧府，設置流官。又薦林左轄富可巡撫，張都閫祐可總兵。林號省吾，王講學門人也，論議一與王同。及王没，林代提督，遂思反王議，以媚時宰。因言田州不必改流，宜降州治，以岑邦相爲判官。邦相者，盧蘇所挾以反者也，於是盧蘇益驕橫，竟弑邦相。迄陶、潘、蔡三提督不能誅，諸土官大憤，提督威令不行，自林始。今田州思王不殺降，尤德林有再造恩，建祠並祀，以林居左，王假有靈，羞與林伍享夷食矣。林在鎮黷貨巨萬，而張祐以副總兵鎮田州，亦緣要厚貲，爲邦相毒死。方王議招盧蘇時，所愛信指揮王佐門客岑伯高，揣知王無殺蘇意，私索蘇萬金，蘇由此恚恨自沮，王竟委曲就事，不無稍損威重。」（轉引自嘉慶廣西通志卷一百二十七）

二十七日，自南寧啓程赴廣城待命。

王陽明全集卷十五乞恩暫容回籍就醫養病疏：「今已輿至南寧，移卧舟次，將遂自梧道廣，待命於韶、雄之間。」

同上，卷二十六又寄正憲男書二：「八月廿七日南寧起程，九月初七日已抵廣城……」

按：錢德洪遇喪於貴溪書哀感云：「嘉靖戊子八月，夫子既定思、田、賓、潯之亂，疾作。二十六日，旋師廣州。」(王陽明全集卷三十七世德紀)謂「二十六日」，相差一日。謂「旋師」亦不確。陽明離南寧往廣城乃是爲歸休待命，既非「棄任」，亦非「旋師」，其於七月十日所上乞養病疏已明言「將遂自梧道廣，待命於韶、雄之間」，待命之請先在七月已告於朝廷，朝廷故意遲遲不復命，陽明待至八月廿七日方自南寧啓程，欲一路待命於梧、廣、韶、雄、南安之間，翹首以盼，却始終不見朝命下到。詭疑多端之世宗至九月甲戌方有命「不准辭」(見前引)，待朝命下到兩廣，陽明已病卒。足可見後來世宗與桂萼之流謂陽明不俟朝命棄任歸乃是誣陷不實之辭，此輩奸詐君臣勾結，以遲遲不下朝命爲陽明步步設置圈套，引入陷阱，反誣以違抗朝命之罪，以掩飾己惡也。

經横州，謁伏波廟，有詩感懷，並録十五歲時所作夢謁伏波廟詩以識其事。

王陽明全集卷二十謁伏波廟二首：「四十年前夢裏詩，此行天定豈人爲？徂征敢倚風雲陣，所過須同時雨師。尚喜遠人知向望，却慚無術救瘡痍。從來勝算歸廊廟，耻説兵戈定四夷。　樓船金鼓宿烏蠻，魚麗群舟夜上灘。　月遶旌旗千嶂静，風傳鈴柝九溪寒。　荒夷未必先聲服，神武原來不殺難。　想見虞廷新氣象，兩階干羽五雲端。」　夢中絶句：「此予十五歲時夢中所作。　今拜伏波祠下，宛如夢中。　兹行殆有不偶然者，因識其事於此。……」

按：兩廣伏波廟甚多，錢德洪陽明先生年譜不言陽明所謁是何處伏波廟，乃將陽明謁伏波廟定在十月，誤甚。　按陽明詩云「樓船金鼓宿烏蠻」，則必是指横州之伏波廟。　蓋横州伏波廟建在烏蠻灘上，背靠烏蠻山。　嘉靖南寧府志卷五：「（横州）伏波廟，州東六十里烏蠻灘上。　漢馬伏波粹軍征交趾，駐兵於此。　州人立廟祀之。」卷四：「（横州）烏蠻驛，在州東六十里烏蠻灘上。」嘉慶廣西通志卷一百零五：「（横州）烏蠻山，州東六十里江北古江口，州東八十里烏蠻所居。　烏蠻，一名烏滸……伏波廟在烏蠻山麓。」烏蠻灘有烏蠻驛，爲南寧往梧州必經之地。　由南寧至横州約二日程，陽明八月廿七日起程，至横州約在二十八九日，陽明謁伏波廟即在其時。　至十月陽明已在廣州，如何來謁横州伏波廟？　錢德洪年譜以訛傳訛，於「十月，謁伏波廟」下竟又引陽明與聶豹書（此書作於七月），引陽明與鄒守益書（此書作於嘉靖四年，見前引），定陽明「祀增城先廟」亦在十月（實在閏十月，見下），可謂混亂顛倒之至。

九月七日，抵廣州，有書寄子王正憲。

王陽明全集卷二十六又寄正憲男書二：「八月廿七日南寧起程，九月初七日已抵廣城。

病勢今亦漸平復，但咳嗽終未能脱體耳。養病本北上已二月餘，不久當得報，即踰嶺東下，則抵家漸可計日矣。書至，即可上白祖母知之。近聞汝從汝諸叔諸兄皆在杭城就試。科第之事，吾豈敢必於汝，得汝立志向上，則亦有足喜也。汝叔汝兄今年利鈍如何？想旬月後此間可以得報，其時吾亦可以發舟矣。因山陰林掌教歸便，冗冗中寫此與汝知之。」

按：據萬曆紹興府志卷三十二舉人，是年王正憲及其諸叔諸兄均未中鄉舉。

八日，行人馮恩賚捧敕書賞賜至廣州府，執贄爲陽明弟子。二十日，上謝恩疏。

王世貞御史馮恩傳：「馮御史之始成進士也，以行人出勞兩廣大帥王文成公守仁。文成公進公而語之道，公不覺屈席。已薦束脩爲弟子，文成公亦器之，每語人：『任重道遠，其在馮生哉！』」（國朝獻徵録卷六十五）

明清進士録：「馮恩，嘉靖五年三甲十四名進士。松江華亭人，字子仁，號南江。幼孤，家貧，母吴氏親督教之。及長，知力學。官行人，出勞兩廣總督王守仁，執弟子禮。擢南京御史，上奏疏言都御史汪鋐等之奸，帝怒，逮下錦衣衛獄，日受搒掠，幾死，不失節，人稱『四鐵御史』（口、膝、膽、骨皆鐵也）。母吴氏擊鼓訟冤，子行可時年十三，刺血上書，請代父死，皆不許。後遣戍雷州，遇赦還，家居。穆宗立，拜大理寺丞，致仕。卒年八十一。有芻蕘集。子時可，舉進士。」

監察御史馮恩傳：「嘉靖壬辰年，彗星見東井，恩疏論閣部諸臣爲門庭心腹之彗，乞誅朋奸誤國者，而尤指斥都察院右都御史汪鋐。詔下錦衣獄，搒掠數百，痛絶而殞。都督陸松灌以良藥，乃得甦。獄上，移法曹，柄事者媚鋐，當恩大辟。癸巳年秋，會審闕下，鋐例主其議，操筆東面坐，諸囚跪西面，恩獨北面，列校牽使西，恩厲聲曰：『吾此膝跪朝廷耳，豈爲鋐屈耶？』鋐怒，推案詬曰：『汝屢疏欲殺我，我今殺汝矣！』恩大呼曰：『聖明在上，生殺皆天斷，豈容權臣無忌憚至此！』反覆爭辯久之，鋐攘臂跳踉，若將下毆者，恩復大呼曰：『諸公卿覩否耶？汪鋐無君擅權，我恨不能手刃以報上！』左都御史王廷相蹙額慰恩曰：『馮御史，無動氣，祖宗百六十年來，未有殺諫官者，詎令今日有此！』又正式謂鋐曰：『汪先生宜爲國惜體，如先生言，是以私意殺人矣！』鋐愈怒，遽書『情真』二字而起。恩囊三木，挺身出長安門，士民聚觀者如堵，嘖嘖言曰：『是御史若口、若膝、若膽、若骨，皆鐵也！』相與稱『四鐵御史』……肅皇帝仁聖，特詔免行刑，恩於是得不死，繫獄三年。長子行可，年十四矣，屢疏乞以身代。母吴匍匐擊登聞鼓，訟冤，皆不報。行可晝夜哭長安街……甲午冬，行可刺臂血書疏，自縛詣闕乞死。通政陳經引以上請。肅皇帝憐之，命法曹再議。

刑部尚書聶賢、左都御史王廷相謂：『恩罪在狂妄，無死法；而行可乞代父，情可矜。』詔免死，戍雷州。士大夫聞之，咸舉手相慶。太史鄒守益、羅洪先、程文德題『四德流芳』卷贈焉，謂『君仁臣直，母慈子孝』也。」（國朝獻徵録卷六十五）

陽明行書良知説四絶示馮子仁：「問君何事日憧憧？煩惱場中錯用功。莫道聖門無口訣，良知兩字是參同。　個個人心有仲尼，自將聞見苦遮迷。而今指與真頭面，只是良知更莫疑。　人人自有定盤針，萬化根源總在心。却笑從前顛倒見，枝枝葉葉外頭尋。　無聲無臭獨知時，此是乾坤萬有基。抛却自家無盡藏，沿門持鉢效貧兒。　馮子仁問良知之説，舊嘗有四絶，遂書贈之。陽明山人王守仁書，時嘉靖戊子九月望日也。」（中國古代書畫圖目第十八册）

王陽明全集卷十五獎勵賞賚謝恩疏：「准兵部咨爲奏報平復地方事，該臣題該本部覆題，節奉聖旨：『王守仁受命提督軍務，莅任未久，乃能開誠布恩，處置得宜，致令叛夷畏服，率衆歸降，罷兵息民，其功可嘉。寫敕差行人賚去獎勵，還賞銀五十兩，紵絲四表裏，布政司買辦羊酒送用。欽此。』隨於本年九月初八日，該行人馮恩賚捧敕書並前項綵幣銀兩等項到，於廣州府地方奉迎入城，當除望闕謝恩，欽遵收領外，臣時卧病牀褥，已餘一月，扶疾興伏，感激惶懼，顛頓昏眩，莫知攸措。已而漸復甦息，伏自念思恩、田州數萬赤子，皆畏死逃生,本無可誅之罪;而前此當事者議欲剿滅,故皆洶洶思亂,既已陷之必死之地,而無復生全之心矣。仰賴皇上好生之仁,軫念遠夷,惟恐一物不得其所,特遣臣來勘處……今乃誤蒙洪恩,重頒大賞,且又特遣行人賫敕遠臨……祇受之餘,戰悚惶恐,徒有感泣,惟誓此生鞠躬盡瘁,竭犬馬之勞,以圖報稱而已。」

按:行人馮恩賫敕至廣州府,可見朝廷早知道陽明已離南寧待命於廣州,却對此不置一詞;而陽明在廣州待命長達三月(見下),朝廷終陽明病卒竟一直不下「不允辭」詔命,反加以「不俟命擅離任歸」之罪名,使陽明有口難辯,朝廷陷害反誣陽明之預謀,於此昭然可見矣。

海涯陳明德來廣州問學。

薛侃集卷七陳海涯傳:「先生姓陳氏,諱明德,字思準,號海涯,海陽闢望人也……遊庠校,寡諧與,聞白沙倡道東南,勃然興發,遂棄舉子業……迨中離歸自虔,始聞精一之旨,且信且疑。毅齋邀處北山精舍,三年乃豁然。毅齋卒,與復齋砥礪玉林,自是和易通坦,與物無忤……戊子,見陽明先生於羊城,既歸,門人益進……先生之學,凡三變而始至於道。晚歲宗旨瑩徹,善誘循循,方賴以明斯學,而天嗇其壽。」

季本、薛侃偕黄佐來廣州問學。

黄佐庸言卷九:「予見其面色黧悴,時噉姜蜜以下痰,勸之行,公以爲然。季、薛二子拉予往受業。」

按：陽明在廣城三月，多有弟子士人來問學。黄佐爲南海人，近在咫尺，多來見陽明。季本爲揭陽主簿，常往返於南寧、廣州、揭陽之間。薛侃爲海陽人，與季本關係尤密，聞陽明來廣城，必當往見也。薛侃陳海涯傳云：「戊子，見王陽明先生於羊城。既歸，門人益進。」疑陳明德即隨薛侃、季本來陽明。除陳明德、黄佐等外，來廣州問學士子，今可考者尚有：

戌子學。光緒潮州府志卷二十八：「戌子學，字懷遠，號井居，海陽人。性孝友，少事王陽明，得良知之旨。」按：戌子學於嘉靖三年來紹興問學，至是當來廣州見陽明。

陳瑛。揭陽縣正續志卷六：「陳瑛，龍溪人。嘉靖中歲貢。師事餘姚王守仁，得致良知之學。歸授徒里中，從遊日衆。選思恩訓導，擢永定教諭。教人有則，士皆宗之。既歸，益勵志節。卒祀鄉賢。」

霍任。馬符録西樵志卷四人物：「霍任，字尹先。弱冠，以諸生應省辟，兩舉不遇，輒謝去。隱西樵，修身繕性。其學以主静爲的，嘗從王餘姚、湛增城遊。事二親孝，居喪，飦粥百日，蔬食三年。喜賙貧，歲侵，令家人減食以賑，多所存活。邑中有受誣殺人者，廉知其冤，輒白當事釋之。其人獻百金爲壽，辭弗顧，曰：『我固未嘗識子也。』性矜嚴好禮，中夜起火，延燒外舍，家人洶洶，猶衣冠而出。居西樵三十歲，卒。」按：霍任爲霍韜弟。

龐嵩。西樵志卷四人物：「龐嵩，字振卿，邑人。少勤苦，博通經籍，從王餘姚遊。既領鄉薦，講業羅浮，學者執經門下百餘人。釋褐，判應天府，遷治中。築堤墾田，民蒙其利。值歲歉，輒發粟以賑，所存活數萬人。尋徙刑部郎。時諸郎鮮習法令，奸吏因緣爲市，嵩諳練而介，多所平反。其執議，即權貴不假借，以故見忌於時。常科比律，例撰刑曹志，爲編四，曰原刑，曰司刑，曰祥刑，曰明刑。尚書陶尚德深器之，擢守曲靖，夷風漸變。居二載，以老罷，而年始五十，蓋忌者中傷云。歸從湛增城遊。湛没，塲居三載，力恤其孤。晚年築室西樵大科峰下，老而彌健，年七十七卒。」明史卷二百八十一龐嵩傳：「嘉靖十三年舉於鄉，講業羅浮山，從遊者雲集。二十三年，歷應天通判……早遊王守仁門，淹通五經。集諸生新泉書院，相與講習。」

祁敕。黄佐饒州府知府祁公敕墓誌：「公諱敕，字惟允，别號棠野，廣之東莞人……踰冠，領魁薦於鄉，即藏修不出，慕濂溪、延平，爲之贊，師其心學，充養日粹……正德丁丑，再試登第……庚辰，始赴銓，拜刑部貴州司主事……丁亥，晉本部雲南司署員外郎……六月，晉本部四川司署郎中……戊子鄉試，初簡廷臣學行者主各省文柄，公受命往廣西考校。比入彀皆名士，而録文亦甚馴雅。事竣，取道歸省，有司致賫，一無所受。晤總制陽明王公於廣，與論窮神知化大旨，王公稱服，語人曰：『祁正郎深於養者也。』抵家，無何，即拜饒州之命。」（國朝獻徵録卷八十七）明清進士録：「祁敕，正德十二年二甲一百一十名進士。廣東東莞人，字惟允，號棠野。授刑部主事。嘉靖初，伏闕争大禮，廷杖。歷郎中，善决疑獄。出守饒州，以事謫婺州典史，道病，歸卒。」按：祁敕當是與黄佐同來見陽明，所謂「語人曰」，即指黄佐、季本、薛侃諸同來者。

蔣冕作序賀陽明平思、田功。

湘皋集卷十八賀總制軍務新建伯南京兵部尚書兼都察院左都御史陽明王公平寇序：「皇上嗣大歷服之初，吾二廣搢紳士之仕於朝者，旅談旅議，以二廣寇亂相仍，近數年尤甚，非得奇特瓌偉不群之才，忠誠體國而不苟目前之安者拯之，莫克有濟。若新建伯、南京兵部尚書，揚州□□□也，聯名具疏懇乞公於家。疏將上，諗於內閣銓部諸執政大臣，僉謂公純孝人也，兩三年前，公之太母夫人没，公尚連章求歸卒葬事；今公之父太宰實庵先生年垂八袠，方以疾卧家，公跬步未肯離膝下也，顧肯遠去數千里以涖爾二廣乎？莫若待公終養復起之未晚。疏遂不果上。未數月，先生捐館舍。公既免喪，吾二廣寇亂相仍，尤有甚於前日，中外臣工疏詣請起公者，踵相接於廷，皇上俯從僉議，命公兼都察院左都御史，總制兩廣、江西、湖廣等處軍務，暫兼巡撫，以平田州、思恩寇亂。敕旨再三，丁寧鄭重。公辭不獲命，兼程西邁，節鉞駐蒼梧。未數日，即躬至古邕，以臨思、田邊境。散冗兵數千人，各還本土者，冗費冗食無慮萬計。又創立敷文書院，日與諸生講明義理，以示閑暇將無事於用武。書院名『敷文』，蓋取虞廷誕敷文德，舞干而苗格之意，人皆知公意向所在。無幾何，兩府之民相率來歸，公乃親詣其地，撫綏輯定，爲之改建官屬，易置公署，民之歸耕趨市者滋衆，而兩府以次漸平。又以僮賊之在兩江者，恃其險阻，不時出没，公肆劫掠，莫如之何。乃檄汪參議必東、吴僉事□□、王廷弼、湖廣汪僉事溱、張參將經，帥永順□□□六千人，往涖斷藤峽之仙臺、花相、古陶、龍尾諸巢峒。未幾，斬首數百級。尋檄林布政富、翁副使素、張副總兵祐，帥思、田二府兵八千人，往涖八寨。未幾，斬首數百級，而兩江以次漸平。寇之在兩府者，因其可撫而撫之；寇之在兩江者，因其可擊而擊之。或張或弛，不泥故常，而惟主於弭禍，以安生靈也。若公者，所謂奇特瓌偉不群之才非邪？不然，何足以辦此？布政既陟都憲，撫治於鄖陽，濱行，謂公撫定削平之功，在吾廣右者不可無記述，以爲聖天子簡任得人賀也。迺偕兩江藩憲及副總兵、參將、知府諸君，以書備述其事，遣學正石尚賓持來徵予序。昔公以都憲巡撫南贛汀漳，嘗躬冒矢石，破桶岡諸巖險劇賊於大帽山，其功甚偉。後值寧庶人之變，遂倡義募兵，擒庶人於鄱陽湖，以成奠安宗社之大功。此伯爵之所以錫，子孫繼承，山河帶礪，初不可以世論，而先聲所加，則實由於桶岡諸巖險之破也……特以公所撫定削平之地，於予所居相去僅千里，而近藉公庇廕多矣……予昔待罪内閣，嘗隨諸老，以公江西勳烈大書之，藏於金匱；今雖老病，顧不能以公勳烈之在吾二廣者，偕搢紳士歌頌於道路哉？」

按：蔣冕此序乃是奉林富之請而作。前考林富九月至鄖陽任，可知蔣冕此序作在九月中。

燕泉何孟春再有書來，懇爲其文集作序，陽明有答書謝之。

陽明先生文録卷四寄何燕泉書：「兵冗中久缺裁候，乃數承使問，兼辱嘉儀，重之以珍集，其爲感愧，何可言也！僕病卧且餘四月，咳痢日甚，淹淹牀席間，耳聾目眩，視聽皆廢。故珍集之頒，雖嘉逾拱璧之獲，而精光透射，尚未敢遽一瞬目其間。候病疏得允，苟還餘喘於田野，幸而平復，精神稍完，然後敢納足玄圃之中，盡觀天下之至寶，以一快平生，其時當别有請也。伏枕不盡謝私，伏冀照亮。」

按：前引陽明六月四日寄何燕泉手札云「伏枕已踰月」，知陽明始病卧在五月；陽明此寄何燕泉書云「僕病卧且餘四月」，則此書作在九月中。蓋何孟春先在六月寄書及詩章來，爲陽明所肯；遂在九月再寄書及文集來，有懇爲其文集作序之意。書中所云「兼辱嘉儀」，當是何孟春寄來賀儀慶其生日，陽明生於九月三十日，可見何孟春寄書及賀儀來約在九月初。

有家書寄子王正憲。

王陽明全集卷二十六又寄正憲男書三：「我至廣城已踰半月，因咳嗽兼水瀉，未免再將息旬月，候養病疏命下，即發舟歸矣。家事亦不暇言，只要戒飭家人，大小俱要謙謹小心。餘姚八弟等事，近日不知如何耳？在京有進本者，議論甚傳播，徒取快讒賊之口，此何等時節，而可如此？兄弟子姪中不肯略體息，正所謂操戈入室，助仇爲寇者也，可恨可痛！兼因謝姨夫回，便草草報平安。書至，即可奉白老奶奶及汝叔輩知之。錢德洪、王汝中及書院諸同志皆可上覆，德洪、汝中亦須上緊進京，不宜太遲滯。」

按：陽明九月七日至廣城，此書作在九月下旬中。書中所言「八弟」，即王袞幼子王守恭，陽明與諸弟書中言「寓贛州長兄守仁書寄三弟、四弟、六弟、八弟收看」，即陽明此書中所言「餘姚八弟等」。書中所言「在京有進本」，「徒取快讒賊之口」，疑即指聶能遷誣告案，王守恭等赴京上疏抗辨，引動都下，所謂「議論甚傳播」。陽明以爲不足取，「徒取快讒賊之口」，「讒賊」者，隱指聶能遷、桂萼之流也。又書所言「德洪、汝中亦須上緊進京」，乃謂錢德洪、王畿加緊准備科考，入京赴來年春試，與其答何廷仁云「德洪、汝中輩亦可促之早爲北上之圖」意同。

作文祭奠南海。

王陽明全集卷二十五祭南海文：「天下之水，萃於南海。利濟四方，涵濡萬類。自有天地，厥功爲大。今皇聖明，露降河清。我實受命，南荒以平。陰陽表裏，維海效靈。乃陳牲帛，厥用告成。尚饗！」

按：此祭文當是陽明到廣州以後所作。文中所云「露降河清」事，發生在嘉靖六年至七年之際，國榷卷五十三：「嘉靖六年十二月庚申，靈寶黄河清五十里。」卷五十四：「嘉靖七年正月朔，甘露降長泰、龍溪等縣。」楊一清即以露降河清上賀，迎合帝心，國榷卷五十四：「七月朔，大學士張璁請宣諭內閣，絶讒邪，清政本……蓋明斥楊一清也。一清起家由璁等，雖敏練見知，頗不自安，請賀河清，獻甘露，迎合上心。」按河清露降正發生在陽明平思、田之時，陽明視爲其平定思、田之吉兆，故文中云

「露降河清。我實受命，南荒以平」。又古人以河清海晏爲天下太平之象，陽明平定廣西，有河清海晏之兆，故其一至廣州，即作文往祭南海也。

十月，有書致善山何廷仁告歸。

王陽明全集卷六答何廷仁：「區區病勢日狼狽，自至廣城，又增水瀉，日夜數行，不得止，今遂兩足不能坐立。須稍定，即踰嶺而東矣。諸友皆不必相候。果有山陰之興，即須早鼓錢塘之舵，得與德洪、汝中輩一會聚，彼此當必有益。區區養病本去已三月，旬日後必得旨，亦遂發舟而東。縱未能遂歸田之願，亦必得一還陽明，與諸友一面而别，且後會又有可期也。千萬勿復遲疑，徒躭誤日月。總及隨舟而行，沿途官吏送迎請謁，斷亦不能有須臾之暇，宜悉此意。書至，即撥冗。德洪、汝中輩亦可促之早爲北上之圖。伏枕潦草。」

按：陽明養病疏上在七月十日，可知此書作在十月。

再有家書寄子王正憲。

王陽明全集卷二十六又寄正憲男書四：「近因地方事已平靖，遂動思歸之懷，念及家事，乃有許多不滿人意處。守度奢淫如舊，非但不當重託，兼亦自取敗壞，戒之戒之！尚期速改可也。寶一勤勞，亦有可取，只是見小欲速，想福分淺薄之故，但能改創亦可。寶三長惡不悛，斷已難留，須急急遣回餘姚，别求生理；有容留者，即是同惡相濟之人，宜並逐之。來貴好惰略無改悔，終須逐出。來隆、來价不知近來幹辦何如？須痛自改省。但看同輩中有能真心替我管事者，我亦何嘗不知？添福、添定、王三等輩，只是終日營營，不知爲誰經理，試自思之！添保尚不改過，歸來仍須痛治。只有書僮一人，實心爲家，不顧毁譽利害，真可愛念。使我家有十個書僮，我事皆有託矣。來瑣亦老實可託，只是太執戇，又聽婦言，不長進。王祥、王禎務要替我盡心管事，但有闕失，皆汝二人之罪。俱要拱聽魏先生教戒，不聽者責之。」

按：此爲陽明最後一封家書。綜觀陽明入廣所寄家書，可見偌大一「伯府」邸内，因陽明不在，糾紛漸生，弟姪不軌，管事不忠，家僕怙惡，敗象已露。一至陽明卒，外侮内釁頓起，蓋非無因也。

雲南朱克明、夏德潤書至，陽明有答書。

陽明與夏德潤朱克明手札：「舍人王勳來，嘗辱手札，匆匆中未暇裁答，爲愧。今此子已襲指揮使，頭角頓爾峥然，而克明、德潤未免淹滯於草野，此固高人傑士之所不足論，然世事之顛倒，大率類此，亦可發一笑也。因此子告還，潦草布問，不一一。守仁頓首，德潤夏先生、克明朱先生二契家。凡相識處，特望致意。」（葉元封湖海閣藏帖卷二與德潤及克明書）

按：前考朱克明即朱光霽，號方茅，雲南蒙化人，陽明弟子。王勳，按陽明平思、田及斷藤峽、八寨時多提及一指揮「王勳」，如八寨斷藤峽捷音疏云：「節據廣西領哨潯州衛指揮馬文瑞、王勳……遵奉統領各該軍兵……隨同領哨指揮王勳，又督同宣慰彭九霄等……」又云：「舊任副總兵張祐……及各督哨、督押、指揮等官馬文瑞、王勳……雖其才猷功績各有大小等級之殊，而利害勤苦，亦有緩急久暫之異，然當茲炎毒暑雨之中，瘴疫熏蒸，經冒鋒鏑之場，出入崎險之地，固將同效捍勤事之績，均有百死一生之危者也。」陽明將王勳列入賞功人員，故當是九月朝廷獎賞平思、田立功人員後，王勳得陞指揮使，即陽明此書所云「今此子已襲指揮使，頭角頓爾峥然」。夏德潤，無考，當亦是陽明在貴州時所識（與朱克明同時）。夏德潤、王勳應也是蒙化人，故王勳歸家，帶來夏德潤、朱克明手札；而王勳告還，陽明又託其帶去此與夏德潤、朱克明手札。蓋陽明南來兩廣，去雲南蒙化已近，故得因王勳與夏德潤、朱克明恢復通信往來，所謂「凡相識處」，即指陽明在雲貴之弟子舊識也。

閏十月，增城忠孝祠成，陽明赴增城謁祠奉祀，題詩祠壁，重刻王綱傳碑立石，廣東提學副使蕭鳴鳳爲作記。

王陽明全集卷二十五祭六世祖廣東參議性常府君文：「於惟我祖，效節於高皇之世，肇禋茲土，歲久淪蕪。無寧有司之不遑，實我子孫門祚衰微，弗克靈承顯揚。蓋冥迷昏隔者八九十年，言念愴惻，子孫之心，亦徒有之。恭惟我祖晦迹長遁，迫而出仕，務盡其忠，豈曰有身没之祀？父死於忠，子殫其孝，各安其心，白刃不見，又知有一祀之榮乎？顧表揚忠孝，樹之風聲，實良有司修舉國典，以宣流王化之盛美。我祖之烈，因以復彰，見人心之不泯，我子孫亦藉是獲申其愴鬱，永有無窮之休焉。及兹廟成，而末孫某適獲來蒸，事若有不偶然者。我祖之道，其殆自兹而昌乎？某承上命，來撫是方，上無補於君國，下無益於生民，循例省績，實懷多慚。至於心之不敢以不自盡，則亦求無忝於我祖而已矣。承事之餘，敢告不忘。以五世祖秘湖漁隱先生彦達府君配。尚饗！」

陽明與提學副使蕭鳴鳳：「予祖綱，洪武初爲廣東參議，往平潮亂，至增江，遇海寇，卒爲所害。其子赴難，死之。舊當有祠，想已久毁，可復建也。然詢諸邑耆，皆無知者。乃檄知縣朱道瀾，即天妃廟址鼎建，祀綱及其子彦達。既竣事，守仁往詣。祀事畢，駐節數日，不忍去，召集諸生，講論不輟，曰：『吾祖寓此，而甘泉又平生交義兄弟，吾視增城，即故鄉也。』乃題詩祠壁曰：『海上孤忠歲月深，舊壝荒落杳難尋。風聲再樹逢賢令，廟貌重新見古心。香火千年傷旅寄，烝嘗兩地歎商參。鄰祠父老皆仁里，從此增城是故林。』」（黄佐廣東通志卷四十二藝文，陽明文集失載）

嘉慶增城縣志卷十九金石録重刻廣東參議王公傳碑正書，篆額，在忠孝祠：「張壹民著。嘉靖七年，歲次戊子，冬閏十月吉，孝元孫新建伯王守仁重刻。禮部辨印生錢君澤書。」

蕭鳴鳳忠孝祠記：「公諱綱，字性常，家世餘姚人。洪武四年以文學徵，上親策之，對稱旨，拜兵部郎中，時年已七十餘矣。值潮民弗靖，推廣東布政使參議，督理兵餉。公即與家人訣，携其子彦達以行。既至省，乃單舸往諭亂者以順逆禍福，皆稽首服罪，聽約束，威信遂以大行。回過增城，遇海寇曹真竊發，鼓譟截舟，願得公爲師。公以理開諭不從，則厲聲叱罵之，遂共扶舁而去。賊爲壇位，日羅拜請不已，公叱罵不絶聲，遂遇害。時彦達亦隨入賊中，奮救不能得，因哭罵求死。其魁曰：『父忠子孝，殺之不祥。』戒其黨毋加害，與之食，不顧。賊憫其誠，容令綴羊革裹尸而出，得歸葬焉……嘉靖戊子歲，知增城縣朱道瀾始立祠於城南，並置田三十九畝，圖歲祀焉。適公六世孫新建伯、兵部尚書陽明先生總督南方列省諸軍事，既平邕、桂，旋節廣東，因設祭於祠下。先生素倡明正學，以繼往開來爲己任，出其緒餘，勳業遂以滿天下。兹復天假之便，得以展公之廟貌，忠孝之傳固信有攸自，於是萬姓咨嗟興懷，公之英爽直若飛動於目前者……嗚鳳觀風此邦，深樂此廟之成，有裨於教事，故書巔末，麗牲之石。」（嘉慶增城縣志卷十七。按：蕭鳴鳳此記刻在碑陰。）

按：據陽明重刻廣東參議王公傳碑跋，可知陽明往祀增城忠孝祠在閏十月，錢德洪陽明先生年譜云「十月，祀增城先廟」，乃誤。按王陽明全集卷十八有批增城縣改立忠孝祠申云：「據增城縣申稱：『參得廣東參議王綱，字性常，洪武年間因靖潮寇，父子貞忠大孝，合應崇祀，於城南門外天妃廟改立忠孝祠。』看得表揚忠孝，樹之風聲，以興起民俗，此最爲政之先務；而該縣知縣朱道瀾乃能因該學師生之請，振舉廢墜，若此則其平日職業之修，志向之正，從可知矣。仰行該縣悉如所議施行，其神像牌位及祭物等項，俱聽從宜酌處，完日具由回報。」此文在集中置於嘉靖七年六月中，知忠孝祠於六月動建，至閏十月建成，陽明來謁，適逢祠廟冬烝，陽明謂「某適獲來蒸」，「適來奉初蒸」，可見陽明來謁先廟當在閏十月中旬也。

泉翁大全集卷三二重修增江忠孝祠記：「維歲嘉靖癸丑，修增城忠孝祠成，甘泉子記之。岳伯浮峰張公聞之，語縣尹盛君曰：『其益宏迺工，乃稱斯文。』蓋浮峰公乃陽明公之高弟也。先是壬子春，甘泉子赴增城，修明誠書院，館諸生。過相江之涯，見祠將圮，問曰：『是何爲者？』曰：『此忠孝祠，以祀新建伯王陽明公七世祖曰性常之忠，六世祖曰彦達之孝也。性常公任廣藩參議，撫綏潮民之弗靖者，還遇海寇曹真於增江之口，擒之無備，被執弗屈，死之。其子彦達赴難罵賊，賊義之不殺，得裹公屍歸葬，隱居養母，終身不仕。人歎曰：「夫父子死義，與天日争光。昔也人謂若何？今也人謂若何？旅魂寥寂，不遂血食，則戚矣。」嘉靖七年，邑尹朱君道瀾奉撫按命，立忠孝祠於斯，撥田縣官行事於斯。人又歎曰：「昔也人謂若何？今也人謂若何？則欣矣。」今歲久就敝，過者動心焉。』甘泉子乃入謁之，遶之三匝，則見祠宇上滴旁穿，垣壁將傾，爲之慨歎。顧邑庠諸生曰：『是謂以死勤事則祀之，禮也。吾昔與陽明公戮力以起斯文，是故道義骨肉之愛根於天性。今其祖祠荒落若此，寧不動心？夫父子大節，向也人謂若何？今也人謂若何？則戚矣。夫欣戚之心，痛癢相關，亦獨胡爲而然哉？秉彝之性，不可誣也。「藤蘿得意於雲日，蕭管無聲薦酒尊。」此黄山谷慨徐孺子祠之詩也。况堂堂忠孝，上滴旁穿，將毁像貌焉，豈但藤蘿得意已哉！』諸生曰：『翁之言及徐孺子也，何居？徐孺子不事王侯，豈與王公之以死勤事，若是倫乎？』曰：『事有理同而迹異者。孺子之不事王侯，扶漢鼎也；王氏父子之死事，樹綱常也：一也。是皆能德無愧於天地，而争光於日月者也。爾諸生其亟呈諸邑尹。』於是盛君劍厓曰：『吾責也。』乃不白司府，不勞民力，庀材募工修之，不月而成。浮峰公至是聞之，故有是言曰：『甘泉之言，大矣，廣矣！』於是宏之，木石磚瓦之不堪者易之，新建公之詩將滅於壁者碑之。焕然一新，夫然後稱百年之舉廢也。」

按：所謂「新建公之詩將滅於壁者碑之」，即指陽明題祠壁詩。

過湛若水甘泉故居，有詩題壁。

王陽明全集卷二十題甘泉居：「我聞甘泉居，近連菊坡麓。十年勞夢思，今來快心目。徘徊欲移家，山南尚堪屋。渴飲甘泉泉，饑餐菊坡菊。行看羅浮雲，此心聊復足。」書泉翁壁：「我祖死國事，肇禋在增城。荒祠幸新復，適來奉初蒸。亦有兄弟好，念言思一尋。蒼蒼蒹葭色，宛隔環瀛深。入門散圖史，想見抱膝吟。賢郎敬父執，童僕意相親。病軀不遑宿，留詩慰殷勤。落落千百載，人生幾知音？道通著形迹，期無負初心！」

按：據書泉翁壁，知陽明乃是在謁忠孝祠後過訪甘泉故居。所謂「甘泉居」，指湛若水在甘泉都之故居。羅洪先湛甘泉先生墓表云：「湛氏居廣之增城甘泉都，四方學者宗之，稱爲甘泉先生。其先莆人，元有諱露者，德慶路總管府治中，卜居甘泉都之沙貝村，遂爲沙貝之始祖……以成化丙戌十月十有三日巳時，生先生於沙貝。」甘泉都有甘泉，有甘泉洞，故湛若水以甘泉自號，其居爲甘泉居。甘泉都在增城南門外，而忠孝祠亦在增城南門外，嘉慶增城縣志卷八：「忠孝祠，在南門外相江。」故陽明在謁忠孝祠後即可造訪甘泉居，時間亦在閏十月中旬。錢德洪陽明先生年譜定陽明訪甘泉居在十月，亦誤。

二十一日，方獻夫、霍韜聯名上疏，辨白陽明江西平宸濠之功與廣西平思、田、斷藤峽、八寨之功，再爲陽明辨謗雪冤，乞功賞陽明以勵忠勤。世宗不允。

渭厓文集卷二地方疏：「竊見新建伯、南京兵部尚書兼都察院左都御史王守仁奉命巡撫兩廣，已將田州、思恩撫處停當，隨復勦平八寨及斷藤峽等賊。臣等皆廣東人，與賊鄰壤，備知各賊爲患實迹。嘗竊切齒蹙額而歎曰：『兩廣良民何其不幸，生鄰惡境，妻子何日寧也！』又嘗竊計曰：『兩廣何日得一好官員，勦平各賊，俾良民各安其生，而頑民染患未深者亦得格心向化也？』乃今恭遇聖明特起王守仁撫勦田州、田恩地方，臣等竊謀曰：『兩廣自是有厎寧之期也！聖天子知人之澤也！』是役也，臣等爲王守仁計曰：前巡撫動調三省兵若干萬，梧州三府積年儲畜軍餉費用不知若干萬，復從廣東布政司支去庫銀若干萬，米不知支去若干萬，殺死疫死狼兵鄉兵民壯打手不知若干萬，僅得田州安靖五十日耳。自是而思恩叛矣，吊巖賊出圍肇慶府矣，殺數十千家矣，此賊併時同出，蓋與田州、思恩東西相應和者也。若王守仁者乘此大敗極敝之後，仰承聖明特擢之恩，雖合四省兵力，再支庫銀百餘萬，支米數百萬，剿平田州，報功級數萬人，亦且曰天下之大功也。然而守仁不役一卒，不費斗糧，只宣揚陛下聖德，遂致思恩、田州兩府頑民稽首來服，其奉揚聖化以來遠人，雖舜格有苗，何以過此！臣等是以歎服王守仁不惟能肅將天威，實能誕敷天德也。若八寨之賊，斷藤峽之賊，又非田州、思恩可比也。天下十二省，俱多平壤，惟廣西獨在萬山之叢，其土險，其水迅，其山之高，有猿猴不度、飛鳥不越者。故諺語曰：『廣西民三而賊七。』由山高土惡，習氣兇悍，雖良民至者亦化爲賊也。八寨賊洪武年間所不能平。斷藤峽成化八年都御史韓雍僅得討平，及今五十餘年，遺孽復熾。故廣西賊巢，柳州、慶遠、鬱林、府江諸賊，雖時出劫掠，官兵亦屢請征之；若八寨賊，則自國初至今未有輕議征剿者，蓋謂山水兇惡，進兵無路，消息少動，賊已先知，一夫控險，萬兵莫敵，故百六十年未有敢征八寨賊者也。賊亦恃險肆惡，時出攻圍城堡，殺掠良民，何啻萬計。四方頑民犯罪脱逃，投入八寨，則有司不敢追攝矣；鄰近流賊避兵追剿，投入八寨，則官兵不敢誰何矣。是八寨者，實四方寇賊淵藪也；斷藤峽，又八寨之羽翼也。廣西有八寨諸賊，猶人有心腹疾也。八寨不平，則兩廣無安枕期也。今王守仁沉機不露，掩賊不備，一舉而平之，百數十年豺虎窟穴，掃而清之如拂塵然，非仰藉聖人神武不殺之威，何以致此！臣等是以歎服王守仁能體陛下之仁，以懷綏田州、思恩向化之民；又能體陛下之義，以討服八寨、斷藤峽梗化之賊也。仁義之用，兩得之也。謹按王守仁之成功有八善焉：乘湖兵歸路之便，則兵不調而自集，一也。因田州、思恩效命之助，則勞而不怨，二也。機出意外，賊不及遯，所誅者真積年渠惡，非往年濫殺報功者比，三也。因歸師討逆賊，無糧運之費，四也。不役民兵，不募民馬，一舉成功，民不知擾，五也。平八寨，平斷藤峽，則極惡者先誅，其細小巢穴可漸使德化，使去賊從良，得撫剿之宜，六也。八寨不平，則西而柳、慶，東而羅旁、緑水、新寧、恩平之賊，合數千里共爲窟穴，雖調兵數十萬，費糧數百萬，未易平復；八寨平定，則諸賊可以漸次撫剿，兩廣良民可漸安生業，紓聖明南顧之憂，七也。韓雍雖平斷藤峽賊矣，旋復有賊者，實當爾時未及區畫其地，爲經久圖，俾餘賊復據爲巢穴故也，今五十年生聚，則賊復熾盛也亦宜；若八寨乃百六十年所不能誅之劇賊，山川天險尤難爲功，今守仁既平其巢窟，即徙建城邑以鎮定之，則惡賊失險，後日固不能爲變，逋賊來歸，不日且化爲良民矣，誅惡綏良，得民父母之體，八也。或者議王守仁則曰：『所奉命撫勦田州、思恩也，乃不勦田州則亦已矣，遂勦八寨可乎？』臣則曰：昔吳、楚反攻梁，景帝詔周亞夫救梁，亞夫不奉詔，而絶吳、楚糧道，遂破吳、楚而平七國，安漢社稷。夫不奉詔，大罪也，景帝不以罪亞夫，何也？傳曰：『閫以内，寡人制之；閫以外，將軍制之。』又曰：『大夫出疆，有可以安國家，利社稷，專之可也，古之道也。』是故周亞夫知制吳、楚在絶其食道，而不在於救梁也，是故雖有詔命，猶不受也。惟明君則以爲功，若腐儒則以爲非。今王守仁知田州、思恩可以德懷也，遂約其降而安定之；知八寨諸賊百六十年未易服也，遂因時仗義而討平之。仁義之用，達天德者也，雖無詔命，先發後聞可也，況有便宜從事之旨乎？或者又曰：『建置城邑，大事也；區處錢糧，户部職也。不先奏聞而輒興功，可乎？』臣則曰：古者帝王千里之内自治，千里之外附之侯伯而已。是豈堯、舜、湯、武聖智反後世不如哉？蓋慮輿圖既廣，則智力不及，與其役一己耳目之力而無益於事，孰若以天下賢才理天下事爲逸而有功也！是故帝王之職在於知人而已，既知其人之賢而委任之矣，則事之舉措，一以付之而責其成功。若功效不孚，乃制其罪可也。今既任之又從而牽制之，則豪傑何所措手足乎？是故王守仁之平八寨也，所殺者賊之渠魁耳，若逋逃者固未及殺也。乘此時機建置城邑，遂招逋逃之賊復業焉，則積年之賊皆可化爲良民也。失此機會，撤兵而歸，俟奏得旨，乃興版築，則賊漸來歸，又漸生聚，據險結寨，以抗我師，雖欲築城，亦不能矣。昔者范仲淹之守西邊也，欲築大順城，慮敵人爭之，乃先具版築，然後巡邊，急速興工，一月成城。西夏覺而爭之，已不及矣。爾時范仲淹若俟奏報，豈不敗乃事哉？王守仁於建置城邑之役，蓋計之熟矣，錢糧夫役，固不仰足户部而後有處也。其以一肩而分聖明南顧之憂，可謂賢矣！不以爲功，反以爲過，可乎？先是正德十四年，宸濠謀反江西，兩司俯首從賊，惟王守仁同御史伍希儒、謝源誓心效忠。不幸姦臣張忠、許泰等欲掩王守仁之功以爲己有，乃揚諸人曰：『王守仁初同賊謀。』及公論難掩，乃又曰：『宸濠金帛俱王守仁、伍希儒、謝源滿載以去。』當時大學士楊廷和、尚書喬宇亦忌王守仁之功，遂不與辨白，而黜伍希儒、謝源，俾落仕籍。王守仁不辨之謗，至今未雪，可謂黯啞之冤矣。夫國家論功，有二道焉：有開國效功之臣焉，有定亂拯危之臣焉。開國之臣，成則侯也，敗則虜也，雖勿計焉可也；惟禍變倏起，社稷安危凛乎一髮，效忠定亂之臣則不忘也。何也？所以衛社稷也。昔者王守仁之執宸濠也，可謂定亂拯危之功矣。姦人猶或忌之而謗其短，夫如是，則後有事變，誰肯效忠乎？甚矣，小人忌功足以誤國也！臣等是以歎曰：王守仁等江西之功不白，無以勸勵忠之臣；若廣西之功不白，又無以勸策勳之臣。是皆天下地方大慮也。王守仁大臣也，豈以功賞有無爲重輕哉？第恐當時有功之人及土官立功之人視此解體，則在外撫臣遂無所激勸以爲建功之地耳。

臣等廣人也，目擊八寨之賊爲地方大患百數十年，一旦仰賴聖明任用守仁以底平定，不勝慶忭。今兵部功賞未見施行，户部覆題又復再勘，臣恐機會一失，大功遂沮，城堡不得修築，逋賊復據巢穴，地方不勝可慮也。是故冒昧建言，惟聖明察焉。乞早裁斷，俾官僚早得激勸，城寨早得修築，逋賊早得招安，良民早得復業。嶺海之外，歌詠太平，祝頌聖德，實臣等所以報陛下知遇一節也，亦臣等自爲地方大慮也，不得已也。爲此具奏。」

明世宗實録卷九十四：「閏十月癸巳，禮部尚書方獻夫、詹事霍韜言：『臣等皆廣東人，備知諸瑶爲患多年，先曾調三省兵數十萬人，動支官銀數十萬兩，米數十萬石，僅得田州安靖五十日，然我軍失亡固已太半，而田、思叛人與吊巖、新寧、白水諸賊相表裏，時出劫掠，終莫得其要領。新建伯王守仁乘百年破敝之後，感聖明特起之知，不役一卒，不費斗粟，片言馳諭，而思、田稽顙，雖舜格有苗，何以加焉？至於八寨、斷藤峽之賊，合烏棲獸伏於深巖絶峒間，自我明開國以來，未有輕議征剿者，今一舉蕩平，如拉枯朽。因湖廣之歸師，不煩調遣，善一也；時思、田之降衆，得其死力，善二也；所誅者真積年渠惡，非他濫殺之比，善三也；因歸師以討逆賊，無轉輸之費，善四也；不役民兵，不募民焉，而衆皆不擾，善五也；元惡就誅，餘黨咸服，得撫剿之宜，善六也；八寨平，諸賊可以漸次撫剿，而兩廣良民得安生樂業，善七也；徙建城邑，惡賊失險，計安經久，善八也。勞苦而功高如此，議者乃言：

「守仁受命撫剿思、田，不受命征八寨。」又言：「築城建邑非人臣所得專。」傳曰：「大夫出疆，有可以安國家，利社稷，專之可也。」故周亞夫不奉救梁之詔，遂破吳、楚；范仲淹築大順城以拒敵，朞月奏功，當時未聞有專制之嫌。況守仁又有便宜從事之旨乎？先是宸濠叛逆江西，諸臣誓死討賊者，獨王守仁與伍希儒、謝源三人而已。功成之後，乃爲忌者所抑，不曰「守仁初同賊謀」，則曰「滿載金帛以歸」。當時大臣楊廷和、喬宇從中飾成其事，至今未白。夫國家論功有二道：有開國效功之臣，有定亂拯危之臣。開國之臣，成則侯也，敗則寇也，雖勿崇焉，可也；惟禍變倏起，社稷安危凜乎一髮，效忠定亂之臣則不可忘也。何也？所以衛社稷也。今忠如守仁，有功如守仁，一屈於江西，再屈於兩廣，兵部功賞未見施行，户部覆題又行查勘。臣恐機會一失，大功難成，城堡不得修築，逋賊復爾猖狂，爲地方慮不淺。惟陛下察之。』上批答曰：『所言已有旨處分。修建城邑，防患事宜，其令守仁會官條畫，便宜上之，務在一勞永逸，勿貽後艱。』」

按：此地方疏（又題作論新建伯撫剿地方功次疏）向來以爲是霍韜所上，然疏中分明云「臣等皆廣東人」，「臣等竊謀」，「臣等爲王守仁計」，可見上此疏者非霍韜一人。今據明世宗實録云「禮部尚書方獻夫、詹事霍韜言」，可知此疏實爲方獻夫與霍韜聯名所上。據石頭録石頭録原編：「嘉靖七年閏十月二十一日，上地方大慮疏，論王陽明守仁江西之功。時王陽明平廣西思、田，併剿八寨、斷藤峽，公論其功，因追論其平宸濠之功，遂上此疏。」是此疏上在閏十月二十一日，至二十五日世宗有答批。

按方、霍此疏實針對世宗而發，其論地方事爲假，而辨陽明江西之功與廣西之功爲真。蓋世宗剛愎自用，在閏十月十四日（見國榷卷五十四）即斥陽明報捷「誇詐」，「恩威倒置」，否定陽明平八寨、斷藤峽之功，雖口頭只允「王守仁姑賜敕奬諭」（餘賞不行），但事後兵部不見施行，户部欲再查勘，忌功大臣皆噓聲附和（按：疏中所言「或者」，隱指桂萼之流）。故方、霍憤上此疏，爲陽明辨謗辨誣，旨在欲世宗認定陽明平八寨、斷藤峽之大功，予以賞功奬賚。蓋唯有認定陽明平廣西之大功，陽明入朝入閣便是順理成章之事，此才是方、霍上此疏之真正用意也。世宗自然深知箇中利害，故對方、霍疏「王顧左右而言他」，不言陽明建功賞功事，而只言修建城邑事，答非所問，莫知其意，世宗之冥頑狡詐更由此可見。

三十日，黄佐勸陽明北行，陽明有答書。

黄佐庸言卷九：「予見其面色黧悴，時噉姜蜜以下痰，勸之行，公以爲然……予荒遯山中，公行，復簡予曰：『明德只是良知，所謂燈是火耳。吾兄必自明矣。』予始終與公友，其從善若此，豈自是者哉？公逾嶺卒。二簡今舒柏刻於陽明廣録中。」

按：黄佐所謂「公行」，乃指陽明離廣州北行。陽明北行在十一月一日，故可知陽明此書作於閏十月三十日。

十一月一日，疾甚，上疏乞骸骨，舉林富自代。是日，遂離廣州北行。

錢德洪遇喪於貴溪書哀感：「十一月己亥，疾亟，乃疏請骸骨。」（王陽明全集卷三十七世德紀）

明史卷一百九十五王守仁傳：「守仁已病甚，疏乞骸骨，舉鄖陽巡撫林富自代。」

黄綰陽明先生行狀：「十月初十日（按：誤），復上疏乞骸骨，就醫養病，因薦林富自代。」

明世宗實録卷九十七：「嘉靖八年正月乙巳，陞巡撫鄖陽都察院右副都御史林富爲兵部右侍郎兼右僉都御史，代王守仁巡撫兩廣地方，提督軍務。時守仁以病篤，乞骸骨，因舉富自代。」

按：陽明所上乞骸骨疏，今佚。黄綰將陽明上乞骸骨疏定在十月十日，乃是將陽明十一月一日上乞骸骨疏與十月十日（實在七月十日）上養病疏誤混爲一。錢德洪陽明先生年譜不言陽明上乞骸骨疏，尤不當。蓋陽明在廣州待命三月，朝廷有意拖延詔命不下，至是陽明病篤不起，猶再上乞骸骨疏，然後舁棺北行，卒於途中，其所行所爲皆光明正大，斑斑可考，照見世宗、桂蕚之流設謗構陷之真嘴臉，所謂「不俟命即歸」、「擅離重鎮」、「故設漫辭求去」、「擅離職役」，皆爲誣妄不實之辭矣。使一代名臣陽明遭遇于謙、袁崇焕相同命運之罪魁禍首，世宗也。

二十一日，踰大庾嶺。二十五日，至南安。二十八日，晚泊青龍鋪。二十九日午時，卒於南安青龍鋪。

錢德洪遇喪於貴溪書哀感：「十一月己亥，疾亟，乃疏請骸骨。二十一日，踰大庾嶺，方伯王君大用密遣人備棺後載。二十九日，疾將革，問侍者曰：『至南康幾何？』對曰：『距三郵。』曰：『恐不及矣。』侍者曰：『王方伯以壽木隨，弗敢告。』夫子時尚衣冠，倚童子危坐，乃張目曰：『渠能是念邪！』須臾氣息，次南安之青田，實十一月二十九日丁卯午時也。是日，贛州兵備張君思聰、太守王君世芳、節推陸君府奔自贛，節推周君積奔自南安，皆弗及訣（按：說誤），哭之慟。明日，張敦匠事，飾附設披。積請沐浴於南野驛，親進含玉，陸同殮襚。又明日，南贛巡撫汪公鋐來蒞喪紀，士民擁途哀號，汪爲之揮涕慰勞。」

錢德洪陽明先生年譜：「十一月乙卯（按：誤，當作丁卯），先生卒於南安。是月廿五日，踰梅嶺至南安。登舟時，南安推官門人周積來見。先生起坐，咳喘不已，徐言曰：『近來進學如何？』積以政對，遂問：『道體無恙？』先生曰：『病勢危亟，所未死者，元氣耳。』積退而醫診藥。廿八日，晚泊，問：『何地？』侍者曰：『青龍鋪。』明日，先生召積入，久之，開目視曰：『吾去矣！』積泣下，問：『何遺言？』先生微哂曰：『此心光明，亦復何言！』頃之，瞑目而逝，二十九日辰時也。贛州兵備門人張思聰追至南安，迎入南埜驛，就中堂沐浴衾斂如禮。先是先生出廣，布政使門人王大用備美材隨舟。思聰親敦匠事，鋪棡設褥，表裏裼襲。門人劉邦采來奔喪事。」

黃綰陽明先生行狀：「至大庾嶺，謂布政使王公大用曰：『爾知孔明之所以付託姜維乎？』

大用遂領兵擁護，爲敦匠事。廿九日，至南康縣（按：誤），將屬纊，家童問何所囑，公曰：『他無所念，平生學問方纔見得數分，未能與吾黨共成之，爲可恨耳！』遂逝。舁至南安府公館而斂。」

國榷卷五十四：「副使翁萬達曰：『新建之將薨也，吾適侍側，言：「田州事非我本心，後世誰諒我者？」』而參將俞恩亦言：『田州乃陽明未竟之功。然岑猛實伏誅，而疏言病死；蘇、受大憝漏網，而盛稱其功。此何解也？……』」

按：翁萬達時任户部廣西司主事，見鄒守愚資善大夫兵部尚書東涯翁公萬達行狀（國朝獻徵録卷三十九）。

錢德洪再謝汪誠齋書：「父師兩廣事宜，間嘗詢之幕士矣，頗有能悉其概者。謂奏凱之日，禮有太平筵宴及慶賀贐送之儀，水夫門子供具中，有情不得却與例不必却者，收貯賞功所謂之羨餘，以作公賞之費。成功之後，將歸，乃總其賞功正數，所給公帑不過一萬餘兩，皆發梧州矣。正數之外，有此羨餘，仍命並發梧州。從者又以沿途待命，恐遲留日久，尚有不時之需，姑携附以行，俟隨地遺發。不意未至南安，罹此凶變。病革之晨，親命僕隸檢遺書，治行篋，命賞功官勞其勤勞，而歸羨餘於公，此實父師之治命也。當事者既匿其情，不以告夫先生，而先生又切哀死之情，篤遺孤之愛，案官吏之請，從合得之議，謂：『大臣驅馳王事，身殞邊陲，痛有餘哀，禮當厚報，況物出羨餘，受之不爲傷義。』故直以事斷而不疑其爲私，其恩可謂厚矣。特弟子登受之餘，尚不免於惶惑。蓋以父師既有成命，前日之歸是，則今日之受非矣。苟不度義而私受之，恐拂死者之情，終無以白於地下也。且子弟之事親，平時一言，罔敢踰越；況軍旅之事，易簀之言，顧忍違忘而私受乎？夫可以與者大人之賜，可以無取者父師之心，取之，惟恐違死者之命而重生者之罪，則又其子弟衷由之情，用是不避呵叱，謹勒手狀，代爲先生布：並原銀五百三十二兩，托參隨州判龍光原義男添貴送復臺下，伏望驗發公帑，使存歿之心可以質諸天地鬼神。」（王陽明全集卷三十八世德紀）

按：諸家之説亦有牴牾不實者。如黄綰行狀謂陽明「至南康縣」，按陽明卒於青龍鋪，未至南康縣，錢德洪書哀感明云「距（南康縣）三郵」。錢德洪書哀感謂周積「奔自南安，皆弗及訣」，乃非，其年譜叙周積臨終見陽明甚詳。陽明卒於青龍鋪，錢德洪書哀感謂卒於「青田」，亦誤。錢德洪年譜謂陽明卒於「二十九日辰時」，然其書哀感謂卒於「二十九日丁卯午時」，其訃告同門亦云陽明卒於「二十九日午時」，可見年譜説誤。

十二月四日，喪發南安。二十日，喪至南昌。

錢德洪陽明先生年譜：「十二月三日，思聰與官屬師生設祭入棺。明日，輿櫬登舟。士民遠近遮道，哭聲振地，如喪考妣。至贛，提督都御史汪鋐迎祭於道，士民沿途擁哭如南安。

至南昌，巡按御史儲良材、提學副使門人趙淵等請改歲行，士民昕夕哭奠。」錢德洪遇喪於貴溪書哀感：「十二月二十日，喪至南昌，有司分道而迎，巡按御史儲君良材、提學副使趙君淵哭，士民皆哭，聲載於道。乃挽喪留於南浦，請改歲而行，以盡士民之哀。趙日至三踊哭，有問之，曰：『吾豈爲乃公哭邪？』」

程煇喪紀：「夫子以戊子仲冬之丁卯卒於南安府青龍鋪，輿止南野驛。越四日，爲季冬庚午，門人廣東布政王大用，推官周積，舉人劉邦采，實敦後事。副使張思聰率屬吏知府王世芳，同知何瑶，大庾知縣葉章，府學訓導楊登玉、王圭、陳守道，庠生張紱、李節、王輅、王輔等哭奠，乃殮。殮已，署上猶縣事經歷許同朝，崇義知縣祝澍，南康教諭管輔，訓導劉森，庠生劉爵等，千户劉環、俞春、周祥，門人知府王鑾、陽克慎，鄉約王秉言，各就位哭奠。

「壬申，櫬抵贛州府水西驛。提督都御史汪鋐，同知何瑶，推官陸府，檢校唐本，鄉宦宋元，指揮錢堂，知事郭鉞，千百户何湧江、馬昂、吴倫、譚景受、卜福、嚴述、王寧、王憲、潘鈺、余洪、畢祥、楊守、武昌，千户所指揮陳偉，門人郎中劉寅，都指揮同知余恩，庠生易紹宣、李喬崇、李挺、李憲、何進隆、何進德、曾廷珂、曾廷璉、黄譜、黎教、王槐密、王振朝、劉鳳月、劉天錫、劉瞬、彭遇貴、謝天表、謝天眷、桂士元、桂薰、袁泰、張鍠、汪梅、周蘭、宋金、雷鋭、雷兑、應辰、鍾振、俞鶚、湯偉、杜相、黄鼇，各就位哭奠。張思聰、周積又各特舉焉。

「丁丑，櫬抵吉安府螺川驛。僉事陳璧，知府張漢，同知張烈，通判蔣英、林春澤，建官周在，廬陵知縣常序，署泰和縣事知事汪仲，縣丞劉綸，主簿莊伯瑶，典史李江，教諭林文焯，訓導金玥、張旦，吉水縣丞楊伯謙，主簿辛仲實，萬安主簿楊廷蘭，信豐指揮同知林節，鄉宦尚書羅欽順，副使羅欽德，副都御史羅欽忠，門人御史王時柯，庠生蕭寵、蕭榮、王舜鵬、袁登應、羅絅、謝廷昭、周文甫、王惠迪、劉德、藍瑜、龍潢、龍漸，幕吏龍光，各就位哭奠。

「戊子，櫬抵臨江府蒲灘驛。建安府鎮國將軍宸洪，太監黎鑑，御史儲良材，參政葉溥、李緋，參議鍾雲瑞，副使趙淵，僉事陳璧、王暐、吴瀚、陳端甫，都指揮僉事劉壐、王寧、崔昂，府學教授廖廷臣，訓導范昌期、張琚、譚倬、廖金，新建縣學教諭劉環，訓導梁子鍾、何樂，南昌縣學訓導邢寬，庠生崔嵩、陶潮、劉伯盛、舒泰、武進、鄒輗，鄉宦副都御史熊浹，布政胡訓，副使劉伯秀，知府張元春，御史涂相，郎中張欽，主事張鏊，進士熊汲，檢校張默，通判萬奎、閔魯，知縣余琪、聶儀、楊璋、甘柏、胡大化，舉人丁夔，門人裘衍、張良才、張召、魏良器、魏介、萬世芳、鄒賓、齊昇、周麟、黄鍾、鍾文奎、艾鐸，安仁縣桂宸、桂宫、桂容、桂軏、孫鋹、孫鈞，吉安府曾偉器，報效生員陳文榮，承差劉昂，鄉民蕭華、李延祥、程玉石、陳本道、高顯彰、劉珏、楊文、嚴洪、徐檀、杜秉文、王欽，各就位哭奠。葉溥、趙淵、王暐、張元春、齊昇又各特舉焉。」（王陽明全集卷三十八世德紀）

譜後（結局）

一五二九　嘉靖八年　己丑

正月初一，喪發南昌。二月四日，喪至越城，奠於明堂。

程煇喪紀：「歲己丑正月庚子，櫬發南昌府。自儲大夫以下，凡百有位，越百姓里居，市兒巷婦，哭而送者載道。風迅不可帆，又不可纜而前也。儲大夫撫之曰：『先生豈有懷邪？越中子弟門人泣而迎者，延首跂足而候至者，蓋有日矣。』須臾反風，若或使之，遂行。丙午，餘干縣主簿陳瑢，教諭林秀，訓導趙珊、傅諮，萬年縣主簿龍光、相安，仁和縣主簿鄒軿，訓導周鐸、黄選，庠生桂輿，莆田縣廖大璧，貴溪知縣方克，主簿錢珊，典史馮璁，教諭謝炯，庠生邱民節、宋廷豸、葉可久、葉可大、許文明，鉛山主簿戚鏜，鄉宦大學士費宏，尚書汪俊，各就位哭奠。先是緒山、龍溪二先生將赴廷對，聞先生將還，逆之嚴灘。忽得訃音，相向慟哭。疑於服制，作師服問，厥既成服，兼程趨廣信，訃告同門。會先生嗣子正憲至自越，至是同遇先生之櫬於貴溪，哭之幾絶，書遇喪哀感以寄懷云。

「癸丑，櫬抵廣信府葛陽驛。知府趙熚，同知盧元愷，通判曾大有、龍綱，舉人劉偉，玉山知縣呂應陽，教諭霍重，庠生鄭世遷、李材、程松、葉廷秀、徐森，常山縣丞殷學夔，各就位哭奠。儲良材又檄呂應陽而特舉焉。夫子弟守儉、守文，門人欒惠、黃洪、李洪、范引年、柴鳳會櫬於玉山。

「辛酉，櫬抵衢州府上杭驛。同知楊文奎，通判簡閱，推官李翔，西安知縣林鍾，門人欒惠、黃昫、何倫、王修、林文瓊、徐霈、蔣蘭，金華府通判高鳳，蘭溪縣主簿高禹，教諭朱驥，訓導胡弈、□輝，門人應典，嚴州府推官程淳，桐廬縣主簿屠繼祖，各就位哭奠。

「丁卯，櫬抵杭州府浙江驛。布政潘旦、劉節，參政胡纘宗、葉寬，參議萬廷彩、龐浩，按察使葉溥，副使傅鑰、萬潮、黨以平、何鰲、汪金，僉事孫元、巴思明、梁世驃、江良材、林茂竹，都指揮使劉宗偉，都指揮僉事李節、劉翺、孫仁、王佐，杭州府推官劉望之，府學教授陶賀，仁和縣主簿曹官，富陽縣主簿李珍，教諭黃寧，訓導程大有、王裕，莆人知縣黃銘介，子黃中，百户施經，各就位哭奠。

「庚午，櫬抵越城，奠於明堂。御史陳世輔、王化，分守龐浩，紹興知府洪珠，同知孔庭訓，通判陸遠、洪晢，推官喻希禮，府學訓導舒哲、陳箴、林文斌、曾昇，會稽知縣王文儒，教諭張概，訓導詹詔，山陰知縣楊仁中，教諭林斌，訓導王昇，廣西布政李寅，參政沈良佐，參議汪必東，按察使錢宏，副使李中、翁素、張𤤴、伍箕，僉事張邦信、王世爵，都指揮僉事高松，金華府同知劉業，友人侍郎湛若水，副都御史劉節，門人侍郎黄綰，給事中毛憲，員外郎王臣，主事石簡、陸澄，按察使顧應祥，副使郭持平、蕭璆、應良，知州王直、劉魁，訓導周桐、周衢，教授周衡、陳烚、陳焞、陳煉、李敬、應佐，監承周仲、周浩、周甸，辨印生錢君澤，私淑門人知縣戚賢，武林驛丞何圖，贛州衛指揮同知劉鏜，指揮僉事楊基，廣州府右衛指揮僉事武鑾，南昌衛指揮僉事趙昇，廣州府前衛舍人孫紹英，各就位哭奠。洪珠、欒惠又各特舉焉。劉鏜、楊基、武鑾、龍光咸以營護至越，時將告歸，緒山先生書稽山感別卷贈之，因寓書江、廣諸當道，蓋德其虔於襄大事也。」

錢德洪陽明先生年譜：「正月，喪發南昌。是月連日逆風，舟不能行。趙淵祝於柩曰：『公豈爲南昌士民留耶？越中子弟門人來候久矣。』忽變西風，六日直至弋陽。先是德洪與畿西渡錢塘，將入京殿試，聞先生歸，遂迎至嚴灘，聞訃，正月三日成喪於廣信，訃告同門。是日，正憲至。初六日，會於弋陽。初十日，過玉山，弟守儉、守文，門人欒惠、黄洪、李珙、范引年、柴鳳至。二月庚午，喪至越。四日，子弟門人奠柩中堂，遂飾喪紀，婦人哭門內，孝子正憲携弟正億與親族子弟哭門外，門人哭幕外，朝夕設奠如儀。每日門人來吊者百餘人，有自初喪至卒葬不歸者。書院及諸寺院聚會如師存。」

正月八日，陽明乞骸骨疏至，世宗斥爲「故設漫辭求去」。桂萼承世宗風旨奏劾陽明擅離職役，平八寨恩威倒置。

明世宗實録卷九十七：「嘉靖八年正月乙巳……時守仁以病篤，乞骸骨，因舉富自代，不候命即歸。上怒其專擅，且疑有詐，諭吏部曰：『守仁受國重托，故設漫辭求去。不候進止，非大臣事君之道。卿等不言，恐人皆效尤，有誤國事。其亟具狀以聞。』無何，而守仁卒於南安。」

黄綰陽明先生行狀：「訃至，桂公萼欲因公乞養病疏參駁害公，令該司匿不舉，乃參其擅離職役，及處置廣西思、田、八寨恩威倒置，又詆其擒濠軍功冒濫，乞命多官會議……上將出郊，桂公密具揭帖奏云云……」

二月二日，世宗命會官議定陽明功罪是非。給事中周延上奏辨陽明平江西功與平廣西功，學術純正，謫太倉判官。

明世宗實録卷九十八：「二月戊辰，吏部奏：『故新建伯王守仁因病篤離任，道死南安。方困劇時，不暇奏請，情固可原。願從寬宥。』上意未解，曰：『守仁擅離重任，其非大臣事君之道。況其學術事功多有可議。卿等仍會官詳定是非，及封拜宜否以聞，不得回護姑息。』給事中周延上疏言：『守仁豎直節於逆瑾構亂之時，糾義旅於先帝南巡之日。且倡道東南，四方慕義；建牙閩廣，八寨底平。今陛下以一眚欲盡棄平生，非所以存國體而昭公論也。』得旨：『守仁功罪，朝廷自有定議。朋黨妄言，本當論治，但念方求言之際，姑對品調外任。』於是吏部奏謫延太倉州判官。」

按：世宗下詔求言在一月二十一日，國榷卷五十四：「正月戊午，諭修省，諸大臣各自陳，條議以上。」周延即是應世宗求言而上是奏。時桂萼爲吏部尚書，「吏部」云云者，皆指桂萼也。

楊一清集閣諭録卷三論言官周延奏對：「前日，發下給事中周延本。臣等擬旨，亦欲重加罪責，但以朝廷方下詔求言，開言官納忠之路，故止加切責，欲聖明從寬不究。昨日欽奉御批：『命吏部對品調出外任。』臣等三人相顧駭愕。欲執奏，然復思之，王守仁事，皇上已命吏部會議，自有至公至當之論。周延乃敢輒先肆論，狂妄輕率，誠爲可怒。名爲納忠，實有市恩邀譽意，外補已是從寬，亦足懲戒將來，謹已欽遵票進。而臣等之心實有不自安者，蓋以皇上因災異修省，引咎自歸，且責諭科、道，令其有言。今若因此一事，將周延黜調，恐其因而相戒，以言爲諱，雖有忠言讜論，誰復肯爲朝廷言者？周延一人誠不足惜，其於聖明從諫之量不無有干，求言之旨不無少背。雖奉聖諭，不許以言爲憚，小臣方畏罪之不暇，誰敢輕犯雷霆之威哉？且自古巽耳之言易從，逆耳之言難受。於逆耳難受之言而曲容之，乃爲盛德。勿謂成命已下，不宜輒改。自古聖帝明王，因臣下有過而罪責之，旋因有所感悟而收復之者多矣。冊史書之，以爲美談。皇上近年於給事中衛道、御史魏有本亦降有黜調之旨，而復留用，中外臣工，傳誦之至。今合無容令臣等以前意公進一言，伏乞俯垂寬貸，將周延重加罰俸，免令外調。夫始因給事中進言之狂妄而黜之，繼因輔臣之論救而留之，則於罰罪宥過之道兩全而不悖，仁之至，義之盡也。臣受皇上股肱心膂之托，豈敢專爲巽順而茫無匡正之言？故敢先以密疏上聞，伏俟諭示，以爲進止。」上報曰：『卿等以朕不當責調周延，自違求言之意。卿等非爲延，亦是爲守仁耳！前者許胡明善保薦之意，朕求利民益治之言，未求損治壞民之言。周延謂守仁學正，直譏朕無知。是遵守仁之所行所用大壞人心之學，是可歟？否歟？如言官有忠言讜論，自説出，無不可者。如懷私賣直，自覺弗安者，不以朝廷拒諫責言爲塞而無可指者。卿等所奏，朕欲勉爲述答，未克於是。卿等勿以已奏不敢票旨，當擬票來行，庶卿等之忠不被爾幼君所泯。』」

皇明肅皇外史卷九：「嘉靖八年春正月戊戌朔，風霾晦如夕。集議王守仁事功學術……已而守仁去廣西，萼奏曰：『守仁撫制四藩，關係甚鉅，而擅自離鎮，罪不可逃。今聞卒於南安，尚可原諒。』帝降旨曰：『王守仁擅離重鎮，非大臣事君之道；况其學術邪正，事功真僞，封拜當否，猶有可言。其會官集議以聞。』給事中周延上言：『守仁事功學術，人所瞻仰，不必集議者。』帝曰：『朝廷以此爲功罪所係，故命集議。周延黨附狂率，調補外職。』」

七日，桂萼以奏論王守仁學術事功之首功，拜武英殿大學士，直閣。

國榷卷五十四：「二月癸酉，少保兼太子太保（按：當作「太傅」。）、吏部尚書桂萼兼武英殿大學士，直閣。」

國朝獻徵録卷十六少保兼太子太傅吏部尚書武英殿大學士桂公萼傳：「上遂召五臣還京，竟定大禮，由是寵異之，陞翰林學士、詹事，禮、吏部侍郎。俄遷尚書，加太子太傅少保。己丑，遂改兼武英殿大學士，入内閣。萼精悍猾隘，以學術經濟自任，既受上特達之遇，遂直躬而行，無所顧忌……」

八日，吏部會議王守仁功罪，申禁陽明「邪説」。世宗定陽明學爲「大壞人心」之邪説，詔命「學禁」於天下，禁絶陽明之學，奪其殁後卹典。

明世宗實録卷九十八：「二月甲戌，吏部（按：指桂萼）會廷臣議故新建伯王守仁功罪，言：『守仁事不師古，言不稱師，欲立異以爲名，則非朱熹格物致知之論。知衆論之不與，則著朱熹晚年定論之書，號召門徒互相唱和。才美者樂其任意，或流於清談；庸鄙者借其虚聲，遂敢於放肆。傳習轉訛，悖謬日甚。其門人爲之辯謗，至謂杖之不死，投之江不死，以上瀆天聽，幾於無忌憚矣。若夫剿蚉賊，擒除逆濠，據事論功，誠有可録。是以當陛下御極之初，即拜伯爵，雖出於楊廷和預爲己地之私，亦縁有黄榜封侯拜伯之令。夫功過不相掩，今宜免奪封爵，以彰國家之大信；申禁邪説，以正天下之人心。』上曰：『卿等議是。守仁放言自肆，詆毁先儒，號召門徒，聲附虚和，用詐任情，壞人心術。近年士子傳習邪説，皆其倡導。至於宸濠之變，與伍文定移檄舉兵，仗義討賊，元惡就擒，功固可録；但兵無節制，奏捷誇張，近日掩襲寨夷，恩威倒置。所封爵，不當追奪，但係先朝信令，姑與終身；其殁後卹典，俱不准給。都察院仍榜諭天下，敢有踵襲邪説，果於非聖者，重治不饒。』」

楊一清集密諭録卷六論方獻夫代任吏部何如奏對：「今早，欽蒙聖諭云：『今日，朕以去歲卿奏，以萼可同事，朕已許於朝覲事畢行已。其吏部重任，須用一堪之者，獻夫何如？又王守仁竊負儒名，實無方正之學。至於江西之事，彼甚不忠，觀其勝負以爲背向。彼見我皇兄親征，知宸濠必爲所擒，故乃同文定舉事，實文定當功之首，但守仁其時官在上耳！且如擒宸濠於南直隸地方，却去原地殺人，至今孰不知其縱恣？前日兩廣之處，見彼蠻寇固防，却屈爲招撫，損我威武甚矣。至於八寨而縱戮之。以此看來，勢之固而有備者，則不問其爲罪之首從輕重，一於撫之，否則乘而殺戮，自云奇功，是人心而否哉？况崇事禪學，好尚鬼異，尤非聖門之士。是可問乎？弗問乎？卿等何堅於庇護。可獨密言之，勿以近日攻密諭爲非而忌。欽此。』臣伏承聖意，以獻夫爲問，最爲得宜。外論擬此任者，非獻夫則承勛。獻夫學正而和平無僞，承勛才高而刻深用術。本兵用承勛最宜，蓋以其曾任陝西及遼東，諳曉邊務也。代之督團營者，不可不慎擇，不宜以兵部尚書兼之，仍用臺臣爲善。臣等去年奏疏中言之切矣。伏承諭及王守仁事，所其放言自肆，詆毁先儒，號召門生傳習，附和學術，可惡；及兵無節制，奏捷誇張，掩襲寨夷，恩威倒置，數語盡之矣。功罪不相掩，功疑惟重，皆吏部會本中語。其欲不奪其爵，止終本身，亦該部會官所處，臣等未敢加重。然欲出榜禁約伊之邪説，其罪狀固已昭然於天下。王汝梅等所論，與前日審幾微一説正相同。古者，君臣都俞密勿。周書曰：『爾有嘉謀嘉猷，入告爾后於内，爾乃順之於外。』曰：『斯謀斯猷，惟我后之德。』大臣之用心，固當如此者。若必欲發之於外，是不過揚己以沽名耳。此不知大體者之言，願皇上不之聽而不之究，則於求言之旨不背而聖德彌光矣。惟聖明察焉。謹具奏聞。上報曰：『昨得卿奏，所以朕知悉。王汝梅近於附和，非言官之道。夫因災，正當禁其大小比附，不可不究。朕雖有背言之失，而不可有欺蔽之無知之昏昧也，決當説破。獻夫自文選歷官，當進補銓曹。今且命佐者署印，待會試畢用之。卿可説於吏部，其禮部又不知孰可代也。守仁封爵當革，但有我皇兄黄榜之諭，係先朝之信，今姑存之，身後卹典盡行革了乃可。承勛宜掌本兵，督戎當用文定，使專其責。』」

按：方獻夫陞吏部尚書在二月二十八日，國榷卷五十四：「二月甲午，改方獻夫吏部尚書。」世宗「聖諭」，全是誣陷不實之辭，前言不搭後語，語無倫次。如謂「彼見我皇兄親征，知宸濠必爲所擒，故乃同文定舉事」，按宸濠六月十四日反，陽明七月十三日起兵，七月二十六日擒宸濠，武宗八月二十二日方始「親征」，世宗信口胡謅，幾如癡人説夢。又如謂「見彼蠻寇固防，却屈爲招撫，損我威武甚矣」，按陽明招撫盧蘇、王受，乃先申報朝廷，告知兵部才行，大功告成後，世宗且給予最高獎賞；何以世宗忽又改口否定「招撫」（主張剿殺），以「招撫」爲罪强加陽明？世宗之顢頇愚頑、三面兩刃，於此可見，而閣臣楊一清輩竟也隨聲附和，不敢置一辭，「學禁」之洶洶而起，固無足怪也。

皇明肅皇外史卷九：「二月……奪新建伯王守仁世爵卹典，及禁其學術。吏部尚書桂萼上議：『王守仁事不師古，言不稱師，欲立異以爲名，則非朱熹格物致知之説。知衆論之不與，則著朱子晚年定論之書，傳習轉訛，悖謬日甚。正德十二年剿捕漳寇，十四年定宸濠，據功固有可録，但賊平而縱殺不已，報捷而誇張不實，罪亦難原。宜將所封伯爵止其本身，不必追奪，以終國家之大信；禁其邪説，以正天下之人心，乃大聖人建極作民君師之大政也。』帝降旨曰：『功疑惟重，姑不深究。所封伯爵，係先朝信令，許終其身；身後卹典，俱爲停革。其學術令都察院通行禁約，不許踵襲邪説，以壞人心。』」

三月二十九日，湛甘泉作文祭奠陽明，總結生平與陽明之學術交往與學術異同。

泉翁大全集卷五十七奠王陽明先生文：「維嘉靖八年，歲在己丑，三月□□朔，越□□日甲子，友人南京吏部右侍郎湛若水，謹以潔醴束帛之奠，寓告於故新建伯、兵部尚書、左都御史陽明王先生之靈曰：於乎，哀乎，戚乎！而至於是乎，而止於是乎！前有南來，報兄病委。乃傳二詩，題我敝止。予曰小恙，未足爲異。開歲以來，凶問疊至。予心驚怛，疑信未已。黄中紹興，訃來的矣。於乎戚乎，於乎哀乎！而止於是乎，而遽至於是乎！謂天之生人，其有意耶？其無意耶？以爲無意也，何以厚賦兄智若是？以爲有意也，則能篤生是，曷不永成是？嗟惟往昔，歲在丙寅。與兄邂逅，會意交神。同驅大道，期以終身。渾然一體，程稱『識仁』，我則是崇，兄亦謂然。既以言去，龍場之濱。我贈九章，致我殷勤。聚首長安，辛壬之春。兄復吏曹，於吾卜鄰。自公退食，坐膳相以。存養心神，剖析疑義。我云聖學，『體認天理』，天理問何？曰廓然爾。兄時心領，不曰非是，言聖枝葉，老聃釋氏。予曰同枝，必一根柢，同根得枝，伊尹夷惠，佛於我孔，根株咸二。奉使安南，我行兄止。兄遷太僕，我南子北。一晤滁陽，斯理究極。兄言迦聃，道德高博，焉與聖異，子言莫錯？我謂高廣，在聖範圍，佛無我有，中庸精微，同體異根，大小公私，斁叙彝倫，一夏一夷。夜分就寢，晨興兄嘻，夜談子是，吾亦一疑。分手南北，我還京圻。遭母大故，扶柩南歸。迓吊金陵，我戚兄悲。及踰嶺南，兄撫贛師。我病墓廬，方子來同，謂兄有言：學竟是空；求同講異，責在今公。予曰豈敢，不盡愚衷，莫空匪實，天理流行。兄不謂然，校勘仙佛，天理二字，豈由此出？予謂學者，莫先擇術，孰生孰殺，須辯食物。我居西樵，格致辯析。兄不我答，遂爾成默。壬午暮春，予吊兄戚，云致良知，奚必故籍？如我之言，可行厮役。乙丙南雍，遺我書尺，謂我訓規，寔爲聖則。兄撫兩廣，我書三役。兄則杳然，不還一墨。及得病狀，我疑乃釋。遥聞風旨，開講穗石：但致良知，可造聖域；體認天理，乃謂義襲；勿忘勿助，言非學的。離合異同，撫懷今昔。切嗟長已，幽明永隔。於乎！凌高厲空之勇，彊立力勝之雄，武定文戢之才，與大化者同寂矣。使吾悵悵而無侣，欲語而默默，俯仰大道，疇與其適？安得不動予數千里之嗟惻，而望方慟哭，以哀以戚哉？既返其真，萬有皆息，死而不亡，豈謝人力？兄有其知，可以默識。尚饗！」

按：湛甘泉嘗在二月來紹興吊祭陽明，歸後再作此奠陽明王先生文，或爲會葬用也。

六月，湛甘泉陞禮部右侍郎進京，面問桂萼，陽明冤案是否其一手操就，桂萼默認。

湛若水陽明先生墓誌銘：「事竣而請歸告病危矣，不待報而遽行，且行且候命。其卒於南安途次而不及命下，亦命也。江西輔臣（按：即桂萼）進帖以譖公，上革之卹典。人衆之勝天也，亦命也。百年之後，天定將不勝人矣乎？甘泉子始召入禮部，面叩輔臣曰：『外人皆云陽明之事乃公爲之乎！』輔臣默然，然亦不以作怒加禍，猶爲有君子度量焉。」

按：湛甘泉陞禮部右侍郎在六月二日。國榷卷五十四：「六月乙丑，南京吏部右侍郎湛若水改禮部。」

七月二日，兵科給事中孫應奎奏論楊一清、張璁、桂萼。

國榷卷五十四：「七月乙未，兵科給事中孫應奎論楊一清尚通難獨任，張璁學博性偏，桂萼桀驁，大負委任。上諭萼滌過。楊一清求去……上慰留之。張璁、桂萼各引疾。」

八月十三日，工科給事中陸粲再劾張璁、桂萼。張璁勒回家省改，桂萼以尚書致仕。

國榷卷五十四：「八月丙子，工科給事中陸粲劾張璁、桂萼罔上行私，專權納賄，擅作威福，報復恩仇。璁雖很愎自用，執拗多私，其術猶疏；桂萼外若寬迂，中實深刻，忮忍之毒，少犯必死。如受重賂，王瓊以謫戍起用。邵傑本邵氏養子，嗣昌化伯。鄉人文選郎中周時望、胡森，主事楊麟、王激，皆親故鬻權。禮部左侍郎嚴嵩，右僉都御史李如圭，南京太僕少卿夏尚朴，禮部員外郎張敔，御史戴金，皆黨奸比周，怙惡益甚，將來必爲社稷之憂。有旨，璁負君忘義，勒回家省改；萼革散官並學士，以尚書致仕。」

九月一日，以霍韜上奏爲張璁、桂萼辨白，再召張璁直閣。十六日，復桂萼少保兼太子太傅、吏部尚書、武英殿大學士。

國榷卷五十四：「九月癸巳朔，敕召張璁直閣……戊申，復桂萼少保兼太子太傅、吏部尚書、武英殿大學士。」

詹事黄綰上明是非定賞罰疏，辨陽明學術事功，乞給陽明卹典，贈謚，仍與世襲，並開「學禁」。不報。

久庵先生文選卷十五明是非定賞罰疏：「臣聞忠臣事君，義不苟同；君子立身，道無阿比。故於是非之際，寧捐生以雪義，不曖昧以偷榮，言必行其志，行必明其道而後已也。臣頃爲後軍都督府都事，今大學士桂萼爲中式舉人，見其大節可敬，輒與爲友。及臣爲南京都察院經歷，因見大禮不明，輒共上疏論列。死生休戚，與之相知，前後二十餘年矣，終始無間。止因前歲臣薦新建伯王守仁堪任大用，以盡職分耳，非有他也。萼與守仁舊不相合，因謂臣言不然，小人乘間相構，使臣與萼有隙，然臣終不敢以此廢萼之平生也。但臣於事君之義，立身之道，則有不得不一明者，臣以是言之。臣所以深知守仁者，以其功與其學。然功高而見忌，學古而人不識，此守仁之所以不容於世也。守仁之功，其大者有四：

「其一，宸濠敢爲不軌，營謀積慮，已非一日。內而內臣如魏彬等，嬖幸如錢寧、江彬等，文臣如陸完等，皆受其重賄而許以內應；外而內臣如畢真、劉郎等，皆受其深托而許以外應。故當時在朝臣僚，往往爲宸濠所摇動，無有以其殘暴訟之者。脱使得志，天下蒼生豈不魚肉乎？忠臣義士豈不赤族乎？宗室親友其猶保噍類乎？且宸濠以肺腑之親，威略之著，集勦賊，練精鋭，富賄廣援，以行其謀，譬之毒蛇猛獸，孰得控而撩之？若非守仁忠義自許，兵謀素閑，挺身以當事變之衝，先時預防，請便宜以從事，臨機詒檄，垂長算以徂征，必將迅雷不逮掩耳，赤手不能率衆，而江西之原燎不可撲矣。今反皆以爲伍文定之功，而守仁不得儕焉，是乃輕發縱之人而重走狗之役者也，天下豈有兵交而不用運籌可以徒搏而擒賊者乎？

「其二，大冒、茶寮、浰頭、桶岡諸寨，勢連荆、廣，地接江、閩，積年累歲，爲賊淵藪，跋扈劫劉，出没靡常。其時有司皆以束手無措，望險而唏，再使閲歲逾時，數境之内恐非朝廷之所有矣。守仁初鎮贛州，遂次第勦除，至今稱靖。

「其三，田州、思恩釁成累歲，陛下雖切深憂，而事不得息兵，不得已故起守仁往撫之。守仁定以兵機，感以誠信，遂使盧蘇、王受之徒空城崩角以來降，感泣歡忻而受杖，遂平一方之難。

「其四，八寨爲兩廣腹心之疾有年矣，嶺海事變皆由於此。其間守戍官軍本以防賊，日久化爲賊黨，爲害反有甚焉。守仁假永順土官明輔等之狼兵及盧蘇、王受之降卒，並力而襲之，相機而勦之，遂去兩廣無窮之巨害，實得兵法便宜之算。夫兵者凶器，戰者危事，守仁所歷征戰，前後無慮數十，然或入險阻，或凌驚濤，或衝炎暑，或觸瘴煙，冒矢石，蹈不測，舍身忘家，以勤王事，卒以毒厲死於馳驅，誠爲勤勞盡瘁者矣，可以終泯其功乎？

「守仁之學，其要有三：

「其一，曰『致良知』，實本諸先聖先賢之言也。孟軻謂人之所不慮而知者其良知，又以惻隱、羞惡、恭敬、是非四端爲人之固有，蓋由發動而言則謂之情，由知覺而言則謂之良知，所謂『孟軻道性善』者，此也。且孔子嘗讀『有物有則』之詩，而贊其爲知道也；良知者，物則之謂也。其云『致』者，何也？欲人必欲此用力，以去其習氣之私、全其天理之真而已矣，所謂『必慎其獨』，所謂『擴而充之』是也。

「其二，曰『親民』，亦本先聖先賢之言也。大學舊本曰『在親民』，堯典曰『克明峻德，以親九族，平章百姓，協和萬邦，黎民於變時雍』，孟軻曰『君子親親而仁民，仁民而愛物』。此守仁所據以復『親民』之舊而非近日『新民』之訛也。夫天地立君，聖王爲治，皆因人情之欲生，因致其親愛以聚之，故爲田里宅居以爲之養焉，禮樂刑政以爲之治焉，盡至誠之道以順其欲生之心耳，此所謂王道也。舍此而云治，則伯功之術而非王政之醇也。

「其三，曰『知行合一』，亦本諸先聖先賢之言也。顔淵問仁，孔子告之曰『克己爲仁』；顔淵請問其目，曰『非禮勿視、聽、言、動』。夫顔淵之問，學也；孔子之教之，學也，非他也。覺非禮者，知也；勿非禮者，行也。如此而已矣。蓋古人爲學務實，知之所在，即行之所在也。故知克己則禮復矣，未嘗分知行而二之。他日孔子又自語其學曰『吾十有五而志於學』，以至『七十從心所欲不逾矩』，亦未分知行而二之也。守仁發此，無非欲人言行必顧，弗事空言如後世之失也。

「蓋儒本經世，三代之學以明人倫爲本。守仁見世之士風頹靡，上之事君親，下之處夫婦以及朋友、長幼之間，皆不由誠心以失其道。故以此提撕之，欲人反本體察，切實用功而已。視陛下『敬一』之旨，五箴之著，大孝之誠，至仁之實，寔無二致。昔朱熹嘗誦歐陽修之言，云：『經非一世之書，傳之繆非一人之失。學者各極所見，以俟聖人而後定。』則知守仁之見亦非妄矣，可以終廢其學乎？然蕚不與守仁，遂致陛下不之知。夫有臣如守仁者，幸遇陛下堯舜之主，而不獲明良之會，果誰之過歟？臣是以惜之也。臣雖平生敬蕚、信蕚，亦不敢以此謂蕚爲是也。况賞罰者，治世之權衡，明主之操柄也。以守仁平日之功之賢，又以勤勞終於王事，乃常典不及，削罰有加，不得與諸臣安處者，等是廢議賢之法而爲遏惡之懲，反褒忠之典而爲黨錮之禁。至公之道，顧如是乎哉？其何以勵忠而勸將來也？

「且守仁客死之後，妻子孱弱，門户零丁，家童載骨，蒿殯空山，見者爲之流涕，聞者爲之酸心。若使鬼神有知，亦當爲之夜哭矣。臣寔不忍見聖明之世有臣如此，有事如此也。假令守仁生於異世，猶望陛下追録而褒卹之，况在今聖朝哉？至如永順官兵，素稱驍黠，凡經調用，所過傷殘有甚於賊，實緣節制無法，故議者有意外之憂；昨感守仁威信，俯首效死，不敢有他。又如盧蘇、王受之徒，實係久失之衆，一旦感恩畏威，歸化效力，皆宜有以慰其望。今皆置而弗録，不亦重失其心乎？此事關係尤非細，故又不但守仁賞罰之當論而已也。

「况臣曩與守仁爲友，幾二十年。一日自憤寡過之不能，守仁乃語以所自得，時若有省，遂如沉痾之去體，故復拜之爲師。則臣與守仁，實非苟然以相信，如世俗師友之比也。臣近日所以粗知事陛下而不敢有欺者，亦皆守仁之教臣耳。夫陛下，君也；守仁與萼，師也，友也。臣於君父之前，處師友之間，既有所懷，焉敢隱忍而不之吐露哉？即如萼事陛下，本無不忠，但以昨者小人讒之，所以至此未白，臣實爲之深憤。今陛下既明萼之非辜，命召以還，臣爲之喜而不寐，此非臣之私萼也，臣之情有不能已也。今守仁之抱寃，亦猶萼之負屈。伏願陛下以視萼者視守仁，以白萼者白守仁，敕下該部，查給卹典，贈謚，仍與世襲，並開學禁，以昭陛下平明之治，天下幸甚。若此事不明，則萼必不能忘形於臣，而小人讒構得以入之。臣雖欲曲附於萼，竭誠以事陛下，亦有不能也。故臣又敢以此言之，庶所以盡臣事陛下之忠，且以補萼之過而解其疑，實亦臣不苟同阿比之義如此也。臣昧死言之。」

按：黄綰上明是非定賞罰疏之時間，錢德洪陽明先生年譜定在二月，並將黄綰上疏置於周延上疏之前，皆誤甚。按黄綰二月來紹興吊祭陽明（見喪紀），歸南京已在三月，故其斷不可能於二月上此疏。周延上疏在二月二日，世宗下詔「學禁」在二月八日（均見前），而黄綰此疏中已乞「開學禁」，「查給卹典，贈謚，仍與世襲」，此尤可見黄綰此疏斷不可能上在周延上疏之前。又黄綰此疏中稱「今大學士桂萼」，按桂萼兼武英殿大學士直閣在二月七日（見前），此亦足證黄綰此疏斷不可能上在周延上疏之前。今考黄綰此疏有云「今陛下既明萼之非辜，命召以還，臣爲之喜而不寐」，按桂萼八月十三日被劾以尚書致仕，至九月十六日召復爲吏部尚書、武英殿大學士（均見前），即黄綰所云「命召以還」。所謂「既明萼之非辜」，乃指霍韜上奏辨張璁、桂萼非辜，國榷卷五十四：「八月丙戌，詹事霍韜言：『張璁、桂萼不善保全，自取罪斥，夫復何言。然事雖專主，心實可諒……粲非蘇人乎？亦一清親黨也！去年議禮，凡攻璁、萼者得罪；今附璁、萼者又罪，則百官何所適從也？臣與璁、萼同進，豈宜獨留，乞賜罷斥。』報聞……璁、萼去，言官欲窮治其黨，紛呶百出。韜疑一清嗾之，因力攻一清，默救璁、萼，上心頗動。」黄佐貞山先生給事中陸公粲墓表：「霍詹事韜上疏詆公，辨萼與己同薦王瓊，初不受賄；且謂石淙與腹心門生嗾公爲之。於是聖意頓回，召璁還政府。」（國朝獻徵録卷八十）蓋霍韜上疏辨白桂萼無辜，世宗乃復召桂萼；黄綰遂乃上此明是非定賞罰疏辨白陽明無辜，冀世宗雪陽明之冤，以開「學禁」，此即黄綰疏中所云「今守仁之抱冤，亦猶萼之負屈。伏願陛下以視萼者視守仁，以白萼者白守仁」也。由此可見黃綰此疏必上在九月十六日世宗復召桂萼以後不久。黃綰上疏之失敗，決定了整個嘉靖一朝陽明不得平反與「學禁」不得解除之歷史命運。

十月十四日，林富奏罷思恩府流官，降爲州。

國榷卷五十四：「十月丙子，提督兩廣兵部左侍郎林富奏罷思恩府流官，降爲州。岑猛子邦相授土判官，署事。又裁鳳化縣，立思龍縣於那久，屬南寧。從之。」

十一月八日，桂萼復相。

國榷卷五十四：「十一月庚子，召桂萼復相。史館儒士蔡圻上章頌其功。」

十一日，葬陽明於紹興高村洪溪，來會葬者數千人。

程煇喪紀：「仲冬癸卯，奉夫子櫬窆於越城南三十里之高村，會葬者數千人。副都御史王堯封，御史端廷赦、陳世輔、梁尚德、萬潮、黃卿、萬廷彩、龐浩、傅鑰、黨以平、汪金、區越、梁世驃、江良材、林茂竹、王臣、劉宗仁、李節、劉翱、孫仁、洪珠、孔庭訓，洪晳，杭州知府婁師德，同知楊文昇，通判周忠、劉坎濬，推官劉望之，運同錢瀾，副使李信，判官林同、方禾，錢塘知縣王橋，會稽知縣王文儒，山陰縣丞應佐，餘姚主簿彭英，典史劉文聰，教諭徐鋭，訓導謝賢、陳元，廣東御史何鰲，布政邵鋭，姻人大學士謝遷，尚書韓邦問，編修周文燭，御史毛鳳，都御史胡東皋，參政汪惇，副使吳便、司馬公輊，僉事汪克章、沈欽、司馬相、韓明，知府陸寧、金椿，運同徐冕，知縣宋溥、金謐、陶天祐、劉瀚、田惟立、徐璽、徐俊民、吴昊、葉信、汪似穀、周大經、周文熯、胡瀛、陳廷華，知縣王軾，鄉生錢繼先、王廷輔、王文軒、夏文琳、何炫、徐應、周大賚、高隆，友生尚書伍文定，侍郎楊大章、陳筐、嚴毅、楊霓、楊礜，知府吴叙，廉使韓廉、邵蕡、徐彬、鄒鵠，員外郎張璿、施信、史伯敏、王代、于震、朱梁，晚生僉事汪應軫，知府朱衮、李節，郎中胡廷禄、陳良謨，主事葉良佩、田汝成、王度、王漸逵、王一和、王之訓、王文輈、王文輅、王文轅、良直、費思義，門人大學士方獻夫，侍郎黄綰，編修歐陽德，給事中魏良弼、李逢，行人薛侃、應大桂，郎中鄒守益，員外郎藍渠，主事潘穎、黄宗明、翁萬達、石簡、胡經，參政萬潮，副使蕭鳴鳳，參議王洙，博士馬明衡，監丞趙顯榮，助教王崐、薛僑，知縣薛宗鎧、周桐、孫琪、劉本、劉樽、諸訓、諸陽、諸守忠，舉人諸大綱、楊汝榮、金佩、金克厚，僉事韓柱，主事顧敦復、胡冲、徐沂、徐楷、徐潞、葉鍇、徐霈、張津、錢翀、錢翺、錢祚詔、凌世華、朱篪、龔浦、龔漸，員外郎龔芝、杜應豸，縣丞朱紱、周應損、秦輗、章乾、楊柱，從弟王守第，各就位哭奠。」

錢德洪陽明先生年譜：「十一月，葬先生於洪溪。是月十一日發引，門人會葬者千餘人，麻衣衰屨，扶柩而哭。四方來觀者莫不交涕。洪溪去越城三十里，入蘭亭五里，先生所親擇也。先是，前溪入懷，與左溪會，衝嚙右麓，術者心嫌，欲棄之。有山翁夢神人緋袍玉帶立於溪上，曰：『吾欲還溪故道。』明日雷雨大作，溪泛，忽從南岸，明堂周闊數百尺，遂定穴。門人李珙等築治，更番晝夜不息者月餘，而墓成。」

王艮大會門人同志聚講於陽明書院，訂盟。薛侃建精舍於天真山，每年祭祀陽明，講會終月。

董燧王心齋先生年譜：「冬十一月，往會稽，會葬陽明王公。大會同志，聚講於書院，訂盟以歸。」

錢德洪陽明先生年譜附録一：「嘉靖九年庚寅五月，門人薛侃建精舍於天真山，祀先生。天真距杭州城南十里，山多奇巖古洞，下瞰八卦田，左抱西湖，前臨胥海。師昔在越講學時，嘗欲擇地當湖海之交，目前常見浩蕩，圖卜築以居，將終老焉。起征思、田，洪、畿隨師渡江，偶登茲山，若有會意者……侃奔師喪，既終葬，患同門聚散無期，憶師遺志，遂築祠於山麓。同門董澐、劉侯、孫應奎、程尚寧、范引年、柴鳳等董其事，鄒守益、方獻夫、歐陽德等前後相役。齋廡庖湢具備，可居諸生百餘人。每年祭期，以春秋二仲月仲丁日，四方同志如期陳禮儀，懸鐘磬，歌詩，侑食。祭畢，講會終月。」

按：天真精舍乃薛侃來紹興會葬時提出建造，至嘉靖九年五月建成，薛侃有天真精舍勒石文云：「嘉靖庚寅秋，天真精舍成。中爲祠堂，後爲文明閣，爲載書室，又爲望海亭；左爲嘉會堂，左前爲遊藝所、傳經樓；右爲明德堂，爲日新館；餘爲齋舍。週以石垣，界則東至淨明，西界天龍，北暨天真，南抵龜田路。是舉也，成夫子遺意，四方同志協而成之，勒之於石，俾世守者稽焉。」（薛侃集卷八）

門人協助經理陽明家事，黄宗明定處分家務題册，薛侃定同門輪年撫孤條宜。

黄宗明處分家務題册：「先師陽明先生夫人諸氏，諸無出，先生立從姪正憲爲繼。嘉靖丙戌，繼室張氏生子名正聰。未及一歲，輒有兩廣之命，當將大小家務處分詳明，託人經理。殁幾一載，家衆童僮不能遵守，在他日能保無悔乎？宗明等因送先生葬回，太夫人及親疏宗族子弟四方門人俱在，將先生一應所遺家務逐一禀請太夫人與衆人從長計處，分析區畫，以爲閑家正始，防微杜漸之原。寫立一樣五本，請於按察司僉事王，紹興府知府洪，用印鈐記。一本留府，一本留太夫人，正憲、正聰各留一本，同志一本，永爲照守。先生功在社稷，澤被生民，道在宇宙，人所瞻仰。其遺孤熒室，識與不識，無不哀痛，況骨肉親戚，門生故舊，何忍棄之負之哉？凡我同事，自今處分之後，如有異議，人得與正，毋或輕貸。」（王陽明全集卷三十九世德紀附録）

薛侃同門輪年撫孤題單：「先師陽明先生同祖兄弟五人：伯父之子曰守義、守智，叔父之子曰守禮、守信、守恭。同父兄弟四人：長爲先師，次守儉、守文、守章。先師年逾四十，未有嗣子，擇守信第五男正憲爲嗣，撫育婚娶。嘉靖丙戌，生子正聰。明年奉命之廣，身入瘴鄉，削平反亂，遂嬰奇疾，卒於江西之南安。凡百家務，維預處分，而家衆欺正聰年幼，不知遵守。吾儕自千里會葬，痛思先師平生憂君體國，拳拳與人爲善之心，今日之事，宜以保孤安寡爲先，區區田業，非其所重。若後人不體，見小失大，甚非所以承先志也。乃稟太夫人及宗族同門戚里，僉事汪克章，太守朱袞，酌之情禮，參以律令，恤遺孤以弘本，嚴内外以别嫌，分爨食以防微，一應所有，會衆分析，具有成議。日後倘復恩典承襲，亦有成法。正聰年幼，家事立親人管理，每年輪取同志二人兼同扶助，諸叔姪不得參撓。爲兄者務以總家愛弟爲心，以副恩育付託之重；爲弟者務以嗣宗愛兄爲心，以盡繼志述事之美；爲旁親者亦願公心扶植孤寡，以爲家門之光。則先師在天之靈，庶乎其少慰矣。倘有疏虞，執此問官。輪年之友，亦具報四方同門，咸爲轉達。明有憲典，幽有師靈，尚冀不爽。所有條宜，開具於後。」（王陽明全集卷三十九世德紀附録）

按：錢德洪陽明先生年譜附録一中云：「先是師殯在堂，有忌者行譖於朝，革錫典世爵。有司默承風旨媒孽，其家鄉之惡少遂相煽，欲以魚肉其子弟。胤子正億方四齡，與繼子正憲離仳竄逐，蕩析厥居。」正聰四齡，則在嘉靖八年，可見陽明殯猶在堂時，王家「内釁」、「外侮」已起，故黄宗賢處分家務題册云「歿幾一載，家衆童僮不能遵守」，薛侃同門輪年撫孤題單云「家衆欺正聰年幼，不知遵守」，王艮與薛中離亦云「别後（按：指會葬别後），先師家事變更不常，其間細微曲折，雖令弟竹居先生（按：薛僑）耳聞目擊，於此猶未知其所以然也」。故門人乘千里來會葬之際，亦欲盡力協助經理陽明家事，然已遲到不及矣。

附録一　續傳習録

耳目口鼻四肢，身也；非心，安能視聽嗅食運動？心欲視聽言動，無耳目口鼻四肢亦不能。故無心則無身，無身則無心。但指其充塞處言之，謂之身；指其主宰處言之，謂之心；指心之發動處，謂之意；指意之靈明處，謂之知；指意之涉着處，謂之物。只是一件。意未有懸空的，必着事物，故誠欲意，則隨意所在某事而格之，去其人欲而歸於天理，則良知之在此事者，無蔽而得致矣。

九川問：「近年因厭泛濫之學，每要静坐，求屏息念慮，非惟不能，愈覺擾擾，如何？」先生曰：「念如何可息？只是要正。」曰：「當自有無念時否？」先生曰：「實無無念時。」曰：「如此，却如何言静？」曰：「静未嘗不動，動未嘗不静。戒謹恐懼，即是念，何分動静？」曰：「周子何以言『定之以中正仁義而主静』？」曰：「無欲故静。是『静亦定，動亦定』的『定』字，主其本體也。戒懼之念，是活潑潑地，此是天機不息處，所謂『維天之命，於穆不已』，一息便是死。非本體之念，即是私念。」

人須在事上磨鍊做功夫，乃有益。若只好静，遇事便亂，終無長進。那静時功夫，亦差似收斂，而實軟弱也。

在虔，與于中、謙之同侍。先生曰：「人胸中各有個聖人，只自信不及，都自埋倒了。」先生曰：「這些子看得透徹，隨他千言萬語，是非誠僞，到前便明，合得的便是，合不得的便非。如佛家説心印相似，真是個試金石、指南針。」

先生曰：「人若知這良知訣竅，隨他多少邪思枉念，這裏一覺，都自消融，真個是靈丹一粒，點鐵成金。」

又曰：「知來本無知，覺來本無覺。然不知，則遂淪埋。」

先生曰：「大凡朋友，須箴規指摘處少，誘掖獎勸意多，方是。」後又戒九川云：「與朋友論學，須委曲謙下，寬以居之。常快活，便是功夫。」

須是勇。用功久，自有勇。故曰「是集義所生」者，勝得容易，便是大賢。

九川問：「此功夫却於心上體驗明白，只解書不通。」先生曰：「只要解心。心明白，書自然融會。若心上不通，只要書上文義通，却自生意見。」

有官司之事，便從官司的事上爲學，纔是真格物。如問一詞訟，不可因其應對無狀，起個怒心；不可因他言語圓轉，生個喜心；不可惡其囑托，加意治之；不可因其請求，屈意從之；不可因自己事務煩冗，隨意苟且斷之；不可因旁人譖毁羅織，隨人意思處之。這許多意思皆私，只爾自知，須精細省察克治，惟恐此心有一毫偏倚，枉人是非，這便是格物致知。簿書訟獄之間，無非實學。若離了事物爲學，却是着空。

後世學者博聞多識，皆滯胸中，皆傷食之病也。

先生曰：「聖人亦是學知，衆人亦是生知。」問曰：「何如？」曰：「這良知人人皆有，聖人只是保全，無些障蔽，兢兢業業，亹亹翼翼，自然不息，便也是學；只是生的分數多，所以謂之生知安行。衆人自孩提之童莫不完具此知，只是障蔽多，然本體之知自難泯息，雖問學克治也只憑他；只是學的分數多，所以謂之學知利行。」

人心是天淵。心之本體無所不該，原是一個天；只爲私欲障礙，則天之本體失了。心之理無窮盡，原是一個淵；只爲私欲窒塞，則淵之本體失了。如今念念致良知，將此障礙窒塞一起去盡，則本體已復，便是天淵了。

先生曰：「聖賢非無功業氣節，但其循着這天理，則便是道，不可以事功氣節名矣。」

「發憤忘食」，是聖人之志，如此真無有已時；「樂以忘憂」，是聖人之道，如此真無有戚時。恐不必云得不得也。

問「知行合一」。先生曰：「此須識我立言宗旨。今人學問，只因知行分作兩件，故有一念發動，雖是不善，然却未曾行，便不去禁止他。我今説個知行合一，正要人曉得一念發動處，便即是行了。發動處有不善，就將這不善的一念克倒了他，須要徹根徹底，不使那一念的不善潛伏在胸中。此是我立言宗旨。」

聖人無所不知，只是知個天理；無所不能，只是能個天理。聖人本體明白，故事事知個天理所在，便去盡個天理；不是本體明後，却於天下事物都便知得、便做得來也。

至善者，心之本體。本體上才過當些子，便是惡了。不是有一個善，却又有一個惡來相對也。故善惡只是一物。

動靜只是一個。那三更時分空空靜靜的，只是存天理，即是如今應事接物的心。如今應事接物的心，亦是循此天理，便是那三更時分空空靜靜的心。故動靜只是一個，分別不得。知得動靜合一，釋氏毫釐差處亦自莫掩矣。

「人只有許多精神，若專在容貌上用功，則於中心照管不及者多矣。」有太直率者。先生曰：「如今講此學，却外面全不檢束，便又分心與事爲二矣。」

文字去思索亦無害，但作了常記在懷，則爲文所累，心中有一物矣，此則未可也。凡作文字，要隨我分限所及。若説得太過了，亦非修辭誠矣。

問「有所忿懥」一條。先生曰：「忿懥幾件，人心怎能無得？只是不可有耳。凡人忿懥着了一分意思，便怒得過當，非廓然大公之體了。故有所忿懥，便不得其正也。如今於凡忿懥等件，只是個物來順應，不要着一分意思，便心體廓然大公，得其本體之正了。且如出外見人相鬥，其不是的，我心亦怒。然雖怒，却此心廓然不曾動些子氣。如今怒人，亦得如此，方纔是正。」

先生嘗言：「佛氏不着相，其實着了相；吾儒着相，其實不着相。」請問。曰：「佛怕父子累，却逃了父子；怕君臣累，却逃了君臣；怕夫婦累，却逃了夫婦。都是爲個君臣、父子、夫婦着了相，便須逃避。如吾儒有個父子，還他以仁；有個君臣，還他以義；有個夫婦，還他以別，何曾着父子、君臣、夫婦的相？」

黄勉叔問：「心無惡念時，此心空空蕩蕩的，不知亦須存個善念否？」先生曰：「既去惡念，便是善念，便復心之本體矣。譬如日光被雲來遮蔽，雲去光已復矣。若惡念既去，又要存個善念，即是日光之中添燃一燈。」

初下手用功，如何腔子裏便得光明？譬如奔流濁水，纔貯在缸裏，初然雖定，也只是昏濁的。須俟澄定既久，自然渣滓盡去，復得清來。

先生曰：「吾教人致良知在格物上用功，却是有根本的學問，日長進一日，愈久愈覺精明。世儒教人事事物物上去尋討，却是無根本的學問。方其壯時，雖暫能外面修飾，不見有過；老則精神衰邁，終須放倒。譬如無根之樹，移栽水邊，雖暫時鮮好，終久要憔悴。」

問「志於道」一章。先生曰：「只『志道』一句，便含下面數句功夫，自住不得。譬如做此屋，志於道是念念要去擇地鳩材，經營成個區宅；據德却是經畫已成，有可據矣；依仁却是常常住在區宅内，更不離去；游藝却是加些畫采，美此區宅。藝者，義也，理之所宜者也。如誦詩讀書彈琴習射之類，皆所以調習此心，使之熟於道也。苟不志道而游藝，却如無狀小子，不先去制造區宅，只管要去買畫掛做門面，不知將掛在何處。」

只要良知真切，雖做舉業，不爲心累；總有累，亦易覺，克之而已。且如讀書時，良知知得强記之心不是，即克去之；有誇多鬥靡之心不是，即克去之。如此，亦只是終日與聖賢相對，是個純乎天理之心。任他讀書，亦只是調攝此心而已，何累之有？

此學不明，不知此處擔閣了幾多英雄漢。

先生曰：「良知猶主人翁，私欲猶豪奴悍婢。主人翁沉痾在牀，奴婢便敢擅作威福，家不可以言齊矣。若主人翁服藥治病，漸漸痊可，略知檢束，奴婢亦自漸聽指揮。及沉痾脱體，起來擺布，誰敢有不受約束者哉？良知昏迷，衆欲亂行；良知精明，衆欲消化，亦猶是也。」

問：「『生之謂性』，告子亦説得是，孟子如何非之？」先生曰：「固是性，但告子認得一邊去了，不曉得頭腦；若曉得頭腦，如此説亦是。孟子亦曰『形色天性也』，這也是指氣説。」又曰：「凡人信口説，任意行，皆説此是依我心性出來，此是所謂『生之謂性』，然却要有過差。

若曉得頭腦，依吾良知上説出來，行將去，便自是停當。然良知亦只是這口説，這身行，豈能外得氣，别有個去行去説？故曰『論性不論氣，不備；論氣不論性，不明』。氣亦性也，性亦氣也，但須識得頭腦是當。」

又曰：「諸君功夫最不可助長。上智絶少，學者無超入聖人之理。一起一伏，一進一退，自是功夫節次。不可以我前日用功夫了，今却不濟，便要矯强，做出一個没破綻的模樣。這便是助長，連前些子功夫都壞了。此非小過。」

又曰：「人若着實用功，隨人毁謗，隨人欺慢，處處得益，處處是進德之資。若不用功，只是魔也，終被累倒。」

一友常易動氣責人。先生警之曰：「學須反己。若徒責人，只見得人不是，不見自己非。若能反己，方見自己有許多未盡處，奚暇責人？」

黄勉之問：「『無適也，無莫也，義之與比。』事事要如此否？」先生曰：「固是事事要如此，須是識得個頭腦乃可。義即是良知，曉得良知是個頭腦，方無執着。」

問：「『思無邪』一言，如何便蓋得三百篇之義？」先生曰：「豈特三百篇，六經只此一言便可該貫。以至窮古今天下聖賢的話，『思無邪』一言也可該貫。此外更有何説？此是一了百當的功夫。」

問「道心人心」。先生曰：「『率性之謂道』，便是道心；但着些人的意思在，便是人心。道心本是無聲無臭，故曰『微』；依着人心行去，便有許多不安穩處，故曰『惟危』。」

一友問：「讀書不記得，如何？」先生曰：「只要曉得，如何要記得？要曉得，已是落第二義了；只要明得自家本體。若徒要記得，便不曉得；若徒要曉得，便明不得自家的本體。」

問：「『逝者如斯』，是說自家心性活潑潑地否？」先生曰：「然。須要時時用致良知的功夫，方才活潑潑地，方才與他川水一般。若須臾間斷，便與天地不相似。此是學問至極處，聖人也只如此。」

問：「叔孫、武叔毀仲尼，大聖人如何猶不免於毀謗？」先生曰：「毀謗自外來的，雖聖人如何免得？人只貴於自修，若自己實實落落是個聖賢，縱然人都毀他，也說他不着。却若浮雲掩日，如何損得日的光明？若自己是個象恭色莊、不堅不介的，縱然没一個人說他，他的惡慝終須一日發露。所以孟子說『有求全之毁，有不虞之譽』。毁譽在外的，安能避得？只要自修如何爾。」

劉君亮要在山中静坐。先生曰：「汝若以厭外物之心去求之静，是反養成一個驕惰之氣了。汝若不厭外物，復於静處涵養，却好。」

聖人之學不是這等綑縛苦楚的，不是粧做道學的模樣。

先生語陸元靜曰：「元靜少年亦要解五經，志亦好博。但聖人教人，只怕人不簡易，他説的皆是簡易之規。以今人好博之心觀之，却似聖人教人差了。」

問：「『不覩不聞』是説本體，『戒慎恐懼』是説功夫否？」先生曰：「此處須信得本體原是不覩不聞的，亦原是戒慎恐懼的。戒慎恐懼，不曾在不覩不聞上加得些子。見得真時，便謂戒慎恐懼是本體，不覩不聞是功夫，亦得。」

先生曰：「仙家説到虚，聖人豈能虚上加得一毫實？佛氏説到無，聖人豈能無上加得一毫有？但仙家説虚從養生上來，佛氏説無從出離生死苦海上來，却於本體上加却這些子意思在，便不是他虚無的本色了，便於本體有障礙。聖人只是還他良知的本色，更不着些子意在。良知之虚，便是天之太虚；良知之無，便是太虚之無形。日月風雷山川民物，凡有貌象形色，皆在太虚無形中發用流行，未嘗作得天的障礙。聖人只是順其良知之發用，天地萬物，俱在我良知的發用流行中，何嘗又有一物超於良知之外，能作得障礙？」

或問：「釋氏亦務養心，然要之不可以治天下，何也？」先生曰：「吾儒養心，未嘗離却事物，只順其天則自然，就是功夫。釋氏却要盡絶事物，把心看做幻相，漸入虚寂去了，與世間若無些子交涉，所以不可治天下。」

或問「異端」。先生曰：「與愚夫愚婦同的，是謂同德；與愚夫愚婦異的，是謂異端。」

問「天壽不貳」。先生曰：「學問功夫，於一切聲利嗜好俱能脱落殆盡，尚有一種生死念頭毫髮掛帶，便於全體有未融釋處。人於生死念頭，本從生身命根上帶來，故不易去。若於此處見得破，透得過，此心全體方是流行無礙，方是盡性至命之學。」

先生曰：「無知無不知，本體原是如此。譬如日未嘗有心照物，而自無物不照。無照無不照，原是日的本體。良知本無知，今却要有知；本無不知，今却疑有不知：只是信不及耳！」

問：「孔子所謂『遠慮』，周公『夜以繼日』，與『將迎』不同，何如？」先生曰：「遠慮不是茫茫蕩蕩去思慮，只是要存這天理。天理在人心，亘古亘今，無有終始。天理即是良知，千思萬慮，只是要致良知。良知愈思愈精明；若不精思，漫然隨事應去，良知便粗了。若只着在事上茫茫蕩蕩去思，教做遠慮，便不免有毁譽得喪人欲攙入其中，就是將迎了。周公終夜以思，只是戒慎不覩、恐懼不聞的功夫，見得時，其氣象與將迎自别。」

問：「『一日克己復禮，天下歸仁。』朱子作效驗説，如何？」先生曰：「聖賢只是爲己之學，重功夫不重效驗。仁者以萬物爲體，不能一體，只是己私未忘。全得仁體，則天下皆歸於吾。仁就是八荒皆在我闥意，天下皆與，其仁亦在其中。如在邦無怨，在家無怨，亦只是自家不怨，如『不怨天，不尤人』之意。然家邦無怨，於我亦在其中，但所重不在此。」

七情有着，俱謂之欲，俱爲良知之蔽。然纔有着時，良知亦自會覺；覺即蔽去，復其體矣。此處能勘得破，方是簡易透徹功夫。

問：「樂是心之本體，不知遇大故於哀哭時，此樂還在否？」先生曰：「須是大哭一番了方樂，不哭便不樂矣。雖哭，此心安處，即是樂也，本體未嘗有動。」

古人爲治，先養得人心和平，然後作樂。比如你在此歌詩，你的心氣和平，聽者自然悦懌興起，只此便是元聲之始。」

先生曰：「學問也要點化，但不如自家解化者，自一了百當。不然，亦點化許多不得。」

孔子氣魄極大，凡帝王事業，無不一一理會也，也只從那心上來。

今人於喫飯時，雖無一事在前，其心常役役不寧，只緣此心忙慣了，所以收攝不住。

琴瑟簡編，學者不可無；蓋有業以居之，心就不放。

先生歎曰：「世間知學的人，只有這些病痛打不破，就不是善與人同。」（崇一曰）：「這病痛只是個好高不能忘己爾。」

所惡於上，是良知；毋以使下，即是致知。

問：「古人論性各有異同，何者乃爲定論？」先生曰：「性無定體，論亦無定體。有自本體上説者，有自發用上説者，有自源頭上説者，有自流弊處説者。總而言之，只是這個性，但所見有淺深爾。若執定一邊，便不是了。」

先生曰：「用功到精處，愈着不得言語，説理愈難。若着意在精微上，全體功夫反蔽泥了。」

已後與朋友講學，切不可失了我的宗旨：無善無惡是心之體，有善有惡是意之動，知善知惡是良知，爲善去惡是格物。只依我這話頭，隨人指點，自没病痛。此原是徹上徹下功夫。

先生曰：「先儒解格物爲『格天下之物』，天下之物如何格得？且謂『一草一木亦皆有理』，今如何去格？縱格得草木來，如何反來誠得自家意？我解格作『正』字義，物作『事』字義，大學之所謂身，即耳目口鼻四肢是也。欲修身，便是要目非禮勿視，耳非禮勿聽，口非禮勿言，四肢非禮勿動。要修這個身，身上如何用得功夫？心者，身之主宰。目雖視，而所以視者，心也；耳雖聽，而所以聽者，心也；口與四肢雖言動，而所以言動者，心也。故欲修身，在於體當自家心體，常令廓然大公，無有些子不正處。主宰一正，則發竅於目，自無非禮之視；發竅於耳，自無非禮之聽；發竅於口與四肢，自無非禮之言動，此便是修身在正其心。然至善者，心之本體也。心之本體那有不善？如今要正心，本體上何處用得工？必就心之發動處，纔可着力也。心之發動不能無不善，故須就此處着力，便是在誠意。如一念發在好善上，便實實落落去好善；一念發在惡惡上，便實實落落去惡惡。意之所發既無不誠，則其本體如何有不正的？故欲正其心在誠意。工夫到誠意，始有着落處。然誠意之本，又在於致知也。

所謂『人雖不知，而己所獨知』者，此正是吾心良知處。然知得善，却不依這個良知便做去，知得不善，却不依這個良知便不去做，則這個良知便遮蔽了，是不能致知也。吾心良知既不能擴充到底，則善雖知好，不能着實好了；惡雖知惡，不能着實惡了，如何得意誠？故致知者，意誠之本也。然亦不是懸空的致知，致知在實事上格。如意在於爲善，便就這件事上去爲；意在於去惡，便就這件事上去不爲。去惡固是格不正以歸於正；爲善則不善正了，亦是格不正以歸於正也。如此，則吾心良知無私欲蔽了，得以致其極；而意之所發，好善去惡，無有不誠矣。誠意工夫，實下手處在格物也。若如此格物，人人便做得，『人皆可以爲堯舜』，正在此也。」

或疑知行不合一，以「知之匪艱」二句爲問。先生曰：「良知自知，原是容易的；只是不能致那良知，便是知之匪艱，行之惟艱。」

門人問曰：「知行如何得合一？且如中庸言『博學之』，又説個『篤行之』，分明知行是兩件。」先生曰：「博學只是事事學存此天理，篤行只是學之不已之意。」又問：「易『學以聚之』，又言『仁以行之』，此是如何？」先生曰：「也是如此。事事去學存此天理，則此心更無放失時，故曰『學以聚之』；然常常學存此天理，更無私欲間斷，此即是此心不息處，故曰『仁以行之』。」又問：「孔子言知及之，仁不能守之，知行却是兩個了。」先生曰：「説及之已是行了，但不能常常行，已爲私欲間斷，便是仁不能守。」又問：「心即理之説，程子云『在物爲理』，如何謂心即理？」先生曰：「在物爲理，『在』字上當添一『心』字，此心在物則爲理。如此心在事父，則爲孝；在事君，則爲忠之類。」先生因謂之曰：「諸君要識得我立言宗旨。如今説個心即理是如何，只爲世人分心與理爲二故，便有許多病痛。如五伯攘夷狄，尊周室，都是一團私心，便不當理。人却説他做得當理，只心有未純，往往悦慕其所爲，要來外面做得好看，却與心全不相干。分心與理爲二，其流至於伯道之僞而不自知。故我説個心即理，要使知心理是一個，便來心上做工夫，不去襲義於外，便是王道之真。此我立言宗旨。」又問：「聖賢言語許多，如何却要打做一個？」曰：「我不是要打做一個，如曰『夫道，一而已矣』，又曰『其爲物不二，則其生物不測』，天地聖人皆是一個，如何二得？」

但要曉得一念動處，便是知，亦便是行。如人在牀上思量去偷人東西，此念動了，便是做賊；若還去偷，那個人只到半路轉來，却也是賊。

先生曰：「舜不遇瞽瞍，則處瞽瞍之物無由格；不遇象，則處象之物無由格。周公不遇流言憂懼之變，則流言憂懼之物無由格。故凡動心忍性以增益其所不能者，正吾聖門致知格物之學，正不宜輕易放過，失此好光陰也。知此，則夷狄患難將無入而不自得矣。」

心不是一塊血肉，凡知覺處便是心。如耳目之知視聽，手足之知痛癢，此知覺便是心也。

人必要争個心有内外，原是不曾實見心體。我今説個無内外，尚流在有内外；若説有内外，則内外益判了。况心無内外亦不是我説的，明道定性書云：「且以性爲隨物於外。」則當其在外時，何者爲内？此一條最痛快。

以方問曰：「據人心所知，多有誤欲作理、認賊作子處，何處乃見良知？」先生曰：「爾以爲何如？」曰：「心所安處，纔是良知。」曰：「固是。但要省察，恐有非所安而安者矣。」

「易則易知」，只是一個天理，便自易知。

以方自陳喜在静上用功。先生曰：「静上用功固是好，但終自有敝。人心自是不息底，雖在睡夢，此心亦是流動。如天地之化，本無一心之停，然其化生萬物各得其所，却亦自静也。此心雖是流行不息，然其一循天理，却亦自静也。若專來静上用功，恐有喜静惡動之敝。動静只是一個。」

以方問：「直固知静中自有個知覺之理，但伊川一段可疑。伊川問吕學士：『賢且説静時如何？』曰：『謂之有物則不可，然自有知覺處。』曰：『既有知覺，却是動也，怎生言静？』」先生曰：「伊川説還是。」以方因詳伊川之言，是分明以静中無知覺矣，如何謂伊川説還是？考諸晦翁亦曰：「若云知寒覺暖，便是知覺已動。今未曾著於事物，但有知覺在，何妨其爲静？不成静坐只是瞌睡？」晦翁亦是疑伊川之説，蓋知寒覺暖，則知覺著在寒暖，且著在事物，便是已發了；但有知覺，只是有此理，不曾着在事上，故還是静。然瞌睡也有知覺，故能作夢，且一喚便醒矣。槁木死灰，無知覺，便不醒了。恐伊川所謂「既有知覺，却是動也，怎生言静」，正是説個静而無静之意，不是説静中無個知覺也。故先生曰「伊川説還是」。

以方問：「戒慎恐懼，是致和，還是致中？」先生曰：「是和上用功。」以方曰：「中庸言『致中和』，如何不致中，却來和上用功？」先生曰：「中和只是一個，内無所偏倚，少間發出，便自然乖戾了。故中和只是一個，但本體上如何用得功？必就他發處纔着得力，故就和上用功。然致和便是致中，萬物育便是天地位。」以方未能釋然。先生曰：「不消去文義上泥，中和是離不得底。如面前只火之本體是中，其火之照物處便是和，舉着火其光便自照物，火與照如何離得？故中和只是一個。近儒亦有以戒懼即是慎獨，非兩事者，然不知此以致和即便以致中者。」崇一嘗謂以方曰：「未發是本體，本體自是不發底。如人可怒，我雖是怒他，然怒不過當，却也是這個本體未發了。」後以崇一之説問先生。先生曰：「如此説，却是説成功處。子思説個發與未發，正要在發時用功。」又與焕吾論及此，焕吾曰：「嘗見文公語類有一段，亦以『喜怒哀樂之未發』二句頂上文，用工得來，不是泛説。人人有個中和，與老先生之意亦合，不知文公後來何故從今説。」

以方問曰：「先生之説格物，凡中庸之慎獨及集義、博約等説，皆爲格物之事。」先生曰：

「非也。格物即慎獨，即戒懼。至於集義、博約工夫只一般，不是以那數件都做格物底事。」

以方問「尊德性」一條。先生曰：「道問學即所以尊德性也。晦翁言『子静以尊德性誨人，某教人豈不是道問學處多了些子』，是分尊德性、道問學作兩件。且如今講習討論，下許多工夫，無非只是存此心，不失其德性而已。豈有尊德性只空空去尊，更不去問學；問學只是空空去問學，更與德性無關涉？如此，則不知今之所以講習討論者更學何事？」問「致廣大」二句。曰：「盡精微即所以致廣大也，道中庸即所以極高明也。蓋心之本體，自是廣大底。人不能盡精微，則便爲私欲所蔽，有不勝其小者矣。故能細微曲折無所不盡，則私意不足以蔽之，自無許多障礙遮隔處，如何廣大不致？」又問：「精微還是念慮之精微，是事理之精微？」曰：「念慮之精微即事理之精微也。」

以方問：「顔子擇中庸是如何擇？」先生曰：「亦是戒謹不覩，恐懼不聞，就己私之動處，辨别出天理之善來，得一善即是得了這個天理。」後又與正之論顔子「雖欲從之，末由也已」是如何，正之曰：「先生嘗言：『此是見得個道理如此。如今日用凡視聽言動，都是這個知覺，然知覺却在那裏捉定不得，所以説「雖欲從之，末由也已」。顔子見得個道體後，方纔如此説。』」

問：「『物有本末』一條，舊説似與先生不合，願啓其旨。」先生曰：「以明德、親民爲二物，豈有此理？譬如二樹在此，一樹有一樹的本末，豈可一樹爲本，一樹爲末？明德、親民總是一物，只是一個工夫，纔二之，明德便是空虚，親民便是襲取矣。物有本末云者，乃指定一物而言，如有實孝親之心，而後有孝親的儀文節目；事有終始云者，亦以實心爲始，實行爲終。故必始焉有孝親的心，而終焉則有孝親的儀文節目。事長事君，無不皆然。自意之所著，謂之物；自物之所爲，謂之事。物者，事之物也；事者，物之事也，一而已矣。」

先生曰：「朋友相處，常見自家不是，方能默化得人之不是。若只覺自家爲是，便懷輕忽之心，漫然不知病痛，畜之漸長，害不可言。善者固吾師，不善者亦吾師。且如見人多言，吾便自省亦多言否；見人好高，吾便自省亦好高否。這便是相觀而善，處處得益。」

問理、氣、數。先生曰：「以理之流行而言，謂之氣；以氣之條理而言，謂之理；以條理之節次而言，謂之數。三者只是一統事。」

問：「聲色貨利，恐良知亦不能無。」先生曰：「固然。但初學用工，却須掃除蕩滌，勿使留積，則適然來遇，始不爲累，自然順而應之。良知只在聲色貨利上用工，能致得良知精精明明，毫髪無蔽，則聲色貨利之交無非天則流行矣。」

先生曰：「人之本體，常常是寂然不動的，常常是感而遂通的。未應不是先，已應不是後。」

只在有覩有聞上馳騖，不在不覩不聞上着實用功。蓋不覩不聞是良知本體，戒愼恐懼是致良知的工夫。學者時時刻刻常覩其所不覩，常聞其所不聞，工夫方有個實落處。久久成熟後，則不須着力，不待防檢，而真性自不息矣，豈以在外者之聞見爲累哉？

問：「先儒謂『鳶飛魚躍』與『必有事焉』同一活潑潑地。」先生曰：「亦是。天地間活潑潑地，無非此理，便是吾良知的流行不息。致良知便是必有事的工夫，此理非惟不可離，實亦不得而離也。無往而非道，無往而非工夫。」

一友自歎：「私意萌時，分明自心知得，只是不能使他即去。」先生曰：「你萌時這一知處，便是你的命根。當下即去消磨，便是立命功夫。」

先生嘗語學者曰：「心體上着不得一念留滯，就如眼着不得些子塵沙。些子能得幾多？滿眼便昏天黑地了。」又曰：「這一念不但是私念，便好的念頭亦着不得些子。如眼中放些金玉屑，眼亦開不得了。」

至誠能盡其性，亦只在人物之性上盡；離却人物，更無性可盡得。能盡人物之性，即是至誠致曲處。致曲的功夫，亦只在人物之性上致，更無二義，但比至誠有安勉不同耳。

頃與諸老論及此學，真圓鑿方枘。此道坦如大路，世儒往往自加荒塞，終身陷荆棘之場而不悔，吾不知其何説也！

古先聖人許多好處，也只是無我而已。無我，自能謙。謙者，衆善之基；傲者，衆惡之魁。

問：「許魯齋言：『學者以治生爲首務。』先生不以爲然，何也？且士之貧，豈可坐守，不經營耶？」先生曰：「但言學者治生上儘有工夫做，則可；若以爲治生是首務，使學者汲汲營利，斷不可也。且天下首務孰有急於講學耶？然治生亦是講學中事，但不可以治生爲首務，徒啓營利之心。果能於此處調停得心體無累，雖終日做買賣，不害爲聖爲賢，何妨於學？學何二於治生？」

先生曰：「氣質，猶器也；性，猶水也。均一水也，有得一缸者，有得一桶者，有得一甕者，局於器也。氣質有清濁、厚薄、强弱之不同，然爲性則一也。能擴而充之，器不能拘矣。」

或問：「致良知的工夫，恐於古今事變有遺。」先生曰：「不知古今事變從何處出？若從良知流出，致知焉，盡之矣。原來古今只是這一個。」

又曰：「古人講學，頭腦須只一個，却是因人以爲淺深。譬如這般花，只好澆一瓶水，却倒一桶水在上，便浸死了。從目所視，妍醜自别，不作一念，謂之明；從耳所聽，清濁自别，不作一念，謂之聰；從心所思，是非自别，不作一念，謂之睿。」

顔子欲罷不能，是直見得道體不息，無可罷得時；若功夫有起有倒，尚有可罷時，只是未曾見得道體。

先生曰：「孔子無不知而作，顔子有不善未嘗不知。此是聖學真血脉路。」

先生云：「某十五六歲時，便有志聖人之道。但於先儒格致之説若無所入，一向姑放下了。一日寓書齋，對數莖竹，要去格他理之所以然，茫然無可得，遂深思數日，卒遇危疾，幾至不起。乃疑聖人之道恐非吾分所及，且隨時去學科舉之業。既後心不自已，略要起思，舊病又發。於是又放情去學二氏，覺得二氏之學比之吾儒反覺徑捷，遂欣然去究竟其説。後至龍場，又覺二氏之學未盡，履險處危，困心衡慮，又豁然見出這頭腦來，直是痛快，不知手舞足蹈。此學數百年想是天機到此也，該發明出來了，此必非某之思慮所能及也。」

學問最怕有意見的人，只患聞見不多。良知聞見益多，覆蔽益重，反不如不曾讀書的人，更容易與他説得。

先生曰：「雖小道，必有可觀。如虚無、權謀、器數、技能之學，非不能超脱世情，直於本體上得所悟入，俱得通入精妙。但其意有所着，移之以治天下國家，便不能通了。故君子不用。」

一友侍坐，眉間若有憂思。先生覺之，顧語他友曰：「人一身不得爽快，不消多大事。只一根頭髮鈎着，滿身便不快活了。」是友聞之，矍然省惕。

知者，良知也，天然自有，即至善也。物者，良知所知事也。格者，格其不正以歸於正也；格之，斯實致之矣。（鄗永春皇明三儒言行要録新刊陽明王先生要録卷二）

按：陽明門人編有續傳習録，詳情向來不爲人所知，今從鄗永春皇明三儒言行要録中發現續傳習録，揭開此一久被湮没之秘。按皇明三儒言行要録刻於隆慶二年，前有郜永春新刊皇明三儒言行要録序署云：「隆慶二年季夏吉日，賜同進士出身、河南道監察御史、蒲陽後學仰遽郜永春頓首拜書於超然亭上。」據此，續傳習録當編於嘉靖中。考王宗沐傳習録序云：「傳習録，録陽明先生語也。四方之刻頗多，而江右實先生提戈講道處，獨缺焉。沐乃請於兩臺，合續本凡十一卷，刻置學宫。」王宗沐嘉靖二十三年進士，嘉靖三十五年任江西提學副使，修王陽明祠，建正學書院、懷玉書院，於白鹿洞聚諸生講學，其合刻傳習録置於學宫即在是年。所謂續本，即指續傳習録，蓋乃曾才漢所編也。錢德洪傳習録後跋云：「嘉靖戊子冬，德洪與王汝中奔師喪，至廣信，訃告同門，約三年收録遺言。繼後同門各以所記見遺。洪擇其切於問正者，合所私録，得若干條。居吴時，將與文録並刻矣，適以憂去未遂。……去年（按：嘉靖三十四年），同門曾子才漢得洪手抄，復旁爲采輯，名曰遺言，以刻行於荆。洪讀之，覺當時采録未精，乃爲删其重復，削去蕪蔓，存其三之一，名曰傳習續録，復刻於寧國之水西精舍。今年（按：嘉靖三十五年）夏……乃復取逸稿，采其語之不背者，得一卷；其餘影響不真，與文録既載者，皆削之，並易中卷爲問答語，以付黄梅尹張君增刻之。」可見續傳習録（遺言）有四編三刻：嘉靖十四年（按：錢德洪丁憂在是年）初編於錢德洪；嘉靖三十四年二編於曾才漢，初刻於荆；同年三編於錢德洪，二刻於水西精舍；嘉靖三十五年四編於錢德洪，三刻於黄梅。嘉靖十四年錢德洪所編遺言，即今存陽明先生遺言録，題作「門人餘姚錢德洪纂輯，門人泰和曾才漢校輯」。嘉靖三十四年曾才漢所編遺言，即郜永春新刊皇明三儒言行要録中之續傳習録，王宗沐刻於江西學宫之續本，即此續傳習録（據此，續傳習録亦有四刻）。嘉靖三十五年錢德洪所編傳習續録，即今傳習録之卷下（第三卷）也。試以傳習録卷下與此續傳習録比較，二書語録多同，但詳略有别，次序不同，亦有異字異句，特别是續傳習録約有二十五條語録爲傳習録卷下所無，尤有重要價值。如「某十五六歲時」一條，意義重大，錢德洪竟删之，匪夷所思。大致曾才漢編續傳習録多有取於黄直（以方）所記語録，而錢德洪多删之，尤未當也。曾才漢字明卿，號雙溪，泰和人，陽明門人。

附録二　後鑒録

謝　蕡

卷中

寧府招由

刑部等衙門爲開讀事。欽奉正德十六年四月二十二日詔書，内一欵：「江西并各處地方，先因宸濠反逆事敗，及因人告報謀反、妖言等項事情，一時追捕餘黨，急於撲滅，不暇審辨，未免有迹涉疑似、被誣逮繫者。經該問刑衙門，務要嚴加詳審。果係誣枉，即與釋放。若係逼脅順從者，問擬明白，奏請定奪，無得冤抑淹禁。」又一欵：「見監與宸濠謀反事情有干正德十四年就陣擒獲及續拿人犯，三法司、錦衣衛先行查問明白，其真正共謀逆賊，並臨時脅從，及先年交通，不曾與謀者，各依律議擬應得罪名，再會多官覆審，相同奏請定奪，毋得輕縱、冤枉。欽此。」續該司禮監太監韋彬傳奉聖旨：「説與三法司、錦衣衛知道，各衙門見監輕重囚犯，或因領兵官員追捕餘黨，被誣逮繫，或因原問官員鍛鍊成獄，拘泥文案，多有枉抑，致傷和氣，上干天變，朕心憂惻。便著多官查照詔旨，從公會審，分別情罪輕重等第明白，奏來定奪，不許仍前冤枉。欽此。」欽遵。

會問得犯人一名劉吉，年五十三，係江西撫州臨川縣民。狀招吉自幼私自淨身，投入寧府，收充火者，歷陞任承奉。先年寧府原有護衛，後因不法，革改南昌左衛。弘治十一年，有今死宸濠襲封寧王。正德二年間，宸濠要復護衛，差已故内官梁安賄通逆瑾，朦朧奏討准復，改爲護衛。正德五年八月内，逆瑾事敗，仍革爲南昌左衛訖。有宸濠因愛在官樂人秦榮質美會唱，爲伊奏討樂官，伊就不合因而出入宫闈，撥置行事。後宸濠恣肆妄爲，意生不軌，常請已故術士李自然等推命相面，妄稱伊有天子分。又招已故術士李日芳等，看得本省城内東南有天子氣穴，就蓋陽春書院，僭號離宫，時去遊樂。又將西山地名青嵐、先朝禁革龍口舊穴葬母，俱要謀當其氣。又暗蓄姦謀，誣陷宗室，打死軍民不計其數。每年止收禄米，違例每石折銀二兩，過限倍徵。訪知先任江西按察使鄭岳要行劾奏，就暗令與伊有讐、今閑住未到本司副使李夢陽，不合依聽將跟隨鄭岳門子劉奉送府拷打，逼供無名贓私，奏陷鄭岳爲民。

正德九年正月内，宸濠要行謀逆，密與吉並在官承奉涂欽，典寶等官熊綬、黄瑞，在逃陳賢，已故萬鋭，致仕都御史李士實，舉人王春，典仗徐紀，校尉魯孔章、趙隆及秦榮商議，要先謀復護衛，方好整備軍馬，圖謀天下。就假以地方盜賊生發爲名，借指祖訓，粧飾成本。因見已處決都督錢寧投爲朝廷義子，專權亂政，已發遣樂官臧賢出入内府；另起見監太監張雄掌管司禮監事，在官太監商忠、少監盧明，俱爲張雄心腹朋黨。用事教坊司樂工晉良，先年投在本府，教演小幼彈唱，素與臧賢情熟。就差晉良隨同涂欽、萬鋭、盧孔章、趙隆、徐紀齎本赴京謀幹。先將銀五百兩與晉良，托伊將銀五千兩引送臧賢，又將銀四百兩與伊已發遣女婿施鉞，引見求爲打點，就托臧賢將銀一萬兩送與錢寧，各不合接受。又送商忠、盧明各銀五百兩，托伊引送張雄銀三千兩、寶石厢帶一條，彼引另起見監太監張鋭坐廠行事，恐伊阻撓，亦將銀一千兩托臧賢過送與伊，亦各不合知情接受入己。

宸濠又因彼時見任兵部尚書在官陸完，曾任江西按察使，往來交厚，亦令涂欽、盧孔章將金臺盤一付重十兩、段四匹饋送，央伊扶持。陸完亦不合接受許允。涂欽等方將前本奏行兵部，彼有陸完於查覆本内，雖稱難將該衛再復，却不合又稱寧王以太祖典章爲言，合行會議，具本覆奏。有錢寧、張雄、臧賢各因得受重賄，不合共爲欺罔，傳批特旨，將護衛、屯田俱准改與宸濠管業。續奉敕書到府，有本衛指揮千百户等官已故王信等，正嫌平日三司轄制，各喜入府，得以倚勢行事。有宸濠得遂姦計，爲惡日甚。

彼先任江西按察副使胡世寧舉奏，宸濠聞知，捏情具本，令涂欽等赴京，將胡世寧誣害。就齎帶銀兩饋送錢寧三千兩，張雄一千兩，臧賢五百兩，盧明三百兩，各不合接受，扶同將胡世寧蒙蔽具奏，誣陷遼東充軍役。因在官少監秦用、趙秀俱在司禮監文書房辦事，曾打探消息，亦各將銀一百兩送伊等，各不合接受訖。以後宸濠愈加恣肆故行，羅織撫按三司等官非禮箝制，使皆吞聲隱忍，不敢非議。又密令吉等招引慣熟武藝强賊，在官楊清等，各不合依聽合夥，不時出外劫財，入府分受。

正德十年三月内，宸濠謀要舉兵，須得軍師方能濟事。訪知安福縣已故舉人劉養正素有才名，多讀兵書，隱情差未獲審理蕭宗瀛前去招請到府。有宸濠因與議論宋時陳橋之變，有劉養正就不合贊稱宸濠有撥亂之才，當受賞銀五百兩，密約待時舉事。有吉、涂欽、萬鋭、黄瑞、陳賢，已故内官陳學、徐永並指揮王信、王麟，在官儀賓李世英，已故張嵩，校尉火信、林華等，各思宸濠事用費浩大，各不合多方設計，謀爲聚財：招納姦人，投獻田産；强占官湖；倚勢販賣私鹽、胡椒、蘇木等貨；攤放官本稻穀，加倍取利；假代兑軍，多收銀兩；重科夫價，軍民遭害百端。

正德十一年二月内，有今死瑞昌王拱栟，將置買田地投獻。宸濠加租，被佃户魏志英抗違不納。良民辜增守正不阿。宸濠嗔怪，就令陳賢帶火信、楊子喬，已故校尉周孟清、葛鎮等，統衆前去，將辜增、魏志英家眷二百餘人盡行殺害，房屋焚燒一空。本年三月内，有引禮方价，因爲逼令鄉民辦納宸濠原放官本稻穀，被不知名人仇恨，暗行殺害訖。有宸濠見得朝廷未立東宮，要得圖謀天位，密差萬鋭同林華等前來，饋錢寧三萬兩，臧賢一萬兩，謀求將伊今故長男大哥假以上廟燒香爲名，迎取來京。彼有錢寧、臧賢因受重賂，各不合心懷異謀，暗行許允，先令林華回報，隨又詐稱欽賜，將玉帶、金厢寶石闌裝帶各一條，綵段十對，付與萬鋭，齎送宸濠。傳令本府官員，穿紅四十餘日，專待錢寧傳取。

本年七月内，有已故吉安府生員康昭來省城科舉。劉養正因恨伊時常在人前非笑交結宸濠，就寄書與王春，並平素在府行走未獲琴士馬效良，不合扶同誣捏事情，撥置宸濠，設計令秦榮不合依聽將康昭羅織抓死。事發，囑官歇案不行。有原任南京左衛指揮戴宣陞授兩廣守備，宸濠怪伊見遲禮薄，登時打死；將伊財産盡行收府，及將伊男監禁五年，女賞已故儀賓陸程爲妾。宸濠因見陳賢行事乖使，專令邀截上下公文，及串通各衙吏典，未獲熊世蕃等，已獲故門子吴漢等，各不合依聽抽㨾，以致百端不法不得上聞。

正德十二年，有不在官原任本府典寶閻順，内官陳宣、劉良，脱逃赴京，具奏宸濠不法事件。被伊聞知，當將已故内官雷龍、未到辛明、李勇、馬安拷問，招稱承奉周儀主使，怒將周儀並家人六十餘人及典仗查武等盡行打死。令吉齎本赴京捏奏，要將閻順等陷死。當送臧賢銀一千兩，錢寧二千兩，張雄、張鋭各一千兩，各不合接受，拴同閻順等，俱發南京孝陵衛充軍訖。彼因求討消息，又送盧明銀二百兩，趙秀、秦用各銀一百兩，亦各不合收訖。

宸濠復與李士實並吉等相議，圖謀天下，必須慣戰賊徒。當令王春、涂欽等，招蓄已故賊首凌十一、閔念四、萬賢一、萬賢二、熊十七，在官閔念八、熊十四，並手下賊徒各三五百人，及四外亡命、遊食、强竊、盗賊、脱死充軍徒犯，與楊清並未獲原招把勢樂成等，不計其數，藏縱丁家山等處。各不合分夥劫掠新建等縣民人羅慶三等家，並各處庫藏，及各客商舡隻、財貨，送府平分。又齎幣厚結廣西土官軍狼兵，並南、贛、汀、漳峒蠻，欲圖爲應。差人廣東收買皮張，入府造作皮甲。招藏四方匠作打造鎗刀盔甲，及佛郎機銃各樣兵器。隨差已故舍人童茂即彭茂，王親方倬，各往河南收買馬匹。又差在官監生方儀，亦往河南省城，向李夢陽求討陽春書院詩文，伊止作詩二首付方儀回還，方知宸濠逆謀，亦不合不行舉首。有涂欽令伊未獲家人姚元佐即張雲賓，不合共謀，將帶銀兩前往揚州府，招召慣熟武藝好漢。已故敖英、未獲郭鼐引見宸濠，共給與銀一百四十兩，各不合聽從領受募兵，就假以顧借好漢護送貨舡防盗爲名，敖英顧在官金章、黄昇、尚惠，有郭鼐顧在官欒風、張貫，每人各受顧銀三兩，同到儀真地方，各訪知係是召募助逆，隨即懼罪送散，各不合不行赴官舉首。宸濠又令姦人暗藏於南北直隸、山東一帶進京沿途鎮店去處，假名買賣，專一接報京中事情，待時起手。時常邀請李士實、劉養正、王春，各不合謀説：「即令起兵，恐四方人心未服，必須厚結朝廷，頻頻進貢茶芽、方物、金銀、玩器等項，務得親信不疑。「及」差人打探動静，沿途埋伏健步、快馬，限以十一二日報知，一遇有警，便好起兵」等語。當就節差徐紀、趙隆、盧孔章、林華，及已故校衛韓江，各不合從謀，往來京師打聽不絶。

本年十二月內，有在官太監畢真前來江西鎮守，不合將玉帶、寶石、各色紵絲紗羅、羊酒、馬匹進送宸濠結好。

正德十三年正月內，有江西清軍御史范輅，因與畢真争論坐席及將朝王服色，畢真懷恨。不合商同宸濠揑奏范輅，提解到京，問罪降職。本年二月內，遇蒙太皇太后崩逝，有少監盧明，因素與宸濠交往情厚，不合營求齎捧報計前去開讀，得受宸濠銀三千兩。宸濠又令吉與涂欽、黄瑞相送盧明，行至地名吴城，置酒相待。回還，被已故賊首吴十三等將金銀酒器劫去。行文撫按挨拏。吴十三等懼怕，投托閔念四，將原劫酒器送還。宸濠就令吴十三等與閔念四等同行各處打劫，先加厚賞安慰，圖致其力。彼有宸濠飾詐要名，求賢講學，王都御史因薦伊今故門生、湖廣武陵縣舉人季元亨即冀元亨往見，意欲用善言開導。比因議論不合，季元亨隨亦回還訖。有死節巡撫都御史孫燧，亦因宸濠爲惡日甚，逆謀漸露，屢行具本劾奏，俱被設計邀截訖。宸濠常於南昌府縣索討夫馬，多派葬祭銀兩，節被知府鄭瓛阻拒不從，致恨在心。本年八月內，吴十三、閔念四、閔念八、凌十一等，打劫新建縣庫銀七千餘兩，與宸濠分用。又被鄭瓛密差快手聶鳳，捉獲窩主何順，監問間，宸濠愈加嗔怒，差人將聶鳳捉拿夾打，逼供鄭瓛無名贓私。又有萬鋭表兄伍吟，犯該徒罪，曾被鄭瓛打二十，在監病故。萬鋭告知宸濠，就將前事捏飾具本誣奏，輒將鄭瓛拿送按察司監禁。本年十一等月内，有李士實在官男李汝楨，女婿方侃，萬鋭侄徐大才，萬鉞侄萬桂並李蓁，俱以監生給領本布政司批文，前來國子監復班肄業。方侃、萬鉞、徐大才、李蓁各明知宸濠與李士實等久謀反逆，各不合不行舉首。

正德十四年正月内，宸濠要得暗收人心，商同李士實、王春，各不合捏造孝行，有畢真亦不合知謀，主張寫成呈文，逼令南昌府縣學官、生員、耆老人等，具呈都、布、按三司，轉呈鎮守、撫按衙門會奏，求虛語取信朝廷。隨有畢真改調鎮守浙江，宸濠要伊預備人馬前來助逆，當將銀三千兩、金壺一把、銀盞四付並器皿、茶芽等物送行，又將銀三百兩給賞在官參隨張浩等，各不合知謀接受許允。

本年四月，宸濠因前幹取伊男來京上廟燒香逆謀久未得遂，復謀同未獲門副徐繪，假以進貢茶扇爲名，不合依聽收帶銀一萬兩、金臺盤七副、銀臺盤十付，到京交與盧孔章、趙隆，轉送臧賢打點。彼有在官護衛指揮樂節，舍餘孫福，已故賈勝，俱承差護送徐繪前來。彼有在官本府校余柴忠、余瓊，各令起進茶齎册在京，亦常往來看望，各有前謀，不合不行舉首。本月内，有徐紀等回府傳報聖駕將巡山東泰安州等處。宸濠因遣秦榮等於大院内張設勾闌，扮演雜劇，預令李士實等撰寫疏詞，差人浙江、直隸等處各路粘貼，招致遊俠、光棍，誘引四方人心，意在扇惑，傳聞京師，請駕臨幸，因而伏兵圖謀簒逆。比有畢真前到浙江，不合假以操演官軍爲名，就各重賞銀兩，暗邀人心。及又打造盔甲兵器數千餘付，堆積本鎮衙門，待時起兵助逆。

本年五月内，宸濠又挾讎擅拿瑞州府知府宋以方，送按察司監禁。宸濠惡逆彰聞，致被科道官將伊謀爲不軌事情劾奏。蒙欽差賴太監、崔駙馬、顔都御史前去省諭，查革護衛；被錢寧密令林華星夜前去報説前情。宸濠自知反謀敗露，即召吉與在官承奉等官涂欽、黄瑞、熊綬，在逃陳賢，已故徐永秀、周瑞、萬鋭、陳學、喻才，並都御史李士實，舉人王春，王親婁伯，儀賓張暠、陸程、李蕃，都指揮王麒、王信，指揮孫隆，典膳羅璜，引禮盧鏞，校尉火信、唐全，在官儀賓李世英、熊僚、葛江與典儀丁璝，樂官秦榮，大户謝天一，賊首閔念八、熊十四、楊清，已故凌十一、閔念四、吴十三、楊子喬、熊十七、萬賢一、萬賢二、凌十九、凌全、雷漢四、趙爟十九，各進府商議。宸濠説道：「如今差官勘我府中事情，革我護衛，若不起手，斷然不好。十三日是我壽日，鎮巡三司等官必來慶賀。候其次日謝酒，就脇令各官順從起兵。彼若不從，即行斬首警衆。大事就定。」比吉與李士實等，各不合回説：「此謀最好。」宸濠當將李士實僞授國師，吉等俱僞授太監。又説：「事定，李士實爲左丞相，加封國公；王春尚書，其餘俱陞極品。文職王信等俱極品，武職李世英等俱駙馬。」各喜允叩謝訖。又議差已故舍人王華，請劉養正速來定計。及令閔念四等，各集賊兵三千聽用。彼有畢真亦差張浩，引領未獲張倫、曹松，將來禮物前來賀壽。宸濠當賞銀三百兩，就留張浩，不合知謀在府潛住。當遣張倫、曹松，各不合依聽徑回浙江通報畢真知會。

至十三日，鎮守、撫按公差，並三司等官進府賀壽，筵宴各散。十四日早，宸濠密令凌十一、楊清、閔念四、火信、張浩等，俱暗行藏凶器傍立。有鎮巡三司等官前來謝酒，行禮至三拜，宸濠即出殿前臺上，稱說：「太后娘娘有密旨，着我起兵。你各官知大義否？」有都御史孫燧回說：「既有密旨，請看。」又問副使許逵如何，本官回說：「只有一點赤心。」宸濠怒，說：「殺這不知大義的官，以定民志。」有李世英不合在傍贊殺，就令王信、張暠監斬，凌十一等綁縛，各不合聽從，當將孫都御史、許副使押出，於惠民門内殺害，仍將各首懸掛城上，以挾衆心。彼有另起見問鎮守太監王宏，參政王綸，按察使楊璋，僉事潘鵬、師夔，未到巡按御史王金，布政梁辰、胡濂，參政劉斐、程杲，參議許效廉、楊學禮，副使賀鋭、唐錦，僉事王疇、賴鳳，都指揮馬驥、白昂、許清、王玘，南贛守備郟文，南昌府同知何繼周，通判張元澄等，南昌縣知縣陳大道，新建縣知縣鄭公奇，各不合畏懼殺害，不敢執義抗言。並令起見問經過參政季斆，未到公差主事金山，死節馬思聰，本布政司參議黄宏，鄉官郎中涂文祥，俱被綁送儀衛司等處監禁。

宸濠當差涂欽到各衙門追取印信關防；又差喻才去布政司，盧鏞去南昌縣，在官儀賓强文盛去按察司，未獲典膳胡玉去南昌府，典儀李章去新建縣，各不合依聽前去，搬取庫銀，布政司一十二萬兩，按察司一萬三千四百三十六兩，南昌府四萬五百二十六兩，南昌縣九千七百九十兩，新建縣三千三百二兩，俱發送府内，募兵賞人。又召宗室及内外官員進府，説稱「今舉大事，你各人務要盡心贊助，事定之後，宗室加爵禄，各官重加陞賞」等語。當有李世英等，俱素通謀逆，各不合倡率已死宜春王拱樤，鎮輔將軍覲鋌、宸渢、宸瀾、宸溋、宸湇、拱樾、宸瀛、宸渢、宸汲、宸湯、宸濜、宸漄，並已故王親方倬，儀賓陸程、熊瓊、于全，在官强文盛、徐金鳳、張雲、蕭奇、李淋、徐輅、賀浚、周焌、李經、羅朝紀，未獲蕭相、董講、傅澄、黄亮、鄭讓、葉清、楊演，已故長史郭銃，教授葉秦，良醫劉文華，典膳白泓、徐鏜，在官胡通鎮，未獲胡玉，已故引禮馬萬里，在官朱會价、沈鏊、蘇文四，未獲熊玉、白金，審理蕭宗瀛，典儀李章，工副毛潾，左護衛指揮丁綱、楊昇，已故張隆，千户夏振、唐玉、嚴琪、李雄、孫賢，在官何綬、朱熅、馮旻、周勇、周鼎，鎮撫聞鳳，已故吴宣，百户楊瓚、謝昇、高洪、盛德、張鳳，在官袁桂、于麒、鄭鳳、宋富，儀衛正顧鎮、顧推，前衛指揮徐芳、吴松、何鏜、劉勳，已故曹儀，未獲侯昇，在官千户徐鋭，已故楊永，並劉琅未獲弟劉指揮即劉璋，舉人魏棫、謝鳳，已故甘桂，監生徐祥，義官熊濟，未獲省祭官黄海、胡鍾，琴士馬效良，昆山縣民胡吉，把勢李甫、王儒、樂盛，在官逃軍范鳳，校尉倪六，未獲倪芳、盧永成、盧永富，已故吴欒、徐玉、盧永芳、陸鑒、徐倫、張宣、王鳳、周孟清、葛鎮、陸彪、趙賢、趙智、倪慶、倪楊、王秀、朱輝、楊欒、樊林、麗鐸、吴鸞、高童、薛勝、王淮、徐英、王隆、趙十四、朱英、朱真、洪禮、火義、李成、王雲，亦各不合隨同稱呼萬歲。

宸濠又令涂欽等將都布按三司、府縣見監一應輕重囚犯盡行放出，又將知府鄭瓛、朱以方取入儀衛司監禁。隨令黄瑞修黄船六隻，及擄官民船隻聽用。傳令十七日起程，徑往南京。慮恐操江船衆，令吉與陳賢、王春等，預雇各處漁户、設子手一千餘人，要得臨時鑿穿操船。有凌十一、閔念四、吴十三、楊清在傍，各不合説稱：「萬歲但放心，南京城池只消我四人，管定打破。」宸濠大喜，各賞銀一百兩。本日晚，宸濠將閔念四、閔念八、凌十一、吴十三、萬賢一、萬賢二、熊十四、熊十七俱僞授都指揮，楊清、范鳳俱僞授指揮。就令凌十一統領凌十九、凌全、雷漢四等，吴十三、萬賢一統領已故吴成五等，閔念四、閔念八統領已故閔大賓、解十二等，各賊兵二千餘人，號五千，楊清統領原招各處善射二千餘人，號四千五百，就將擄得官民舡三百餘隻裝載，號稱先鋒，與同涂欽、萬鋭、孫隆、熊僚，帶領于全，各不合前去攻打九江、南康。又差熊綬、陳賢、葛江，率領何堂、楊昇、徐鋭，各不合前去吴城地方，截擄糧舡。有在官孫澄，因素與熊綬踢球相好，亦不合跟隨上舡。宸濠又令謝天一、方倬，並在官大户鄧時，已故歐陽文五、姜乾一、裘鳳五、萬士盛，在官監生秦婁一，未獲生員徐大用、齊倫，各不合臨時順從招兵助逆。有在官舉人裘衡，明知伊父裘鳳五從逆，不合不行首官。宸濠又令陳賢點集楊子喬等賊兵，並在城已故快手姚鳳、曾玘、宋華、鄧林、余炳、宋乾、王定、張五、張六、楊崇、楊松、熊玉、辛六、夏隆、朱珊、向通、袁五、熊貴、曾先、范禄、杜斌、杜隆、羅玉、朱昂、王祥、張祥、金十三、李貴、黎方、余方、李俊、周賢、李朴、吴黑仔、王貫、王行、陳清、葉秀，並未獲聶魁等四十餘人，俱屬范鳳管領，各不合依從聽候，攻打府縣。又差已故義官劉覲，領銀三百五十兩，收買硫黄、焰硝，合造火藥。又脇差未到前衛指揮養廉，千户秦誠、李瀚、康靖，百户楊斌，各下屯點取屯軍，各官俱即逃避不從。又差校尉趙智等，各不合聽從前去浙江，密令太監畢真等助兵。又差儀賓李蕃、李世英前往瑞州等府，華林、瑪瑙等處，王春前往豐城、奉新二縣，婁伯帶同在官家人婁福童前往進賢、廣信並横風窰等處，陳學已故弟陳學八前往東鄉縣，各不合聽從追印招兵。比瑞昌王拱栟，亦票差未獲内使黄萬興、余雄，校尉黄賢等，各不合前去貴溪縣，往日交通王親、已故義官江城家招兵，江城回書依從。彼有伊在官弟江梧，不合知情不首。當被各縣知縣顧泌、劉源清、劉守緒、馬偉、黄堂等各率兵截殺。有王春、陳學八等奔回，婁伯等各被殺死。婁福童等脱走，潛至廣信，不合起取伊一般家人已故婁圖等同來助逆。彼有婁伯另居族叔、在官知縣婁㦝，及婁怡在官家人婁墨童，各不合知情不首。宸濠又令羅潢，將布政司參政王綸職銜寫牌爲開路取兵事，差已故承差金大用齎執前去萬年縣，招取桃源洞等處賊兵。彼有王都御史前往福建公幹，將過省城。宸濠聞知，即差喻才領兵六百餘人，裝作機兵，屯伏地名生米觀邀截。有王都御史行至豐城縣地方，聞變，即行回還，奔回吉安府駐劄，隨將宸濠反逆事情具奏，督同該府知府伍文定等，遍通行所屬並鄰省各府縣，共起義兵，前來征剿。有熊綬在於吳城，捉擄前衛未到運糧千户劉標，百户梅樽、茆富，將伊糧米分給賊兵。又有在任前衛千户吴欽，不合跟隨熊綬，將各處運舡截擄。十六日，劉養正引帶已故門生到省。宸濠親出南浦驛迎接入府，拜授軍師，又許事定陞左丞相，加封世襲國公。王儲重加陞賞。劉養正隨又寫書，招致已故門生新淦縣生員劉子達、戴雲，各不合依聽來府，一同計事。

有宸濠議要僭稱大號，及改元順德。比劉養正、李士實各合議稱：「起事之初，未可遽稱大號，改易正朔。待至南京正位，然後稱號改年，布告天下，豈不爲好?」宸濠聽止，令吉查將前、護二衛旗軍，並儀衛司校尉共八千三百餘名，及招到山西賊徒並省城脇從居民共二萬五千餘名，就將本府私造及前、左二衛並民局各收貯火藥、盔甲、器械，俱給與領用。宸濠又令秦榮同伊已故男秦道及俳長赤定，起集本院樂工，並招引流民二千餘人，號五千，分於已故樂人鄭貫、王憲、張天禄、祝洪、陳禄、胡禄、志六、張得，並未獲羅弘、雷成，各不合順從分領。又有李世英，招引趙燿十九，帶領已故從賊趙祥四、趙祥十八、趙燿四、趙子慶、熊五十八、蔡松九、李堂、李信十、彭景、李慶、彭受德、華十九、觀忠、李甫等八百餘人，並李蕃、秦榮，各不合管領。隨又招已故吏布政司谷穗、王大章、易奉、胡用文、羅弘、陳仁，南昌府丘廷禧，按察司王世寧，各不合依從入府受賞，冠帶聽用。

彼有涂欽等，督率衆兵將南康、九江二府城池攻破進入。萬鋭、熊僚、孫隆及于全，各不合督兵占據。涂欽隨差在官軍餘黄堂、萬鋭，亦差未獲醫士陳江，各不合依聽報捷，各受宸濠賞銀二十兩。涂欽又領楊清等，就從九江前往湖口，徑攻安慶去訖。彼有南康府安義縣未獲巡捕主簿董國宣，原籍臨清州人，帶領已故男董茂隆，女婿陳麟，未獲快手張萬貫、陳高八等五十餘人，各不合來投涂欽名下，從逆助兵。有熊綬等，將前擄運舡糧米駕至省城，宸濠令何堂、葉秦，各不合督同儀賓李琳，百户錢煜，各不合懼害依聽，管理支散軍校；及令倪慶等，各不合聽從賑濟省城饑民。又差陳賢等，在湖口等處擄得河舡三百餘隻，黄瑞擄得舡六百餘隻，回省編甲完備，給賞銀米，聽候啓行。有原監參議黄宏，主事馬思聰，各守節抱恨，不食而死。

宸濠又與李士實、劉養正、王儲、王春計議，布檄天下，誑邀人心。劉養正、李士實就行撰造僞檄及安民僞榜，專一指斥乘輿，放免税役。俱用木板雕刻，印刷各千餘張；俱不用正德年號，止稱「大明己卯」。又將布政司印信鈐印公文，咨行天下諸司諭降。又脅差參政季斆齎往王都御史並廣東等處，未到南昌府縣學教官達賓、趙承芳、金清、唐曰仁齎往吉安府，南、贛等府，俱執其妻子爲質，仍差校尉管押。及又脅差九江府公幹在官舍人哈英、高策、曾顯齎往饒州府。各不合畏懼殺害，替伊齎送。行至吉安等府地方，各乘機逃走，俱被各該地方盤拏押送王都御史軍前，將原押校尉殺訖，檄榜公文燒毁，季斆等各收候監禁。

二十等日，宸濠遣拱㰘祭旗纛、關王廟、教場三處。又僞敕吉提督軍務，及將參政王綸加參贊軍務，各不合聽從同往校場閱兵。宸濠僭祭天地、宗廟，及遣郡王拱㰘等祭告山川、城隍等神，並西山、青嵐等六處墳塋。宸濠又令吉將前查過軍校編爲一百四十餘隊，分左、右、前、後、中五哨，派令都指揮、千百户等官王信、王麒，與同丁綱、張隆、曹儀、劉勳、周勇、周鼎、夏振、唐玉、馮旻、楊永、何綬，並在官指揮宋欽，未獲曹弼，百户歐隆、張奉，俱分投管哨；及令校尉火信、唐全，與同葛鎮、周孟清、徐玉、姚十四、倪六、王鳳、倪芳等二十八名，俱分投提調，執旗領兵，各不合聽從管領。又脅令已故前千户侯昇，未獲傅英、鄭春、唐榮、杜昂、張斌、徐隆、徐賢、陳韶、王椿、龔昇、陳鋭，百户張綱、李欽、陳詔、黄鑑，護衛千户李隆、袁勳，百户馮春、高璿、蕭儀，亦俱分投管哨；吴松、徐芳、朱熅、聞鳳、袁桂、於麒、盛德、張鳳、顧鎮、顧雄，並未獲指揮徐定、陳琦，千户王爵、王欒，百户馮淮、陳麒、劉綱、顔玉、楊威、李澣，在官鎮撫吴雄，俱分管執帶鎗刀、旗牌、儀仗、防護等項，俱不合懼害，依聽管理聽候。又令丁瓚、羅璜、盧鏞、張暠、黄瑞、喻才、陳學、金永秀，各不合脇令在官傅明、曾寄、吴金即吴欽、樂圖、樂平，已故梁偉、程欒、吴裕、孫鉞、樂奇、龍旨、樂瑱、樂秋、胡用、萬福、羅祝、蕭文，未獲李昂、劉榮等七十餘人，俱各不合依聽隨行供事。又脇令在官儀賓彭綵、强文盛，未獲魏銓、夏英、秦友源、魏坔、錢浙、王謹、萬岳、萬浩、顧觀祥，前衛指揮夏季春，千户劉鸞、吴耀，已故高洪，百户戴銘，未獲趙昂、劉勳、楊玉、姚芳、董鈺、陳瓚、吕甫、王節、張琦、王昇，護衛千户孫忠、曾順、李雍，已故張倫、嚴琪，鎮撫吴宣，百户謝昇、田鎮、楊瓚，未獲屈英、孫文、趙塤、王鑑、李祥、郎會，在官宋富、鄭鳳，典膳廖蕃，各不合懼害，分投看守城門、布按二司、府縣。彼有已故義官熊濟，校尉洪禮、火義、李城、趙賢、王雲、盧永芳、朱真、朱英，未獲宋成、盧永富，各不合聽從差委，專一巡風打探消息。及又令陸程、周瑞，脇令在官儀賓袁瓚、孫鐩，未獲賴純、蕭瑩、陳善能，護衛千户路達，已故孫賢，鎮撫陳淮，未獲梁富，百户王清、田盛、周旻、傅憲、周暹、王憲、周綱、凌銓、徐楞、劉昇、阮芳、王佐、李宏，已故李旻，未獲前衛千户姚鉞、陳偉，在官儀衛副胡順，已故典仗嚴雄，長史郭統，伴讀宋善正，良醫王用，未獲王廷秀、孫記宗，紀善李存恕，典膳雷勤、辛正、廖乙，庫官孔俊、楊瑞，倉官李才、潘寬，倉官已故戴恩，並内官洪貴、鄧永富、張文、馮容、張俊、孔昂、樂竹、劉綱等四十餘人，俱看守王府門殿、倉庫、蕭墻等項，亦各不合懼害依聽，分投管理。彼有未到紀善譚應，典膳周瓊、劉孟翊、徐子文、謝居、鄭興，在官引禮蘇文四，各因年老疾懦不曾用事，各不合不行舉首。

宸濠令吉與陳學將銀給賞前、護二衛官軍，各多寡不等，每軍又賞米一石。又令朱真與未獲民吴景賢等，各不合聽使，將銀分送梁辰、胡濂、劉斐、許效廉、楊璋、賀鋭、唐錦、師夔、潘鵬、賴鳳各一百五十兩，程杲、王疇各一百兩，經歷尹鵾、知事張澍、照磨雷燮各十兩，馬驥、許清、白昂、王紀各一百三十兩，俱交與各官。家人懼害，各收領後，俱首官貯庫訖。又分送宗室將軍各一百兩，段二匹。隨行同謀各王、將軍，又各重賞不同。

宸濠將萬鋭取回，僞敕鎮守江西。已故護衛指揮余雄、總督巡守余祥、謝鳳、王儲、劉子達、徐大用、齊倫俱僞授主事，甘桂與李士實已故男李汝祺俱僞授錦衣指揮，金鏜僞授光禄署丞，仍令伊等各不合依從一同留守。宸濠又令覲鑛、拱樤、周瑞、陸程守府，協同萬鋭督理内外防禦，謝鳳、余祥與馬效良各隨同贊畫。及撥樂安鎮國五將軍覲鍾、八將軍覲釿、瑞昌輔國二將軍宸渠、四將軍宸湝、五將軍宸浣、石城鎮國六將軍覲鏈、七將軍覲鉉、宜春輔國三將軍覲鈰八位俱守城墻，宜春鎮國三將軍宸瑛、瑞昌鎮國二將軍拱樛、奉國六將軍拱稻、弋陽鎮國八將軍宸澳、九將軍宸渢俱守王門。仍率領已故儀賓王伯純，未獲歐釗、王達、孫賢、熊浩、楊章，護衛致仕千户朱埕，内官胡永清、黄永淳、康榮、郭福、林福、吴清等，各不合依聽看守青嵐等處墳塋。彼有南昌縣已故致仕知縣甘楷聽招入府，與同秦婁二、萬士盛、鄧時各人幫助守墳。宸濠又將胡漮、劉斐、許效廉、唐錦、賴鳳、王玘並同知等官拘留本衙門，仍差兵校分投堅守。彼因楊學禮陞陝西參政，疏放赴任去訖。宸濠又差官校、舍人已故周成、戴廣、陳仁，管押師夔，不合依聽前去九江勞兵撫民。

七月初一日，宸濠帶領宮眷人等，及令諭拱栟、覲釿、宸瀩、宸溋、宸洧、拱樤、宸澒、宸汲、宸湯、宸澅、宸澾，並被脇逃首建安鎮國將軍宸洪，與前撥管哨等項人員王信等一同上舡；又將王宏、杜甫、王金、金山、梁辰、程杲、楊璋、賀鋭、王疇、潘鵬、馬驥、白昂、許清、郟文、鄭瓛、宋以方、涂文祥同脇押隨行。令凌十一等賊舡到，夾左右防守。彼有宸濠祭江，又令吉與王綸各不合依聽披戴盔甲隨侍。初二日，開舡起程。初九日到於地名黄石磯，宸濠因見涂欽等領兵先攻安慶不克，素知潘鵬係安慶人，當差白泓押伊不合同去城下誘降，被指揮崔文等死守不從。比有畢真聞知宸濠起事，就不合暗行四散差人，捏稱「宸濠差太子來取浙江」等語，傳報各處，動摇人心。本月十三日，又假以進表爲名，俱收各城門鑰匙，約令三司府衛等官於次日四更時分各赴本鎮行禮，要得乘機殺害，起兵助逆。致被巡按張御史並各官知覺，隨即點集官軍嚴加防備。畢真懼怕，不曾起手。

十四日，羅朝紀、宋欽、胡通鎮懼各逃散。十五日，萬鐩差人報説王都御史官軍來攻省城。宸濠慮恐破其巢穴，又見安慶久攻不克，心懷憂疑，與李士實等謀，要退守江西省城。令衆開舡回行間，有各舡賊兵，彼因愴惶，擾亂逃走。比知府鄭瓛、宋以方亦各乘機脱走。郎中金文祥亦纔得脱，當即憤恨自行投水身死。有王都御史督令各哨官軍，於二十四日四更時分，前到省城攻圍。彼拱樤、萬鋭、陸程等各不合督城拒守，被官兵奮勇攻開各門，擒殺守城惡黨人衆。宸濠府宮眷亦畏懼自縊數多。本日辰時分，王都御史進城，撫定良善，及拿獲拱樤、覲鐮、陸程、萬鋭等，並宮人劉氏等，及今故宸濠子三哥、四哥，各發布政司等處知在拘監。其先被居留布政司等官胡濂等，亦各與王都御史處見省候。二十二等日，吴欽、周俊、徐鋭各即逃散，内吴欽當於王都御史處投首訖。

宸濠與吉等回至王家渡，因聞省城已破，就彼駐劄，即被王都御史分布官兵攻敗。至二十六日，將宸濠並吉與李士實等，各先後擒獲。其賊舡被火焚燒，並宮眷人等投水溺死，及四散奔潰者不計其數。

有跟隨涂欽伊在官侄涂春，不合將帶圓寶、衣服，駕舡逃往急水溝湖内躲住。彼有在官張受、朱受、耿二漢、王琦、王聰等一十五名，各因販賣貨物等項生理，在於湖口等處地方，先各撞遇涂欽等來攻安慶，並有未到前衛百户秦昇、王㮰，俱被脇擄上舡，各不合懼怕殺害從行。又有在官崑山縣人吴奎，常來吉家扮戲慣熟，亦不合跟隨在舡。彼因攻打安慶不克，張受等七名乘機逃往河南睢州，陳鳳等十一名並秦昇、王楞、吴奎、孫澄各逃往太湖等處，及在官萬邦德，明知伊已故義勇校尉萬龍被涂欽脇去助逆，亦逃往湖廣金沙洲，各不合潛住不行首官。彼有楊清，亦因敗散，帶領所部賊衆逃至徽州地方，撞遇彼處官兵殺傷，楊清不合率衆拒敵，將指揮張璽、劉甫殺死，亦逃至睢州地方潛住。又有助逆千户何綬，因敗逃回，到於在官軍餘胡萬真家，不合將伊引送星子縣地方潛住。有毛潾在官男毛柯、毛桓，朱英男朱廣，盧永城弟盧貴，盧永富男盧奉，蕭宗瀛家人蕭進才，婁伯另居族侄婁相童、婁真十四，各明伊父兄族叔毛潾等各助逆，各不合不行舉首。彼有盧孔章等並李汝楨等，因宸濠謀反聲息傳報到京，俱被各該衙門奏拿監禁。數内盧孔章、趙隆、曹信病故相埋訖。彼蒙江西等處撫按守備等官王都御史等並欽差太監總兵張永等，各先後將方倬等緝獲。彼有建安鎮國將軍宸洪，指揮千百户等官養廉、徙定、秦誠、李澣、康靖、傅英、鄭春、唐榮、杜昂、王椿、龔昇、陳鋭、張斌、徐隆、徐賢、陳韜、劉標、徐鋭、袁勳、王爵、李瑞、吴雄、陳詔、黄鑑、陳麒、馮淮、楊斌、張江、李欽、梅楞、茆富、秦昇、王楞、蕭儀、高璿、（李澣）楊威、馮春，各將被脇等項情由於王都御史等處首告，各發聽候。當有徐鋭，復蒙王都御史差委，將逆犯朱真、朱英捉獲送官。仍將徐鋭、吴欽及陸續緝獲各犯家屬，吉在官弟劉金二、劉其三，劉養正弟劉養賢，徐紀男徐潮，張暠男張節，涂欽侄涂春，及吉與熊綬、王春、陸程、王信、何授下各在官同居家人，招係火信侄火燿，秦榮男秦柯，彦相及方倬男方一陽、方一新，俱彼時年十五以下，連吉等通行先後奏解錦衣衛鎮撫司監候；内方倬、棋童等各病故相埋訖。欽依：着三法司、錦衣衛，將吉等並原監李汝楨、萬桂等，通行查取前來會同前情明白。蒙審得吉與在官涂欽、熊綬、黄瑞、李世英、熊僚、葛江、丁璝、謝天一、閔念八、熊十四、楊清、秦榮，在逃陳賢、姚元佐，已故萬鋭、徐永秀、周瑞、陳學、官才、婁才、李士實、王春、劉養正、徐紀、盧孔章、趙隆、李蕃、陸程、張嵩、王信、王麒、孫隆、盧鏞、火信、唐全、凌十一、閔念四、吴十三、楊子喬、熊十七、萬賢一、萬賢二、凌十九、凌全、雷漢四、趙燿十九共四十八名，俱係與宸濠共謀反逆，起兵爲亂，罪大惡極，處以極刑，情法允當；應該依律緣坐家口，籍没財産，分爲第一等。在官丁綱、何鏜、楊昇、劉勳、何綬、馮旻、周鼎、周勇、宋欽、徐鋭、吴欽、秦婁一、鄧時、倪六、范鳳、婁福童，未獲工副毛潾等，俱係臨時順從反逆，處以極刑，於法亦當；但與共謀者情則有間，相應罪止其身，免其連坐家口，籍没財産，分爲第二等。在官吴松、徐芳一十四名，俱係一時被脅，隨從反逆用事，情與順從者不同，若槩擬共謀，恐失之濫；在官樂平、傅明等一十五名，俱係該府舊供職役之人，雖各從行，止供使令，通合比擬知情故縱條，分爲第三等。在官胡節、龍順、袁鳳、傅得受、宋天和、張縉，俱係該府原供役使内官，止是留其守門殿房屋等處，不曾共謀從逆，應以同居之人本律科坐，分爲第四等。在官陳鳳、劉奇等二十名，俱係被脅從逆，中途逃散不守，相應末減，比坐知謀不首之條；在官蘇文四、欒節等二十四名，俱係知謀不從，萬秀故將逆犯何綬知情引送，俱合擬坐本律，分爲第五等。其第二等内犯人宋欽、吴欽、徐鋭，第三等内犯人羅朝紀、胡通鎮、周浚，俱於未敗之先逃散，内吴欽、徐鋭俱曾投首，各是實。除畢真、王綸等各另行問擬外，將吉等取問罪犯涂欽等一百四十五名，各招同照出。招内見問凌遲處死並先故、未獲第一等逆犯，俱合依律連坐其家口，抄没其財産。内係儀賓干礙郡縣主君者，另行奏請定奪。並未獲其餘人犯，俱各抄招備咨都察院，轉行江西等處撫按衙門，各查照分别等第議擬。於内若有虧枉者，毋拘成案，即與辦理。其都布按三司並各府縣衛所等衙門，曾被逆賊劫取倉庫錢糧、脱於獄囚等項，通行查勘明白，具奏施行。

會議得劉吉等所犯：劉吉、涂欽等二十七名，俱依合謀反但與謀者不分首從律，皆凌遲處死。吴江、徐芳、朱熅等三十名，俱合比依謀反知情故從者律，斬。劉金二、劉其三、劉養賢等三十二名，俱依合謀反但共謀者子孫弟侄及同居之人，不分異姓兄弟之子，不限籍之同異，劉金二等四十二名，俱年十六以上律，皆斬，俱決不待時；丁效等十名，俱年十五以下律，給付功臣之家爲奴。蘇文四、欒節、婁懌、方儀、方侃、徐大才、李蓁、萬鋭、朱廣、盧富、盧奉、蕭進才、婁墨童、吴奎、孫澄、萬邦德、余瓊、柴忠、孫福、金章、黄昇、尚惠、欒鳳、張貫、江梧、婁相童、婁真十四，各俱合比依謀反知而不出首者律。陳鳳、劉奇等二十名，俱合比依謀反知而不首者律。胡萬真，依知人犯罪事發，指引道路，送令隱避者，減罪人何綬謀反共謀罪一等，律皆杖一百，流三千里，各准徒四年。蘇文四、樂節、婁懌俱係職官，方儀、方侃、李蓁、徐大才、萬鉞俱係監生，審俱有力，照例送工部，各照徒年限運炭，完日仍彼照行止有虧事例，各革去職役，送順天府，給引照回原籍爲民。朱廣等四十一名俱係舍人軍民匠校等役，審俱無力，照例送順天府，通解各回原籍。官司查發衝要驛遞，各照徒年限擺站滿日，各着役寧家隨住。合候覆審畢日，通行奏請奪。

卷下

刑部等衙門爲懲大逆，罰大過，勸大功，信大義，以彰國法事。先該欽差御用太監張永題前事，取據法人劉吉供稱，内開寧府原有護衛，後因不法，革改南昌左衛。弘治十一等年，今謀反自盡宸濠襲封寧王，與今自盡宜春王拱樤，鎮國將軍覲鐮，輔國將軍宸澸、宸瀾、宸瀛、宸湞、宸澒、宸汲、宸湯、宸漼，已故瑞昌王拱栟，鎮國將軍覲鋌，輔國將軍拱樾、宸瀘，未到鎮國將軍覲鍾、覲銈、覲鏈、覲鉉，輔國將軍宸渠、宸潽、宸浣、覲鈰，鎮國將軍拱槮、宸潩、宸渢，輔國將軍宸洪，各開府省城。

正德二年以來，宸濠恣肆妄爲，意生不軌。常請已故術士李自然等推命相面，妄稱伊有天子分。又招已故術士李日芳等，看得本省城内東南有天子氣穴，就蓋陽春書院，僭號離宮，時去遊樂。又將西山地名青嵐、先朝禁革龍口舊穴葬母，俱要謀當其氣。又暗蓄姦謀，誣陷宗室，打死軍民不計其數。正德九年正月内，宸濠要行謀逆，密與獲故致仕都御史李士實等商議，謀復護衛，方好整備軍馬，圖謀天下。就假以地方盜賊生發爲名，借指祖訓，粧飾成本，差在官涂欽等將帶銀兩，買求已處決都督錢寧等，共爲欺罔，傳批特旨，將護衛復與管業。宸濠愈加恣肆，要行舉兵作反。訪知獲故舉人劉養正多讀兵書，招請到府，賞銀五百兩，密約待時舉事。宸濠又見得朝廷未立東宫，要得圖謀大位，密差獲故典寶萬鋭等，前來饋送錢寧等銀兩，謀求將伊令故長男大哥，假以上廟燒香爲名，迎取來京。宸濠復與李士實等商議，招蓄已故賊首凌十一等，分夥劫掠各處庫藏、客商、居民財貨，送府分用。暗令姦人藏於南北直隸、山東一帶進京沿途鎮店去處，假名買賣，專一接報京中事情，待時起手。又於大院内張設勾欄，搬演雜劇，預令李士實撰寫疏詞，差人前往浙江、直隸等處各路粘貼，意在傳聞京師，邀請駕臨，因而伏兵圖謀莫逆。

正德十四年五月内，宸濠惡逆彰聞，致被科道官將伊謀爲不軌事情劾奏。蒙欽差賴太監、崔駙馬、顔都御史前去省諭，查革護衛。本年六月内，宸濠聞知反謀敗露，即招李士實等進府商議。宸濠説稱：「差官看我府中事情，革我護衛，若不起手，斷然不好。十三日是我壽日，鎮巡三司等官必來慶賀。候其次日謝酒，就脇令各官順從起兵；彼若不從，即行斬首警衆。大事就定。」吉與李士實等各回説：「此謀最好。」至十三日，鎮守、撫按公差並三司等官進府賀慶壽，筵宴各散。十四日早，宸濠密令凌十一等暗藏凶器傍立。有鎮巡三司等官前來謝酒，行禮至三拜，宸濠即出殿前臺上，詐説：「太后娘娘有密旨，著我起兵。你各官知大義否？」有都御史孫燧回説：「既有密旨，請看。」又問副使許逵如何，本官回説：「只有一點赤心。」宸濠怒，説：「殺這不知大義官，以定民志。」就令凌十一等將孫都御史、許副使押出，在於惠民門内殺害。鎮巡三司等官王宏等，俱被綁送儀衛司等處監禁。又召宗室及内外官員進府，説稱「今舉大事，你各人務要盡心贊助。事定之後，宗室加爵禄，各官重加陞賞」等語。當有李世英等，俱素通謀逆，倡率宜春王拱櫟，瑞昌王拱栟，鎮、輔將軍覲鋌、宸渢、宸瀾等十名，亦各不合隨同稱呼萬歲萬歲。瑞昌王拱栟差未獲内使王萬興等，前去貴溪縣往日交通王親、已故義官江成家招兵。

本月二十三等日，宸濠要行領兵徑取南京，遂分遣拱櫟等祭告旗纛、關王廟、教場並山川城隍等神。又分送宗室將軍銀各一百兩，段二疋。隨行同謀各王、將軍，又各重賞不同。又令覲鑘、拱樤協同督理内外防禦，乃撥樂安鎮國五將軍覲鍾、八將軍覲銈、瑞昌輔國二將軍宸湝、五將軍宸浣、石城鎮國六將軍覲鏈、七將軍覲鉉、宜春輔國三將軍覲鈽八位俱守城墻，宜春輔國將軍宸瑛、瑞昌鎮國二將軍拱樛、奉國六將軍拱稻、弋陽鎮國八將軍宸澳、九將軍宸濈俱守王門，各不合聽從。

七月初一日，宸濠帶領宫眷人等，及令拱樾、宸湯、宸汲、宸潚、宸漄並被脇逃首建安鎮國將軍宸洪，與前撥管哨等項人等王信等一同上船。七月初五日，宸濠至康山，遣拱栟祭本廟，宸濠祭湖神。初九日至黄石磯，宸濠因見涂欽久攻安慶不克，復差人押帶潘鵬前去誘降。至十五日，萬鋭差人報説，王都御史官兵來攻省城。宸濠慮破其巢穴，與李士實等謀要退保省城，就令開船回。聞王都御史督令各哨官兵於二十四日四更時分前到省城攻圍，有拱樤、萬鋭等各督賊拒守備，官兵奮勇攻開各門，擒殺守城惡黨，及拿獲拱樤、覲鑛等，各發布政司等處拘監。

彼有鎮國將軍宸洪乘亂脱走，將被脇情由於王都御史等處首告，省發聽候。續蒙太監張永到彼查勘，得宜春王拱樤，瑞昌王拱栟，鎮、輔等將軍覲鋌、覲鑛、宸濈等九人，各受令諭，相與協謀，或隨行領軍，或守城脇衆，與奉謀反，蠱聽親支，甘心從逆。遵奉明旨，連其家屬一併抄解赴京。覲鍾、宸濈等十一人，或受令諭與其守巡城牆，或督領賊兵看守城殿，謀雖不預，聽其使令，明有觀望之意。宸洪雖稱被脇逃回自首，難保不知其謀，罪與覲鍾等有差。其他在城宗室將軍甘心受辱，北面事讎，僭呼萬歲，分受賞銀，或聽協守城門使令，難留故土。合通行議處，以昭國憲，等因。具題：奉武宗皇帝聖旨：「是。反賊宸濠並逆黨拱樤等十四名，朝廷自有處置。宸濬等十六名，多燦等二十一名，著暫在通州空閑公館處所住歇，乃差人用心看防守護，毋致疏虞。其餘各該從逆等項重犯，待獻俘之日，都拿至午門前聽旨處置。覲鍾等十三名並宸洪及其餘人犯，便照依奏内事理，著法司會同多官通行議處停當，奏請定奪。欽此。」續該三法司、錦衣衛遵奉欽依，會同皇親、五府、各部、科道等官，將反賊宸濠並拱樤等先行議擬奏請，著令自盡訖。所據覲鍾等及宸洪各從逆事情，並其他在城宗室將軍甘心受辱，北面事讎，分受賞銀，或聽協守城門使令等情，俱合會同議處，奏請定奪。

刑部等衙門爲開讀事。欽奉正德十六年四月二十二日詔書，内一欵：「江西並各處地方，先因宸濠反逆事敗，及因人告報謀反、妖言等項事情，一時追捕餘黨，急於撲滅，不暇審辨，未免有迹涉疑似、被誣逮繫者。經該問刑衙門，務要嚴加詳審。果係誣枉，即與釋放。若係逼脇順從者，問擬明白，奏請定奪，毋得冤抑淹禁。」又一欵：「見監與宸濠謀反事情有干正德十四年就陣擒獲及續拿人犯，三法司、錦衣衛先行會問明白，其真正共謀逆賊，並臨時脇從，及先年交通不曾與謀者，各依律議擬應得罪名，再會多官覆審，相同具奏定奪，毋致輕縱、冤枉。欽此。」續該司禮監太監韋彬傳奉聖旨：「説與三法司、錦衣衛知道，在京各衙門見監輕重罪囚，或因領兵官員鍛鍊成獄，拘泥文案，多有枉抑，致傷和氣，上干天變，朕心憂惻。便著多官查照詔旨，從公會審，分别情罪輕重等第明白，奏來定奪，不許仍前冤枉。欽此。」欽遵。

會問得犯人一名王綸，係布政司左參政。狀招有今自盡宸濠，於弘治十五年襲封寧王。正德二年以來，恣肆妄爲，意生不軌。常招請已故術士李自然等推命相面，妄稱伊有天子分。又招已故術士李日芳等，看得本省城内東南有天子氣穴，就蓋陽春書院，僭號離宫，時去遊樂。又將西山地名青嵐、先朝禁革龍口舊穴葬母，俱要謀當其氣。又暗蓄姦謀，誣陷宗室，打死軍民不計其數。每年指收禄米，違例每石折銀二兩，過限倍徵。彼先任按察使鄭岳要行劾奏，宸濠聞知，暗令未到原任本司副使李夢陽，不合依聽將跟隨鄭岳門子劉奉捉送拷打，妄招贓私，奏陷鄭岳爲民。

正德九年正月内，宸濠密與獲故致仕都御史李士實，舉人王春，在官承奉劉吉等，商議要行反逆，必須討復先革護衛。就假以地方盜賊生發爲名，借指祖訓，粧飾成本，差在官承奉涂欽等將帶銀兩，饋送已處決都督錢寧，並已發遣樂官臧賢等，傳批特旨，准將護衛改與管業。宸濠遂姦計，爲惡日甚。彼先任副使胡世寧舉奏宸濠，就行捏情具本，又令涂欽等齎帶銀兩饋錢寧等，符同蒙蔽，將胡世寧奏陷遼東充軍。

正德十年三月内，宸濠謀要舉兵，訪知安福縣獲故舉人劉養正素有才名，多讀兵書，差未獲審理蕭宗瀛前去招請到府，賞銀五百兩，密約待時舉事。宸濠又令吉等多方計謀，爲聚財招納姦人，投獻田産；强占官湖；倚勢販賣私鹽、胡椒、蘇木等貨；攤放官本稻穀，加倍取利。一省軍民，遭害萬狀。

正德十一年三月内，宸濠見得朝廷未立東宫，要得圖謀大位，密差獲故内官萬鋭等，饋送錢寧、臧賢銀兩，謀求將伊今故長男大哥假以上廟燒香爲名，迎取來京。彼各許允。錢寧就詐稱欽賜，將玉帶、綵段付與萬鋭，齎送宸濠，當令本府官員穿紅四十餘日。

正德十二年内，有在官原任湖廣鎮守太監杜甫，因見錢寧專權用事，不合要得交結，收買另起問結在官法保喜孫兒送與錢寧使唤。又有不在官原任典寶閻順，内官劉良、陳宣，潛走赴京，具奏宸濠不法事件，被伊聞知，當差劉吉赴京，饋送錢寧等銀兩，買求捏奏，將閻順等俱發南京孝陵衛充軍。

宸濠復與李士實等商議，圖謀天下，必慣戰賊徒。當令涂欽等，招蓄已故賊首凌十一、吴十三等，並四方亡命賊徒，藏縱丁家山等處，劫掠新建等縣民人羅慶三等家，並各處庫藏及客商船隻財貨，送府分用。本年十二月内，有在官太監畢真前來江西鎮守，不合將玉帶、寶石、紵絲等物饋送宸濠結好。

正德十三年内，有死節巡撫都御史孫燧，因見宸濠逆謀漸露，屢行具本劾奏，俱被宸濠設計邀截訖。宸濠常於南昌府縣索討夫馬，多派葬祭銀兩，節被未到知府鄭瓛阻拒不從，致恨在心。有吴十三等，打劫建昌縣庫銀七千餘兩，與宸濠分用，又被鄭瓛捉拿窩主何順監問。宸濠愈加嗔恨，就行捏飾無名贓私，具本誣奏，輒將鄭瓛並未到瑞州府知府宋以方，亦因不聽求囑讎恨，俱擅行拿送按察司監禁。

正德十四年正月内，宸濠意欲要求虛譽，欺誑朝廷。與李士實、王春商議，捏造孝行，謀同畢真，逼令南昌府縣學官、生員、耆老人等，具呈都布按三司，轉呈鎮巡衙門。有畢真與未到巡按御史林潮，各不合會本妄奏訖。隨有畢真改調鎮守浙江，復差在官太監王宏前來江西鎮守，綸亦由饒州等處地方兵備副使陞本布政司參政，俱於本年四月内到任。宸濠因副使李夢陽休致回河南省城居住，令在官監生方儀齎書並禮物前去求討陽春書院詩文。彼有李夢陽因平素交往，不合作詩二首，付與方儀回還。

彼有原差在京幹事已故典仗徐紀回府傳報，聖駕將巡山東泰安州等處。宸濠就行陰遣在官樂人秦榮等，在於大院内張設勾欄，搬演雜劇，令李士實等撰寫疏詞，差人前往浙江、直隸等處各路粘貼，誘惑四方人心，意在傳聞京師，邀請駕臨，因而伏兵圖謀篡逆。

彼有太監王宏總鎮一方，未到都指揮馬驥、許清、白昂、王紀俱總管軍務，左布政梁辰、右布政胡濂、在官按察使楊璋俱總治一省，各明知宸濠反形已著，自合協力嚴設保障，以阻姦謀，各不合因循坐視，長姦縱惡。及未到巡按御史王金，參政陳杲、劉斐，參議許效廉、楊學禮，副使唐錦、賀鋭，僉事賴鳳、王疇，在官潘鵬、師夔，已故參議黄宏，俱有監司分藩之責，亦不合畏勢避害，不行舉發。未到南昌府同知通判張元澄等，南昌、新建二縣知縣陳大道、鄭公奇等，縣丞王儒、劉萬鍾，主簿方汝賓、熊璧，各有民社之寄，亦不合避害，知而不舉。致被科道等官訪知宸濠謀逆事情，交章劾奏。蒙欽差賴太監、崔駙馬、顔都御史前來省諭，及查革護衛。

本年六月内，宸濠聞知反謀敗露，密與李士實、劉吉等議説：「如今朝廷差官來勘我府中事情，革我護衛，若不起手，斷然不好。十三日是我壽日，鎮巡三司等官必來慶賀。候其次日謝酒，就脇令各官順從起兵；彼若不從，即行斬首警衆。大事就定。」比劉吉、李士實各不合回説：「此謀最好。」至十三日，綸同鎮守、撫按公差並三司等官，進府與宸濠賀壽。彼有未到守備南贛都指揮郟文，不合擅離職守，及廣西參政季斆，已故主事馬思聰，未到主事金山，各因陞任公差，經過到彼，並已故鄉官郎中涂文祥，俱來致賀，一同筵宴，各散。十四日早，宸濠密令已故淩十一、火信、閔念四並在官楊清、張浩等，俱暗藏兇器傍立。有鎮巡三司等官前來謝酒，行禮至三拜，宸濠即出殿前臺上，詐説：「太后娘娘有密旨，著我起兵。各官知大義否？」有都御史孫燧回說：「既有密旨，請看。」又問死節副使許逵如何，本官回說：「只有一點赤心。」宸濠怒，說：「殺這不知大義官，以定民志。」有在官儀賓李世英不合在傍贊殺，就令已故儀賓張嵩，指揮王信監斬，凌十一等綁縛，將孫都御史、許副使押出，在於惠民門内殺害訖，仍將各首懸掛城上，以脅衆心。宸濠當又脅令衆官稱呼萬歲，比有王宏、王金、梁辰、胡濂、楊璋、馬驥、許清、白昂、王玘、郟文、潘鵬、師夔、王疇、程杲、劉斐、許效廉、賀鋭、唐錦、賴奉、楊學禮並綸，各不合畏避殺害，隨衆稱呼。及黄宏、馬思聰、金山、季斆、涂文祥、張元澄、陳大道、鄭公奇等俱被綁縛，分送儀衛等司各監禁。後有黄宏、馬思聰各在禁憤恨不食而死。比將各衙門印信、倉庫、錢糧盡行搜劫，獄囚盡行釋放。宸濠隨又分遣儀賓、校尉人等，前往饒州等處地方取印起兵。節被豐城縣知縣顧佖，進賢縣知縣劉源清，奉新縣知縣劉守緒，餘干縣知縣馬津，東鄉縣知縣黄堂等，各率兵遏截殺訖。宸濠又令典膳羅璜，將綸職名寫成白牌，内開爲開路取兵事，令人齎往萬年縣地方，招取洞賊爲應。

又聞提督南贛王都御史前往福建公幹，從省城經過，要行執拿脅從。先差已故内官喻才，領兵暗伏地名生米觀等候。十五日，王都御史至豐城地方，聞變，徑趨吉安府，即行各該府縣地方起集義兵，會合征剿。彼太監杜甫改差福建鎮守，前去到任，從湖口經過，亦被宸濠邀截拘留。又差涂欽、萬鋭等率領賊兵，將南康府城攻破，擁入占據。彼有該府未到知府陳霖，不合素失備禦，當即棄城逃走，以致倉庫、錢糧、獄囚俱被劫放。有未到同知張祿，通判俞椿、蔡讓，推官王翊，並附郭星子縣署印縣丞豐時中，主簿楊本祿，典史葉昌，各亦不合不行協力拒守，亦隨逃走。有未到知事孔鉞並儒學局務等官，因無主守，亦各逃避。又未到建昌縣知縣方鐸，安義縣知縣王軾，湖口縣知縣章玄梅，聞賊入境，俱因無城池，各不合棄守逃避。建昌縣縣丞錢惠，主簿王鉞，並湖口縣失記名佐貳首領官，各亦不合隨行逃避，各倉庫銀兩、錢糧俱被劫掠，人民多遭殘害。有未獲安義縣主簿董國宣，不合倚恃弓馬，希圖富貴，帶領伊已殺男董茂隆，女婿陳麟，並未獲快手張萬貫、陳高八等，各不合願投涂欽名下助逆。有未到都昌縣署印主簿王鼎，典史楊仲祥，德安縣知縣何士鳳，各率兵拒守，倉庫錢糧俱未被劫。

賊至九江府地方，有在官兵備副使曹雷，因公差前往涇江水次兑糧，不合聞變坐視，不即回府設備。並未到九江衛掌印指揮劉勳，管操指揮邵鵬，各主兵捍禦一方，並在該府知府汪穎，亦有地方之責，各不合平昔備禦不嚴，臨時拒守無策。未到通判張文鵬，推官陳深，亦各不合不行協力拒守。彼有未到指揮丁睿、朱俊，千户高瓚、阮勳、張昇、劉清、何説、楊漢、喬林、蔡鈺、張變、喬梁，百户張輔、王鋭、張綱、羅昇、白昇、欒清、李宣、周愷、張洪、張雄、馬貴、趙偶、鄧椿、何海、王道、李文、李俊、夏瓚、周佐、張治，鎮撫蔣麒、卯綱，俱分管東門；未到指揮蕭綱、安倫、宗憲、李瓛，千户吴原、錢貫、王憲、黄全，百户尹鎧、趙昂、王杞、劉貴、郭綱、田寬、魏憲、王椿、朱鋭、沈森、胡英、許宣、夏用貢，俱分管南門； 未到指揮孫璋，千户邵軒、洪寬、馮寶、趙思正、董俊、劉俸、胡勳、黄堂、王濟，百户劉守和、邢鋭、喬遷、焦源、李勳、田賦、朱俸、陳月、李世芳，鎮撫左欽、董忠，俱分管西門； 未到指揮董芳、許鸞，千户閻湘、范忠、陳言，百户白鸞、胡鑑、周文、丘綱、王月，後通馬昂，鎮撫李實，俱分管九江門； 未到指揮李泮、楊昂，千户王漢、夏鑑、黄倧、丁紀，百户李賜、廖潮、李高、王邦佐、包瓚、李能、烏金、蔡金、賈宣、王宣、汪瓚，鎮撫胡正，俱分管福星北門： 各帶領旗軍防守。 至十八日，被涂欽率領賊兵來攻福星北門，有李泮不合畏怯先退，楊昂等十七名亦各不合不行拒守，四散奔走，致被賊衆攻開擁入。 有各門分守指揮等官丁睿等，亦各不合畏避逃走。 内百户白昇、馬貴，亦各不合將原掌印信失遺。 劉勳、邵鵬、汪穎，就不合商同將南門開放，各棄城逃走。 有張雲鵬、陳深，並德化縣知縣涂志道，典史曾時，亦各不合隨同逃避。 未到該府經歷蕭智，知事向鳳，照磨欒全，檢校冀龐，衛知事汪公傑，並各該府縣儒學、倉場、局、務等官，因無主守，亦行逃避，被各賊將倉庫、錢糧、獄囚盡行搶掠、脱放，官民房屋財物亦被燒毁劫奪數多。 賊兵又到彭澤縣，因無城池，擁入街市，放火劫財。 有未到知縣潘鵾，典史宋綺，隨即督兵拒守，不曾大被劫擄。

本月二十一日，宸濠將梁辰、胡濂、劉斐、賀鋭各放回本司，留綸在府，不合與伊用事。 本日，宸濠僞撰檄詞，指斥乘輿，並安民僞榜，俱不用正德年號，止稱「大明己卯」，各刻印千餘張。脇差季斆齎往王都御史並廣東等處，未到南昌府縣學教官達賓齎往布、按二司，趙承芳、金清、唐月仁齎往吉安、南、贛等處，俱執其妻子爲質，仍差校尉管押。季斆係方面重臣，與達賓等各不合畏死，各爲齎送，行至吉安等府地方，各被官兵拿獲，押送王都御史處，將原押校尉殺死，檄榜燒燬，季斆等羈候。宸濠又令人寫成布政司咨呈，備云檄文，轉呈府部，將搜去印信用使付與梁辰，不合畏死僉押。

本月二十三日，宸濠告廟，出師祭旗，令綸贊理一應軍務，與同劉吉等領兵，綸不合聽從。本月二十六日，宸濠差官儀賓李琳等，管押程杲、潘鵬，各不合聽從放糧賑民。宸濠因聞涂欽等攻掠南康、九江，人民走散，即差已殺官校周成等管押師夔，不合聽從往彼安撫。本月二十九日，宸濠決計往取南京，恐省城變動，差已故校尉朱真，未獲吴景賢等，將銀送與梁辰、胡濂、劉斐、許效廉每人一百五十兩，程杲一百兩。又將銀送與楊璋、唐錦、賀鋭、師夔、潘鵬、賴鳳每人一百五十兩，王疇一百兩，未到經歷尹鵾、知事張澍、照磨雷燮各十兩，馬驥、許清、白昂、王玘每人一百三十兩，俱交與各官。家人懼害，各收接後，俱首官貯庫。又押劉斐、王玘替伊巡守，許效廉、賴鳳替伊接管放糧，主簿熊璧替管造盔甲，各不合聽從。七月初一日，宸濠差人將胡濂、唐錦送回本司。彼因楊學禮已陞陝西參政，放令赴任去訖。復將梁辰、王寵、杜甫、王金、金山、程杲、楊璋、賀鋭、王疇、潘鵬、馬驥、許清、白昂、郟文、鄭瓛、宋以方、涂文祥俱脇拘上船，差撥儀賓等官張奡等並凌十一等各賊船左右夾守。又將胡瀌、劉斐、許效廉、唐錦、賴鳳、王玘各拘留本司，張元澄、陳大道、鄭公奇並經歷楊凌等各拘留本衙門，仍各差人監守。本日，宸濠帶同妃嬪人等上船祭江，令綸不合披帶盔甲隨侍。次日開船，至初九日到黄石磯。宸濠因報攻安慶不克，素知潘鵬係本處人，就令引禮白泓等押伊，不合賫檄到彼招降。有該衛指揮崔文等死守不從。

十五日，宸濠又聞王都御史調集官兵來攻省城，議欲退保省城拒守。彼有鄭瓛用計脱逃，當即奮激立功，招降哨賊百有餘人，先赴王都御史軍門投首。宋以方亦行逃走，不知去向。涂文祥自行投水身死。九江賊兵探知王都御史兵臨省城，就駕船奔赴前來，欲行救援。彼有師夔脱走。比時曹雷在瑞昌縣謀要復城，聞知賊去，與同汪穎並合屬官員引兵進府。十九日，王都御史督兵會省城關外，於二十日四更時分，奮勇克復省城，當即撫戢已定。有胡瀌、唐錦、劉斐、許效廉、賴鳳、王玘並一應原拘府縣首領正佐等官，各赴軍門投見省候。宸濠回至王家渡，聞省城已破，就彼駐劄，節被官兵夾攻，賊兵不利，以次奔潰。二十六日，賊兵被火攻燒，敗亂溺水者不計其數。宸濠被俘，其妃嬪宫人亦投水。綸與梁辰等亦各投到，杜甫脱往九江去訖。

續該欽差太監張永等親詣江西查勘，蒙行三司權令王金、金山、梁辰等一十四名各回籍聽候，其餘府縣正佐等官羈候在彼待罪。將綸在官妾趙氏、郭氏、陳氏，已故幼男王憨僧、王貧僧，並親弟王纁、王綖，十二歲幼侄法會，六歲幼侄王娛懷，同居家人來昇、汪穎，伊在官家人汪一魯；曹雷在官妻汪氏，男曹自修並妻楊氏，男曹仝，女平州、江州，使女春來，家人、書童、衣童；楊璋伊在官妻黎氏，妾宋氏、栢氏、黄氏，男原任湖廣德安守禦千户所百户楊汝棠並妻吴氏，生員楊汝榮並妻張氏，監故幼女二姐並使女夏景、秋景、冬景、天香、喜真，家人楊定並妻王氏，楊宇並妻黄氏，楊道明、陸通、大和尚、安來、福來、悦來、玉來、約來、終冬、保福、童喜禄；杜甫伊在官妹杜惠聰，侄女杜蕙香，使女臘梅、桂花兒，侄錦衣衛帶俸指揮僉事杜聰並妻劉氏，妾李惠金，女桂姐，使女善定、桂花兒、丟兒，侄孫杜承賜，外甥金良兒，家人吴秀、二漢、來福、楊四保、杜金、王佐永、林來聰、馬兒、小五兒、來喜、添財、劉璋、來壽、張奇、來住、高英、小和尚，高雄並妻羅氏，楊達並妻張妙蓮，使女林妙山、趙貴，杜采並妻邵善慶，進才、來安、掌兒，住房人韋住並妻朱妙才，妾張氏，男韋欽、二漢，女韋大姐，未到家人德勝妻張秀蓮，四兒妻葉二姐，韋有妻張惠順；王宏伊在官侄狗兒、伴哥兒，侄婿金吾右衛指揮密宣並妻王氏，家人閻保、王鑾、王保、來定、七兒、中進永、倉塞、二邦子、三兒、三弟、二漢、王慶並妻郭大姐，未到王招妻姚妙成，女官女兒、捨兒，監故張鑾妻王銀兒，雇工人黄錦妻韓二姐，住房人洪祥妻曾三姐，並綸等通行解送刑部、錦衣衛、浣衣局，各分投監候。小姐等病故相埋訖。遇蒙正德十六年四月二十二日赦宥，綸等俱係反逆失機，例不該宥。本年五月内，有杜甫要得掩飾前罪，又不合捏詞具奏，續蒙三法司、錦衣衛奉欽依將綸等會問前情明白。

又蒙查得王都御史先次奏稱，查勘得正德十四年七月二十日以後，知縣方鐸擒獲首從賊李世英等一百七十五名，王軾擒斬賊級共一千餘名顆。又該紀功科道官祝續等查勘得知府汪穎，副使曹雷，於正德十四年七月十五日以後，共督獲逆賊楊仲錦等二十八名，燒燬賊船九隻，陸續生擒逆賊一百八十七名，斬獲賊級一十一顆；知府鄭瓛擒獲首從賊四十一名，何維周擒獲四十二名，張元澄擒獲十一名，陳大道擒獲二十七名，鄭公奇擒獲五十六，陳霖擒獲二十一名，張禄擒獲一十二名，蔡讓擒獲七名，俞椿擒獲五十四名，王詡擒獲一十二名；楊本禄斬獲首級三顆，典史葉昌二顆。又該紀功謝御史手本開查得僉事師夔擒獲從賊周成等。當時已曾解審驗，後紀功祝給事中等查對不同，將師夔姓名削去，未曾造入正册，各是實。

除劉吉等另行問擬外，將綸等取問罪犯，潘鵬等十六名口各招同，汪一魯等一百一十四名口各供同。照出王綸應該緣坐，家口入官，財産已該陝西鎮巡等官督同布按二司守巡等官畢昭等查勘，得王綸妻楊氏先已病故，財産已行抄没入官，家屬王善等解到，别無緣坐人口。未到南昌府知府鄭瓛，先該刑部奏行發落訖。招内未到有罪人犯，巡按御史林潮係福建泉州府人，王金係順天府涿鹿中衛人，都察院行各該巡按御史，各提解京，送刑部另問。其布政司等官梁辰等，並未獲董國宣等，合抄招備南直隸、江西各處巡撫都御史，逐一查照、提問，罪重者奏請定奪，情輕者照旨徑自發落。其未到無罪官員知府等官宋以方等，各查發復職。公差户部主事金山，就彼轉行原籍官司，起送吏部復職。若内有别項違礙者，仍行查照問結。其都布按三司並各府縣衛所等衙門，曾被逆賊劫取倉庫、錢糧，脱放獄囚等項，通行查勘明白，具奏施行。

會議得王綸等所犯：王綸依合謀反但共謀者不分首從律，凌遲處死。潘鵬、師夔、季斆俱合比依知情故從者律。王繕、王綎、來昇、王法會、王娛懷、趙氏、郭氏、陳氏俱依謀反但共謀者王繕與同居之人，不分異姓，俱年十六以上律，皆處斬，决不待時；王法會、王娛懷俱兄弟之子，不限籍之同異，年十五以下律；趙氏等俱妾，合給付功臣之家爲奴。王宏等三名俱合比依守邊將帥守備不設計，爲賊所掩襲，因而失陷城寨者律；汪穎合比依守邊將帥被賊攻圍城寨，不行固守而輒棄去者律，各斬，俱秋後處决。杜甫合依奏事詐不以實者律，杖一百，徒三年，係太監，照例送工部運灰，完日送司禮監發落。汪一魯等一百一十一名口俱供明人。杜聰、密宣、楊汝棠俱送兵部，汪一魯等一百一十一名口俱送順天府，給引照回原籍，各查發還職，著役肄業，寧家隨住，俱候覆審。奏請定奪。

刑部等衙門爲開讀事。正德十六年四月二十三日，節該欽奉詔書，内一欵：「見監與宸濠謀反事情有干正德十四年就陣擒獲及續拿人犯，三法司、錦衣衛先行會問明白，各依律議擬應得罪名，再會多官覆審，相同具奏定奪，毋致輕縱、冤枉。欽此。」又該刑部等衙門題爲因變陳言以回天意事，奉聖旨：「是。錢寧私交逆藩，共謀不軌，傳復南昌護衛，謀取宸濠長男，罪惡昭彰，神人共怒。你三法司、錦衣衛既審明白，便依律決了，不必覆奏。仍將所犯招罪並處決屍形榜示天下。其妻妾子女及同居家屬，並抄没家産等項，都查照律例行。欽此。」欽遵。

會問得犯人一名錢傑，年三十八歲，係順天府大興縣民籍，任錦衣衛指揮同知。狀招正德元年以來，有在官錢永安已處決父錢寧，交結已處決逆賊劉瑾，投充朝廷義子，改爲朱寧。蒙蔽夤緣，濫陞後府左都督，掌管錦衣衛事。及又誑誘朝廷，於内府修蓋豹房、新寺等處，引進已發遣樂人臧賢，見監回子于永，並番僧等項人役，結爲姦黨，肆行蠱惑。因而招權納賄，傳批旨意，陞轉各處鎮守太監、總兵等官，得受金銀寶貨，積貲數百餘萬，威權日盛。是傑與在官錢靖、錢永安、錢雄、錢英、錢明、錢通、錢鑑、錢仁、錢智、錢惠、李通、大定兒、王章、劉華，棋童謝文宰、王定、錢釗、存兒、周源，未獲錢經、錢喜、孝海，要得僉圖富貴，各不合與已故李得福、喜來恩、來禄招的，俱於正德三年内投爲家人。彼有錢寧，又買到在官李信、李奉、來喜、進財即來財、永喜、五兒等一十六名家人。

正德八等年，有未到太監胡爵、崔瑶、崔安、王堂、岑璋、黎安、秦寧、竇良、張綸、金鳳，千户劉吉，校尉張明，樂官劉實，並另起見問太監劉景、杜甫，錦衣衛殷堂，因見錢寧近侍專權，各不合要得交結。胡爵將在官大進保、三漢等七十二名，各買送錢寧使唤。又有在官家人李堂，因會扮唱，亦被錢寧留爲家人，俱同居住過。有錢寧節次冒報軍功，欺罔朝廷，傳陞錢永安爲後府右都督；傑與錢靖等八名俱陞錦衣衛都指揮、千百户等官，俱托爲心腹，管理家事，各不合幫助爲惡，倚勢害人。錢寧又將錢靖等七名俱擅改從朱姓，瀆亂皇族。

正德九年正月内，有自盡宸濠，要得復謀伊府先年革退護衛並屯田，差見監逆賊承奉涂欽等，將銀一萬兩送與錢寧接受，遽於兵部覆題議查本内傳批特旨，將護衛、屯田准與管業，以致宸濠恃有兵馬錢糧，陰謀不軌。因與錢寧往來，交通情厚，時常饋送金銀等物數多。

正德十一年六月内，宸濠因見朝廷未立東宫，要得圖謀大位，密差已故典寶萬鋭、校尉林華等，送錢寧銀三萬兩，謀將伊長男假以上廟燒香爲名，行取來京。錢寧因受重賄，心懷異謀，暗行許允，先令林華回報，隨又詐稱欽賜，將玉帶、金厢寶石帶各二條，紵絲十對，付與萬鋭齎送宸濠。當令本府官員穿紅四十餘日，以待錢寧傳取。

有先任江西按察司副使胡世寧及該府典寶閻順等，各將宸濠謀逆惡迹前後赴京具奏。彼有宸濠聞知，要將胡世寧陷死滅口，陸續差涂欽及見監劉吉等前來打點，饋送錢寧銀共五千兩，通同隱蔽宸濠謀逆事情，將胡世寧並閻順等俱誣陷充軍訖。以此宸濠倚恃錢寧在內，密邀獲故李士實、王春共謀反逆。彼有李士實言説「且須頻頻遣人進貢茶、扇、金、銀、玩器等物，厚結朝廷，親信不疑，方好起兵」等語。宸濠喜允，就陸續差林華並在逃内官涂繪等，將帶茶、扇、金、銀、玩器等物，赴京投托。錢寧依謀蒙蔽進貢，透漏消息，歲無虚月。

正德十四年五月内，宸濠逆謀彰著，被科道官奏發，致蒙欽差賴太監、崔駙馬、顔都御史前往省諭。彼錢寧又密令林華星夜前去，於本年六月十一日晚報知宸濠，因於十四日早起兵作反。本年七月内，被王都御史起集官兵，將宸濠等賊衆擒獲。錢寧前項受賄謀逆等情亦即發露，有錢經、錢喜、李海各不合懼罪逃走，致蒙錦衣衛等衙門遵奉欽依，將錢寧並傑等拿獲，財産盡行封記，抄没入宫；及將在官錢寧妻李氏，妾劉耐驚兒、張碧桃、何碧杏，使女王寶瓶、劉牡丹等二十九名，並傑妻趙喜清，使女杏花兒等，棋童妻郭小驚兒，並使女春梅，劉華監故妻姜氏，錢智妻王氏，錢靖妻錢大姐，錢明等並妻王秀蓮，並使女李桃，共一百六十三名口，俱蒙發浣衣局拘收。

正德十六年二月内，有錦衣衛已故都指揮錢章在官妻徐氏，令伊在官家人錢得，將錢寧未發之先原寄放玉帶一十九條，金厢玉寶條環四十七副，鉤子十把，提携二個，酒杯船二副，頭面二副（每副十件），不成副雜頭面二十七件，金鳳挑牌四根，金釵花桶四對，玉簪二根，金裹頭銀簪二十八根，金鎖壽牌一副，不堪比鴉犀大小帽頂二個，珊瑚簪一根，及在官錦衣衛錢俊，將錢寧原寄放素金檯盞四副，金厢寶石檯盞八副，絛環二十二副，鉤子二十一把，提携二個，軟鞓繫腰一條，金二百八十兩，各省赴東廠，將贓物具奏交進。蒙將徐氏、錢得、錢俊轉發錦衣衛，奏送刑部監候。

本年五月内，蒙三法司、錦衣衛會審明白，將錢寧問擬謀反，凌遲處死，題奉欽依處決訖。復蒙查審得傑與錢靖等九名，委俱先年投與錢寧爲家人，冒功授職，助惡年久。錢惠等一十名俱係隨後投充，李信等一十九名俱係錢寧收買使唤，俱無助惡之情，亦各歷年未久。内利市等一十一名與錢永安俱年十五以下，並李氏等四口，俱律皆緣坐。大進保等五十七名俱係太監胡爵等買送錢寧使唤，李堂委因扮戲被錢寧拘留在家，俱係被害之人，並進保兒等六十二名口，俱於律不該緣坐。内小進保等二十八名及桂香兒等二十七名口，俱不記父母姓名鄉貫；錢俊等七名口，俱供明各是的。將傑等取問罪犯，錢永安等四十四名口各招同，大進保等一百二十七名口各供同。照出錢寧財産，除已經奉有欽依抄没入官外，其餘未盡見在財産，合行工部查照抄没施行。未獲錢經、錢喜、李海，合行錦衣衛緝事衙門及五城兵馬司挨拏，至日另問。未到胡爵、崔安等二十四名，俱另行。李冕係供明人，免提。會議得錢傑等二十八名，俱各依謀反者及同居之人不分異姓年十六以上律，皆斬，俱決不待時。李氏、劉耐驚兒等四口，俱亦依謀反者妻妾律。永安謀反者子，利市、住兒等九名，俱亦謀反者同居之人，俱年十五以下者，各給付功臣之家爲奴。大進保等一百四十三名口俱於律不該緣坐，錢俊、永睿等五名口俱供明，各還職給親隨住。

參照犯人錢傑、錢靖等九名，俱與錢寧同居年久，黨惡相濟，且又冒功受職，緣坐處斬，情法相應。錢惠、大定兒等一十八名，同居未久，止給使令之役，別無黨惡之情，依律處決，於情可矜。錢永安等一十二名口，並供明錢俊等，各俱合依擬發落。緣數内小進保等一十四名，桂香等二十七口，俱失記名姓並鄉貫，無從查給，合無俱送順天府：將小進保等查年十六以上者，就編宛、大二縣附籍，仍存恤三年之後，方令當差；十五以下者，俱發該府養濟院優養，待出幼之後，照前編籍存恤當差。其桂香兒等，俱當官嫁，賣良家務令得所。俱合候覆審，奏請定奪。

刑部等衙門爲開讀事。欽奉正德十六年四月二十二日詔書，内一欵：「見監與宸濠謀反事情有干正德十四年就陣擒獲及續拏人犯，三法司、錦衣衛先行會問明白，其真正共謀逆賊，並臨時脅從，及先年交通不曾與謀者，各依律議擬應得罪名，再會多官覆審，相同具奏定奪，毋致輕縱、冤枉。欽此。」續該司禮監太監韋彬傳奉聖旨：「説與三法司、錦衣衛知道，在京各衙門見監輕重罪囚，或因領兵官員追捕餘黨，被誣逮繫，或因原問官員鍛鍊成獄，拘泥文案，多有冤抑，致傷和氣，上干天變，朕心憂惻。便著多官查照詔旨，從公會審，分別情罪輕重等第明白，奏來定奪，不許仍前冤枉。欽此。」欽遵。

該本部等衙門，將問完犯人畢真等押赴午門前，再會多官覆審。得數内犯人陸完執詞不服，廖鎧、劉璟等事情欠究，覆行題奉欽依再問。得犯人一名畢真，年六十一歲，係尚膳太監。狀招先年真娶未獲周氏爲妻，生未獲男畢鑑；畢鑑生未獲孫畢大綸。後真與在官太監商忠、許滿、劉璟，少監盧明、趙秀、秦用，已故太監劉瑯、杜裕，各私自淨身，收入内府應役，各歷陞前職。正德二等年，真不合交結已處決太監劉瑾，傳批旨意，差往山東鎮守，擅理詞訟，剥削軍民財物，積至鉅萬。有在官廖鵬，因伊故兄太監廖堂鎮守河南，不合跟隨前去，將彼處官軍原捉獲强賊李萬倉等奪爲己功，冒陞錦衣衛指揮，就假以奏帶爲名，在彼擅理詞訟，助惡害人。

比有教坊司樂人在官晉良，未獲臧欽、張清，各因艱難，不合越關前到江西投托，另起問結，寧府樂官秦榮引見，今自盡宸濠就留伊等教演小幼彈唱，各得受銀兩數多。又有已發遣施鉞，爲事該刑部問發廣西充軍，央已故樂工秦碧寫書寄與秦榮，引見宸濠，因伊妻父、已發遣臧賢出入豹房近幸，當賞銀五十兩，打發前往配所。後因遇革，與同臧欽、張清各先後回京訖。

正德五年以來，有廖鵬並在官王瓛，因見已處決錢寧投爲朝廷義子，專權亂政，就串同錢寧女婿在官齊佐、已故王準，各不合向錢寧説事過錢，賣官鬻獄，黨惡行事，取利肥己，一向不曾事發。後廖鵬並家人堂侄等五十四名，各不合夤緣，節年冒報軍功及傳陞都督、都指揮、指揮、千百户、鎮撫、總旗等職役。正德六年，宸濠因在官御史張鰲山，係江西人，先年鄉試中式，曾來朝見熟識，節次差人來京饋送茶、筍等物，張鰲山不合接受，不行拒絶。正德七年間，廖鵬又不合將銀二萬兩買求錢寧，傳差廖堂復去廣西鎮守。有廖鎧不合跟隨前去，助惡害人，節被巡按御史劉天和鉗制。廖鎧嗔恨，不合撥置廖堂，於正德八年九月内，捏詞奏陷。有廖鎧就行齎本來，又不合將銀二萬兩買求錢寧，傳批旨意，差官校將劉御史拏解來京，問罪降職訖。又有劉璟，原任浙江鎮守，令已故家人馬耿將銀一千兩送錢寧謀幹，改差兩廣總鎮。

正德九年正月内，宸濠要得謀復先年革退護衛，就假以地方盜賊生發爲名，借指祖訓，粧飾成本。比因晉良素與臧賢情厚，就差伊不合依聽隨同另起問結逆賊涂欽、已故盧孔章等，齎本赴京謀幹。先將銀五百兩送與晉良，托伊將銀五千兩引送臧賢，又將銀四百兩分送臧賢婿已發遣司鑑並施鉞，又送與臧欽、張清、秦碧各銀一百兩，俱求爲打點；就托臧賢將銀一萬兩送與錢寧。又因另起見問太監張雄掌管司禮監事，商忠、盧明俱爲張雄信用，就送商忠、盧明各銀五百兩，托伊引送張雄銀三千兩、寶石金鑲帶一根；又恐另起見問坐廠太監張鋭阻撓不便，亦將銀二千托臧賢過送，各不合知情接受入己。宸濠又因彼時見任兵部尚書在官陸完曾任江西按察使，往來交厚，亦令涂欽等將金檯盞一副重十兩、段四疋饋送，央伊扶持。有陸完亦不合接受入己，許允。涂欽等方將前本奏行兵部，有陸完於查覆本内，雖稱難將護衛再復，却不合又稱寧王以太祖典章爲言，合行會議，具本覆奏。有錢寧、臧賢、張雄各因得受重賄，不合共爲欺罔，傳批特旨，將護衛復與管業。彼有涂欽因點禮物不敷，訪知陳喜販賣羅段，就令盧孔章向伊不合知情賒與羅段二百餘疋。又因杜裕守把宣武門，出入不便，亦將銀兩、段疋不等饋送。以後時常向陳喜借用段疋等物，及在杜裕家各寄放銀兩，交通往來不絶。

有先任江西按察司副使胡世寧，將宸濠惡迹具奏，被伊聞知，捏情具本，差涂欽赴京饋送錢寧銀三千兩，張雄五百兩，臧賢五百兩，盧明三百兩，各又不合接受，符合蒙蔽具奏，將胡世寧誣陷遼東充軍。彼時秦用、趙秀俱在司禮監辦事，曾托打探消息，亦各將銀一百兩送伊等，各不合接受訖。有劉瑯先年在於南京守備，見得宸濠聲勢日大，令伊弟劉璋不合接入本府，交結撥置，因而交往情厚。有廖鵬要蠱惑朝廷，貪圖賄賂，不合串同錢寧，傳令廖堂趕造毡帳，乘機剥削軍民，科斂銀十餘萬兩，内送錢寧一萬兩，其餘銀兩，廖鵬不合與廖堂盡尅入己。

正德十年内，廖堂改南京守備，有廖鑾不合謀要代替，就令廖鎧不合饋送錢寧銀五千兩，各色段一百疋，將伊傳差陝西鎮守。彼有薛璽蒙欽差江西勘事，宸濠因伊係是近侍官員及與錢寧親厚，當將銀一千兩，差另起問結逆賊劉吉送與薛璽，不合接受，回京以後，亦與交通往來。又有許滿不合將金鑲寶石條環二副饋送錢寧，並許銀五千兩，幹差江西鎮守，前去到任，及與在官河南布政林正茂，彼時亦任江西按察使，各不合畏懼宸濠聲勢，時受伊饋送禮物，不敢推却。有張乾、畢綬各亦不合營求許滿，奏帶在彼，倚勢害人。本年四月内，有劉璟在兩廣取回南京閑住，經過江西，亦不合接受宸濠饋送禮物，以後往來通好不絶。

正德十一年月日不等，有未到太監李鎮、浦智、黎鑑、邢安，都指揮張勇、郭瑾，各不合要得謀幹鎮守、守備，各將銀兩饋送齊佐、王瓛、王凖，各不合接受，爲伊過送銀兩，向錢寧處營幹。彼有齊佐得受銀一千兩，過送錢寧銀三萬兩，傳差臨清鎮守；又得受浦智銀二千兩，送錢寧銀三萬兩，傳差浙江鎮守。王凖得受李鎮銀一千兩，過送錢寧銀一萬兩，傳差湖廣鎮守。王瓛得受邢安銀八百兩，過送錢寧銀五千兩，傳差密雲鎮守；又得受張勇、郭瑾銀各五百兩，過送錢寧各一千五百兩，傳差張勇獨石守備，郭瑾充副總兵鎮守河間等處。

正德十二年間，有原任寧府典寶閻順，内使陳宣、劉良，脱走赴京，具奏宸濠不法事件。被伊聞知，要得陷死滅口，隨差劉吉前來，饋送錢寧銀二千兩，臧賢、張雄、張鋭各銀一千兩，各不合接受，拴同將閻順等俱誣陷南京孝陵衛充軍。彼因求討消息，又送盧明銀二百兩，秦用、趙秀各一百兩，亦各不合接受。比有許滿蒙取回清江浦管糧，傳差真前去江西鎮守，於本年十二月到任，不合將玉帶一條，各色紵絲、紗羅拾對，馬二匹，進送宸濠結好。

正德十三年正月内，有先任江西清軍御史范輅，與真争論坐席及辨朝王服色，是真懷恨，不合商同宸濠，捏奏范輅，提解到京，問罪降職。

本年二月内，遇蒙太皇太后崩逝，有盧明因與宸濠交往素厚，不合營求齎捧報訃，前到江西，得受宸濠銀三千兩。本年三月内，廖鵬又不合將銀三千兩送與錢寧，傳掌錦衣衛南鎮撫司印信。本年十月内，有在官吴克勝即胡克勝，由江西按察司，後在京聽選，要得謀淺近便地方，因寧府已故内官周瑞在京幹事，素與相好，不合央求伊向陸完囑托，不合依聽將胡克勝選通州左衛經歷。有宸濠要得要求虚譽取信朝廷，商同獲故逆賊李士實、王春，捏造孝行，虚文串同，真不合主張寫成呈文，脇令府縣教官、生員、耆老人等呈遞三司轉呈；真與未到巡按御史林潮，各不合會本具奏。比有宸濠要得藉真預備助逆，就商同謀求改差浙江鎮守，起程間，宸濠當將銀三千兩、金壺一把、臺盞四副並器皿、茶芽等物送真，又將銀三百兩送在官參隨張浩，各不合許允接受。

正德十四年正月内，劉璟要謀幹鎮守，各不合將銀四千兩送與錢寧，又許銀一萬兩，及將另起發落小廝喜住兒求節買伊使唤，因得傳差河南鎮守。本年二月内，真到浙江，不合假以操演官軍爲名，就各重賞銀兩，暗邀人心，及又打造盔甲千餘副，堆積本鎮衙門，待時起兵助逆；又不合將銀二百兩，差人往餘杭縣置米一萬石，以備軍餉，當被巡按張御史行文該縣禁止。

本年五月内，宸濠逆謀彰著，被科道官奏發，蒙欽差賴太監、崔駙馬、顔都御史前去省諭。至六月内，宸濠聞知反謀敗露，就與劉吉、涂欽、李士實、王春、已故賊首閔念四等商説：「如今差官勘我府中事情，革我護衛，若不起手，斷然不好。十三日是我壽日，鎮巡三司等官必來慶賀。候次日謝酒，就脅令各官順從起兵；若不順從，即行斬首驚衆。」劉吉等各就回説：「此謀最好。」比真亦差張浩引領未獲張倫、曹松將帶禮物前去賀壽，宸濠當賞銀三百兩，就留張浩不合知謀在府潛住，隨遣張倫、曹松各不合聽依徑回浙江報真知會。有在官王俊，因張浩顧伊跟隨使唤，亦不合知情不行首，即官當逃躲。至十三日，鎮巡三司等官進入宸濠府内賀壽，筵宴各散。十四日早，有宸濠密令閔念四等與同張浩，各不合暗藏兇器傍立。有鎮巡三司等官進府謝酒，當被宸濠將孫都御史、許副使俱各殺死，其餘官員俱綁鎖監禁，因而稱兵作反，及造僞檄，不用正德年號，只稱「大明己酉」，傳布各處，誑邀人心。隨又差已故校尉趙智前到浙江，會真助兵。

彼有王都御史，因往福建公幹，行至豐城縣地方，聞變，即行奔回吉安府，督同該府知府伍文定等官，起集義兵，前去征剿。彼時張鰲山回家丁憂，亦赴軍門，隨同贊畫。本月二十日，劉瑯聞知宸濠作反，隨即點集精壯伴僕百餘，及將火藥、軍器暗藏空棺内，要得送與宸濠助逆，扛送出城，致被南京科道官孫懋等交章奏發。比真得報，亦就不合捏稱「宸濠差太子來取浙江」等語，差人四散傳報，動摇人心。本年四月十四日，真又不合假以進表爲名，拘收城門鑰匙，約令本省官軍盡帶器械，於本日三更時分赴本府伺候；及三司府衛等官，俱於四更亦先到真處作揖，方許行禮，要得乘機殺害，起兵助逆。以致闔城居民驚疑，哭聲動地，當被巡按張御史並各官點集官軍防備。比真懼怕，不曾起手。彼有宸濠舉兵前來攻打安慶，將不在官南昌府知府鄭瓛，令張浩等押在船，到於黄石磯地方。有鄭瓛見得賊攘亂，要行乘機脱走間，被張浩不合張弓喝阻，要行射死，鄭瓛懼怕，仍潛伏在船。

本月二十六日，王都御史統領官兵，將宸濠並賊衆擒獲，地方平定。蒙欽差先任太監張永前到江西查勘，於寧府承奉司搜獲簿籍，查有商忠、盧明、杜裕、陳喜、趙秀等二十六名，各姓名在内具奏。及奉欽依，將真等並真同居家人喜童、陳鋭、何章、李寬、畢士完、進住、進壽、畢仕奇、鄭玉、大蠻子、俊子、三郎、奇童、偏嘴，另居雇工人住兒等，及畢鎧等妻妾使女劉大姐等十六名口，張濠在官男張冲、張二漢，妾金墜兒，女小女兒，同居家人劉瑯，在官同居家人劉寧、劉成、福禄、吴彪、進禄等十六名，在官另居雇工人吕寬、王雲，參隨花喜及伊家人徐喜、劉章，在官妾王玉蓮、劉清等，各妻妾使女王大姐等二十六名口，廖鵬在官妻于惠安，妾竇惠榮、王秀英、張惠金、馮菊花等，使女家人邊成、劉恩等三十六名，家屬侯氏、張玉祥、韓住英等四十七名口，廖鎧在官家屬廖淳、鄭琥等五十二名口，廖德在官家屬留住兒、進保兒、張氏等二十一名口，廖玉兒家屬俞秀蓮等五口，王瓛在官妻邵氏，妾季氏等，家屬王瓘等六名口，齊佐等在官妻大錢氏，男齊懋，家屬袁玉等二十二名口，王準在官妻小錢氏，家屬王然、姚漢等三名口，盧明在官家屬盧聰、葉秀、盧氏等一十七名口，商忠在官家屬趙玉、商福等四名口，趙秀在官家屬福來、耿三兒等十一名口，秦用在官家屬强宗等一十四名口，陸完已故母華氏，在官妻華氏，妾張氏，男陸修、陸士，女陸三兒、陸四女兒，家屬陸宜等二十一名，向受、阿官、惠氏、廖氏等二十三口，薛璽在官妻白氏，家屬薛基等三十一名口，杜裕在官家屬杜得實、杜滿等四十五名口，晉良在官妻周氏，男高真保，家屬趙氏、六斤兒等，臧欽在官家屬臧賢等三名口，張清在官家屬張斌、馬氏等八名口，許滿在官家屬許鑑等五十九名口，劉璟在官家屬劉俊、夏錦等八十一名口，林玉茂在官家屬林周等一十四名口，張乾在官家屬張敖金等一十七名口，畢綬在官家屬進祿、陳氏等四口，俱被錦衣衛等衙門前後捉獲。

彼有在官福興、福忠等五名，俱因扮唱，石順因吹打，鄭漢因鄭中書使伊送禮，張成因與劉瑯家有親，帶領伊已故家人劉聾子、在官弟張三兒前去看望，各在劉瑯家；又有在官奉御唐潮、宗因望、秦用、張朝、盧明，净軍應堂、劉潮，俱在盧明家乞食，亦俱被混挐，分送刑部、錦衣衛、浣衣局各拘監。劉章、臧欽等九名，各不合懼罪逃走。劉名、喜來、陳維等一十七名，俱各陸續病故相埋訖。遇蒙正德十六年四月二十二日赦宥，真等事干謀反奸黨，並各該緣坐家口，入官財產，例不該宥。

本年五月内，許滿、劉璟等四名，各不合將情捏詞具本奏辯。蒙三法司、錦衣衛遵奉欽依，先行問擬，真等招罪，會同多官覆審。有陸完要得遮飾，不合執詞不服；及廖鎧、劉璟等各犯事情欠究。覆蒙三法司、錦衣衛題奉欽依，將干審人犯劉吉等取出到官，責與真並陸完等逐一對審前情明白。議得真與張浩並已故劉瑯，委與宸濠通謀反逆，相應處以極刑；緣坐同居家口，籍没財產。盧明、商忠等六名，並未獲臧欽、張清，已故杜裕、秦碧，止是先年交通，不曾與謀。並廖鎧情犯，俱事涉姦黨，相應比附。許滿、劉璟等三名口，止受宸濠饋送禮物，及與張乾、畢綬俱無交通之情。廖鵬、王瓛、齊佐並已故王準，委各黨惡。錢寧壞法亂政，相應坐以姦黨正律，緣坐其妻子，籍没其財產。又查得真等同居緣坐家口，除年十六以上外，孫畢大倫並同居家人進住、進壽等九名，張浩男張二漢、劉瑯同居家人平秋、劉添等十名，俱犯罪，時各十五以下，各是的。將真等取問罪犯，張浩等八十八名口各招同，住兒等六百六十八名口各供同。照出畢真、張浩、劉瑯、廖鵬、王瓛、齊佐、王準，各財產在京者，合行户、工二部，在南京者，合行南京户、工二部，各抄没入官。招内未獲有名人犯劉璋等，各行錦衣衛緝事衙門及五城兵馬司挨拏，至日另問。未到太監等官李鎮等，俱另行。

會議得畢真等所犯：畢真、張浩俱合依謀反但共謀者不分首從律，該凌遲處決。畢鏜、喜童等一十一名，俱依謀反但與謀者子孫及同居之人，不分異姓及兄弟之子，不限籍之同異，年十六以上者律，皆斬，俱決不待時。廖鵬、王瓛、齊佐，俱依在朝官員交結朋黨，紊亂朝政者律，各斬，俱秋後處決。畢大倫、進住等二十六名，俱以謀反但共謀者子孫及同居之人，不分異姓，十五以下及女妾律，俱給付功臣之家爲奴。于惠安、齊懋等六名，俱依在朝官員交結朋黨、紊亂朝政者妻子律，皆爲奴。王俊依謀反知而不首者律，董文、廖德等九名，俱依知情受假官者律，各杖一百，流三千里，准徒四年。許滿、劉璟、林正茂等，俱依奏事詐不以實者律，各杖一百，徒三年。胡克勝依官曲法囑託公事已施行者律，杖一百。董文等一十三名及胡克勝，俱革免科。許滿、劉璟俱係太監，張鰲山、林正茂俱係職官，各照例送工部，各照徒年限運灰，完日，與胡克勝俱照行止有虧事例。許滿、劉璟送司禮監，張鰲山、林正茂送吏部，張乾等一十五名俱送兵部，各查革職役。王俊係民，審無力，送順天府遞回原籍，發衛要驛遞，照徒年限擺站滿日。住兒等六百六十八名口，俱於律不該緣坐及供明人，各查發爲民，著役寧家，給親歸宗隨住。合候覆審畢日，通行奏請定奪。

刑部等衙門爲亟處大獄，以昭國法事。該本部等衙門題前事，奉聖旨：「是。江彬黨比逆賊，蒙蔽先朝，詐傳詔旨，邀截實封，擅作威福，紊亂朝政；劄調邊軍，操習近地；誘引巡遊，致虧聖體；樹立姦黨，謀爲不軌；逼取京城各門鎖鑰，欲行乘機興兵篡亂。欺君誤國，大逆不道，罪惡萬端，神人共怒。你三法司、錦衣衛會審明白，便依律處決凌遲，不必覆奏。仍將所犯招罪並處決屍形榜示天下。其妻妾子女及同居家屬並抄没財産等項，都查照律例施行。欽此。」欽遵。卷查先該刑科等科都給事中等劉□等，題爲速處大姦，以彰國法事。又該河南掌道事、江西等道監察御史王□等，題爲急處大姦，以彰國法，以快人心事。俱奉聖旨：「這所言有理。著三法司便會同多官，究問明白來説。欽此。」欽遵。續該錦衣衛、鎮撫司，題爲傳奉牢固監候事。奉聖旨：「是。江彬欺罔蠱惑，潛蓄異謀，神周、李琮同惡相濟，都情罪深重，神人共怒。著三法司、錦衣衛議擬罪名來説。欽此。」欽遵。

會問得犯人一名神周，年四十三歲，直隸鳳陽府壽州人。見任後府右都督，原係陝西都指揮使司延安右所百户神雄下冠帶舍人。弘治十一等年，在於賀蘭山及大同、會寧等處，節次殺賊有功，由總旗歷陞本所副千户，遇例納粟都指揮僉事。正德六年，慶陽等處有功，陞指揮使。正德七年，征剿流賊有功，陞右府都督同知，推充副總兵，鎮守山西偏頭關地方。正德八年，爲因失機，降指揮僉事。正德十一年起用，傳陞前職。狀招有已處決江彬，伊故祖江穆，生伊故父江淮，及見在宣府萬全都司蔚州衛另居伊未到叔父江鎧，江彬娶在官妻楊氏，生伊在官男江勳、江傑、江鰲、江熙、江然。正德七年三月内，江彬隨同不在官宣府總兵官張俊，前往山東等處征剿流賊。本年十月内，賊平，江彬隨軍回京，要得夤緣驟進，不合交結已處決都督錢寧，引入豹房，奏見先帝，因留在内答應。江彬就不合時出姦謀，巧爲蠱惑，以致歷陞後府左都督，提督神威營。後伊又夤緣改從朱姓，因而竊弄威權，常於御前講説兵事，將遼陽及宣府、大同、延綏四路軍馬盡調取來京，雜引入内操練，號「外四家」。又撥置設立西官廳，求討提督，以逞姦威。

正德十一年内，江彬又要得樹立姦黨，妄稱周並在官萬全、都司都指揮使李琮勇略過人，引見豹房，一同近侍。各就不合互相交結爲姦，周與李琮亦各不合夤緣改從朱姓。

正德十二年八月内，江彬又大肆欺罔，假以巡狩爲由，誘引先帝領兵到於宣府駐劄。又創立宫殿，稱爲「家裏」，淹流在彼住過。正德十三年正月内，方纔回京。江彬因得陞爲平虜伯，並傳陞伊男江勳錦衣衛都指揮同知；周後府左都督，並在官男神涇錦衣衛，神澄延安衛，俱百户；李琮後府都督僉事。周與江彬、李琮各又不合朋姦欺罔，屢以耀武巡邊之事誘引先帝，復於本年七月内，前到宣府新立宫殿駐劄。有彼處未到總兵官朱振、陶傑，各不合畏勢，各將銀三千兩，見監都察院太監劉祥，亦不合將銀一萬兩，並將在官扮唱小廝劉鑾、劉棒槌、劉義小、小籍利、劉奉並陸指兒，各送與江彬使喚，不合收受。彼有鬥毆殺人、絞罪犯人楊瑯，及因姦威逼人致死斬罪犯人李興，俱在陽和城監候，江彬受要各犯銀三百兩，詐稱旨意，就將楊瑯、李興取出脱放。後有被害孫瓊、孫琪、孫容忿恨不平，要行奏告。江彬訪知，又蒙蔽奏將孫瓊、孫琪、孫容俱行打死。江彬與周等各又不合誘引聖駕西遊山、陜，到於大同城。彼有見監都察院鎮守太監馬錫，見得江彬與周勢要，不合將銀三千兩，總兵杭雄不合將馬二匹、銀二千兩，副總兵張輗不合將銀五百兩，各送與江彬，各官又送周與李琮各銀一千餘兩，各不合接受。至偏頭關地方，未到總兵紀世楹亦不合將銀一千兩送與江彬收訖。本年十月内到榆林城，未到鎮守太監許全不合送與江彬銀一千兩，周與李琮各五百兩，亦不合接受。總兵官戴欽亦不合送江彬銀一千兩，周與李琮各三百兩，及將在京小廝琴童送與江彬，福定送與周，亦不合收留使用。江彬又揑寫帖子，傳送彼處各城守備官，取要活豹、大馬、氊帳、黑花豹、天狗皮爲名，挾要各官銀約共四萬餘兩。江彬又誘引先帝在於沿邊打獵，致被夷虜窺視，幾至蒙塵。本年十二月内回至山西省城，有見監都察院太監吴經不合送與江彬銀五千兩，周與李琮各五百兩，各亦不合接受。正德十四年正月内，聖駕回至宣府，二月回京。江彬又謀誘引，要往山東等處遊幸。彼時各衙門郎中等官具本奏阻及劾江彬引誘不法事情，江彬就懷恨在心，蒙蔽傳批旨意，將各官罰跪五日，復加責打及降黜、罰俸、充軍。當有員外、郎中等官陸震等十一員，俱被責打身死。本年三等月内，江彬又奏討傳陞伊男江傑、江勳俱錦衣衛都指揮同知，江然指揮同知，江熙指揮僉事，在官家人許宣百户，及强要不在官醫官徐浦伊在官扮唱小廝徐左、徐美、徐木，在家使用。

本年七月内，有已死宸濠起兵作反，周與江彬、李琮各不合符同揑奏宸濠兵馬勢衆，必須聖駕親征，及誘説江南一帶地方富庶，比與宣府、榆林不同。江彬又奏討官校八十餘名跟隨，以張威勢。本年八月二十二日，周與李琮、江彬各帶先年投充伴當，江彬帶在官王英，周帶在官神儒、福禄兒、奴虎、赤三兒、朱福順，李琮帶在官閻士柔、李福等六名，各隨駕起行。至九月初九日到臨清州，未到鎮守太監黎鑑見得江彬與周等威權日重，不合送與江彬銀三萬兩，周與李琮等銀二千兩，各不合接受。又有未到管倉太監楊簡等十八員，各不合送與江彬共銀五萬兩，周與李琮各銀三千兩，各不合接受。本年十一月内，駕過邳州，被江彬向已發落知州高巖挾要銀兩，因伊不從，就裝誣事件，將伊挐送錦衣衛，參送刑部，遇革釋放訖。至淮安府，未到管倉太監張洋不合將銀四千兩送與江彬，周與李琮各一千兩，各不合收訖。至揚州府，又江彬擅差官校，將不在官鹽商王瑾等，假以與販私鹽爲由，捉挐監禁，嚇要彼處衆商銀共十五萬兩，方將王瑾等釋放。本年十二月終，駕到南京，彼處未到守備太監崔安、廖鑾各不合各將銀一萬兩，並將在官小廝進保、進福、廖佑、陸十兒，董文亦不合將銀五千兩，羅綸不合將銀三千兩，並將在官小廝小五兒、進受、進才，俱送與江彬，收留使喚；又不合送與周並李琮五千餘兩，亦各不合收受。彼有江彬張威肆惡，日令校尉四散緝事拏人，及節將南京文武衙門題本，並各邊總兵官杭雄等節差不在官指揮千百户楊淮等四十九員名各齎奏題本，共一百三十六封，俱係邊方重事，内二十七封，又係韃賊入境緊急邊情，俱阻滯不容投進及收藏私家。又差官校、夜不收人等，齎執火牌，分投前往蘇、松、杭州，徽、寧等府地方，假以訪察不法爲名，挾要彼處大家銀兩、寶貨不計其數。

正德十五年三月内，反賊宸濠並其餘逆黨俱解至南京。彼有各衙門文武官員跪門請駕回京，江彬又妄傳，再來進諫，定以軍法從事，叱回訖。江彬思得掌握兵權，威勢日盛，一應政務皆得專決，人心畏懼，無敢阻撓，要行謀逆，慮恐城門出入不便當，就分撥官校、旗軍將南京城門盡行守把，以致内外居民驚惶，率多逃避。彼周與李琮各不合知情坐視不阻。江彬又拘唤南京署中府經歷楊美璜，取要十三門鑰匙，彼伊堅執不從。江彬嗔怪，就誣捏贓私事情，將伊拏送南京刑部監問，至今未結。江彬又捏寫帖子，密差脱逃千户常洪，不合依聽齎執火牌前往湖廣地方，取要奇怪難得之物，挾要彼處官司折乾銀一萬五千兩，交與江彬收訖。江彬與周並李琮各不合朋姦誘引聖駕，要往浙江、湖廣等處遊幸，傳聞各處太監，前來南京迎見。彼有未到鳳陽鎮守太監丘得，不合將銀一萬兩並在官扮唱小廝添喜、七兒、進兒，湖廣鎮守太監李鎮，不合將銀二萬兩並在官扮唱小廝李牧、五十兩、常受兒、七兒、栢夷，浙江鎮守太監浦智，不合將銀三萬兩並將在官阿三、成兒，管市舶太監趙榮，不合將銀五千兩，織造太監晁進，不合將銀一萬五千兩並將在官扮唱小廝永奇，各送與江彬收留使喚；各又不合送與周並李琮銀不等，共六千餘兩，各不合接受。至八月十五日，江彬又誘引先帝前去牛首山遊玩，因留在彼宿歇三夜。江彬又要乘夜潛行篡逆，被帶去圍獲人馬兩次夜驚，喊聲動地，江彬惶懼，不敢逞謀。

本年閏八月内，聖駕回京，周與江彬、李琮各裝載金銀奇玩等物，占坐太船百十餘隻，沿途起撥人夫動以萬數，死者枕籍。江彬又大肆兇威，於南京並沿途地方，節差軍校妄拏平人千餘，逮繫來京，多被淹禁身死。彼有周等各原帶領王英、神儒、福禄兒、奴虎、赤三兒、朱福順、閻士柔等七名，各不合助惡生事，及往來沿途索要經過有司財物各約有一百餘兩，值鈔一百二十貫之上，各花費。至本年十一月内，駕到通州，江彬素懷不軌，又指以處治宸濠等爲名，誘惑在彼久住，及召文武大臣到彼議事。江彬因見人多勢盛，自行疑阻，不敢肆謀。本年十二月初十日，先帝回京，因連年被周與江彬、李琮朋姦誘引，遠涉巡幸，起居不時，遂寢疾豹房。

正德十六年二月内，周與江彬、李琮各明知團營教場係是舊制，各不合要得變亂，共謀欺罔，奏准改作威武團練營。就令江彬與周並李琮等提督兵馬，在彼操練。江彬因錢寧謀反事發，財産應該籍没，就假以寄放金銀寶貨爲名，妄挐平人，挾追銀不計其數，以致人心驚疑，京師動摇。

本年三月十四日，先帝駕崩，周與江彬、李琮俱蒙懿旨，拿送鎮撫司監候。復蒙將江彬伊在官妻楊氏，男江勳、江傑、江鰲、江熙、江然，女千金兒、萬金兒，江勳妻朱氏，江傑妻宋氏，周在官妻大李氏，男神漢、神涇、神澄，李琮伊在官妻張氏，男明受，並各家屬人等，俱被挐送都察院鎮撫司各監候。及有永奇不合將江彬銀八十三兩二錢盜挐逃走，亦被中城地方火甲連銀捉獲，轉送刑部監候。隨該科官各將江彬並周等罪惡舉劾，節奉欽依：「著三法司、錦衣衛審鞫問前情明白，先將江彬議擬謀大逆，凌遲處死。」題奉欽依處決訖。及蒙查審得在官江和、許宣、江富、江談、江梅、江保、李春、江林俱各與江彬爲家人，同居年久，助惡生事。討兒、江朋等一十二名俱年十六以上，八兒、僧保兒等六名俱年十五以下，俱係江彬收買使唤，同居未久，原無助惡之情。江然年十五以下，及與楊氏、祝氏等五口，神漢、神涇、神澄、明受，俱律該緣坐。王英、神儒、福禄兒等一十二名，俱跟隨周等沿途生事害人。孫氏、劉大兒等八口俱係江彬下家人，妻張氏係監故家人江貴女，石氏、翠花兒等一十五口俱係江彬下使女，李氏、郝氏、高氏、王氏係周妾，四斤兒係周幼女，趙氏係周已故弟神童妾，徐氏係男神漢妻，陳氏係男神澄妾，李寬、馬秀等四名俱係周家下人，進福、書童等一十五名俱係周下使唤小廝，管住兒、小廝狗兒俱係周下家人男，王氏、劉氏、馬氏等一十五口係周下家人妻，管氏、王氏、葡萄兒等一十七口俱係周下使女，藍兒、東菊兒、毛女兒係周下家人女，王氏、宋氏、朱氏、梁氏、鄭氏、陳氏、杜氏俱係李琮妾，李盤係李琮下家人，德喜、來安、回子等一十五名俱係李琮下家人，安鎮、定來、住兒、李加兒、長孫兒係李琮家人男，楊氏、曹氏等十口俱係李琮下家人妻，愛兒係李琮使女，俱於律不該緣坐；內江彬下使女翠花兒、七兒等八口俱不記父母姓名、鄉貫。其江彬下書童張義存等七十二名俱係太監劉祥等買送，及江彬倚勢强要，俱係被害人數，難作同居之人；內張義、楊見等二十名俱不記父母姓名、鄉貫。指揮杜鎮，軍人吴通、馬三保、林鑑，吹鼓手賈榮、田熊、田福、王信，止是聽候江彬下操跟用。宋全、李和、李紀、魏良佑俱係周下。王清、許良、滿卷兒、小馬兒俱係李琮下各雇工人。楊經、王才、王洪、王寧等四十五名俱係供明人。江貴、張祥、朱成、永興於都察院，彭祥、得友兒、進才一十四名於鎮撫司，各陸續在監病故相埋訖。遇蒙四月二十二日赦宥，周與李琮犯該姦黨，並各緣坐妻子，入官財產，例不該宥。將周等取問罪犯，李琮等六十名口招同，孫氏等二百七十七名口供同。照出江彬財産並被誣署經歷楊美璜前案，開照訖。神周、李琮財産，合行工部抄没入官。江彬應連坐未到叔父江鎧，並江彬脱放重犯楊瑯、李與，及見監都察院太監劉祥、吴經、馬錫，俱各抄招移咨都察院。劉祥等查照併問，江鎧等轉行巡按宣、大地方監察御史，各查提到官。楊瑯、李與查照原擬歸結。江鎧依律問擬，徑自奏請發落。永奇原盗江彬銀八十三兩二錢，合收入官，煎銷類納。未到太監許全、黎鑑、張洋、崔安、廖鑾、董文、羅鑰、丘得、李鎮、浦智、趙榮、晁進，並臨清管倉太監楊簡等一十八員，總兵官朱振、陶杏、杭雄、張輗、紀世楹、戴欽，俱另行。

會議得神周等所犯：神周、李琮，俱合依在朝官員交結朋黨、紊亂朝政律，皆斬，秋後處決。江勳、江傑、江然等二十四名，各依謀大逆者同居之人，不分異姓，俱年十六以上律，各斬，俱決不待時。江然依謀大逆者子，八兒、僧保兒等五名依謀大逆者同居之人，不分異姓，俱年十五以下律。楊氏、千金兒、萬金兒、貴金兒、祝氏、朱氏，俱依謀大逆者妻女並子之妻律，各給付功臣之家爲奴。大李氏、張氏、神漢、神涇、神澄、明受，俱依在朝官員交結朋黨、紊亂朝政妻、子律，俱爲奴。王英、神儒、福禄兒等十一名，俱依豪强之人求索財物、强者准枉法論，俱一百二十貫罪止律，各杖一百，流三千里，各准徒四年。王英係總旗，閻士柔、郭真俱係軍，趙明凡盗一百二十貫，罪止一等免刺律，杖一百，徒三年。永奇依雇工人盗家長財物減，係軍餘，神儒、福禄兒、奴虎、朱福順、赤三兒俱係神周家人，李伏、李興、化童、來福、李倫俱係李琮家人，永奇係民，俱遇革免科。江彬下家屬孫氏、劉大兒等十六名，神周下家屬小李氏、郝氏等六十六名口，李琮下家屬王氏、宋氏、朱氏等三十六名口，俱於律不該緣坐。永奇、書童等四十七名，俱係太監劉祥等買送及江彬倚勢强要，原係被害，難作同居之人，及供明杜鎮、馬三保等六十七名口，各還職，著役給親完娶，寧家隨住。

參照犯人神周、李琮，負資剛暴，發迹邊陲，百計夤緣，投育義子，肆行姦巧，蠱惑先皇；統悍卒以礪爪牙，黨亂臣而成羽翼。欺君誤國，蠹政害民，處以重刑，情法允當。再照江彬家人江和、許宣等六名，俱同居年久，助惡害人，並江彬男江勳、江傑、江鰲、江熙，依律處斬，情法相應。討兒江朋、琴童許璽等十名，雖與江彬同居，但各歷年未久，止供使令之役，别無助惡之情，一槩緣坐，情有可原。其江彬男江然，並家人八兒、僧保兒等五名，俱年十五以下，與神周男神漢、神涇、神澄，李琮男明受，並江彬妻子女婦楊氏、祝氏、朱氏三口，神周妻大李氏，李琮妻張氏，俱合給配爲奴。及照江彬伴當王英、神周家人神儒等九名，李琮家人李伏、李興、化童、來福、李倫，伴當郭真、趙明，俱各跟隨江彬等役使左右，往來南北，乘機索要財物，倚勢騷擾官司，罪雖遇革，法難輕縱，合候發遣邊衛充軍。孫氏等二百四十三名口，俱各依擬發落。江彬使女翠花兒等十一口，並原送及强要扮唱使喚小廝張義等三十四名，俱失記父母姓名，迷失鄉貫，無從查給，合無通送順天府：將翠花兒當官嫁賣良家，務令得所。張義、楊見、楊騰等七名，俱年十六以上，編發宛、大二縣爲民，仍照前編籍，存恤當差。緣神周、李琮俱軍職，論功定議，及與江勳等俱重刑，合候會審畢日，奏請定奪。

附録三　新建侯文成王先生世家

耿定向

先正有言曰：「豪傑而不聖賢者有之，未有聖賢而不豪傑者。」蓋嘗下上今古，三代以還不具論，孔孟後負豪傑才者，類溺於質矣，優入聖域者誠尠。迺濳心學聖以名理著稱者，原本才質足擬古豪傑士，固不數數然也。惟我昭代文成王先生，亶乎豪傑之才而聖賢學者，孟子以後，鮮與匹矣。顧其受才英邁，駘蕩不羈，少乏循齊之譽，而人倫所遭又多不幸，且逢世艱危，任肩重鉅，其應用施厝，有難以繩矩律者。以此世之姱修莊士，或泥其迹，不欲深究其學；而一二及門承傳者，識及質淆，見超志靡，衹竊其緒言而張皇之，行多不掩，因緣飾以異説，致使先生之學竟湮鬱不顯。憂世衛道者，至謂先生借寇兵，齎盗糧，豈不悲哉！愚本據先生生平所歷，著世家，中特述其經嘗險阻，爲明愴懲悟入之因，而尤詳其晚年省悔克治之切，以著其修證之實。世豪傑士勿徒眤耳，而直反之躬；不自咎往，而亟圖更其新。先生我師哉！維時見知聞知者多在豫章，舉所知述鄒、羅二先生傳，外述泰州心齋傳者。陸子静有言：「可使不識一字凡夫立地作聖。」玩心齋傳先生良知旨，信立地作聖訣也。

先生姓王氏，諱守仁，字伯安，其先晉右軍羲之裔也。右軍傳二十三世迪功郎壽，始自山陰徙餘姚。傳五世曰綱，字性常者，具文武才，國初爲劉伯温薦，仕至廣東參議，遇苗亂死之。參議生彦達，達傷父死難，不仕，號秘湖漁隱。生與凖，是爲先生高祖，精禮、易，永樂中辟舉，避走墜石崖，傷足得免，因號遯石翁。翁生傑，以明經貢太學，號槐里子。生天叙，號竹軒，以子貴，贈禮部右侍郎，後加贈如先生爵。累世載德，見諸名公所著傳。贈公生華，是爲先生父，號海日，一號龍山。成化辛丑，賜進士及第第一人，仕至南京吏部尚書。母鄭夫人娠十四月而誕先生，成化壬辰九月丁亥也。

先生生五歲，始言，即能誦贈公所恒讀書，贈公訝之，對曰：「兒往耳而默記之也。」尚書公及第，先生方十齡，贈公携如京師，過金山，飲客命賦詩，先生賦曰：「金山一點大如拳，打破維揚水底天。醉倚妙高臺上月，玉簫吹徹洞龍眠。」客驚異，復命賦蔽月山房詩，曰：「山近月遠覺月小，便道此山大於月。若人有眼大如天，還見山小月更闊。」卓志超識，其夙植耶？比至京師，就塾。嘗聞塾師以科第爲第一等事，先生中不然，曰：「科第上有聖賢事當爲者。」贈公聞而奇之。

丙午，年十五。遊居庸，慨然有經略四方志。是時畿輔、秦、楚患盜，擬上書闕下，尚書公斥之，乃止。

弘治改元戊申，年十七。外舅諸公宦豫章，往就甥館。合卺畢，閑步鐵柱宮，見道士静坐，與語，説之，遂相對終夕。明年，歸越，過廣信，謁婁一齋諒。諒故游聘君康齋門者，爲語「聖人爲必可至」，深契焉。先生故好謔，自是常端坐省言。同業者未信，先生曰：「吾昔放逸，今知過，當改也。」

壬子，年二十一。舉鄉試。入京，爲考亭格物學，覺煩苦無得，乃貶爲詞章。明年，下第。時相李文正戲呼爲「來科狀元」，且曰：「試以吾言作賦。」先生援筆立就，驚羡爲「天才，天才」云。念疆圉多警，乃留意兵法。尋有疾，復談養生術。

己未，年二十八。成進士，觀政工部。與海内名士喬宇、汪俊、李夢陽、何景明、顧璘、徐禎卿、邊貢輩學古文詞。已差督造王威寧墳，事竣，謝幣不受，受其佩劍，以符所夢也。應詔上邊務八事。踰年，授比部主事。創製囹圄警規，至今遵之。嗣差視讞江北，便遊九華，聞巖洞有異人，歷險訪之。異人初不語，徐曰：「周茂叔、程伯淳若家好秀才，可歸求之。」先生會心焉。

壬戌，疏請告歸越，年三十二。究心二氏之學，築洞陽明麓，日夕勤修習，靜中内照形軀如水晶宫，忘己忘物，忘天忘地，混與太虚同體，有欲言而不得者。常思遺棄世累而不能，置念於祖母岑及尚書公，久之，悟此念生自孩提，人之種性，滅絶種性，非正學也。

甲子，聘主山東試，識拔多名士。程録盡出其手，士林傳誦焉。明年，門人始進，與甘泉湛公定交。嘗謂「初志此學，幾仆而興。晚得友甘泉，而後吾志益堅，毅然不可遏」云。

正德改元丙寅，奄瑾竊柄，惡南臺省戴銑、薄彦徽等攻己，逮繫詔獄。先生抗疏救之。瑾矯詔收先生，杖謫貴州龍場驛驛丞。既行，瑾使人尾偵之，將甘心焉。先生至錢塘，托迹投江，附估舫遯。倏遇颶風，飄至閩境。夜奔山徑，扣寺求宿，不納，則至别剎。剎故虎穴，僧恒趣旅客於中，而利其遺物於虎口。及先生至，虎遶剎咆哮不入。及旦，僧知先生無恙，異之，乃要至寺，則前鐵柱宫所晤道士在焉。因與商遠遁意，道士曰：「公有親在，且名首朝野，倘不逞之徒假姓名倡亂，家族危矣。」爲筮之，遇明夷，遂決策歸。由武夷出廣信，省尚書公於留都。

丁卯夏，徐曰仁愛及蔡宗兖、朱節受學。是秋，三子同舉鄉試，别先生，爲序，明師友之義，具文録。冬，赴龍場。龍場故在萬山叢棘中，蛇虺魍魎、瘴癘蠱毒之交錯，夷人鴃舌，語言不通。無居舍，始教之範土架木爲小茇，已就石穴而處。從行三僕，以歷險冒瘴皆病，先生躬折薪汲水，作糜以飼，百方慰解之，目同旅行者。父子主僕駢首病死，爲文瘞之，而自爲石郭以待盡。先生于時困衡動忍，不惟得失榮辱胥已解脱，即死生一念亦爲拚置，端居澄默以思，倏若神啓大解，從前伎倆見趣無一可倚，惟此靈昭不昧者相爲始終不離，倫物應感，而是是非非，天則自見；證之六經四子，無不脗合，益信聖人之道，坦若大路如此。著五經臆説，與學者嘗發格致旨。久之，夷人亦漸親狎，共伐木爲搆龍岡書院、何陋軒、玩易窩居之。安宣慰來遺餽，却之；因申朝廷威信令甲，折其減驛之議；又諷之出兵平阿賈、阿扎之叛。蓋不特忘在夷狄患難中，且有以行乎夷狄患難者。與貴陽學使席公書往覆質辨朱陸同異，席大省，著明寃録，而葺書院居先生，率諸生師事之。

庚午，量移廬陵令。時嘗論知行合一，初於門人徐曰仁發之，謂：「稱人知孝、知弟，必其能孝、能弟。即知痛知痒，非本諸身，亦惡乎知？蓋欲人反身默識所以生生者，惟此知。故即知而行在其中，非聞見知解之知也。世儒局於習聞，執以考索爲知，以摹擬爲行，從來矣。」聞之多駭疑者。過常德、辰州，見冀元亨、蔣信、劉觀時，咸能卓立，教之静坐，後稍有悟。復示書曰：「於此着力，方有進步。顧須刊落聲華，切己用功，重懲世亟標榜者。」在廬陵僅七月，政務開導人心，不事刑威，稽舊制，選里正三老坐申明亭，訟者至，使勸解化誨，後幾無訟。冬，入覲。台州黄宗賢綰來問學，自言於學有志，未實用功。先生曰：「人患無志，不患無功。」後契良知旨，始納贄稱門人，卒爲先生托孤，以女娶其胤子。是年，先生陞南比部主事，尋改吏部驗封司。會試爲同考試官，識鄒文莊於糊名卷中，一時人服其精鑒。同寮方叔賢獻夫位在先生上，聞先生論學有契，遂肅贄受學；引疾歸西樵，以卒其志。先生尋轉文選員外郎，陞考功司郎中。門人稍益進。謂王司成雲鳳曰「仁，人心也，體本弘毅。識仁，則弘毅自不容已」云。已陞南京太僕少卿，便歸省。舟中與徐曰仁論大學宗旨，曰：「格物是誠意工夫。」曰仁因省明善是誠身工夫，窮理是盡性工夫，道問學是尊德性工夫，博文是約禮工夫，惟精是惟一工夫，知行合一旨益大洞然，曰仁蓋得於反身實體也。踰年，至滁。孟源問：「静中思慮紛雜，奈何？」曰：「思慮亦强禁絶不得。就其萌動處省克，到天理精明後，有物各付物，意自然精專，無雜思矣。所謂知止，乃有定也。」

甲戌，陞南京鴻臚卿，年三十五。薛尚謙侃、陸原静澄、郭善甫慶輩，受業先生。往懲末俗卑汙，來學者多就高明一路引掖，時見有流入空虛，爲放言高論者，甚悔之，自是教學者存理去欲，爲省克實功。謂黄宗賢曰：「學須立誠，從心髓入微處用功。不然，則平日所謂學者，適以長傲遂非。彼自謂高明光大，而不知墮於狼戾險嫉矣。」謂陸澄曰：「義理無定在，無窮盡，未可少有得即自足。堯舜之上善無盡。今學者於道若管窺天，少有所見，遂傲然居之不疑，與人言論，不待其終，而先懷輕忽非笑心，訑訑之聲音顔色，有道者側觀之，方爲之悚息汗顔，而彼且悍然不顧，略無省悔，可哀已！」澄問：「論道者往往不同，何如？」曰：「道無方體，即天也。人嘗言天，實未知天。若解道即天，何莫非道？彼局於一隅之見，以爲道止如此。若解向裏尋求，見得自己心體，即無處不是此道，亘古亘今，無終無始，更何同異？蓋心即道，道即天，知心則知道、知天矣。欲見此道，須從此心上體驗始得。」澄問：「象山云『在人情事變上作工夫』，如何？」曰：「除了人情事變，即無事矣。喜怒哀樂，非人情乎？自視聽言動以至富貴貧賤、患難死生，皆事變也。事變惟在人情裏，其要在致中和。」謂汪司成俊曰：「心統性情、寂感，體用一源也。顧用顯而易見，體微而難知。彼謂自朝至暮，未有寂然不動時，是惟見其用，未得其體也。善學者因用識體耳。」又曰：「體用一源，有未發之中，即有發而中節之和。今人發不中節，可知其未發之中未全也。」或問「已發未發」，曰：「譬之鍾聲，未扣不可謂無，既扣不可謂有；未扣時原是驚天動地，既扣時亦止是寂天寞地。」澄問「出入無時，莫知其鄉」，曰：「心之本體原是如此。蓋論本體，原無出入；若謂思慮運用，是出其宰，常昭昭在此，何出之有？既無所出，何入之有？有出入只是動靜，動靜無端，何鄉之有？」又曰：「心不可以動靜分體用。動靜時也，即體而言，用在體；即用而言，體在用。謂靜可見體，動可見用，則得。精神言動，大率以收斂爲主，發散是不得已。天地人物皆然。聖人到位天地，育萬物，從喜怒哀樂未發之中養來。後儒不明格物之説，見聖人無不知、無不能，乃於初學入門時欲講求得盡，豈有此理？」謂薛尚謙曰：「學專涵養者，日見其不足；鶩識見者，日見其有餘。日不足者，日有餘；日有餘者，日不足矣。」又曰：「不致良知，知而溺聞見，是不務力田而惟糴以給朝夕者，愚矣哉！」

乙亥，臨川陳惟濬九川見先生於龍江，述問答四條。後再見於虔州，述先生語十五條。

具傳習録中。

丙子，年四十五。陞僉都御史，巡撫南、贛、汀、漳等處。贛當四省之交，漳南象湖、長富諸巢交於閩，賊魁詹師富等據之；其西横水、左溪、桶岡諸巢交於楚，賊魁謝志珊、藍廷鳳等據之；其東南三浰、九連諸巢交於粤，賊魁池中容等據之：不時四出，劫掠爲患。累年三省撫臣往相爲觀望，急則議請夾剿，每踰時兵始集，集則賊已竄匿，徒糜餉費，爲居民苦。而時宸濠業已潛畜不軌，陰與賊通，爲之曲護，以此積至數十萬衆。前撫臣畏難，引疾被論去。先生丁丑春涖任，始至，置二匣行臺前，曰：「求通民情，願聞己過。」諗漳患孔棘，甫旬日即出師。初以粤兵違節制失利，衆議濟師，俟秋舉。先生不可，躬率諸道進兵趣上杭，出其不意，直搗象湖，乘勝破長富及水竹等四十餘巢，漳南以平。其年九月疏上，本兵覆請改授提督兼巡撫，得便宜行事，意蓋微也。十月，成軍而出，一鼓而破横水、左溪，再鼓而滅桶岡、三浰。賊尤爲悍黠，擬官僭號，爲惡稔矣。時聞各巢破，懼而佯欵，陰增機險穽毒，以虞王師。先生故休士歸農。明年正月，計擒其渠魁，遂振旅復舉，擊其懈，又一鼓而破三浰，再鼓而下九連，其分合先後，筭無遺策矣。捷奏，陞副都御史，廕子錦衣衛，世襲千户。先生涖贛甫逾年，凡三捷，皆役不再籍，兵無挫刃，數十年負固不逞之兇一旦殄蕩，功何偉也！且諗其初至，兵乏矣，第選民兵，立兵符、明賞罰以練之，而不征調狼達土兵；食匱矣，第疏通鹽法，處商稅以足之，而未始加賦編民。申保甲，宣諭告，格於其始；立社學，舉鄉約，以和厥中；已開縣治，置巡司，移郵驛，以圖厚厥終，經略周而垂裕到今矣。先生在事，燕居則挽強習勞，出兵則躍馬先驅。即倥偬中，時時朋來問學，揮麈談道。其任事何勤而神情又何暇裕耶！志珊就擒，先生訊之曰：「汝何策得衆若此？」珊曰：「平生見世魁傑夫，必多方招結，不輕放過也。」先生退謂九川曰：「吾儕求友，當如此矣。」其年，刻古本大學、朱子晚年定論。報太和少宰羅整庵欽順書，論格致甚辨；後報顧華玉璘書尤辨，而拔本塞源論發千古萬物同體旨，訂砭俗習相沿痼弊，可俟百世者。二書具傳習録中。薛侃等刻傳習録，修濂溪書院，以待四方來學。歐陽崇一德受學。崇一年最少，已舉鄉試，先生深器之。

己卯，鄒謙之守益來學，詳具本傳。其年六月，敕勘處福建叛軍，至豐城，聞宸濠反，急走小舸返吉安，飛章上變。與知府伍文定等定謀，徵兵各郡，並傳檄鄰省扶義勤王。先生于時以兵難卒集，且虞兩都之無備也，乃爲先聲張疑以逗遛賊兵，而又多方行間以離其黨。濠果遷延至七月初始發南昌，攻陷南康、九江，進圍安慶。我師既集，僉請亟救安慶，先生策曰：「南昌既已從逆，南康、九江又失守，而我師深入，與賊交持，如南昌絶我糧道，南康、九江之兵從中夾擊，安慶必不能援，是腹背受兵，非策也。不如先舉南昌，法所謂『攻所必救』是已。」乃誓師樟樹，授文定等方略，如期俱至信地。先生親鼓之，三軍競奮登城，城遂拔，擒諸從逆居守者。先生入城，籍封府庫，撫集居民。時賊攻安慶方急，聞南昌破，大恐。李士實等謀棄南昌，徑趨南京；或從蘄、黄直犯北闕。濠入前間，不聽，悉衆還。僉謂賊衆盛，欲堅壁待援。先生度賊進不得逞，還無所歸，氣已消阻，出奇擊惰，便遂迎戰於樵舍，三戰大破之，執濠並其宫嬪、遺孽、僞相李士實等。捷奏，不宣。諸奸佞江彬等導上南巡，下制親征，遣先鋒諭先生縱濠鄱湖，俟駕至，臨戰執之爲悦，謀叵測矣。先生亟從越道獻俘行在，而彬等率兵至南昌，飛語四出。先生道遇近侍張永，諗爲璫中之有良者，爲請江西□□可虞，即以俘屬獻，止上親征，而卧病杭城寺中，取進止。久之，勑兼巡撫，還江西。明年，上在留都，奸佞百方讒搆，屢僞旨召先生，意圖之。先生知不赴，因譖先生有將心，試召之，必逆命。先生因永知其謀，時聞召，即乘小舫，取漁艇爲衛，星夜破浪趣行在，至上新河。諸奸佞沮之，不得見，退次蕪湖，已待命九華山踰月。上使校覘之，諗先生宴坐草庵中，上始釋曰：「王守仁學道人也，前言者誣矣。」乃復命還江西。先生過開先寺，刻石紀事，曰：「於赫皇威，神武不殺。如霆之震，靡擊而折。神器有歸，孰敢窺竊？天鑒於宸濠，式昭皇靈，嘉靖我邦國。」其年夏，復如贛。至則閲兵，偃武如常。門人危疑甚，間請釋兵還省。先生處之太然，第曰：「二三子何不講學？」蓋是時逆濠未死，諸奸佞素通濠得金錢者，多在上左右，已稔逆志，第以先生在贛，不敢動也。世第知先生擒濠之功之偉，不知先生惟時沉機曲筭，内戢兇倖，外防賊黨，撫定瘡痍，激勵將士，蓋凜凜乎如待勍敵，如履春冰矣。濠伏誅，咨部院雪冀元亨冤狀。元亨楚人，宸濠以講學爲名禮招之，元亨因以學規濠，濠不懌而返，先生衛之歸。後讒搆先生者波及之，故先生爲雪云。其年秋，還南昌。泰州王銀服古冠服，執木簡，書詩爲贄，以賓禮見。先生降階迎延上座，問：「何冠？」曰：「有虞氏冠。」「何服？」曰：「老萊子服。」曰：「學老萊乎？」曰：「然。」曰：「將止學其服，抑學其上堂詐跌、掩面啼哭也？」銀色動，坐漸側。與反覆論格致旨，有省，乃反服執弟子禮。先生爲易名艮，字汝止。

辛巳，先生年五十。遺謙之書曰：「近從百死千難中，信得『致良知』三字，真聖門正法眼藏，無不具足。譬之操舟得舵，平瀾淺瀨，靡不如意；雖遇顛風逆浪，亦可免於没溺。但恐學者易之，將作光景玩弄，不切實用功，負此知耳。」倫彦式以訓來學，問：「學無静根，感物易動，處事多悔，奈何？」先生謂：「學無間於動静。其静也常覺，而未嘗無，故常應；其動也常定，而未嘗有，故常寂。動静皆有事焉，是爲集義，自無祇悔云。」嗣謂聶文蔚曰：「集義惟是致良知。實致良知，自勿忘，自無意、必、固、我，自勿助。所謂必有事而勿忘勿助，以此有事，非虚也。」嘗謂王純甫曰：「心外無善，心外無義。吾心之處事事物物，純乎理，而無人爲之雜，謂之善，非在事物有定所之可求也。處物爲義，是吾心之得其宜，義非可襲而取也。格者，格此；致者，致此。若曰事事物物求至善，是離而二矣。」先生五疏乞省葬。其年，始得允歸越。錢洪甫德洪率其同里孫應奎等七十餘人受學。時輔臣惡本兵王瓊甚，而先生奏捷疏每歸功本兵，蓋謂平賊擒濠，以改提督，得便宜行事，瓊本謀也。輔臣素忌先生，以此滋不悅，奏捷久不賞。

嘉靖改元，始詔録先生功，封新建伯，兼南京兵部尚書，參贊機務，三代贈封如其爵，遣使迎宴。勞使至門，而海日公卒。先生宅憂。忌者又以錫宴勞費爲辭，嗾言官論沮，服闋，竟不召。讒謗益起，雖封爵錫號，竟未與鐵券歲米。一時勤王有功諸臣，中傷廢斥幾盡。先生不自安，累疏辭封，乞録諸勤王者功，竟格不行。先生憂居在里，四方求學者踵至，署其門屏曰：「孔孟之訓，昭如日月。諸支離似是而非者，異説也。有志聖學者，歸求諸孔孟之訓，可矣。」踰年，四方來學者彌衆。郡守南元善大吉，爲先生辛未所録士也。守紹時聞良知旨，嘗於先生前自省臨政多過，謂：「先生何無言？」先生曰：「吾已言之。吾嘗言良知，良知固自知也。」已自省加密，先生曰：「往鏡未明，可得藏垢；今鏡明矣，一塵難住。此入聖機也，勉之！」元善創稽山書院，以待來學。是年，序禮記纂言，謂「禮原於天命之性。老莊外禮言性，故謂禮爲道德之衰，仁義之失；世儒外性求禮，紛紜於器數儀文之末，而忘秩叙之原」云。進賢舒國用芬來學，先生與論律吕，謂：「求元聲不在葭灰黍粒中，在此心能致中和。」先生於禮樂蓋深達本原如此。國用疑敬畏累灑落，曰：「灑落生於天理常存，天理常存由戒懼之無間。

敬畏固所爲灑落也。」答周道通問學章凡七，皆發明良知旨。答陸原静問學章凡十六，讀者喜澄善問，因見先生答問之教云。先生謂：「原静止在知解上轉，不得已與之分疏耳。若信得良知，在良知上用工，千經萬典，無不脗合；異端曲學，一勘盡破矣。」徐昌國談長生術，嘗謂：「居有不可超無，滯器非以融道。」先生曰：「去有超無，無將奚超？外器融道，道器爲偶矣。子固未超未融乎？夫消息盈虚，皆命也；纖巨内外，皆性也；隱顯寂感，皆心也。存心盡性，順命而已。」問：「冲舉有諸？」曰：「盡鳶性者，可冲於天；盡魚性者，可泳於淵；盡人之性者，可知化育也。」昌國憮然曰：「命愚矣。」蕭惠問死生，先生曰：「知晝夜，即知死生。」問晝夜，曰：「知晝則知夜。」曰：「晝有不知乎？」曰：「疇知晝哉？懵懵而生，蠢蠢而食，不著不察，終生夢晝也；惟息有養，瞬有存，惺惺不昧，通晝夜之道而知，更何生死？」謂陸澄曰：「仙家説虚，聖人豈能虚上加得一毫實？佛家説無，聖人豈能於無上加得一毫有？但二氏不免又有虚無見在也。惟此良知之虚，便是天之太虚；良知之無，便是太虚之無形。聖人惟順此良知發用，天地萬物皆在我。良知發用流行中，更無物作障礙也。」語張元冲曰：「聖人盡性至命，何物不具？即吾盡性至命，能完養此身，謂之仙；能不染世累，謂之佛。二氏之用皆我之用，世儒不見聖學之全，故成二見分别耳。」先生於二氏蓋已洞悉其機要而範圍之，顧其學自有宗也。嘗曰：「世儒支離外索，求明物理，而不知吾心即物理；佛老空虚，遺倫物，求明心，而不知物理即吾心。析心與理二之蔽也，久矣。宋至周、程，始追尋孔、顔之宗，其無極太極、大公順應之論，庶幾精一之旨。陸象山之純粹和平，雖若未逮，而簡易直截，真有以接孟子之傳。要其學之必求諸心，則一也。」嘗別湛文簡曰：「某溺於邪僻者二十年，後賴天啓，沿周、程之説求之，始稍有覺。」謂儲文懿曰：「世有周、程，吾得就弟子列，誠大幸。此不可得，得其高弟而私淑焉，亦幸也。」其尊信如此。世窺二氏一班者，輒掊擊周、程，即孔、孟亦弁髦之，何其不忤哉！南元善疑博約先後訓，先生著説解之，具文録中。

甲申，海寧董蘿石澐，年六十八，以詩聞江湖間，來見先生，與語有省，强納贄受學。先生以師友之間禮遇之，爲著從吾道人記，具文録中。士人有疑爲學妨舉業者，先生曰：「實志聖賢學者，猶治家力産，作業致富厚，賓至，出所有享之，乃自享尤無盡也；今世業舉者，如治家不務居積，而惟日假貸以延賓，賓退，而終爲窶人矣。是求在外者也。」是歲，從先生游者，遇比多中式，而錢楩、魏良政發解江、浙兩省焉。士紳官司理者，恨爲職業所縈，無暇爲學。先生曰：「凡學官先事，離事爲學，非吾格致旨也。即以聽訟言，如因其應對無狀而作惡，因其言語圓融而生喜，因其請托而加憎，因有藉援而曲狥，或以冗劇而怠，或以浸譖而淆，皆私蔽也。惟良知自知之細，自省克不少偏枉，方是致知格物也。」一日，王汝止出游歸，先生問：「何見？」對曰：「見市人皆聖人。」先生曰：「市人但見子是聖人。」他日，董蘿石出游歸，先生問如前，董對如汝止，先生曰：「此常事，何異也。」汝止時圭角未融，蘿石初機乍解，見同答異，一裁之，一實之也。錢洪甫嘗謂：「人品易知，高者如泰山在前，孰不知仰？」先生曰：「泰山不如平地也。」黄岡郭善甫挈其徒吴良吉走越受學，途中相與辨論未合。既至，郭屬吴質之先生。先生方寓樓饘，不答所問，第目攝良吉者，再指所饘盂，語曰：「此盂中下，乃能盛此饘；此案下，乃能載此盂；此樓下，乃能載此案；地又下，乃能載此樓。惟下，乃大也。」良吉退就舍，善甫問先生何語，良吉涕泗横下，嗚咽不能對。已良吉歸，而安貧樂道，至老不負師門云。謂黄宗賢曰：「凡人躁浮忿慾，皆緣良知蔽塞，而後有非大勇不能制而克也。中庸曰：『知耻近乎勇。』耻，已良知蔽塞耳。今人以語言不能屈服人爲耻，以意氣不能凌軋人爲耻，以憤怒嗜欲不得直意任情爲耻，耻非可耻，而不知耻所當耻，舛矣。」宗賢時貳秩宗，常與朝議，有戇直風，故進之如此。一日，寓寺中，有郡守見過，張燕行酒，在侍諸友弗肅。酒罷，先生喟曰：「諸友不用功，麻木可懼也。」友不達，請過。先生曰：「可問王汝止。」友就汝止問，汝止曰：「適太守行酒時，諸君良知安在？」衆乃惕然。嘗遊陽明洞，隨行者途中偶歌，先生回顧，歌者覺而止。至洞坐定，徐曰：「吾輩舉止少有駭人處，便非曲成萬物之心矣。」一友侍，眉間有憂思。先生顧謂他友曰：「良知固徹天徹地，近徹一身。人一身不爽，不須許大事，第頭上一髮下垂，渾身即爲不快，此中那容得一物耶？」友因有省。一日，市人鬨而詬，甲曰：「爾無天理。」乙曰：「爾無天理。」甲曰：「爾欺心。」乙曰：「爾欺心。」先生聞之，呼弟子曰：「聽之，夫夫哼哼，講學也。」弟子曰：「詬也，焉云學？」曰：「汝不聞乎，曰天理，曰心，非講學而何？」曰：「既爲學，又焉詬？」曰：「夫夫也，惟知責諸人，不知反諸己故也。致良知者，惟反之自心，不欺此理耳。」先生察邇言，謹細節，一語點掇人、鍛鍊人類如此。

丙戌，大吉南元善被黜，書來問學，惟以得聞學爲幸，無一語及升沉得喪間。先生壯之，還書相勖畢志此學，具文録中。歐陽崇一守六安，奏記問學，凡四條答之。一言：「良知非離見聞。惟以致良知爲主，則多聞多見皆致知之功。」二言：「良知非斷思慮。良知發用之思，自是明白簡易，無憧憧紛擾之患。」三言：「致知非絶事應。實致良知，則行止生死惟求自慊，而不爲困。」四言：「致知非爲逆億。致良知則知險知阻，自然明覺，而人不能罔。」先生居里，謗議日熾。一日，謂門弟曰：「吾道非耶，何爲如此？」在侍者或謂先生功盛位崇，媢嫉者謗；或謂學駁宋儒，泥同者謗；或謂有教無類，未保其往，或以身謗。先生曰：「莫有之，顧吾自知尤切也。蓋吾往名根未能盡脱，尚有鄉愿掩護意在。在今一任吾良知，真是真非，罔所覆藏，進於狂矣。」唐虞佐龍勸先生徹講擇交，先生報書，喻「爲金淘沙，不能舍沙求金」云。聶文蔚豹奏記謂：「斯學直信於一人，雖不盡性於天下，道固自在，蓋明己之能篤信也。」先生報書謂：「孔氏欲以其學通之人人者，實其一體之心不容自已，非祈人之信己知己也。」文蔚初見先生未納拜，後按閩聞訃，始爲位哭，稱門生云。

先是岑猛叛，兩廣聚兵討猛死，田州其黨盧蘇、王受相結復叛。提督姚鏌發四省兵討之，二年不克，嶺南大困。言官石金、大臣席書等薦先生代鏌。夏，命兼都察院左都御史，征思、田。瀕行，王汝止以所契格物旨陳説，志遠矣。先生曰：「俟子他日自明之。」引而不發，有以也。先生居嘗揭教，指四語曰：「無善無惡者心之體，有善有惡者意之動，知善知惡是良知，爲善去惡是格物。」學者遵循無異也。王汝中曰：「心無善惡，則意、知與物，一切如是。下二句非向上一機，若爲剩語者。」時同錢洪甫質證之先生。先生曰「悟此本體，人己内外，一齊了徹，顏子、伯淳所不敢承。下二句乃徹上徹下語，初學至聖人，究竟無盡」云。蓋無善無惡，性體也，大學所謂『至善』者，常人亦同之，性相近也，顧習相遠矣。爲善去惡，雖聖人有不能盡者。且體也，言下一契即了耶？抑須本諸身而實能止之也？止至善者，即善且無，况惡耶？顏子擇中得善，固悟斯體者，而何有不善？不善又何加知乃不行耶？近世横騖决裂者，嘗託此語爲口實，是將此體爲集詬稔慝，困矣，豈其指哉，豈其指哉！承學者混於佛氏見耳。先生嘗語薛尚謙曰：「無善無惡者，理之静；有善有惡者，氣之動。不作好作惡，惟循乎理，不動於氣，此聖人之所以能裁成輔相也。佛氏則倚於無善無惡之見，一切不理，不可治天下矣。」語黃宗賢曰：「聖人心如明鏡，纖翳自無，不須磨刮；常人心如駁蝕鏡，須痛加刮磨，方漸識本體。顧少有所見而任其習氣昏蔽，不免流入禪釋去也。」其年秋，先生發越中，道吉安，語諸士友曰：「堯、舜生知安行，猶兢兢業業，用困勉工夫。吾儕以困勉資，而欲坐享性安成功，大誤也。」又曰：「良知之妙，真是周流六虛，變動不居。顧借以文過飾非，爲害大矣。」先生若預知承學之弊，而叮嚀若此。抑先生非徒以言語告戒也，蓋身之矣。初第，上安邊八策，世艷稱爲訏謨者，晚自省曰：「語中多抗勵氣。此氣未除，而欲任天下事，其何能濟？」筮仕刑曹，首禁獄吏取飯囚之餘豢豕，世亦傳爲美談，晚亦自省曰：「善歸己矣，於人何？此不學之過也。」寓京，以書盡規門弟，至相牴有違言，自省曰：「不能積誠反躬，而徒騰口說，吾罪也。」在留都，人傳謗書心動，自訟曰：「終是名根消煞未盡，媿矣！」平贛賊後，語門弟曰：「吾每登堂行事，心體未能如友朋相對，時則不安。」或問寧藩事，曰：「當時只合如此。覺來尚有揮霍微動於氣所在，今日處之更別也。」其反己之深切而用功之密，類如此。比入粵，沿途咨詢，悉岑猛反叛之因，由往當事者處之未當，念二酋既已授首，其遺孽億萬生靈可格而撫者；惟是斷藤峽及八寨諸賊，盤據反側，久瘠嶺表，嶺表爲患苦耳。既至梧，乃開示恩信，蘇、受等遂自縛來歸，降者七萬一千人。先生薄示懲，遣歸農。踰年春，遂班師。改田州爲田寧府，立土官，散土目，設流鎮制，爲交趾蔽，刻石云：「爰告思田，毋忘帝德。爰勒山石，昭此赫赫。文武聖神，率土之濱。凡有血氣，莫不尊親。」田州府勒石云：「田石平，田州寧。田水縈，田山迎，府治新。千萬世，鞏皇明。嘉靖歲，戊子春，新建伯，王守仁，勒此石，告後人。」遣蘇、受時，先生諭之曰：「朝廷宥爾，宜有以報。」衆皆頓首，願效死。蓋欲借其力剪除斷藤峽及八寨也。乃姑令歸農，以候征發，約期日至。七月，先是召討思田永順、保靖土兵還，道出八寨，密與領兵官約束，乘其不備襲之；而檄蘇、受等兵相犄角，或遏其前，或截其後，或張左右翼夾擊。誅斬劇賊以萬計，悉定其地。親行相度夷險，疏諸經略甚悉。霍文敏廣人也，言於上，謂「思田之亂，往兵連四省，糜費百萬，止得五十日小寧。而守仁此舉，不殺一卒，不費斗米，遂使頑叛稽顙來服，雖舜格有苗不過也。至於八寨、斷藤之舉，尤有八善」云。捷奏，勅使齎獎。至而先生病矣，懇疏乞歸，遂班師。至南安，薨，時年五十七，嘉靖戊子十一月丁卯也。

夙忌先生者，從中譖於上，抑其賞，請削奪官爵。賴肅皇明聖，憐先生功，以封爵本先朝信令，不允，但停卹典，子不得嗣封。

隆慶改元，上俞言官請，贈新建侯，謚文成。制曰：「竭忠盡瘁，固人臣職分之常；崇德報功，實國家激勸之典。矧通侯班爵，崇亞上公；而節惠易名，榮逾華衮。事必待乎論定，恩豈容以久虛？爾故原任新建伯、南京兵部尚書兼都察院左都御史王守仁，維岳降靈，自天佑命。爰從弱冠，屹爲宇宙人豪；甫拜省郎，獨奮乾坤正論。身瀕危而志愈壯，道處困而造彌深。紹堯孔之心傳，微言式闡；倡周程之道術，來學攸宗。蘊蓄既宏，猷爲丕著。遺艱投大，隨試皆宜。戡亂解紛，無施匆效。閩粵之箐巢盡掃，而擒縱如神；東南之黎庶舉安，而文武足憲。爰及逆藩稱亂，尤資仗鉞淵謀。旋凱奏功，速於吴楚之三月；出奇決勝，邁彼淮蔡之中宵。是嘉社稷之偉勳，申盟帶礪之異數。既復撫夷兩廣，旋至格苗七旬。謗起功高，賞移罰重。爰遵遺詔，兼采公評。續相國之生封，時庸旌伐；追曲江之殊卹，庶以酬勞。兹特贈爲新建侯，謚文成，賜之誥命。於戲！鍾鼎勒銘，嗣美東征之烈；券綸昭錫，世登南國之功。永爲一代之宗臣，實耀千年之史册。冥靈不昧，寵命其承！」明年，子正億嗣封伯。其年卒，其子承勳嗣。越萬曆十二年，今上俞廷臣議，從祀孔廟。

楚黄耿生曰：先生少稟殊質，受才卓犖，於學無所不窺。嘗泛濫於詞章，馳騁於孫吴，英邁不羈。雖其志有在，亦才所縱也。筮仕立朝，則以風節著；柄文，則以文章顯；展采錯事，則以政治稱。平贛賊，討逆藩，戡粵亂，樹鴻建茂，燁然烈矣。先生僉不以自多，而惟以明此絶學爲己任。先生之學，故以致良知爲宗也。羅文恭謂其學凡三變，其教亦三變。繄豈於此之外，别爲轉换加增哉？蓋此知之量，原無止極。先生之志弘且遠，故於此學惟一日精，惟精日一，其精進亦自無已，而教亦因之也。緬懷先生習静陽明洞中時，若已有見矣。俾世淺薄者覷斯光景，其不玩弄狂恣者幾希。乃先生顧不自慊也，而精進焉。逮龍場處困之極，豁然大悟，所謂有無、内外、動静、寂感，已能一之，不爲二見矣。而猶不自已，所爲求友資切者，何殷殷也！于時教人，嘗提知行合一指，而學者局於習聞難入；間教之默坐澄心，體認此理，而高明者或樂頓便，而忘積累。先生慮之，故自滁、留後，時以存理去欲、省克立誠爲教，蓋即所體認者而實體之，非二指也。比當宸濠、張、許之難，軍旅危疑中，自分呼吸俄頃，社稷安危、百萬生靈生死攸係，非直一身之休戚已者，于時第恃此知，照察運用，倚着散緩一毫不得。乃益信此知神感神應，圓機妙用，本來具足如是。以是自信，亦以此公之人人。自是爲教專提「致良知」三字，蓋默不假坐而成，心不待澄而定矣。嘗迹先生生平：無論其辯析疑義，極深入微，發所未發；即諧語謔談，皆精義妙道也。無論其立言敷訓，僉爲世則；即發教公移，其睿智仁衷，貫徹於孺孩奸宄矣。無論其宣猷策敵，機智若神；即陶鑄英賢，所以裁成誘掖者，其盼睞指顧，一洪冶鉗錘也。惟先生渾身徹體，亶一囊良知，朗炳焜爚，照曜千古哉！彼侈談向上一機者，吾不知之矣。聆其談若空花海蜃，視其履若燕適粵馳，厝之用若塗飯塵羹。輓近以此學爲詬病，無惑也。噫！人之所以寓形而生者，實惟此知；人之所以異於禽獸者，惟致此知。先生揭此旨示人，豈直爲學者增徽標聲哉？實起死而還之生，挈人倫而俾勿淪於異類也！吾儕誠不甘枉死而求無忝所生，不安於異類而思所以爲人，奈何過懲乎世之詬病者，而不反躬一默識乎哉？（耿天臺先生文集卷十二）

後跋

詩曰：

讀穿萬卷故書堆，霧裏寻芳千百回。漫説姚江生平事，世間真僞有誰知？

近代以降，陽明學成为顯學，日本陽明學研究一時頭角崢嶸，遂有「王陽明在中國，陽明學在日本」之説起，至今仍不絶于耳。二十世紀六十年代，余以一窮學生在南京大學讀書，已有感于此，一日去逛夫子廟，用壹元伍角購得陽明全書歸，可謂有心研究陽明學之『懷胎期』。七十年代末在復旦大學讀研究生，同窗學友陳尚君先生告余，朱東潤先生解放前嘗作有王陽明大傳，惜書稿亡失，遺恨後學。余時已暗有不自量力欲爲陽明作年譜、大傳之心。至九十年代研究朱子學告一段落，即轉入陽明學研究，全面查找資料，考證史實，探賾索隱，十易寒暑，先寫成王陽明佚文輯考編年，繼寫成陽明年譜草稿。二〇一三年申報爲國家社科基金重點項目，復三易寒暑，終成是編。噫，史事浑莽總無迹，人間是非微難求。二十一世紀陽明學走向世界，何去何從？余十餘載上下求索，不憚烦難爲陽明作年譜，無他，蓋欲爲二十一世紀之陽明學研究樹一里程碑與風向標，掃除五百年来誤説迷案空白，爲陽明學研究提供全新研究資料，全新史實考定，開拓陽明學研究新空間，突破陽明學研究之傳統進路與習慣思維。二十一世紀陽明學走向世界，獲得新生，開出前所未有之新境界、新生面，蓋在此歟？上海古籍出版社查明昊等先生爲本書之寫作與出版提出許多寶貴修改意見，特致衷心谢忱。丙申夏六月景南跋於浙江大學宋學研究中心。